KB266282

생성형 AI 시대에 제대로 읽고 생각하고 쓰는 법

AI 증강 독해와 AI 드리블링 바이블

나준호, 성낙환, 이하영 지음

심화·활용편

BM (주)도서출판 성안당

우리는 자동차 백미러에 적힌 "사물이 거울에 보이는 것보다 가깝게 있음."이라는 문장이 낯설지 않게 다가오는 시대를 살아가고 있다. 인공지능의 물결이 우리 발목을 적시나 싶더니 어느새 쓰나미의 기세로 허리까지 차올랐다. 등을 돌리고 달리기에는 늦었고, 뛰어들어 헤엄치자니 방법이 아득하다. 이 책은 인공지능이라는 거대한 물살의 힘을 빌려 더 멀리 나아가는 유영법을 보여 준다. 미지의 대양을 자유롭게 유영하는 놀라운 경험! 이 책을 읽고 나면, 그것이 나의 이야기가 된다.

— 이정동 교수, 서울대학교 공과대학, 『축적의 시간』 및 『최초의 질문』 저자

AI 관련 책이 넘쳐나는 시대다. 대부분은 툴과 프롬프트를 말한다. 저자의 전작 『AI 증강 독해와 AI 드리블링 바이블』은 그 한계를 정확히 짚은 책이었다. 의미 있는 인사이트를 이끌어 내는 것은 AI의 능력이 아니라 나의 업무 이해도에서 출발한다는 것…. 그 당연하지만 아무도 말하지 않았던 진실을 저자는 오랜 독서와 분석 경험으로 증명해냈다. 이 신작은 그 철학을 현장의 언어로 완성한다. 이 책은 반드시 전작과 함께 읽어야 한다. AI로 남들이 보지 못한 것을 보는 사람이 되고 싶다면, 이 두 권이 '진짜' 바이블이다.

— 최근섭 부사장, SK그룹

방대한 정보를 읽고 새로운 지식을 만들어 내는 것은 모든 지식 노동자의 일이다. 수십 개의 프롬프트를 전략적으로 엮어 고품질 결과물을 만들어 내는 AI 드리블링의 가치는 현장에서 연구를 수행해 본 사람이라면 단번에 알아차릴 수밖에 없다. 더 나아가 이 책은 읽고 생각하고 쓰는 방식의 혁신을 담고 있다. '일하는 방식'의 혁신은 머지않아 일과 삶의 변화로 이어질 것이다. 변화의 기로에서 망설이고 있지만 피할 수 없다는 걸 알고 있는 독자에게 일독을 권한다.　　— 박찬수 부원장, 과학기술정책연구원(STEPI)

AI의 성능은 나날이 높아지고 있다. 그러나 같은 AI를 두고도 누군가는 업무의 질을 극적으로 끌어올리고, 누군가는 검색 도구 수준에 머문다. 물론 기술 자체의 수준도 중요하지만, 그것을 다루는 사람의 역량이 결과의 차이를 크게 좌우한다.
이 점은 AI를 직접 개발하는 입장에서 늘 아쉬움으로 남는다. 우리가 만든 기술의 잠재력은 결국 사용자의 손에서 완성되기 때문이다. 이 책은 바로 그 빈자리를 채워 준다. 『AI 증강 독해와 AI 드리블링 바이블』은 AI에게 좋은 질문을 던지고, AI의 응답을 전문가의 눈으로 재구성하며, 인간의 판단력과 AI의 처리 능력을 하나의 흐름으로 엮는 실전 방법론이다.
AI 시대의 진짜 경쟁력은 'AI를 아는 것'이 아니라 'AI를 제대로 쓰는 것'에서 갈린다. 이 책이 그 역량을 키우는 데 훌륭한 길잡이가 되어 줄 것이라 확신한다.

— 임우형 원장, LG AI 연구원

기술 예측과 R&D 전략을 업으로 삼아온 입장에서 볼 때 AI가 지식 노동의 패러다임을 근본적으로 뒤흔들 것이라는 점은 이미 예견된 미래였다. 하지만 거대한 변화의 물결 속에서 '구체적으로 어떻게 AI와 협업하여 미래를 설계할 것인지'에 대해 이토록 명민하고 체계적인 답을 내놓은 가이드는 드물었다. 급변하는 기술 환경 속에서 미래 예측의 중요성은 나날이 커지고 있으며, 이제 AI는 선택이 아닌 필수적인 도구가 되었다. 이 책이 제시하는 'AI 증강 독해'와 'AI 드리블링'은 단순한 활용 기법을 넘어, AI 시대 지식 노동자가 갖춰야 할 새로운 사고 체계이자 핵심 방법론이다.
결국 미래는 AI와 얼마나 창의적으로 협업하며 미래를 선점하느냐에 의해 결정될 것이다. 이 책은 그 막막한 변화의 지점에서 우리가 나아가야 할 정확한 방향을 가리키는 나침반과 같다. 지식의 최전선에서 고군분투하는 모든 이들에게 이 책을 기쁜 마음으로 추천한다.

— 임현 선임연구위원, 한국과학기술기획평가원(KISTEP)

처음에는 AI 활용서라는 말에 반신반의했고 약간의 두려움도 있었다. 그런데 읽으면서 생각이 바뀌었다. 이 책은 AI를 어떻게 쓰는지가 아니라 AI 시대에 전문가로서 어떻게 살아남을 것인지를 묻고 있었다. 법률·회계 시장도 이미 변하고 있다. AI가 규정과 판례를 검색하고 초안을 쓰는 시대에 단순히 정보를 많이 아는 것만으로는 더 이상 차별화가 되지 않는다.
저자가 말하는 AI 증강 인간으로의 진화, 그것이 앞으로 전문가들이 선택해야 할 방향이라는 점에 깊이 공감한다. 전문직 서비스의 본질은 결국 남들보다 더 깊이 읽고 더 날카롭게 분석하는 역량에 있다. 이 책은 바로 그 핵심 역량을 AI 시대에 맞게 재정의하고 체계화했다. 전문직 종사자라면 필자의 귀중한 현장 경험을 아낌없이 녹여 낸 이 책을 반드시 한 번은 읽어야 한다고 생각한다.

— 류재영 공인회계사, 김앤장 법률사무소

AI 시대, 읽고 생각하고 쓰는 방식이 바뀐다

저는 지난 수년간 기업계, 학계, 금융계의 여러 사람을 만나며 AI에 대한 수많은 거대 담론을 접해 왔습니다. 석학들은 한결같이 "AI 시대에 살아남으려면 일하는 방식의 총체적 변화가 필요하다."라고 말합니다. 저 역시 이 말에 깊이 공감합니다. 'AI를 잘 활용해야 한다.', '창의성이 중요하다.', '비판적 사고력을 키워야 한다.'라는 말도 많이 듣습니다. 맞는 말입니다. 하지만 정작 '어떻게?'를 구체적으로 말하는 사람은 많지 않았습니다.

다른 한편으로 시중에는 'ChatGPT로 10배 빠르게 일하는 법', '생성형 AI 200% 활용하기', '업무 자동화를 위한 AI 도구 100선' 등 생성형 AI 활용법에 대한 책들이 넘쳐 납니다. 그러나 이런 책들을 보면 아쉬움이 느껴질 때가 많습니다. 대부분 기존 업무의 시간 절약에만 초점을 맞추어 개별 프롬프트의 예시나 단순 활용에만 머물고 있기 때문입니다. 현업에서 정말 필요한 AI 기반의 새로운 업무 지평의 창출이나 일하는 방식의 근본적 변화를 세부적으로 이야기하는 책은 많지 않았습니다.

이 책은 현재 AI 활용 논의의 양극단인 거시 담론과 미시 담론 사이에 비어 있는 중요한 공백 영역을 채우려는 시도입니다. 바로 'AI 시대에 AI와 함께 일하며 성장하는 구체적인 방법' 말입니다. 지난 4년간 운 좋게도 저는 LG경영연구원 내에서 AI 기술 발전 동향을 연구하고 다양한 AI를 직접 써 보며 'AI를 활용한 일하는 방식의 변화'를 직접 만들어 내는 역할을 수행했습니다. 다양한 자료들을 읽고 새로운 통찰을 이끌어 내고 이를 보고서로 만드는 과정을 AI와 함께 수행하면서 무언가 근본적인 변화가 일어나고 있음을 체감했습니다. AI로 인해 읽고 생각하고 쓰는 방식 자체가 완전히 바뀌고 있다는 것 말입니다.

저는 이 책에서 지난 4년 간의 경험과 깨달음을 거치며 만들어 낸 'AI 증강 독해와 AI 드리블링'이라는 새로운 개념과 구체적인 방법론을 소개하려 합니다.

AI 증강 독해는 AI를 통해 텍스트를 더욱 빠르되, 깊고 넓게 읽어 더 나은 통찰을 이끌어 내는 방법입니다. 전통적으로 독해는 찐독해(여러 번 깊이 읽기)와 비독해(안 읽거나 대충 읽기)로 나뉩니다. 우리는 찐독해를 하고 싶지만 시간이 없어 비독해로 타협해 왔습니다. AI 증강 독해는 이 둘을 역설적으로 결합합니다. 텍스트를 직접 읽지 않으면서도(비독해) 여러 번 깊이 읽은 것처럼(찐독해) 핵심 내용과 논지, 저자의 숨겨진 가정과 편향, 텍스트 간 연결과 맥락, 실무 적용 방안까지 얻을 수 있습니다. 이것이 어떻게 가능할까요? AI와의 전략적 대화를 통해서입니다. 이 책의 1부에서 제시한 4가지 심화 기법(구조적, 계보적, 심층적, 실천적 독해)과 2부에서 더욱 상세하게 다루는 5가지 기초 방법(질문하기, 연결/확장하기, 확인/검증하기, 요약/정리하기, 번역하기)이 바로 그 도구입니다.

AI 드리블링은 수십 개의 프롬프트를 전략적으로 엮어 완성도 높은 보고서 초안을 만들어 내는 기법입니다. 축구 선수가 골대를 향해 상대 수비수를 제치며 드리블하듯 우리는 수십 개의 프롬프트를 연달아 사용하며 정보 부족, 논리 빈틈, 시간 압박이라는 장애물을 피하며 고품질 보고서라는 목표에 도달할 수 있습니다. 일반적인 AI 활용이 "이 보고서 요약해 줘."라는 단발성 슛이라면, AI 드리블링은 25개, 68개, 심지어 104개의 프롬프트를 끊임없이 이어가는 연속 과정입니다. 이 책의 3장에서 제시하는 4R 프로세스(Ready-Recall/Research-Report-Refine)가 그 체계적 방법론이며, 2권의 14장에서는 3가지 실전 사례를 통해 현장에서의 생생한 활용 모습이 제시될 것입니다.

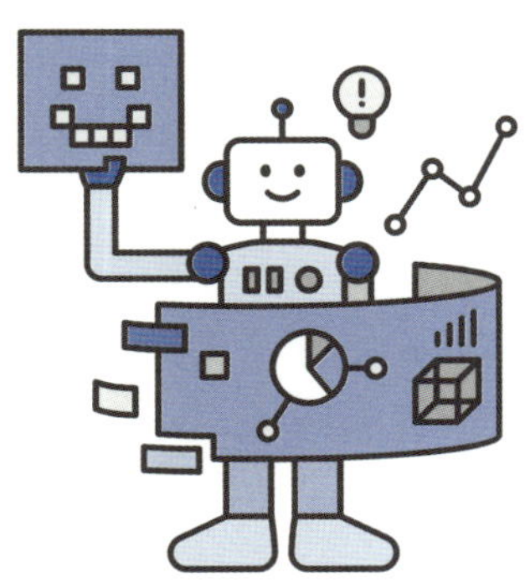

흥미롭게도 해외에서도 이제 막 바이브 코딩(Vibe Coding: 개발자가 AI와 대화하며 코드를 완성), 프롬프트 체이닝(Prompt Chaining: 여러 프롬프트를 연결), 에이전트 워크플로우(Agentic Workflow: AI 에이전트의 연속 작업 처리)처럼 AI 시대에 대응하는 새로운 일하는 방식의 개념들이 논의되기 시작했습니다. 하지만 아직 초기 단계이고 체계화된 방법론은 찾기 힘듭니다. 이 책은 지식 근로자들의 새로운 일하는 방식에 초점을 맞추어 세계 최초로 AI 증강 독해를 5가지 기초 방법, 4가지 심화 기법, 문서 유형별 독해 전략으로 구체화시키고, AI 드리블링을 4R 프로세스와 3가지 실전 사례, 30개의 드리블링 비법으로 통합한 체계적 방법론을 제시합니다.

'AI 증강 독해와 AI 드리블링'이 중요한 이유는 이것이 AI 시대 지식 노동에서 나타날 새로운 '일하는 방식 변화'의 실체일 수 있기 때문입니다. 전략 기획, 정책 입안, 리서치, 컨설팅 등 지식 노동자들의 업무는 다양합니다. 하지만 근간은 읽기, 생각하기, 쓰기, 말하기입니다. 'AI 증강 독해와 AI 드리블링'은 AI를 활용해 말하기를 제외한 읽고 생각하고 쓰는 과정을 근본적으로 변화시키는 방법입니다.

과거 지식 노동의 핵심은 '정보의 소유'였습니다. 누가 더 많은 자료를 읽었는지, 누가 더 정확한 정보를 갖고 있는지가 경쟁력이었습니다. 하지만 생성형 AI 시대에는 정보 자체의 가치가 급격히 떨어졌습니다. 누구나 AI에게 물어보면 방대한 정보를 즉시 얻을 수 있기 때문입니다. 결국 AI 시대의 새로운 경쟁력은 '정보를 어떻게 다루느냐?'입니다. 같은 보고서를 읽어도 누군가는 표면적 내용만 파악하는 반면, 누군가는 저자의 숨겨진 가정, 논리의 빈틈, 다른 이론과의 연결점까지 꿰뚫어 봅니다. 같은 AI를 써도 누군가는 단발성 질문 하나로 끝나는 반면, 누군가는 수십 개의 프롬프트를 전략적으로 연결해 과거에는 불가능했던 수준의 분석 보고서를 만들어 냅니다.

이 차이가 바로 'AI 증강 독해와 AI 드리블링'의 유무입니다. 이 두 방법을 잘 익히고 AI

활용 역량을 키워가는 사람은 궁극적으로 AI와 함께 사고하고 창조하는 'AI 증강 인간'이 되어 엄청난 성과를 내게 될 것입니다. 갖추지 못한 사람은 AI를 단순 검색 도구, 단순 질문 도구로만 쓰며 당장은 칼퇴근에 행복하겠지만, 시간이 지날수록 점점 뒤처지게 될 것입니다. 또한 지금까지는 단순히 AI 활용 여부 자체가 중요했지만, 앞으로는 제대로 AI를 활용할 수 있는 방법, 나아가 AI와 함께 자료를 소화하고, 생각하며 일하는 방법을 몸에 체화(體化)했는지의 여부가 직업 세계에서의 경쟁력을 좌우할 것입니다. 'AI 증강 독해와 AI 드리블링'은 여러분의 AI 활용 역량을 한 단계 높은 경지로 이끌어 줄 것입니다.

더 나아가 이것은 개인의 역량을 넘어 조직과 국가의 경쟁력 문제로 연결될 수도 있습니다. 한 기업의 직원들이 AI 드리블링으로 업무 시간을 단축하고 성과물의 품질을 높이며 할 수 있는 일의 지평을 확대한다면, 그 기업은 같은 인원으로 훨씬 거대한 성과를 만들어 낼 수 있습니다. 한 나라의 지식 노동자들이 AI 증강 독해로 글로벌 트렌드를 빠르고 정확하게 파악하고 직면한 한계를 돌파할 남다른 방법들을 생각해낸다면, 그 나라는 산업 정책과 기업 전략에서 경쟁국을 앞서갈 수 있습니다.

이제 한국은 AI 3대 강국의 야심 찬 도전을 진행하려 하고 있습니다. 과거 몇 년간 우리나라는 자본, 기술의 열세로 AI 개발 경쟁에서 미국과 중국에 뒤처졌습니다. 하지만 AI 활용에서는 앞서갈 수 있는 기회의 창이 얼마든지 열려 있습니다. 동일한 AI라 할지라도 쓰는 사람의 기술과 역량에 따라 활용 성과는 수십 배 차이 날 수 있습니다. 여기 소개하는 'AI 증강 독해와 AI 드리블링'은 한국이 AI 활용에서 다른 나라를 앞서갈 새로운 무기가 될 수 있습니다. 저는 한국 독자들이 이 책으로 먼저 배우고 먼저 적용하고 먼저 성과를 내리라 기대해 봅니다. 그리하여 우리 대한민국이 AI 활용에서 앞서가고, 이를 기반으로 AI 3대 강국이 될 수 있기를 기원해 봅니다.

　이 책을 쓰는 데 도움을 주신 많은 분들께 감사의 말씀을 전하려 합니다. 먼저 LG경영연구원의 김영민 전 원장님과 김재문 원장님, 리서치허브 팀원들에게 깊이 감사드립니다. 특히, 김영민 전 원장님은 4년 전 누구보다 빠르게 변화의 흐름을 감지하고 리서치허브 팀을 만들어 AI 시대 일하는 방식의 변화를 실체적으로 만들어 낼 수 있도록 다양하게 지원하셨습니다. 김재문 원장님은 연구원의 AX 중추로서 허브 팀이 역량을 발휘할 수 있도록 많은 배려를 해 주고 계십니다. 이 책의 공동 저자인 성낙환 님과 이하영 님께도 감사드립니다. 두 분은 AI 증강 독해, AI 드리블링, 그리고 AI 증강 분석의 삼위일체 방법론을 만드는 데 크게 기여했습니다.

　세브란스 병원의 김태일, 최서윤 교수님께도 감사드립니다. 대장암 4기 환자인 제가 4년 넘게 회사에 다니며 책까지 쓸 수 있도록 항암 투병을 세심하게 도우며 건강을 지켜 주셨습니다. IGM의 임주영 교수님께도 감사드립니다. 3년 전 리더 코칭 때 시한부 인생에 낙담하지 말고 후세에 남길 사회적 유산(Legacy)를 남겨 달라는 당부를 하셨습니다. 그 조언이 이 책의 발간으로 이어졌습니다. 아내 연희와 두 딸 윤성, 윤주에게도 감사의 말을 전하고 싶습니다. 회사 생활, 항암 생활, 책 집필 때문에 힘겨운 고3 생활을 제대로 지원해 주지 못한 아빠를 묵묵히 응원해 주었습니다.

　아울러 서울대의 이정동 교수님과 SK 최근섭 부사장님, 그리고 원 팀 멤버들은 'AI 증강 독해와 AI 드리블링'의 폭발적 잠재력을 누구보다 먼저 감지하고 책의 출간을 독려해 주셨습니다. 성안당 최옥현 전무님, 조혜란 이사님, 지정민 이사님, 정지현 과장님, 안종군 실장님에게도 감사드립니다. 얄팍한 초급 서적만 넘쳐 나는 요즘 세상에서 깊이 있는 차세대 AI 활용 서적의 중요성에 공감하고 방대한 원고를 근사한 책으로 만들어 주셨습니다. 그리고 이 책을 함께 만든 Claude, ChatGPT, Perplexity에게도 감사합니다. 이들은 단순한 AI 도구가 아니라 독해, 사고 집필의 파트너였습니다.

들어가며

2권(심화·활용 편)을 펼친 독자들 중에는 1권(개념·기초 편)을 읽고 오신 분도 있겠지만, 2권부터 읽기 시작하는 분도 있을 것입니다. 또는 1권을 읽은 지 시간이 지나 기억이 희미해진 분도 있을 것입니다. 지금부터는 바로 그런 독자들을 위해 준비한 내용입니다.

1권 출간 이후 여러 세미나와 강연을 진행하면서 독자들로부터 많은 질문을 받았습니다. "AI 증강 독해라는 말이 무척 생소합니다. 도대체 AI 증강 독해가 뭔가요?", "그냥 ChatGPT에 물어보면 되는 거 아닌가요? 왜 AI에게 자료를 입력해야 하는 것인가요?", "AI 드리블링이 딥 리서치랑 뭐가 다른가요?" 같은 질문들이었습니다. 처음에는 단순한 질문처럼 들렸지만, 이 질문들 안에는 두껍고 방대한 1권의 내용을 핵심 위주로 알고자 하는 간절한 마음이 담겨 있었습니다.

그래서 여기서는 Q&A 형태로 1권의 핵심 내용을 정리하고, 1권에 이어 2권을 어떻게 살펴보고 활용할 수 있을지를 제시했습니다. 이미 1권을 읽으신 분들께는 복습이 되고, 2권을 처음 접하시는 분들께는 1권 내용을 가볍게 훑어 볼 기회가 될 것입니다.

Q1 시중에 AI 관련 책들이 많은데, 이 책을 쓴 이유는 무엇인가요?

AI 담론의 거대한 간극을 메우고, AI 시대에 제대로 일하는 방식을 제시하기 위해 이 책을 썼습니다.

2가지 담론 사이의 간극

서점에 가면 AI 책이 넘쳐납니다. 한쪽에는 'AI 활용 역량이 무엇보다 중요하다.', '비판적 사고가 중요하다.', 'AI 문해력을 키워야 한다'와 같은 내용이 담긴 거시 담론서들이 쌓여 있고, 다른 한쪽에는 '이 프롬프트 100개만 있으면 칼퇴 가능', '업무 자동화 Agent 만들기'와 같은 제목의 미시 실용서들이 쌓여 있습니다.

그런데 정작 중요한 질문, 즉 "어떻게 그 역량을 키우나요?", "AI를 활용해 일하는 방식 자체를 어떻게 바꿀 수 있을까요?"라는 질문에 대한 해답이 담긴 책은 좀처럼 찾기 힘들었습니다. 거시 담론 서적들은 방향을 제시하지만, 구체적인 방법을 알려 주지 않습니다. 한편, 미시 실용서는 기존 업무를 AI로 대신하는 것에 치중하다 보니 'AI가 다 해 주면 나는 뭘 하지?'라는 불안만 남깁니다. 이 책은 바로 거시 담론서와 미시 실용서 사이의 공백을 메우고, 'AI와 함께 일하며 내 업무를 발전시키고 나의 능력을 키워가는 구체적인 방법론'을 제시하기 위해 기획되었습니다.

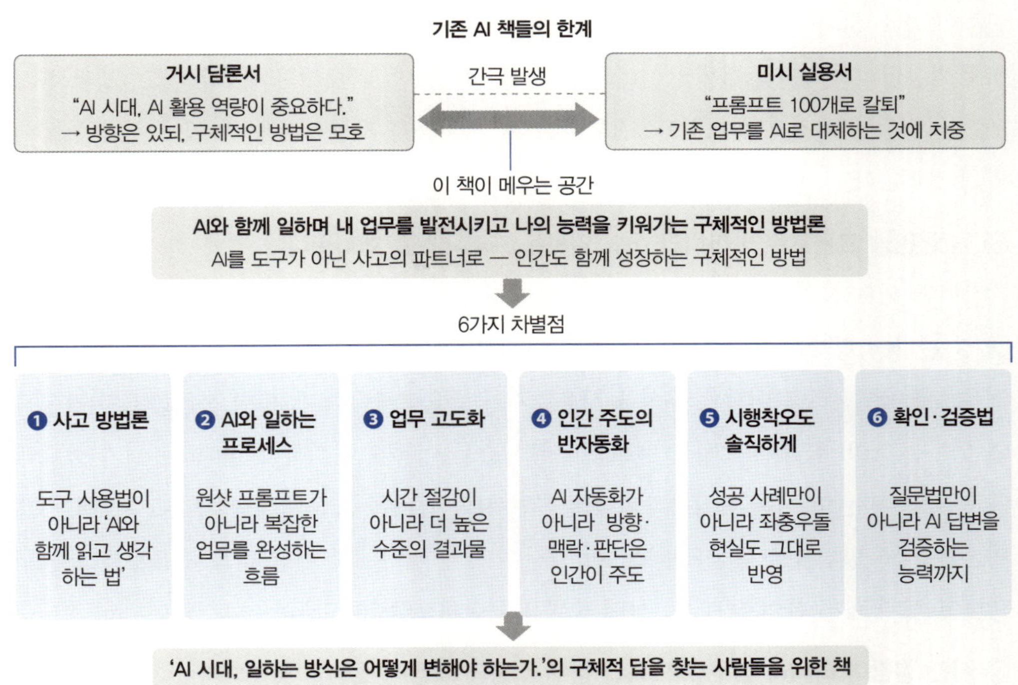

✦ 이 책의 기획 의도와 차별점

이 책이 다른 AI 활용서와 다른 점

이 책은 1권과 2권을 통틀어 지식 노동자들이 AI와 함께 일하며 성장하는 구체적 방법을 제시합니다. 즉, AI를 단순히 업무 도구가 아니라 사고의 파트너로 삼아 협업하며 이를 통해 인간도 계속 발전하는 길을 모색합니다. 이를 통해 'AI 시대에 일하는 방식은 어떻게 변해야 하는가?'에 대한 방향성을 제시하려 합니다. 이런 측면에서 이 책은 다른 AI 활용서와는 많이 다릅니다.

❶ 도구 사용법이 아니라 사고 방법론을 제시합니다

"이 AI 도구를 어떻게 쓰나요?"라는 질문에 대한 답이 아니라 "어떻게 AI와 함께 읽고, 생각하고, 결과물을 만드나요?"라는 질문에 대한 답을 제시합니다. 최근 AI 발전 속도는 엄청납니다. 3~6개월이면 훨씬 강력해진 AI 도구가 등장합니다. AI 도구 사용법에 초점을 맞추면 계속 허덕이며 따라가야 합니다. 그러나 사고 방법론은 도구가 바뀌어도 얼마든지 적용 가능합니다. 1권의 내용을 이해하고 2권을 살펴보면 AI 시대의 새로운 읽고, 생각하고, 쓰는 방법을 구체적으로 익히고, 진화하는 AI 기능들을 자연스럽게 내 일에 결합해낼 수 있을 것입니다.

❷ 원샷 만능 프롬프트가 아니라 AI와 일하는 프로세스를 제시합니다

작년만 해도 잘 만들어진 AI 프롬프트를 가져다가 단순 업무를 처리하는 것만으로도 AI를 잘 쓴다는 평가를 받았습니다. 하지만 이제 그 정도는 기본이 되었습니다. 단순 업무의 경우, AI 에이전트를 어떻게 구성해 사용할지가 중요해졌습니다. 또한 복잡하고 비정형적인 업무는 AI와 함께 처리하는 새로운 프로세스를 어떻게 기획하고 실행하는지가 중요해지고 있습니다. 이 책은 복잡하고 비정형적인 지식 업무에 초점을 맞춥니다. 1권에서는 그 이론과 기초 방법들을 말씀드렸고, 2권에서는 실제 업무에서 어떤 식으로 프로세스를 구성하고 AI와 함께 풀어가는지를 사례 중심으로 살펴보겠습니다.

❸ 시간 절감이 아니라 업무 고도화와 업무 지평의 확장에 초점을 맞춥니다

작년만 해도 많은 직장인들에게 AI는 칼퇴 보장 수단이었습니다. 하지만 AI가 다양한 업무에 빠르게 활용되면서 빠른 결과물 제시는 기본값이 되었습니다. 오히려 이전보다 업무 수행 시간을 줄이되, 과거 이상의 품질을 어떻게 창출할 것인지가 새로운 이슈가 되고 있습니다. 이 책은 AI를 활용해 더 깊은 분석, 더 넓은 시야, 과거엔 엄두도 못 냈던 새로운 작업을 만들어 내는 방법에 초점을 맞춥니다. '기존 업무를 단지 빠르게만 처리하는 단순 AI 활용자'에서 '더 나은 성과 창출로 나아가는 AI-인간 협업 활용자'로 진화하는 방법, 그것이 이 책이 다루는 내용입니다.

❹ AI 중심 자동화가 아니라 인간 주도 반자동화에 초점을 맞춥니다

요즘 AI 활용 논의의 중심은 '단순 반복 업무의 에이전트와 자동화'입니다. 그러나 복잡하고 비정형적인 지식 업무에서는 AI에게 주도권을 넘기는 순간, 방향 설정, 맥락 판단, 최종 품질 책임이라는 가장 중요한 부분이 공백이 됩니다. 빠르게 나오는 결과물을 보고 '이게 맞는 방향인가?'를 판단하는 능력이 더 중요해지고 있습니다. 이 책은 AI의 업무 수행 능력을 적극 활용하되, 방향 설정·맥락 판단·최종 의사결정이라는 핵심 역할은 인간이 가져가는 '인간 주도 반자동화' 방식을 제안합니다. 이것이 AI 시대에 인간의 위상을 보존하고 확대하는 방법일 것입니다.

❺ 성공 사례뿐만 아니라 시행착오 사례도 솔직하게 제시합니다

대부분의 AI 활용서는 깔끔하게 완성된 결과물만 보여 줍니다. 하지만 실제 AI 드리블링은 그렇지 않습니다. 많은 세상 일처럼 좌충우돌의 순간들이 계속됩니다. 이 책에는 68개 프롬프트를 이어가며 방향을 잃고 헤매다 다시 잡는 과정, 목표 표류를 인식하지 못한 채 한참을 돌아온 경험, 레드 슈즈 현상[1]에 빠져 끝을 못 내던 순간들이 그대로 담겨 있습니다. 막혔을 때 어떻게 풀었는지를 함께 보여 주는 것이 진짜 실전 가이드일 것입니다. 1권에서 부분적으로 보여드렸던 이러한 문제 해결 과정들이 2장에서는 다양한 사례 속에서 좀 더 구체적으로 다뤄집니다.

---

1   레드 슈즈 현상(Red Shoes Phenomenon): 안데르센 동화 『빨간 구두』에서 유래한 비유입니다. 동화 속 주인공이 자기 의지와 상관없이 멈추지 않고 계속 춤을 추어야 했던 것처럼, 특정 행위나 몰입에 빠져 적절한 시점에 멈추지 못하고 제어력을 상실한 상태를 의미합니다.

❻ 질문법뿐만 아니라 확인·검증법도 함께 다룹니다

프롬프트를 잘 만드는 것 못지않게 중요한 것이 AI 답변을 제대로 검증하는 능력입니다. 1권(개념·기초 편)에서는 확인과 검증의 실패 패턴과 올바른 접근법을 6장의 한 챕터를 통째로 할애해 다루었습니다. 2권(심화·활용 편)에서는 비즈니스·기술·학술·인문 등 문서 유형별 검증 방식은 물론, AI 드리블링 과정에서 그럴듯하지만 문제 있는 답변을 빠르게 잡아내고 교정해가는 실전 요령까지 다룹니다. 'AI를 잘 쓰는 것'과 'AI를 제대로 쓰는 것'은 완전히 다른 역량입니다. 전자가 '프롬프트 기술'이라면, 후자는 '비판적 판단력'입니다. 이 책에서는 그 2가지를 함께 배울 수 있습니다.

Q2 도대체 'AI 증강 독해'가 무슨 말인가요?

> AI와 함께 텍스트를 읽어서, 더 적은 시간에 더 많은 정보를 더 깊게 획득하고, 더 나은 통찰을 창출하는 방법입니다.

찐독해와 비독해 사이에서

세상에는 독해에 대한 2가지 극단적 관점이 있습니다. 한쪽은 '찐독해'입니다. 마르틴 루터(Martin Luther)가 성서를 수천 번 읽어 종교개혁을 이루어 냈듯 텍스트를 죽을 각오로 여러 번 깊이 읽어 내는 것이 독해의 본질이라는 관점입니다. 요즘 강조되는 'Deep Reading'과도 비슷한 개념입니다. 다른 한쪽은 '비독해'입니다. 피에르 바야르(Pierre Bayard)가 『읽지 않은 책에 대해 말하는 법』에서 주장했듯 텍스트의 역사적, 사회적, 실천적 맥락과 의미를 파악하는 것이 완독보다 중요하다는 관점입니다.

두 관점은 각각 진실을 담고 있지만, 한계도 명확합니다. '찐독해'는 깊이를 주지만, 현대의 텍스트 홍수 앞에서 무력해지고, '비독해'는 속도를 올려 주지만, 내용 없는 껍데기가 되기 쉽습니다. AI 증강 독해는 이 둘을 변증법적으로 통합합니다. 방대한 내용 중 핵심을 찾아 깊게 파고, 필요한 부분을 찾아 연결·확장하고, 이상한 부분을 의심하며 읽는 것, 즉 찐독해의 정신을 살리되, AI라는 도구를 활용해 비독해의 속도와 범위를 함께 확보하는 방식입니다.

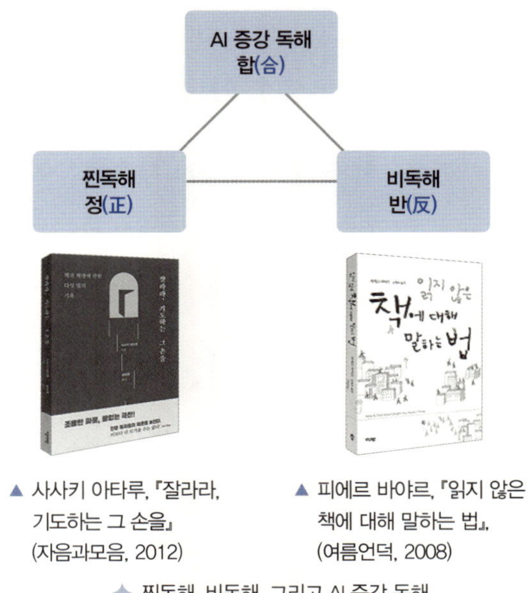

▲ 사사키 아타루, 『잘라라, 기도하는 그 손을』 (자음과모음, 2012)

▲ 피에르 바야르, 『읽지 않은 책에 대해 말하는 법』 (여름언덕, 2008)

◆ 찐독해, 비독해, 그리고 AI 증강 독해

AI 증강 독해의 핵심 가치

현대는 텍스트 홍수의 시대입니다. 매일 수십, 수백 건씩 쏟아지는 보고서, 논문, 기사, 책을 모두 완독하는 것은 불가능합니다. 게다가 홀로 '찐독해'를 진행하는 것은 독방에 들어가 면벽 수련하는 것처럼 힘들고 괴로운 과정입니다. 제가 수없이 경험해 봐서 잘 압니다. 하지만 AI와 함께 하면 마치 옆에 그 분야 전문가를 앉혀 놓고 대화하며 자료를 읽어 나가는 것처럼 얼마든지 쉽고 재미있게 생각을 펼쳐 나갈 수 있습니다.

이런 측면에서 AI 증강 독해는 정보의 홍수 속에서 지식 노동자가 살아남는 방법이며, 더 나아가 정보의 홍수 상황을 제대로 활용하는 방법입니다. AI를 활용하면 수많은 자료를 연결해 독해 경험을 획기적으로 보완하고, 증강하고, 고도화할 수 있습니다. 그것이 AI 증강 독해의 핵심 가치입니다.

Q3 AI 증강 독해에는 어떤 방법들이 있나요?

단순히 읽고 이해하는 것을 넘어, 더 체계적으로, 더 넓게, 더 깊게, 그리고 내 삶에 접목시키는 5가지 방법이 있습니다.

AI 증강 독해의 5가지 방법

AI 증강 독해는 단순히 AI에게 "요약해 줘."라고 부탁하는 것이 아닙니다. 텍스트를 읽는 목적과 필요한 깊이 수준에 따라 기본적, 구조적, 계보적, 심층적, 실천적 독해의 다섯 가지 방법을 전략적으로 조합해 활용합니다. 이 방법들은 사실 전문가들이 수천, 수만 권을 읽으면서 자연히 체득하게 되는 노하우들입니다. 하지만 과거에는 방법을 알아도 실행하기가 너무 힘들었습니다. 계보적 독해를 하려면 수십 권의 관련 자료를 직접 읽고 계보도를 그려야 했고, 텍스트의 숨겨진 의미를 제대로 읽어 내려면 전문가 여러 명이 모여 난상 토론을 벌여야 했습니다.

AI 증강 독해의 5가지 방법

❶ **기본적 독해**: 텍스트를 읽고 내용을 이해하기

❷ **구조적 독해**: 텍스트의 물리적·논리적·서술적 구조를 분석해 세부 내용의 의미를 새로운 각
   도로 파악

❸ **계보적 독해**: 텍스트를 과거·현재의 관련 담론과 연결해 시대/사회적 맥락을 파악

❹ **심층적 독해**: 표면적 의미를 넘어 본질적·중층적·이면적 의미까지 비판적으로 읽어 내기

❺ **실천적 독해**: 도출된 시사점과 아이디어를 업무·삶·미래 예측에 창조적으로 활용

생성 AI는 이러한 고차원적 독해를 놀랍도록 쉽게 만듭니다. 계보적 독해는 이제 AI에게 주제만 제시하면 됩니다. AI가 수십 권의 관련 문헌들을 빠르게 연결하고 사상의 흐름을 정리해 줍니다. 심층적 독해도 마찬가지입니다. "이 주장의 논리적 허점은 어디인가?", "반론의 입장에서 이 텍스트를 분석해 줘."라고 요청하면 전문가 여러 명이 며칠을 토론해야 나올 법한 다각도 분석이 단 몇 분 만에 펼쳐집니다. AI가 텍스트와 수많은 자료와 관련 견해, 그리고 나를 연결해 주는 실시간 사고 파트너가 된 것입니다. 이 책은 이처럼 다채로운 AI 활용법을 누구라도 쉽게 실천할 수 있는 방법을 안내합니다.

심화 독해로 가기 위한 5가지 기본적 독해 기법

다만, 처음부터 이런 고급 독해 방법들을 자유롭게 구사하기는 쉽지 않습니다. 고수가 되려면 기본기부터 탄탄히 다져야 합니다. 그래서 1권에서는 기본적 독해를 위한 5가지 기초 기법들을 5개의 챕터에 걸쳐 상세하게 제시했습니다. 질문하기, 연결·확장하기, 확인·검증하기, 요약·정리하기, 번역하기가 바로 그것입니다.

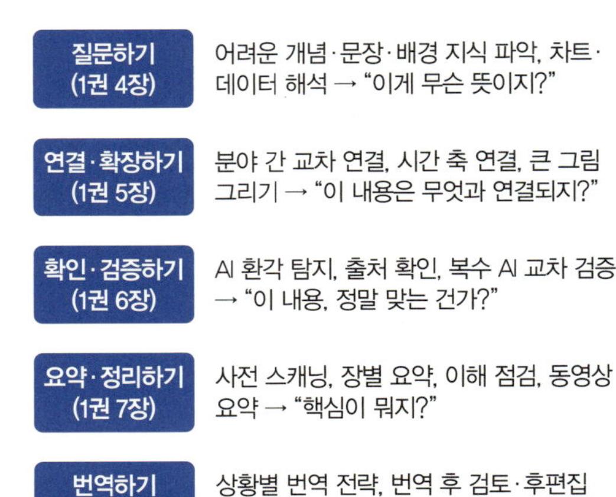

✦ AI 증강 독해의 세부 방법

　기본적 독해의 기법들이 쉬워 보인다고 얕보시면 안 됩니다. 이 기법들만 제대로 익혀도 일상 업무에서 AI 기본 활용법을 완전히 체화한 것이고, 자료를 읽어 내는 밀도 자체가 달라집니다. 그리고 무엇보다 이 기초가 단단해야 그다음 레벨의 AI 증강 독해가 가능해집니다. 기초 없는 심화는 모래 위의 성입니다. 태권도에서도 서기·지르기·막기·차기 등 기본 동작들이 탄탄해야 화려한 고급 기술들을 구사할 수 있습니다. 1권(개념·기초 편)에서 5가지 기본 기법을 잘 익히셨다면, 2권(심화·활용 편)에서 이를 활용해 비즈니스, 기술, 학술, 인문학 자료들을 거침없이 넘나들며 구조적, 계보적, 심층적, 실천적 독해를 실전에서 바로 써먹는 방법을 익히실 수 있습니다.

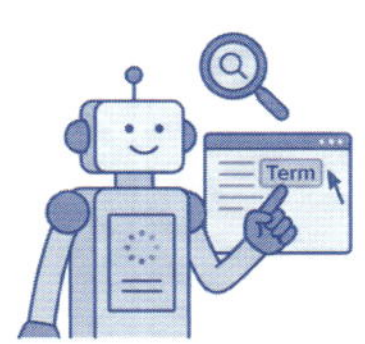

단순히 AI에게 질문하면, 누가 물어봐도 비슷한 답이 돌아옵니다. AI 증강 독해는 여기서 한 발 더 나아가 나만의 자료와 관점을 결합해 AI나 다른 사람이 도달하지 못한 독창적 인사이트를 만들어 낼 수 있습니다.

AI에게 그냥 물어보는 것의 한계

ChatGPT에게 "요즘 AI 트렌드 알려 줘."라고 물으면, 학습된 지식 범위(그림의 큰 원 영역) 안에서 그럴듯한 답을 줍니다. 그런데 그 답은 누가 물어봐도 거의 비슷합니다. 단순히 AI에게 질문하면, AI의 대답은 AI가 학습한 지식 안의 '보편적 답변' 수준에 머물러 있기 때문입니다.

반면, AI 증강 독해는 다릅니다. 최신 보고서나 독특한 관점이 담긴 책을 AI에게 입력(Feeding)한 다음, 나의 상황과 관점이라는 지렛대를 활용하면, AI의 학습 범위 밖의 새로운 인사이트를 창출해낼 수 있습니다. 'AI의 답을 그대로 가져다 쓰는 단순 활용자'에서 'AI를 이용해 나만의 새로운 인사이트(그림의 삼각형 영역)를 만들어내는 창출자'로 변신하는 것입니다.

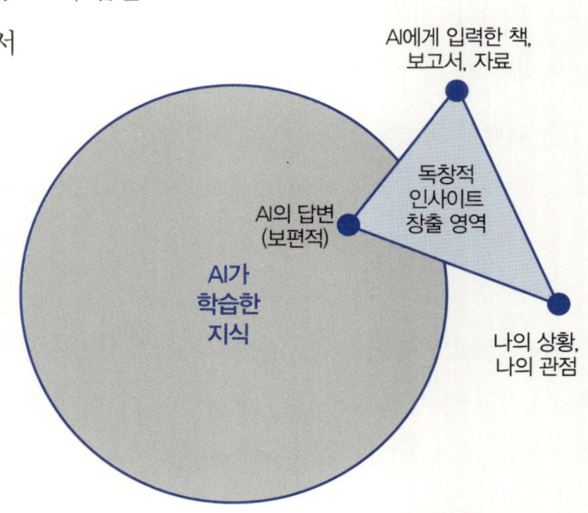

✦ AI 증강 독해의 필요성 – 새로운 인사이트의 창출

독창적 인사이트 창출의 3요소

- **AI의 학습 내용**: 방대한 기존 지식
- **AI에게 입력하는 재료**: 최신 자료, 독창적 보고서, 특수 데이터
- **나의 상황과 관점**: 업무 맥락, 개인적 경험, 전문 도메인 지식

이 3가지가 실제로 어떻게 맞물리는지, 사례를 들어 보지요. 요즘 주식계에서 핫한 엔비디아의 향후 실적 전망을 해야 하는 상황을 생각해 봅시다.

❶ **AI가 학습한 범위(원 안)**: "엔비디아의 어닝 서프라이즈 결과와 시장의 반응을 요약해 줘." → 수치 위주의 결과와 주가 변동 뉴스 위주로 답변합니다.

❷ **신규 자료 입력(Feeding, ① 재료)**: 엔비디아의 저번 분기와 이번 분기의 'Earnings Call Transcript(실적 발표 컨퍼런스 콜 녹취록) 전문'을 복사해 입력합니다.

❸ **나의 통찰/상황(② 나의 관점)**: 요즘 반도체 수급이 어려워지고 있다는 이야기가 많습니다. 그래서 "경영진이 특정 단어(예 공급 제약(Supply Constraint))를 언급한 횟수나 어조의 변화가 과거 분기 대비 어떻게 달라졌는지 분석하고 싶어."라고 입력해 봅니다.

❹ **새로운 통찰(삼각형, ③ AI 증강)**: AI 드리블링을 통해 Q&A 세션에서 경영진이 답변을 회피하거나 모호하게 표현한 구간을 포착하여 낙관적 뉴스 이면에 숨겨진 '차기 분기 실적 둔화 가능성'을 분석해냅니다.

이처럼 AI의 답변과 새로운 자료, 나의 통찰·상황의 3가지가 맞물릴 때, 비로소 AI는 또 한 번 새롭게 사고하여 다른 사람들이 가 보지 못한 새로운 통찰의 영역을 제시해 줍니다. 나만의 독창적 인사이트를 만들어 낼 수 있게 되는 것이지요. 단순히 AI를 쓰는 사람은 결

국 AI의 보편적 답변 안에 갇히지만, AI 증강 독해를 하는 사람은 AI의 한계를 뛰어넘는 지점에서 출발합니다. 이것이 인간이 AI를 제대로 활용하는 방식이고, AI 증강 독해가 필요한 이유입니다.

Q5 ▶ 그럼 'AI 드리블링'이란 무엇인가요?

> 수십 개의 프롬프트를 전략적으로 엮어서 완성도 높은 결과물의 초안을 만들어 내는 기법입니다.

축구 드리블에서 온 비유

축구 선수가 골대를 향해 드리블할 때를 상상해 보세요. 수비수들이 앞을 막고, 경기 흐름이 계속 바뀝니다. 미리 생각한 작전대로 움직이기 힘든 상황이 계속됩니다. 하지만 선수는 최종 목표인 골대를 놓치지 않고 공을 몰고 달려갑니다. 이것이 바로 'AI 드리블링'의 본질입니다.

일반적인 AI 활용이 "이 보고서 요약해 줘."라는 단발성 슛이라면, AI 드리블링은 20개, 50개, 심지어 100개 이상의 프롬프트를 연달아 이어가는 연속 과정입니다. 정보 부족이라는 장애물, 논리 충돌이라는 장애물, 시간 압박이라는 장애물을 하나씩 제치며 고품질 결과물이라는 골을 향해 나아가는 것입니다.

4R 프로세스: AI 드리블링의 기본 진행 과정

AI 드리블링은 크게 ❶ Ready(준비) – ❷ Recall/Research(소환/연구) – ❸ Report(초안 작성) – ❹ Refine(초안 수정)의 4가지 단계로 진행됩니다.

4R 프로세스

- Ready: 목표 설정, 배경 조사, 초기 구성안 스케치(2~3일)
- Recall/Research: AI와 함께 관련 지식 탐색·정리, 핵심 논거 수집(2~3시간)
- Report: AI 드리블링으로 보고서 초안 완성(1일)
- Refine: 검증, 보강, 스타일 정제, 완성도 향상(2주~)

AI 딥 리서치와 AI 드리블링의 차이

물론 딥 리서치로 한 번에 보고서를 뽑아낼 수도 있습니다. 하지만 두 방식의 접근 방식은 근본적으로 다릅니다. AI 딥 리서치는 골키퍼의 롱패스와 같습니다. 성공하면 단번에 골대 근처까지 보낼 수 있지만, 초반 세팅을 제대로 하지 않으면 공이 엉뚱한 곳으로 날아가 버리기 일쑤입니다. 반면, AI 드리블링은 선수가 공을 직접 몰고 달려가는 방식입니다. 시간은 더 걸리지만, 중간중간 방향을 조정하기 때문에 목표 지점에 도달할 확률이 훨씬 높습니다.

즉, AI 딥 리서치가 AI 주도의 자율 방식으로 표준화된 결과물을 빠르게 만드는 데 특화되어 있다면, AI 드리블링은 인간 주도의 협업 방식으로 나만의 맥락과 요구 사항이 녹아든 맞춤형 결과물을 완성하는 지적 프로세스입니다.

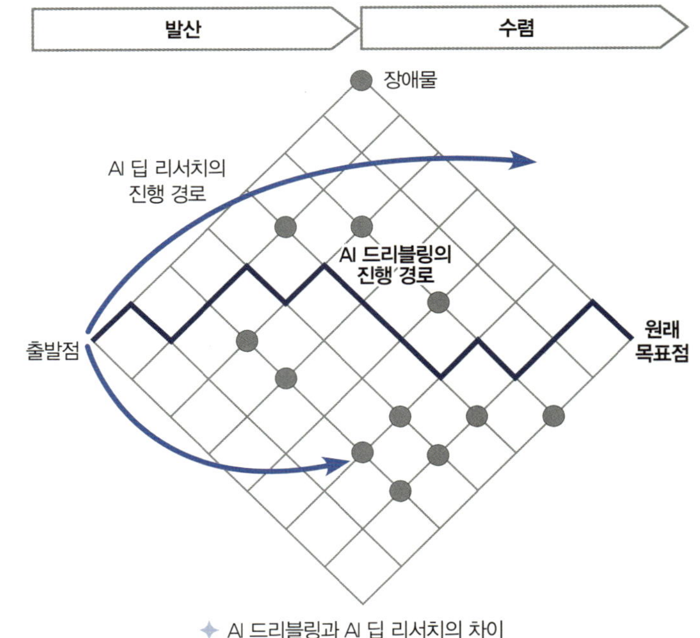

◆ AI 드리블링과 AI 딥 리서치의 차이

초반 시행착오를 최소화하고, 결과물 품질 제고에 온전히 시간을 쓸 수 있게 됩니다. AI 드리블링에 익숙해지면 업무 역할이 Writer에서 Producer로 바뀝니다.

기존 리서치 방식의 낭비 구조

전통적인 프로젝트 작업을 떠올려 보세요. 킥오프(1주), 자료 수집·예비 조사(2주), 스토리라인 수립(1주), 본 보고서 작성(3~4주)…. 전체 7~8주 중 절반 정도를 '방향 잡기'에 쓰다가 정작 본 작업은 납기에 쫓기며 허둥지둥 진행하게 됩니다. 게다가 초반 방향이 잘못 설정되었음을 2~3주가 지나서야 깨달았을 때의 난감함은 많은 분이 익히 잘 아실 겁니다.

AI 드리블링 기반의 역순 연구(Flipped Research) 방식은 이 구조를 뒤집습니다. 초반에 AI를 활용해 큰 그림과 보고서 초안을 빠르게 완성하면(Ready+Recall+Report, 3~5일), 관계자들은 이 초안을 놓고 방향성이 맞는지, 앞으로 무엇을 할지를 쉽게 논의할 수 있게 됩니다. 구체적인 초안 없이 논의를 전개하면 중구난방으로 흐를 가능성이 크지만, 구체적인 초안이 있는 상태의 논의는 빠르고 효과적으로 진행됩니다. 만약, 방향성이 틀렸더라도 매몰 비용이 크지 않아 가벼운 마음으로 빠르게 수정할 수 있습니다. 이렇게 초반 1주일 정도에 방향성을 결정하면, 남은 시간을 모두 입체적 검증과 추가적 고찰, 전문가 논의에 투입하여 작업 결과물의 품질을 크게 높일 수 있습니다.

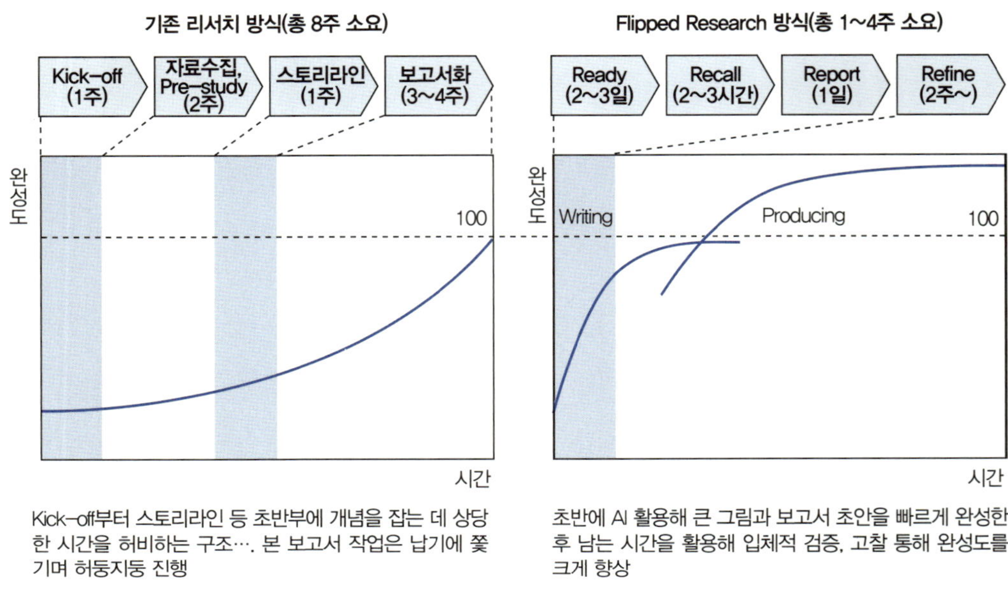

Kick-off부터 스토리라인 등 초반부에 개념을 잡는 데 상당한 시간을 허비하는 구조…. 본 보고서 작업은 납기에 쫓기며 허둥지둥 진행

초반에 AI 활용해 큰 그림과 보고서 초안을 빠르게 완성한 후 남는 시간을 활용해 입체적 검증, 고찰 통해 완성도를 크게 향상

✦ 기존 리서치 방식과 역순 연구 방식의 차이

Writer에서 Producer로

이러한 변화는 단순한 생산성 향상에 그치지 않습니다. AI 시대에는 일하는 방식 자체가 바뀝니다. 보고서 작성 업무를 예로 들어 볼까요? 기존의 작성자는 작가(Writer)로서 초안부터 수정, 윤문까지 처음부터 끝까지 직접 써 내려갑니다. 하지만 AI 드리블링을 활용하면 초안 작성과 세부 수정은 AI가 대신할 것입니다. 대신 사람은 TV 프로그램의 프로듀서(Producer)처럼 결과물의 방향을 설계하고, AI라는 작가를 효과적으로 이끌며, 최종 품질을 책임집니다. 혼자 글을 쓰는 장인에서, AI를 활용해 더 큰 판을 만들어 내는 감독으로 역할이 전환되는 것입니다. 이에 따라 필요한 역량도 변하게 됩니다.

글쓰기는 제가 30년 넘게 갈고 닦아온 손기술입니다. 그런데 AI 시대가 되니 이 손기술은 범용화되어 버렸습니다. 초밥 로봇이 등장했을 때 일본 초밥 장인들이 경험했던 것처럼 말이지요. 가성비 중심의 회전초밥 체인, 스시 부페들이 번창하며 소점포 스시야들은 상당수 몰락했습니다. 하지만 일부는 오마카세라는 새로운 업태를 창조했습니다. 오마카세에서는 초밥 쥐는 옛 손기술 이외의 새로운 기술들이 중요해집니다. 어떤 생선을 어떤 순서로, 어떤 농도의 대화와 함께 내놓느냐, 즉 프로세스 설계력과 편집력이 핵심이 됩니다.

컨설팅, 리서치, 법률, 회계 같은 고급 지식 노동도 마찬가지일 것입니다. 상당수 사람들은 지식 노동의 종말을 말합니다. 하지만 누군가는 초밥계의 오마카세처럼 새로운 고부가가치 업태를 만들어 낼 것입니다. AI 드리블링은 미래의 새로운 업무 환경에서 일하기 위한 새로운 손기술 중 하나입니다. 이 역량이 없다면, AI 시대에 여러분들이 곧 직면하게 될 업무 가속 상황에서 더 중요한 손기술들을 구사할 여유조차 생기지 않습니다.

Q.7 AI 시대에 문해력이 위기라는데, AI를 많이 쓰면 문해력이 더 떨어지지 않을까요?

AI를 잘못 쓰면 그럴 수도 있습니다. 그러나 AI 증강 독해는 오히려 문해력을 더욱 높이는 방법입니다.

문해력 위기의 진짜 원인

흔히 스마트폰, SNS, 짧은 콘텐츠 소비 습관이 문해력 저하의 원인으로 지목됩니다. 정보의 홍수와 모바일 환경에서 긴 텍스트를 집중해서 읽고, 논리를 따라가고, 맥락을 파악하는 능력이 약해지는 것은 분명한 사실입니다. 그렇다면 AI도 같은 문제를 일으킬까요?

핵심은 'AI를 어떻게 쓰느냐'에 달려 있습니다. AI에게 요약을 맡기고 요약본만 읽는다면, 이는 확실히 문해력 저하로 이어질 것입니다. 그러나 AI 증강 독해는 반대입니다. AI의 답변을 검증하고, AI의 해석에 반론을 제기하고, AI가 연결해 준 개념들의 맥락을 스스로 판단하는 과정에서 오히려 더 깊은 독해 역량이 길러집니다. 찐독해는 면벽수련처럼 힘들고 괴로운 과정입니다. 하지만 AI와 함께 자료를 읽는 것은 전문가를 옆에 붙여 놓고 토론해 가는 과정과 같습니다. 훨씬 빠르고 즐겁고 다채롭게 깊이 있는 자료 해석이 가능해집니다. 혹시 환각이 걱정된다면 여러 AI를 함께 쓰면 됩니다.

특히, 1권 3장에서 언급한 것처럼 AI 드리블링을 제대로 진행하면 당연히 초몰입 상태인 '존(Zone) 경험'을 하게 됩니다. 이 초몰입 상태는 문해력 회복에 중요합니다. SNS와 짧은 영상이 주의를 잘게 쪼개어 깊은 집중을 방해한다면, AI 증강 독해의 Zone 경험은 뇌를 고강도로 가동시키며 오히려 집중력을 끌어올립니다. 디지털 환경이 집중력을 파괴한다는 우려와 달리, 제대로 된 AI 협업은 깊은 독서(Deep Reading)에서 가능했던 깊은 몰입과 집중력을 회복시켜 줄 것입니다.

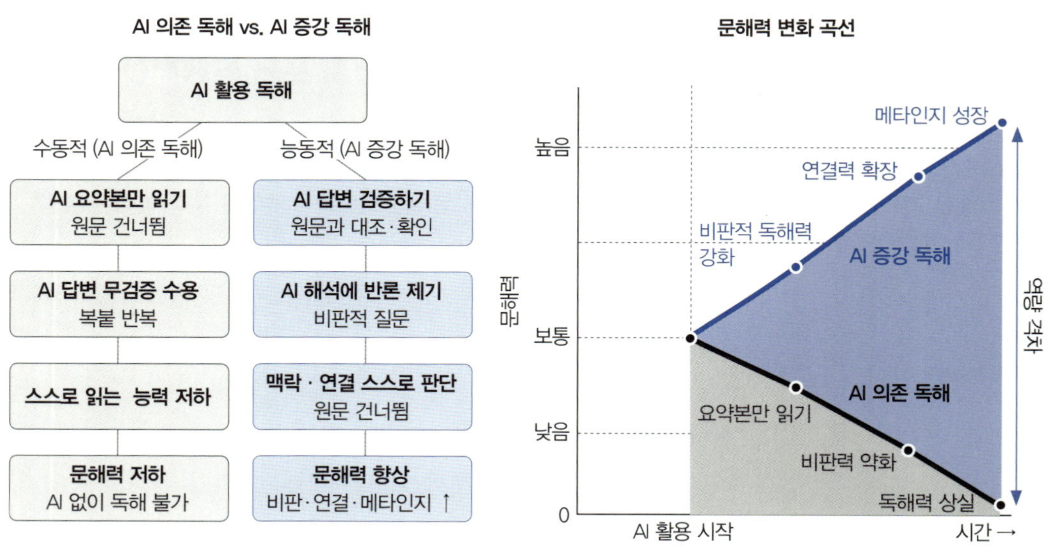

◆ AI 의존 독해 vs. AI 증강 독해

AI 증강 독해가 문해력을 높이는 3가지 이유

- **비판적 읽기의 강화**: AI의 답변을 그냥 받아들이지 않고 검증하는 과정이 제대로 된 비판적 독해(Critical Reading) 습관을 만듭니다.
- **맥락 연결 능력의 확장**: AI가 연결해 주는 다양한 맥락을 능동적으로 소화하면서 배경 지식과 연결 능력이 자연히 늘어납니다.
- **메타인지의 성장**: 내가 무엇을 알고 모르는지를 AI와의 대화 속에서 더 명확히 인식하게 됩니다.

결국 AI 시대에 문해력 위기의 진정한 해법은 AI를 멀리하는 것이 아닙니다. AI를 능동적으로, 비판적으로 활용하는 역량을 키우는 것입니다. AI 증강 독해는 바로 그 역량을 키우기 위한 방법론입니다. 깊은 독서(Deep Reading)는 AI를 멀리하기보다 AI를 적절히 결합할 때, 오히려 더 제대로 실현될 수 있습니다.

Q8 ▶ 이 책을 제대로 읽으면 무엇이 달라지나요?

> AI를 단순 도구가 아닌 '사고 파트너'로 활용하여 자신의 역량과 성과를 압도적으로 증폭시킬 수 있게 됩니다. 궁극적으로는 AI 시대에 대체 불가능한 존재인 'AI 증강 인간'으로 나아갈 수 있습니다.

AI 시대의 사용자 유형 분화

생성 AI가 소개된 지 3년이 지나면서 AI 활용 격차가 단순한 가능성을 넘어 실질적인 생산성 차이로 나타나고 있습니다. AI 기술이 고도화되고 적용 영역이 넓어질수록 이 격차는 더욱 가속화될 것입니다. 미래의 직장인들은 AI와의 관계 설정에 따라 크게 3가지 부류로 분화될 전망입니다.

첫째, AI 단순 활용자: 요약, 번역, 브레인스토밍 등 단발성 업무에 AI를 활용하는 사람입니다. AI 성능 향상에 따라 20~30%의 생산성 증가를 경험하겠지만, 시장이 요구하는 업무 수준 역시 빠르게 상승하고 있습니다. 결과적으로 AI에 의한 업무 대체 위험에 가장 직접적으로 노출될 가능성이 큽니다.

둘째, AI 적극 활용자: 체계적으로 프롬프트를 설계하고 AI 기반의 워크플로우를 직접 구축하는 사람입니다. 현재 소수의 '고성과자'들이 여기에 속하며, 이미 2~3배의 생산성 향상을 경험하고 있습니다. 당분간은 직장에서 충분한 대우를 받겠지만, 기술의 발전 속도가 워낙 가파르기에 대체 가능성에 대한 심리적 불안을 늘 안고 살아갑니다.

셋째, AI-인간 협업자: AI를 '사고의 파트너'로 활용하여 과거에는 불가능했던 일에 도전하는 사람입니다. 기존 업무에서 5~10배의 혁신적 성과를 거둘 뿐만 아니라 새로운 일들과 새로운 직무 가치를 스스로 만들어 내고 계속 진화하는 '초성과자'입니다. AI 단순 활용자나 AI 적극 활용자의 성과는 선형 증가하지만, AI-인간 협업자의 성과는 기하급수적으로 증가합니다. 새롭고 가치 있는 일들을 계속 만들어 내니 회사는 어떻게든 함께 일하려 할 것입니다. 즉, 이들은 궁극적으로 'AI 증강 인간(AI-Augmented Human)'으로 진화하여 AI 시대에 대체 불가능한 존재가 될 수 있습니다.

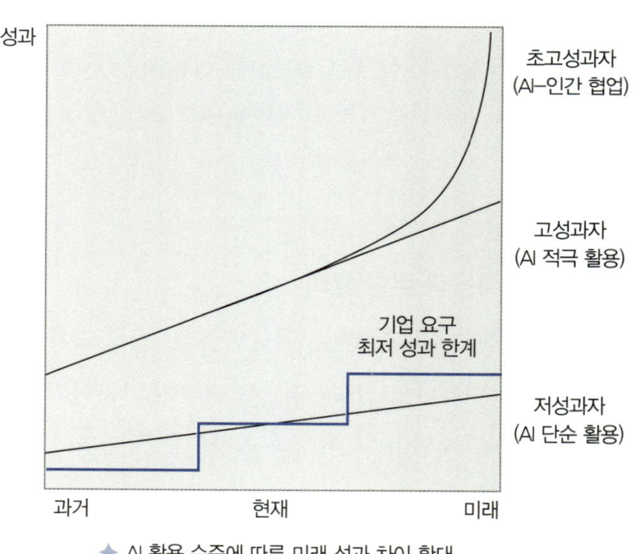

◆ AI 활용 수준에 따른 미래 성과 차이 확대

이 책은 여러분을 두 번째 단계에서 세 번째 단계로 이동시키기 위한 안내서입니다. AI 증강 독해로 지식 흡수 능력을 획기적으로 높이고, AI 드리블링으로 복잡한 보고서와 분석 작업을 완성하는 능력을 갖추게 되면, 역량 곡선은 선형이 아니라 기하급수적으로 성장합니다. 또한 이 책에서 익힐 수 있는 AI 시대의 사고법은 다른 업무에도 얼마든지 확산 적용 가능합니다. AI 시대의 새로운 읽기, 생각하기, 쓰기 방법론을 익히고 이를 기반으로 다양한 업무에서 뚜렷한 차이를 만들어 내는 사람, 미래 AI 사회에서 새로운 혁신을 주도할 사람, 즉 AI 증강 인간의 모습입니다.

지식 노동 직군에서 폭발하는 AI 잠재력

이러한 분화는 어디서 가장 먼저 일어날까요? 데이터가 그 답을 명확히 보여 줍니다. Anthropic이 올해 3월에 발표한 「AI의 노동 시장 영향 보고서(Labor Market Impacts of AI)」를 보면, 특히 전문 지식 노동 영역에서 AI의 잠재력은 이미 임계점을 넘었습니다.

오른쪽 그래프의 파란색 영역(이론적 최대 적용 범위)을 보면 경영·관리(91.3%), 비즈니스·재무(94.3%), 법률(89%) 등 지식 노동 직군 대부분이 90% 안팎에 달합니다. 하지만 회색 영역(실제 사용 정도)은 아직 그 잠재력의 일부에 불과합니다.

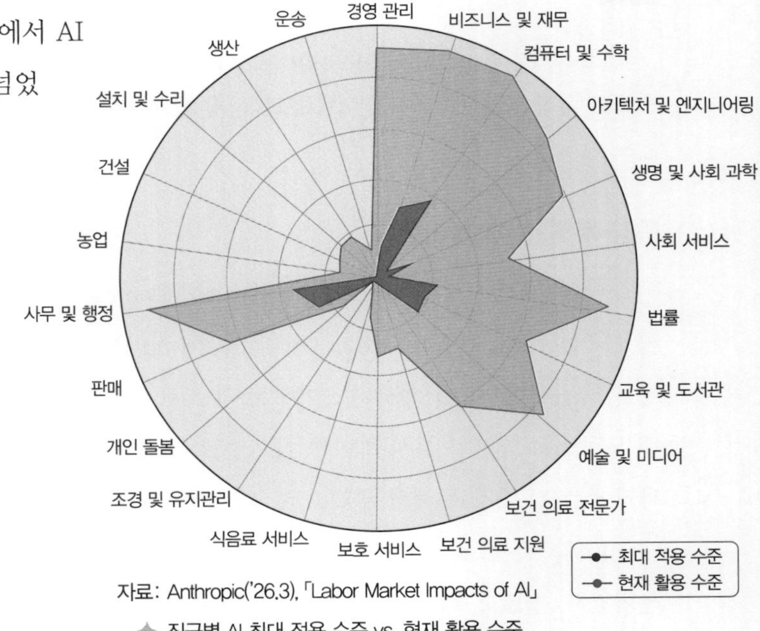

자료: Anthropic('26.3), 「Labor Market Impacts of AI」

◆ 직군별 AI 최대 적용 수준 vs. 현재 활용 수준

'**AI 증강**'이 곧 생존 전략인 이유

경영·관리, 전략·기획, 재무·법률 등 제가 주 독자로 강조한 지식 노동 직군이 바로 이 변화의 최전선에 있습니다. 보고서가 시사하듯 AI 적용 잠재력은 매우 크지만, 실제 현업에서 사용되는 정도는 아직 미약합니다. 즉, 남들보다 더 빨리, 더 제대로 AI를 활용하여 아직 채워지지 않은 파란 영역, 즉 AI 활용의 잠재력을 남들보다 먼저 실현해 낸다면, 압도적인 성과 차이를 만들어 낼 수 있습니다. 제가 제안하는 'AI 증강 독해'와 'AI 드리블링'은 바로 이 지점을 겨냥한 방법론입니다. 지식 노동자들이 AI를 단순한 도구가 아닌 사고의 파트너로 삼아, 복잡한 분석과 판단의 영역에서 압도적인 개인 차별성을 만들어 내도록 돕는 것, 그것이 바로 이 책의 존재 이유입니다.

Q9 **이 책 내용을 실천해 보려면 어떤 생성 AI가 좋은가요?**

AI 4대장 중 편한 것부터 시작하면 됩니다. AI 기술의 빠른 진보로 차이가 줄어들고 있지만, 용도에 따라 조합해 사용하면 더욱 효과적입니다.

증강 독해용 AI 가이드

보통 AI 4대장이라면 ChatGPT, Claude, Gemini, Perplexity를 많이 이야기합니다. 이외에도 NotebookLM이나 SciSpace, Research Rabbit 등 특화 AI들도 AI 증강 독해에 많이 활용됩니다. 책에 제시된 프롬프트나 프로세스는 어느 AI에서도 잘 작동합니다. 다만, AI 도구별로 약간씩 특성 차이가 있으므로 이를 감안해서 사용하는 것이 좋습니다. 제 경우 과거에는 AI 증강 독해의 주력으로 분석력이 뛰어난 Claude를 많이 활용했지만, 최근에는 Gemini와 NotebookLM을 많이 활용하고 있습니다. 작년 11월 이후 성능 자체도 많이 개선되었고, 업로드 가능한 파일 수나 대화 길이의 제약이 상대적으로 적기 때문입니다.

AI 도구별 특징(증강 독해 기준)

- Claude: 깊이 있는 분석과 글쓰기에 최강. 단 토큰 제한이 심한 편
- Gemini: 2025년 11월 이후 분석·글쓰기 전 영역에서 All–round Player로 부상
- ChatGPT: 간단한 질문·자료 탐색에 유리. 환각 문제는 여전히 주의 필요
- Perplexity: 초기 정보 조사에 매우 유용. 깊이 있는 분석은 다른 AI와 병행 권장
- NotebookLM: 환각 없는 AI 증강 독해에 탁월. 인포그래픽·슬라이드 생성도 가능
- SciSpace/Research Rabbit: 학술 연구 특화. 관련 논문 네트워크 파악에 강점

AI 드리블링용 AI 조합

 AI 드리블링 작업에서는 1가지 AI만 쓰는 것보다 여러 AI를 전략적으로 조합하는 것이 효과적입니다. 제 경우, 드리블링 머신으로는 복잡한 분석과 글쓰기에 강한 Claude와 Gemini를 주력으로 많이 사용합니다. ChatGPT는 여전히 환각 이슈가 존재하지만, 창의성이나 아이디어 생성 측면에서 강점이 있어 초반 Ready 단계에서 아이디어 점검이나 가설적 질문의 적절성을 검토하는 데 많이 활용합니다. NotebookLM과 Perplexity는 Recall/Research 단계의 내용의 기초 자료 생성이나 Refine 단계의 세부 검증에 많이 활용합니다. NotebookLM은 확보한 자료 안에서만 내용을 찾아보고 검증할 때, Perplexity는 인터넷에서 자료를 찾고 정리해야 할 때 유리합니다.

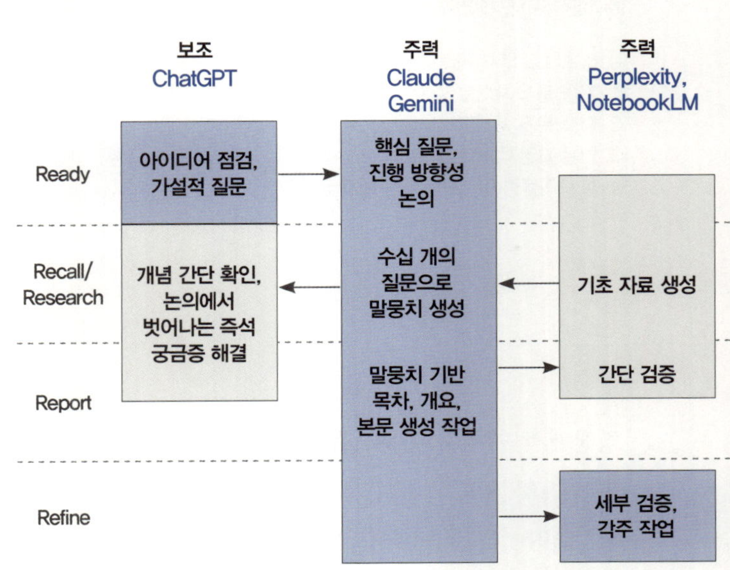

◆ AI 드리블링에서 생성형 AI를 활용하는 방법

이처럼 여러 AI를 함께 쓰는 것은 비용 부담이 좀 있기는 하지만, 각각의 특성과 강점을 적절히 활용할 수 있어 좋습니다. 게다가 다른 이점도 있습니다. 예를 들어, 환각을 피하는 가장 좋은 방법은 동일한 질문을 3개 AI에게 동시에 던져 보는 것입니다. 또한 한 AI의 답변을 다른 AI에게 비판·보강시키면 복잡하게 고민하지 않아도 쉽게 내용을 검증하고 보완할 수 있습니다. 수치 평가 작업에서는 '재현 곤란성' 문제를 극복하기 위해 3개 AI를 동시에 돌린 후 점수를 평균내어 사용하기도 합니다.

Q9 2권에서는 무엇을 다루나요?

> 1권이 AI와 함께 읽고 쓰는 방법의 개념과 기초를 다루는 기본서라면, 2권은 그 방법을 실전 문서에 직접 적용하는 심화 활용서입니다.

제2권(심화·활용 편)	제1권(개념·기초 편)
3부. 실전 문서, 제대로 적용하기(심화 · 활용 편)	**1부. 개념과 이론, 제대로 이해하기(개념 편)**
10. 비즈니스 문서 제대로 읽기 11. 기술 문서 제대로 읽기 12. 학술 문서 제대로 읽기 13. 인문 교양서 제대로 읽기 14. AI 드리블링으로 보고서 만들기	1. AI 증강 독해의 개념과 도구 2. 심화 독해의 4가지 방법 3. AI 드리블링의 이론과 프로세스
	2부. 방법과 기법, 제대로 익히기(기초 편)
	4. 질문하기 5. 연결 · 확장하기 6. 확인 · 검증하기 7. 요약 · 정리하기 8. 번역하기

직장에서 마주치는 문서들은 만만하지 않습니다. 100페이지짜리 시장 보고서, 기술 용어가 빼곡한 특허 분석서, 처음 들어보는 분석 기법이 난무하는 학술 논문 5편, 독서 토론을 위해 추려야 할 교양서 50권 등…. 자료 특성도 각각 상이할 뿐만 아니라 양도 많습니다.

때로는 전혀 생소한 분야의 자료들을 읽고 정리해야 합니다. 이런 측면에서 2권에서는 비즈니스·기술·학술·인문 교양이라는 4가지 실전 문서 유형에 AI 증강 독해를 적용해 보았습니다. 그리고 마지막 14장에서 AI 드리블링을 통해 결과물인 보고서를 만들어 내는 사례들을 제시하며, 현업의 실무 상황에서 꼭 필요한 핵심 내용들을 정리해 보았습니다.

10장. 비즈니스 문서

비즈니스 문서 독해의 핵심은 '숫자 뒤의 스토리'를 읽어 내는 것입니다. 10분 사전 스캐닝으로 읽을 가치를 판단하고, 3단계 본격 독해로 핵심을 파악한 후 4가지 심화 독해 기법으로 '보고서가 말하려 하지 않는 것들'을 찾아낼 수 있습니다. 살펴본 내용들을 보고서로 작성해 공유하는 것도 중요합니다. 후반부에 글로벌 소비자 트렌드 보고서를 실제로 독해하고 팀 내 보고서로 만드는 사례를 통해 이 모든 과정을 연결해 보여드립니다.

11장. 기술 문서

기술 문서를 읽을 때 가장 위험한 것은 '기술을 표면적으로 이해하고 과장하는 것'입니다. 실험실 성공과 시장 상용화 사이에는 종종 수년의 간격이 있고, 수많은 난관이 있습니다. 11장은 이 간격을 측정하는 법, 그리고 규제, 수요, 생태계라는 기술 자체보다 중요한 변수들을 AI와 함께 검증하는 법을 다룹니다. 아울러 기술 스크리닝 과정을 사례로 만들어 어떤 식으로 기술 자료들을 읽고 정리해야 하는지를 보여드립니다.

12장. 학술 문서

'통계적으로 유의하다.'와 '정책적으로 의미 있다.'는 전혀 다른 말입니다. 학술 문서를 학술적으로 읽는 방법들은 이미 대학 과정에서 많이 배우셨을 것입니다. 12장에서는 학술 문서를 비즈니스 현장, 정책 현장에서 활용하는 또다른 방식에 대해 살펴봅니다. 국정감사 대응 자료를 급히 마련해야 하는 연구원의 현실을 따라가며 논문 5편을 75분 안에 스캐닝하고 우선순위를 정하는 법, 학술 내용을 실무 언어로 번역하는 법을 익힙니다.

13장. 인문 교양서

인문 교양서는 매력적일수록 조심해야 합니다. 저자의 개인 경험이 보편적 원리처럼 포장되기도 하고, 타당하지만 구체성이 없는 원칙만 제시되는 경우도 많고, 서구의 사례가 한국 현실에 그대로 통하는 것처럼 이야기될 때도 있습니다. 이런 측면에서 13장은 저자 DNA 해독법·비즈니스 번역법·문화적 필터링이라는 3가지 렌즈로 이 함정을 피하는 법을 다룹니다. 또한 수많은 책들에서 내 상황에 들어맞는 책들을 찾아내고, 이에 대한 다각도 분석을 진행하는 방법들을 보여드립니다.

14장. AI 드리블링 실전 사례

1권의 3장에서 배운 AI 드리블링의 4R(Ready – Recall/Research – Report – Refine) 이론이 실제로 어떻게 작동하는지를 생생한 3편의 사례를 통해 보여드립니다. ▶ 25개 프롬프트로 3시간 만에 논의 자료를 완성하는 교과서적 사례, ▶ 3주에 걸쳐 세 번 중단되고 재개되며 68개 프롬프트를 사용해 보고서를 만든 좌충우돌 현실 사례, ▶ 104개 프롬프트로 3일간 글로벌 지정학적 리스크를 분석한 사례 등 AI 드리블링이 이론을 넘어 실전의 영역에서 어떻게 활용되는지를 30여 개의 AI 드리블링 실전 팁과 함께 보실 수 있습니다.

2권이 1권과 구별되는 점은 3가지입니다.

첫째, 문서 유형마다 상이한 독해의 함정과 주의 포인트들에 대해 상세하게 제시했습니다. 비즈니스 보고서에서 숫자 뒤의 스토리를 읽는 방법과 기술 문서에서 TRL을 판단하는 방법, 학술 논문에서 통계적 유의성과 실무적 의미를 구분하는 방법, 인문 교양서에서 저자 DNA를 해독하는 방법은 각기 다릅니다. 이 내용들은 AI 증강 독해가 아닌 일반 독해 관점에서도 알아 두면 매우 유용한 고급 팁들입니다. 2권은 오랜 현장 경험을 바탕으로 파악한 내용들을 문서 유형별로 구체적으로 먼저 짚어 줍니다.

둘째, 1권에서 배운 AI 증강 독해 방법론이 실제 문서에 어떻게 적용되는지를 단계별 사례와 프롬프트로 세세하게 안내합니다. 1권에서 개념을 소개해드린 구조적, 계보적, 심층적, 실천적 독해라는 4가지 심화 독해 기법이 각 문서 유형에서 실제로 어떤 순서로, 어떤 프롬프트로 구현되는지를 직접 따라가며 익힐 수 있습니다. 1권을 읽고 나서 막막했던 "그래서 지금 이 보고서 앞에서 어떻게 해야 하지?"라는 여러분들의 궁금증에 2권이 답합니다.

셋째, AI 드리블링이 현실에서 어떻게 전개되는지 시행착오까지 포함해 생생하게 보여줍니다. AI 드리블링은 처음부터 완벽한 계획을 세우는 것이 아니라, 예상치 못한 AI의 답변에 반응하며 방향을 조정해 나가는 '계획된 즉흥'입니다. 그 과정을 직접 보고 나면, 여러분도 첫 프롬프트를 두려움 없이 입력할 수 있게 될 것입니다.

1권이 지도라면, 2권은 그 지도를 들고 실제 지형을 걸어 본 여정의 기록들입니다. 아울러 AI 드리블링 과정에서 꼭 익히셔야 하는 30개 비법들도 함께 제공됩니다. 또한 책 표지 다음에 동봉된 쿠폰 번호를 이용하면 자료 파일을 다운로드할 수 있습니다. 여기에는 책에 소개된 AI 드리블링의 세부 과정들과 결과물들이 수백 페이지에 걸쳐 세세하게 담겨 있습니다.

준비되셨나요? 그럼 AI 증강 독해와 AI 드리블링의 심화·활용의 여정을 함께 재미있게 시작해 보시지요.

심화·활용편

제2권

3부 ： 실전 문서 제대로 적용하기

AI 증강 독해와 AI 드리블링의 교육 현장 활용

3부

실전 문서 제대로 적용하기

심화 · 활용 편

10장 비즈니스 문서
11장 기술 문서
12장 학술 문서
13장 인문 교양서
14장 AI 드리블링의 실전 사례

읽는 것과 쓰는 것, 이 두 행위는 사실 하나입니다. 진짜 독해는 이해에서 끝나지 않고 생각을 정리해 글로 옮기는 순간 완성됩니다. 3부에서는 AI 증강 독해가 현장에서 어떻게 이루어지고, 또 그 독해 결과가 AI 드리블링으로 어떻게 고품질 보고서로 이어지는지를 여러 문서 유형별로 생생하게 보여 드립니다.

3부의 구성은 다음과 같습니다.

10장 비즈니스 문서 – 숫자 뒤에 숨은 스토리를 읽어 내는 법을 배웁니다. 10분 스캐닝부터 심화 독해에 이르기까지 글로벌 소비자 트렌드 보고서를 직접 독해하고 팀 내 보고서로 만드는 전 과정을 따라갑니다.

11장 기술 문서 – 기술 문서들을 심층적으로 읽어 내는 눈을 키웁니다. 또한 여러 기술들을 비교하며 유망 기술들을 선별해 이를 보고서화하는 과정도 같이 살펴봅니다.

12장 학술 문서 – 같은 학술 논문이라도 학자와 실무자의 활용 방법은 다를 수 있습니다. 여기서는 실무자의 관점에서 논문 5편을 75분 안에 스캐닝하고, 학술 언어를 실무 언어로 번역하는 실전 기술을 익힙니다.

13장 인문 교양서 – 매력적인 책일수록 함정이 있습니다. 저자 DNA 해독법 · 비즈니스 번역법 · 문화적 필터링이라는 3가지 렌즈로 인문서를 비판적으로 읽고, 현장에 실제로 적용 가능한 통찰만 추려내는 법을 배웁니다.

14장 AI 드리블링 실전 사례 – 25개, 68개, 104개 프롬프트까지 AI 드리블링으로 어떻게 현실 문제들을 해결해 결과물까지 도달하는지 30여 개의 실전 팁과 함께 보여드립니다.

3부를 통해 여러분은 문서의 유형을 가리지 않는 'AI 증강 독해 기술', 읽기와 생각하기 그리고 쓰기를 하나로 연결하는 '실전 통합 역량', 그리고 AI와 함께 긴 호흡의 복잡한 과제를 끝까지 완주하는 '드리블링 내공'을 얻게 될 것입니다. 이제 개념을 넘어 실전으로, AI와 함께 진짜 성과를 만들어 내는 여정을 시작해 보세요.

10 비즈니스 문서

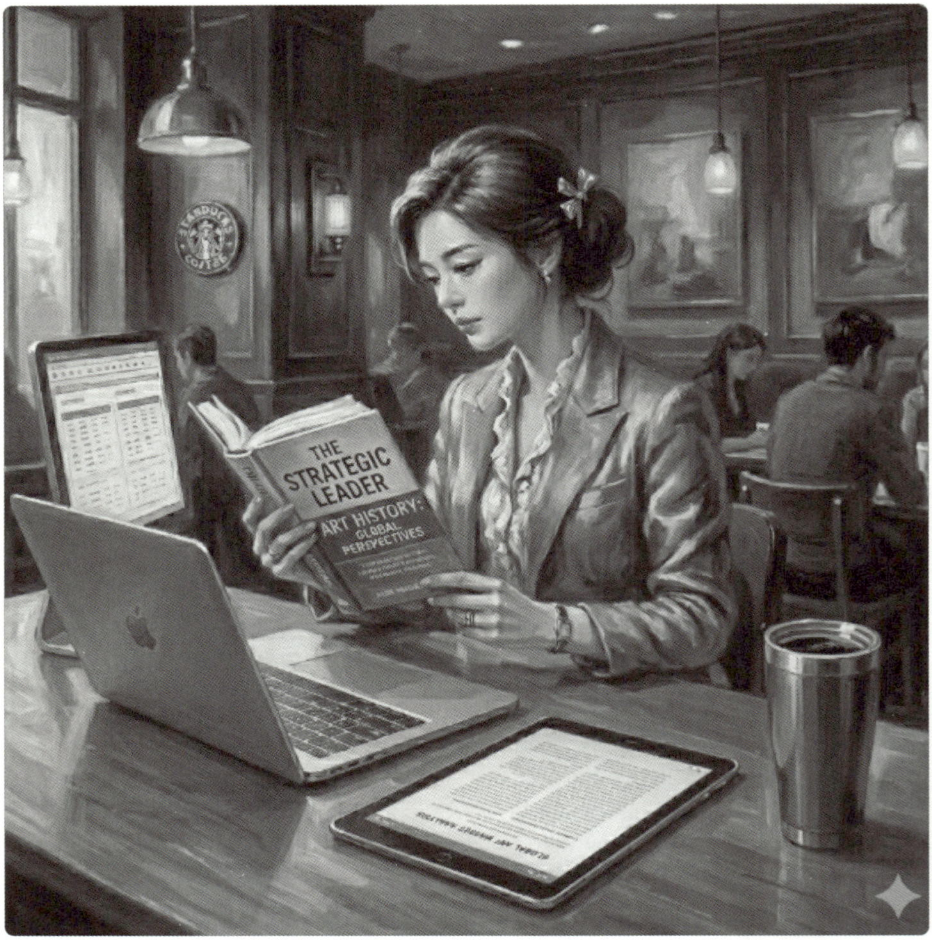

✦ 장 오노레 프라고나르의 『책 읽는 소녀』를 모티브로 해서 나노 바나나를 이용해 현대의 비즈니스 우먼이 카페에서 책을 읽는 모습을 구현한 그림

10장은 실무에서 가장 자주 접하는 비즈니스 문서를 AI와 함께 효율적으로 독해하는 방법을 다룹니다. 시장 트렌드, 사업 기획, 투자 분석, 전략 컨설팅 등 다양한 보고서를 대상으로 제한된 시간 내에 핵심을 파악하고, 의사결정에 필요한 인사이트를 도출하는 실전 독해법을 배웁니다. 특히, 10장에서는 이론적 방법론을 체계적으로 살펴본 후 시장 트렌드 보고서를 활용한 실전 사례로 전 과정을 생생하게 따라가 볼 수 있도록 구성했습니다.

10장의 전체 구조

10.1 비즈니스 문서의 특징과 독해 포인트
→ 비즈니스 문서가 일반 교양서와 다른 특징과 독해 시 주의해야 할 함정을 이해한다.

10.2 사전 스캐닝 전략
→ 10분 투자로 문서의 가치를 판단하고 읽기 전략을 수립하는 방법을 익힌다.

10.3 본격 독해 방법
→ 10분 → 20분 → 30분 단계별 전략적 독해 프로세스를 통해 핵심 내용을 효율적으로 파악하는 방법을 배운다.

10.4 심화 독해 4기법 적용
→ 2장에서 배운 구조적·계보적·심층적·실천적 독해를 비즈니스 문서에 구체적으로 적용하여 남들이 놓치는 통찰을 찾아낸다.

10.5 실전 독해의 사례 이론에서 현실로
→ 유로모니터 트렌드 보고서를 활용한 실제 독해 사례를 통해 사전 스캐닝부터 심화 독해까지의 전 과정을 체험하고, 10개의 프롬프트로 1시간 30분 만에 완성도 높은 분석 보고서를 작성하는 방법을 익힌다.

내 상황에 맞는 읽기 가이드

독자별 니즈	독해 가이드
"비즈니스 문서의 기본 특징과 주의 사항을 알고 싶어요."	10.1로 바로 이동해 6가지 특징과 7가지 함정 이해하기
"시간이 없는데 중요한 보고서를 빨리 판단해야 해요."	10.2로 바로 이동해 10분 가치 판단법 익히기
"보고서를 체계적으로 읽는 방법을 배우고 싶어요."	10.3으로 바로 이동해 단계별 전략적 적용 방법 학습
"남들이 놓치는 인사이트를 찾아내고 싶어요."	10.4로 바로 이동해 심화 독해 4기법 적용 방법 습득
"실제 보고서로 전 과정을 체험해 보고 싶어요."	10.5로 바로 이동해 유로모니터 보고서 실전 사례 학습
"프롬프트를 어떻게 구성하는지 알고 싶어요."	10.5의 프롬프트 구성 논리 부분 집중 독해
"비즈니스 문서 독해의 전체 흐름을 체계적으로 익히고 싶어요."	10.1 → 10.2 → 10.3 → 10.4 → 10.5 순서로 완벽 학습 진행

● 비즈니스 보고서 독해는 왜 특별한가?

월요일 오전 9시, 이번 주 팀 회의 준비를 위해 책상에 앉았습니다. 쌓여 있는 자료들을 보니 머리가 아파옵니다. 50페이지짜리 증권사 산업 전망 보고서, 경쟁사의 3분기 사업 보고서, 컨설팅 사에서 발간한 이슈 보고서 등 모두 중요한 자료들인데 언제 다 읽어서 회의 자료로 만들어야 할지 막막하기만 합니다.

이처럼 비즈니스 문서는 일반 교양서와는 다른 접근이 요구되는 텍스트입니다. 제한된 시간 내에 의사결정에 필요한 핵심 정보를 빠르게 파악하고, '이 정보를 어떻게 활용할 것인가'까지 생각해야 하는 실전 독해가 필요합니다. 소설이나 에세이처럼 천천히 음미하며 읽는 여유로운 독서와는 거리가 멀지요.

하지만 현실에서 대다수 사람들은 비즈니스 문서를 읽는 체계적인 방법을 제대로 배운 적이 없습니다. 교양서나 전공 서적 읽는 법은 대학에서 배울 수 있습니다. 하지만 비즈니스 문서에서 핵심만 빠르게 추출해 읽는 방법, 애널리스트 보고서의 숨어 있는 편향을 찾아내는 방법, 컨설팅 보고서의 핵심 프레임워크를 우리 회사에 맞게 변형하는 방법들은 알려 주지 않습니다. 그 결과, 많은 사람이 중요한 비즈니스 문서 앞에서 '대충 읽고 넘어가기' 또는 '처음부터 끝까지 다 읽기'라는 비효율적인 방법을 사용하고 있습니다. 1권 1장에서 말한 비독해와 찐독해 사이에서 갈팡질팡하는 것이지요.

AI 증강 독해는 이런 문제를 해결하는 강력한 도구입니다. 생성형 AI와 함께하면 50페이지 보고서도 30분 내에 핵심을 파악할 수 있고, 복잡한 재무 데이터 뒤에 숨어 있는 스토리도 빠르게 읽어 낼 수 있거든요. 더 중요한 것은 단순히 내용을 요약하는 것을 넘어 해당 문서가 우리의 업무나 투자 결정에 어떤 의미를 갖는지도 구체적으로 파악할 수 있다는 점입니다.

다만 AI 증강 독해를 본격적으로 시도하기 전에 비즈니스 문서의 핵심적인 특징, 일반적 서술 구조, 독해 포인트, 독해 시 조심해야 할 함정 등 일반적인 이야기부터 먼저 제시하려고 합니다. 젊은 분들 가운데는 의외로 이런 기본 내용들을 잘 모르는 사람들이 많기도

하고, 기본 내용들을 잘 알고 있어야 비즈니스 문서에 대한 AI 증강 독해를 제대로 실행할 수 있기 때문입니다.

● 비즈니스 문서의 6가지 핵심 특징

목적 지향성 **모든 내용이 의사결정을 위해 존재한다**

비즈니스 문서는 '누군가의 의사결정을 돕기 위해 만들어진' 자료입니다. 일반 교양서가 지식 전달이나 사고의 확장을 목적으로 한다면, 비즈니스 문서는 철저하게 실용적인 목적을 추구합니다. 예를 들어, 증권사의 투자 보고서는 이 주식을 살지 말지를 결정하는 데 도움을 주고, 컨설팅 보고서는 어떤 전략을 선택해야 할지를 경영진이 판단하는 데 도움을 줍니다. 따라서 비즈니스 문서를 읽을 때는 항상 '이 정보가 어떤 결정에 도움이 되는가?' 라는 관점을 유지해야 합니다.

데이터 강조 **숫자와 차트가 핵심 메시지를 담고 있다**

비즈니스 문서의 또 다른 특징은 정량적 데이터와 시각 자료에 핵심 내용이 담겨 있다는 점입니다. 일반 책에서는 차트나 표가 본문 내용을 보완하는 보조 역할을 합니다. 하지만 비즈니스 문서에서는 오히려 차트와 표가 메인이고, 텍스트가 이를 설명하는 보조 역할을 하는 경우가 많습니다. 예를 들어, 시장 전망 보고서에서 '반도체 시장이 성장하고 있다.' 라는 서술보다 '2024년 18% 성장 → 2025년 예상 15% 성장'이라는 구체적인 수치, 그리고 이를 시장 규모와 함께 보여 주는 차트가 훨씬 중요한 정보입니다. 따라서 비즈니스 문서를 읽을 때는 텍스트 위주로 읽지 말고 차트와 표를 먼저 훑어 보는 것이 효과적입니다.

시간 민감성 **정보의 최신성이 가치를 좌우한다**

비즈니스 문서는 시간에 매우 민감합니다. 6개월 전 시장 전망은 현재 상황과 완전히 다를 수 있습니다. 작년 사업 보고서의 전망치는 이미 과거 데이터가 되어 실제 실적으로 검증을 해 보아야 합니다. 이러한 특성 때문에 비즈니스 문서를 읽을 때는 항상 작성 시점과 현재 시점 사이의 시간 차이를 고려해야 합니다. 특히, 주식 투자나 사업 계획 수립에 활용할 문서라면, 발행일이 언제인지, 그 이후 어떤 중요한 사건이나 변화가 있었는지 반드시 체크해야 합니다. 아무리 좋은 분석이라도 시의성을 잃으면 오히려 잘못된 판단을 유도할 수 있거든요.

이해관계 반영   중립적이지 않은 관점을 고려해야 한다

비즈니스 문서는 완전히 중립적이지 않다는 점을 항상 염두에 둬야 합니다. 애널리스트 보고서는 해당 증권사의 수익 모델(예 거래량 확대를 통한 수수료 수익 창출)과 연결되어 있습니다. 기업의 사업 보고서에는 주주들에게 긍정적인 메시지를 전달해 주가를 방어하려는 동기가 담겨 있습니다. 컨설팅 보고서 역시 프로젝트 수주를 염두에 두고 작성되는 경우가 많습니다. 이것이 나쁘다는 뜻은 아닙니다. 다만, 문서를 읽을 때 '이 문서를 쓴 사람이나 기관은 어떤 입장에서 이 내용을 서술하고 있는가?'를 항상 생각해 보는 것이 중요합니다. 심층적 독해에서 보았던 이해관계가 비즈니스 문서에서는 의외로 중요합니다.

표준화된 구조   업계 관례에 따른 일정한 패턴이 있다

다행히 비즈니스 문서는 상당히 표준화된 구조를 가집니다. 사업 보고서는 대부분 '사업 개요 → 재무 현황 → 위험 요인 → 향후 계획'의 순으로 구성되고, 투자 보고서는 '투자 의견 → 산업/기업 분석 → 재무 분석 → 목표 주가 → 투자 리스크' 형태로 전개됩니다. 이런 표준화된 구조를 알고 있으면 문서를 훨씬 효율적으로 읽을 수 있습니다. 어떤 정보가 어디에 있는지 예측할 수 있고, 필요한 부분만 선택적으로 읽는 것도 가능하거든요.

프레임워크 중심   체계적 분석 틀이 핵심이다

컨설팅 사 보고서의 경우, 체계적인 분석 프레임워크가 핵심입니다. 맥킨지의 MECE (Mutually Exclusive, Collectively Exhaustive) 원칙이나 BCG의 성장-점유율 매트릭스 같은 구조화된 사고 틀을 바탕으로 복잡한 비즈니스 상황을 정리하고 해결책을 제시하죠. 이런 프레임워크를 이해하면 단순히 결론만 받아들이는 것이 아니라 그 사고 과정 자체를 우리 업무에 응용할 수 있습니다. 컨설팅 보고서의 진짜 가치는 결론보다는 오히려 '어떤 관점에서 어떻게 생각했고, 근거가 무엇인가?'에 있는 경우가 많습니다.

● 비즈니스 문서의 4가지 유형과 서술 구조

비즈니스 문서를 효율적으로 독해하려면 각 유형별로 표준 구조를 미리 익혀 두는 것이 중요합니다. 마치 동네 지도를 보는 것처럼 어떤 정보가 어디에 배치되어 있을지 예측할 수 있거든요.

시장 보고서 구조 **현재 → 미래 → 위험 순서**

① Executive Summary → **②** 시장 개요 및 현황 → **③** 시장 트렌드 분석 → **④** 주요 플레이어 분석 → **⑤** 시장 전망 → **⑥** 리스크 요인 → **⑦** 결론

시장 보고서는 보통 현재 상황 파악부터 시작해 미래 전망으로 이어지는 시간 순서를 따릅니다. Executive Summary(핵심 요약)에서 핵심 메시지를 먼저 제시하고, 이를 뒷받침하는 데이터와 분석, 그리고 이에 기반한 미래 전망을 본문에서 차근차근 전개하는 구조이지요. 급하게 읽어야 할 때는 Executive Summary와 시장 전망 부분만 봐도 80%는 파악할 수 있습니다.

다만, 진짜 시장 보고서는 일반인들이 쉽게 입수하기 힘듭니다. IDC, 유로모니터, 칸타 등의 조사 기관에서 발행하는 시장 보고서의 가격은 무척 비쌉니다. 한 편당 보통 2,000~3,000달러 이상입니다. 그래서 기업들은 대개 자기 산업 분야만 1년 계약 형태로 수만 달러에 구독해서 봅니다.

하지만 한국에서는 이들 1차 시장 자료들을 가공한 2차 보고서 자료들을 여러 공공 산업 정보 포털에서 쉽게 구할 수 있습니다. 예를 들어, ICT 시장 정보는 ITFind(https://www.itfind.or.kr), 생명 공학 산업, 시장 정보는 바이오인(https://www.bioin.or.kr), 해외 지역별 시장 정보는 KOTRA(https://www.kotra.or.kr/) 등에서 얻을 수 있습니다. 본인의 산업, 업무 분야별로 이런 전문 정보 포털을 잘 알아 두고 적절히 활용하는 것도 중요한 경쟁력입니다.

❶ 회사 개요 → ❷ 사업 내용 → ❸ 재무 상황(연결/개별 재무제표 및 주석) → ❹ 이사 및 감사 의견 → ❺ 지배 구조 관련 사항(이사회, 주주 권리, 임직원 관련 공시) → ❻ 계열 회사 정보

사업 보고서는 법적 공시 의무 때문에 비교적 정형화된 구조를 가집니다. 사업 내용에서 사업의 전반적인 상황을 정성적으로 체크하고, 재무 상황에서 실제 숫자를 확인하고, 이사 및 감사 의견에서 회사가 스스로 인정하는 문제점들을 파악하는 것이 핵심입니다. 특히, 위험 요인들은 여기저기 흩어져 있고 회사가 의도적으로 축소해서 표현하는 경우가 많으므로 주의 깊게 읽어야 합니다.

상장 기업들의 사업 보고서는 한국은 금감원 DART 시스템(https://dart.fss.or.kr/), 미국은 EDGAR Online(https://www.edgar-online.com/), 일본은 EDINET(https://disclosure.edinet-fsa.go.jp/), 중국은 CNINFO(http://www.cninfo.com.cn/)에서 얻을 수 있습니다. 유럽의 경우, 유럽 전체를 포괄하는 단일 공시 시스템은 없고, 국가별로 OAM(Officially Appointed Mechanism)이라는 공시 저장소를 운영합니다. 유럽 회사들의 경우, 각 회사의 홈페이지에서 공시 자료들을 다운로드하는 것이 빠릅니다.

증권사 투자 보고서 구조 | **결론 → 근거 → 위험 순서**

❶ 투자 의견 → ❷ 기업 개요 → ❸ 산업 분석 → ❹ 기업 분석 → ❺ 재무 분석 → ❻ 밸류에이션 → ❼ 목표 주가 리스크 → ❽ 고지 사항

투자 보고서는 바쁜 투자자들을 위해 결론(투자 의견)을 맨 앞에 1페이지로 압축하여 제시하고, 이를 뒷받침하는 분석을 순서대로 전개합니다. 산업 및 기업 분석 부분에서는 애널리스트가 중요하게 생각하는 정성적 정보들을 얻을 수 있습니다. 이 정보들은 기업이 발행한 사업 보고서와는 약간 차별적인 내용들이 많아 유용합니다. 밸류에이션 부분에서 목표 주가 산정 과정을 확인하고, 리스크 부분에서 애널리스트가 우려하는 점들을 파악하는 것도 중요합니다.

원래 투자 보고서는 증권사에서 자기 회사에서 계좌를 트고 거래를 하는 고객들에게 서비스 차원에서 제공합니다. 하지만 요즘 국내에서는 홈페이지에서 일반인들에게도 투자 보고서들을 공개하는 증권사들도 많습니다. 또한 네이버 페이 증권(https://finance.naver.com/research/)이나 한경 컨센서스(https://markets.hankyung.com/consensus)에서도 대다수 증권사들의 보고서들을 쉽게 구할 수 있습니다.

모건 스탠리, Bank of America 등 해외 투자 은행/증권사의 보고서는 S&P나 톰슨(Thompson) 등 전문 유료 신디케이트 서비스를 이용해야 해서 일반인들이 접근하기는 어렵습니다. 다만, 유명한 해외 기업들의 자료는 구글 검색을 통해 찾아볼 수도 있습니다. 아래처럼 검색식을 만들어 구글에서 검색해 보세요. 아무리 생성형 AI 시대라지만, 검색 엔진의 검색식 스킬은 여전히 유용합니다. 생성형 AI 검색은 PDF 자료보다 HTML 자료들을 우선해 찾지만, 정작 공신력 있는 보고서들은 PDF 형태로 발행되거든요.

- **해외 주요 기업별 투자 보고서 찾기**
  - **'영문 기업명(또는 티커) 발행 기관명 equity research filetype:pdf'**
  - **예** 모건 스탠리에서 발행한 엔비디아(Nvidia) 관련 보고서 중 일부 노출된 자료 찾기
    nvidia morgan stanley equity research filetype:pdf
- **응용: 상위 5대 투자 은행/증권사에서 나온 테슬라(Tesla) 관련 보고서 중 일부 노출된 최신 자료 찾기**
  - ("JPMorgan" OR "Goldman Sachs" OR "Morgan Stanley" OR "Bank of America" OR "Citibank") Tesla "equity research" filetype:pdf after:2026-01-01
- *** 검색식 포인트: ❶ 괄호(( ))는 여러 연산자들을 묶을 때 이용, ❷ 따옴표(" ")는 정확한 문구나 표현 검색시 이용, ❸ OR은 "또는" 검색, ❹ filetype:pdf는 pdf 파일만 필터링, ❺ after:2026-01-01은 2026년 1월 1일 이후 나온 자료들만 필터링**

컨설팅 사 보고서 구조 **문제 → 분석 → 해결 순서**

❶ 문제/이슈 정의 → ❷ 분석 프레임워크 또는 분석 방법론 → ❸ 현황 분석 →
❹ 핵심 인사이트 → ❺ 전략 및 실행 방안 제안 → ❻ 기대 효과

컨설팅 사 보고서는 문제 해결 프로세스를 따라 구성됩니다. 분석 프레임워크 부분에서

어떤 관점으로 문제를 바라보는지 파악하고, 핵심 인사이트에서 새로운 발견이나 통찰을 확인하는 것이 핵심입니다. 단순히 결론만 보지 말고 '어떻게 생각했는가?'에 주목해야 해요.

컨설팅 사 보고서 중 공개된 자료들은 해당 컨설팅 사에 방문하면 찾을 수 있습니다. 예를 들어, 맥킨지(https://www.mckinsey.com/), BCG(https://www.bcg.com/), 딜로이트(https://www.deloitte.com/), 베인 컨설팅(https://www.bain.com/), 롤랜드 버거(https://www.rolandberger.com/), 노무라 컨설팅(https://www.nri.com/en/index.html) 등은 북마크해 놓고 자주 방문할 가치가 있습니다. 특정 주제에 대한 해당 컨설팅 사 자료를 검색 엔진을 통해 구하고 싶다면, 아래와 같은 검색식을 이용하면 됩니다.

- 위 컨설팅 사들이 발행했거나 언급된 휴머노이드 로봇 보고서 중 2024년 이후 발간된 자료를 찾는 경우

  ("McKinsey" OR "BCG" OR "Deloitte" OR "Bain" OR "Roland Berger" OR "Nomura Research") "humanoid robot" filetype:pdf after:2024-01-01
- 한국어 보고서도 필요한 경우

  ("McKinsey" OR "BCG" OR "Deloitte" OR "Bain" OR "Roland Berger" OR "Nomura Research") ("humanoid robot" OR "휴머노이드 로봇") after:2024-01-01

  * 검색식 포인트: "휴머노이드 로봇"을 검색식에 포함해 한글 보고서까지 탐색
- 2024년 이후 발간된 휴머노이드 로봇 관련 보고서를 위 컨설팅 사 사이트에서 직접 찾는 경우

  (site:mckinsey.com OR site:bcg.com OR site:deloitte.com OR site:bain.com OR site:rolandberger.com OR site:nomuraholdings.com) "humanoid robot" after:2024-01-01

● 비즈니스 문서의 7가지 독해 포인트

핵심 수치와 지표 **숫자 뒤의 스토리 읽기**

비즈니스 문서에서 숫자는 단순한 데이터가 아니라 스토리를 담고 있는 핵심 정보입니다. 매출 증가율, 시장 점유율, 영업 이익률 같은 수치들은 그 자체로도 중요하지만, 더 중요한 것은 그 숫자가 의미하는 바를 정확히 파악하는 것이에요. 예를 들어, '매출 20% 증가'라는 수치를 봤을 때도 '작년 베이스가 낮아서 상대적으로 높게 나온 것인지', '실제 시장

확대에 따른 성장인지', '일회성 대형 계약 때문인지'를 구분해야 합니다. AI와 함께 하면 이런 복잡한 수치 분석도 쉽게 할 수 있습니다.

- **주의해야 할 함정 – 유리한 데이터만 선별적으로 제시하는 '체리 피킹'**

비즈니스 문서에서는 종종 자신의 주장에 유리한 데이터만 골라서 제시하는 경우가 나타납니다. 예를 들어, 전체 시장은 축소되고 있지만, 특정 세그먼트만 성장하고 있는 경우, 성장 영역만 강조해서 긍정적인 메시지를 전달하는 식이죠. 이런 편향을 발견하려면 언급되지 않은 데이터나 반대 증거가 무엇인지 항상 생각해 봐야 합니다. AI와 함께라면 "이 보고서에서 다루지 않은 중요한 지표나 리스크는 무엇인가?"같은 질문을 통해 객관적인 분석을 할 수 있습니다.

전망과 근거 **미래 예측의 논리 구조 파악**

비즈니스 문서에서 미래 전망은 가장 중요하면서도 가장 불확실한 부분입니다. '내년 시장 규모 30% 성장 예상'이라는 전망이 있다면, 그 근거가 무엇인지, 어떤 가정을 바탕으로 하는지 반드시 확인해야 합니다. 전망의 신뢰도를 판단하려면 근거 데이터의 품질, 가정의 합리성, 과거 예측 정확도 외부 변수 고려 정도 등을 다각적으로 평가해야 해요. 이 부분에서 AI의 도움을 받으면 훨씬 객관적인 평가가 가능합니다.

- **주의해야 할 함정 – 로즈 컬러드 글래스(Rose–colored Glass)[2]라는 과도한 낙관주의 편향**

많은 비즈니스 문서가 지나치게 낙관적인 전망을 제시하는 경향을 보입니다. 특히, 새로운 기술이나 시장에 대한 전망 보고서는 성장 가능성만 강조하고 현실적인 제약이나 장애물은 축소해서 표현하는 경우가 많습니다. 예를 들어, 2021년경에 쏟아진 메타버스나 VR/AR 관련 보고서들은 대부분 향후 시장 규모를 수조 원 단위로 전망했지만, 실제로는 기술적 한계, 사용자 경험 문제, 콘텐츠 부족 등으로 예상보다 훨씬 느리게 발전하고 있습니다.

---

2   로즈 컬러드 글래스(Rose–colored glasses): '장밋빛 안경'이란 이 표현은 세상을 실제보다 훨씬 더 긍정적이고, 아름답고, 낙관적으로만 바라보는 태도를 비유할 때 사용합니다.

 시장 역학과 플레이어 분석

시장에서의 경쟁 구도와 주요 플레이어들의 관계를 파악하는 것은 비즈니스 이해의 핵심입니다. 1위 기업과 2위 기업의 전략이 어떻게 다른지, 신규 진입자가 기존 질서에 어떤 영향을 미치는지 등을 이해해야 전체 그림을 그릴 수 있거든요. 특히, 시장 점유율 변화, 가격 경쟁 양상, 차별화 전략 등은 투자나 사업 전략 수립에 직접적인 영향을 미치는 중요한 정보입니다.

- **주의해야 할 함정 – 자사 또는 고객사에 유리한 경쟁사 평가 내용**

경쟁사에 대한 평가는 종종 객관적이지 않을 수 있습니다. 특히, 기업이 직접 발간하는 보고서나 특정 기업을 고객으로 하는 컨설팅 보고서에서는 해당 기업에 유리한 방향으로 경쟁 구도가 분석될 가능성이 높습니다.

 숨어 있는 위험 신호 탐지

비즈니스 문서에서 리스크 요인은 의도적으로 축소되거나 애매하게 표현되는 경우가 많습니다. 하지만 실제 투자나 사업 결정에서는 이런 위험 요소들이 결정적인 역할을 하죠. 규제 변화, 기술 혁신, 경쟁 심화, 원자재 가격 변동 등 다양한 리스크를 제대로 파악해야 합니다. AI와 함께라면 문서에서 언급된 리스크뿐만 아니라 언급되지 않은 잠재적 위험까지 체계적으로 분석할 수 있습니다.

- **주의해야 할 함정 – 작성 시점의 일시적 상황을 과대 반영하는 시점 편향**

문서 작성 시점의 시장 상황이나 사회적 분위기가 과도하게 반영되는 경우가 있습니다. 주식 시장이 호황일 때 작성된 보고서는 대체로 낙관적이고, 불황일 때는 비관적인 전망이 많아지죠. 특히, 호황일 때 리스크 요인은 손쉽게 축소 제시됩니다. 이런 시점 편향을 고려해 장기적인 관점에서 균형잡힌 시각을 유지해야 합니다.

 데이터 신뢰성 검증

정보의 출처와 신뢰성을 확인하는 것은 비즈니스 문서 독해의 기본입니다. 같은 내용이라도 출처에 따라 신뢰도가 완전히 달라질 수 있거든요. 1차 자료(회사 직접 발표)와 2차 자료(언론 보도), 3차 자료(분석 보고서)를 구분하고, 각각의 장단점을 이해해야 합니다.

- **주의해야 할 함정 – 출처 세탁 현상과 리서치 밀(Research Mill)[3] 자료의 함정**

2차, 3차 자료를 인용하면서 마치 1차 출처를 직접 확인한 것처럼 제시하는 경우도 많습니다. 예를 들어, "매킨지(McKinsey)에 따르면…."이라고 언급하지만 실제로는 매킨지 보고서를 직접 확인하지 않고 다른 언론 기사나 블로그에서 재인용한 경우입니다. 이 과정에서 원래 데이터의 맥락이나 중요한 전제 조건이 누락되거나 왜곡될 수 있습니다.

한편, Grand View Research, MarketsandMarkets처럼 시장 전망 자료를 대량 생산하며 리서치 방앗간(Research Mill)이라 불리는 기관들의 시장 보고서들이 요즘 비즈니스 문서에 자주 인용됩니다. AI도 딥 리서치에서 자주 인용하고요. 접근성이 좋고 표준화된 포맷으로 되어 있기 때문입니다. 하지만 동일한 시장에 대해서도 예측 편차가 10~100억 달러 수준으로 크게 나타나며, 검증 과정이 불명확한 경우가 많습니다. 이러한 자료를 무비판적으로 수용하면 전략 방향을 망칠 수 있습니다.

작성자의 관점 **이해관계와 편향 고려**

비즈니스 문서를 읽을 때는 '누가 왜 이 문서를 썼는가?'를 항상 생각해야 합니다. 증권사 애널리스트는 회사의 거래 수수료 수익이나 분석 대상 기업과의 친분 관계를 고려할 수 있고, 기업 IR 팀은 주가 관리 측면을 고려할 수 있죠. 이것이 나쁘다는 뜻은 분명 아닙니다. 단지 그런 관점이 반영되어 있다는 것을 미리 고려하고 읽어야 한다는 것이지요.

- **주의해야 할 함정 – 작성 기관의 이해관계**

문서 작성 기관의 비즈니스 모델이 내용에 영향을 미칠 수 있습니다. 예를 들어, 증권사 애널리스트 보고서에서 '매수' 의견이 많은 이유 중 하나는 거래 수수료 수익과 연관이 있을 수 있습니다. 투자 은행 부서와 리서치 부서가 분리되어 있다고 하지만 완전히 독립적이기는 어렵거든요. 또한 기관의 자산 운용 자회사에서 투자를 많이 한 기업이나 산하 VC나 사모펀드에서 투자한 기술의 경우, 아무래도 안 좋게 평가하기가 힘들어집니다.

3 　리서치 밀(Research Mill): 공장(Mill)처럼 증권사나 전문 리서치 기관에서 끊임없이 리포트와 분석 자료를 찍어내듯 생산하는 행태 또는 그 조직을 의미합니다.

 사고 과정의 논리 구조

컨설팅 사 보고서에서는 어떤 프레임워크를 사용해서 문제를 분석했는지 파악하는 것이 중요합니다. 5-Forces 분석, SWOT 분석, 가치사슬 분석 등 다양한 분석 도구들의 장단점을 이해하고, 사용된 프레임워크가 해당 상황에 과연 적합한지 평가해야 해요.

• 주의해야 할 함정 – 복잡한 문제의 과도한 단순화

컨설팅 사 보고서에서 특히 주의해야 할 편향입니다. 복잡한 비즈니스 문제를 깔끔한 프레임워크로 정리하는 것은 컨설팅의 장점이지만, 때로는 현실의 복잡성을 과도하게 단순화할 수 있습니다. 또한 항상 '해결책이 존재한다.'라는 전제하에 분석하기 때문에 근본적으로 해결하기 어려운 문제들도 해결 가능한 것처럼 포장될 수 있습니다.

● 비즈니스 문서의 리터러시 체크 포인트

비즈니스 문서를 읽을 때 아래 질문들을 스스로에게 던져 보세요.

- 이 결론에 반하는 데이터나 증거는 없을까?
- 이 전망이 실현되려면 어떤 조건들이 필요할까?
- 이 문서를 쓴 기관은 어떤 이해관계를 가지고 있을까?
- 같은 주제에 대한 다른 기관의 견해는 어떨까?
- 이 분석에서 놓친 중요한 변수는 없을까?

이런 함정들을 피하려면 1가지 문서에만 의존하지 말고 동일 주제에 대해 여러 출처의 자료들을 교차 검증하는 것이 중요합니다. AI와 함께하면 이런 교차 검증 작업도 훨씬 효율적으로 할 수 있습니다. 다음 절에서는 이런 관점을 바탕으로 비즈니스 문서를 체계적으로 사전 스캐닝하는 방법을 알아보겠습니다.

10.2 사전 스캐닝 전략

● 10분의 마법: 읽기 전 판단이 모든 것을 바꾼다

"보고서 하나를 메일로 보낼 테니 살펴보고 내일 회의에서 의견을 말씀해 주세요."

상사로부터 이런 요청을 받고, 메일로 온 시장 분석 보고서를 열어 보니 70페이지 분량의 영어 자료입니다. 시간은 저녁 6시, 집에 가서 아이들 저녁도 챙겨야 하는데 언제 다 읽어야 할지 막막하기만 합니다.

이런 상황에서 많은 사람이 하는 실수가 바로 '일단 처음부터 읽기 시작하는 것'입니다. 하지만 경험 많은 비즈니스 프로들은 절대 그렇게 하지 않아요. 대신 10분 정도 투자해서 문서 전체를 훑어 보며 '이 문서가 내 시간을 투자할 가치가 있는지', '가치가 있다면 어떻게 시간을 배분해 읽을 것인지'를 먼저 판단합니다. 1권(개념·기초 편)의 '7장. 요약·정리하기'에서 보았던 사전 스캐닝을 진행하는 것이지요. 왜 이런 사전 스캐닝이 중요할까요?

첫째, 시간 효율성 때문입니다. 모든 문서가 같은 가치를 갖지 않거든요. 어떤 보고서는 핵심 인사이트가 가득하지만, 어떤 보고서는 뻔한 내용만 반복하는 경우도 있습니다.

둘째, 읽기 전략 수립 때문입니다. 문서의 성격과 구조를 미리 파악하면 어떤 부분에 집중해야 할지, 어떤 부분은 건너뛰어도 될지 전략적으로 접근할 수 있습니다.

AI를 활용하면 사전 스캐닝을 훨씬 체계적이고 정확하게 진행할 수 있습니다. 혼자서는 놓치기 쉬운 중요한 단서들도 AI가 포착해 주고, 객관적인 관점에서 문서의 품질과 가치를 평가해 줄 수 있거든요.

● 10분 내 가치 판단법

2분 차 **문서 기본 정보 스캔 – "이 문서는 누가, 언제, 왜 만들었나?"**

첫 2분은 문서의 신상 정보를 파악하는 데 집중하세요. 표지나 첫 페이지에서 발행 기관, 작성일, 페이지 수, 문서 유형을 빠르게 확인합니다. 이 정보들이 중요한 이유는 문서의 신뢰도와 시의성을 판단하는 기초 자료이기 때문이에요. 예를 들어, 코로나19 이후 시장 변화를 다룬 보고서인데, 작성일이 코로나 초기인 2020년 3월이라면 그 분석은 이미 큰 의미가 없겠죠. 반대로 글로벌 투자 은행에서 최근에 발간한 보고서라면 상대적으로 높은 신뢰도를 가질 수 있고요. 이 과정에서 1권(개념·기초 편) 7장에서 배웠던 문서 기본 정보 파악 프롬프트를 활용할 수도 있습니다. 다들 기억 나시죠?

문서 기본 정보 파악 프롬프트

"이 책(보고서)의 기본 정보(저자, 발행 기관, 주제)와 서지 정보, 목차 구조, 기본 내용을 간단히 알려 줘."
"이 책(보고서)의 작성 배경과 목적을 간단히 요약해 줘."

자료 파일 참조 🔗

4분 차 Executive Summary 집중 탐독 – "이 문서의 핵심 메시지는 무엇인가?"

대부분의 비즈니스 문서에는 Executive Summary(핵심 요약)나 요약 섹션이 있습니다. 이 부분은 말 그대로 바쁜 경영진들을 위해 핵심 내용만 압축해 놓은 것입니다. 2~3분만 투자하면 문서 전체의 핵심 내용을 파악할 수 있게 되죠. 여기서 주목할 것은 핵심 결론이나 추천 사항, 주요 수치나 전망, 핵심 근거나 논리입니다. 만약, Executive Summary를 읽고 나서 '이미 알고 있는 내용이네.' 또는 '우리 업무와 직접적인 관련이 없네.'라는 판단이 든다면, 더 깊이 읽지 않아도 될 것입니다.

6분 차 핵심 차트 3~4개 스캔 – "데이터가 어떤 스토리를 말하고 있나?"

비즈니스 문서에서 시각 자료는 종종 텍스트보다 더 중요한 정보를 담고 있습니다. 문서를 빠르게 스크롤하면서 눈에 띄는 차트나 그래프, 표 3~4개를 선택해서 살펴보세요. 특히, 시장 규모 변화, 성장률 추이, 경쟁사 비교, 지역별/부문별 분석 등의 차트는 문서의 핵심 메시지를 압축적으로 보여 주는 경우가 많습니다. 차트나 표를 보면서 '이 데이터가 놀랍거나 새로운가?', '우리 업무에 직접적인 영향을 주는가?'를 빠르게 판단해 보세요.

8분 차 결론 및 시사점 확인 – "이 문서가 제시하는 액션 아이템은 무엇인가?"

문서의 결론(Conclusion)이나 시사점(Implications) 섹션을 확인하세요. 여기서는 분석 결과를 바탕으로 한 실행 가능한 제안이나 향후 전망을 제시하는 경우가 많거든요. 좋은 비즈니스 문서라면 단순히 현황 분석에 그치지 않고 '그래서 어떻게 해야 하는가?'에 대한 답변을 제시할 것입니다. 이 부분을 읽으면서 우리의 업무나 의사결정에 구체적으로 도움이 될 만한 인사이트가 있는지 판단해 보세요.

10분 차 빠른 품질 체크와 다음 행동 결정 – "이 문서를 어떻게 활용할 것인가?"

마지막 2분은 지금까지 스캔한 내용을 종합해서 문서의 품질과 활용도를 평가하는 시간입니다. 내용을 대강 살펴봤다면 1권(개념·기초 편)의 7장에서 배웠던 '문서 유형별 핵심 내용 미리 보기'의 프롬프트를 이용해 전체 내용을 가볍게 정리해 보세요(1권 p.353~p.354 참조). 만일 시장 보고서라면 다음의 프롬프트로 핵심 내용을 정리할 수 있겠지요?

> **시장 보고서 핵심 내용 정리 프롬프트**
>
> "이 시장 보고서의 핵심 내용을 시장 분석의 관점에서 요약해 줘."
> 1) 현재 시장 규모와 성장률, 향후 전망
> 2) 시장을 이끄는 핵심 트렌드 3~5가지
> 3) 주요 시장 참여자와 경쟁 구도 분석
> 4) 시장의 성장 요인과 저해 요인
>
> **자료 파일 참조** 🔗

이후 다음 3가지 중 하나를 결정하면 됩니다.

> **10분 스캐닝 후 결정할 3가지**
>
> 1. **정밀 분석 필요**: 독해 가치가 높고 업무 직결 → 30분~1시간 투자
> 2. **선택적 독해**: 독해 가치는 일부만 있음 → 관심 섹션만 15~30분 투자
> 3. **스킵 또는 보관**: 현재 독해 가치는 낮음 → 나중에 필요할 때 재검토

이런 판단을 내릴 때 중요한 것은 완벽주의를 버리는 것입니다. 모든 문서를 다 읽어야 한다는 강박에서 벗어나 현재 상황에서 가장 가치 있는 정보에 집중하는 것이 더 효율적이에요. 이렇게 사전 스캐닝을 통해 문서의 가치를 평가하고 우선순위를 설정했다면, 이제 본격적으로 문서를 읽을 준비가 된 셈입니다. 다음 절에서는 이런 준비 작업을 바탕으로 실제 본격 독해를 진행하는 방법을 알아보겠습니다.

● 본격 독해의 시작: 구조부터 파악하라

사전 스캐닝을 통해 '이 문서는 읽을 가치가 있다.'라고 판단했다면, 이제 본격적인 독해에 들어갈 차례입니다. 하지만 여기서도 많은 사람이 실수를 하죠. 바로 첫 페이지부터 순서대로 읽기 시작하는 것입니다. 생각해 보세요. 처음 가는 도시에서 길을 찾을 때 무작정 걸어가나요? 대개 지도를 보고 움직이죠. 이와 마찬가지로 비즈니스 문서도 전체 지도를 그려 놓고 읽어야 효율적입니다. 200페이지 보고서를 무작정 첫 페이지부터 읽어 나가면 50페이지쯤에서 '아, 이건 우리에게 필요한 정보가 아니네.'라고 허탈해할 수도 있습니다.

경험 많은 컨설턴트들이나 애널리스트들을 보면, 문서를 받자마자 목차를 먼저 꼼꼼히 살펴보고, 각 섹션이 어떤 내용을 다루는지 파악한 후에 읽기 시작합니다. 이렇게 하면 전체 논리 흐름을 이해하면서 읽을 수 있고, 필요한 정보가 어디에 있는지도 미리 예상할 수 있거든요. AI와 함께하면 이런 구조 파악이 훨씬 체계적이고 빨라집니다. 혼자서는 놓치기 쉬운 문서의 숨어 있는 구조나 패턴도 AI가 포착해 주고, 각 섹션의 상대적 중요도도 객관적으로 평가해 줄 수 있습니다.

● 단계별 읽기 전략: 10분→20분→30분 프로세스

1단계 **구조 파악(10분) – 이 문서의 구조는 어떠한가?**

첫 10분은 문서의 전체 구조와 흐름을 파악하는 데 집중하세요. 마치 건물의 설계도를 보는 것처럼 문서가 어떻게 구성되어 있는지 이해하는 단계입니다.

- **목차 분석으로 전체 흐름 이해**: 목차를 보면서 각 장이 어떤 순서로 배열되어 있는지, 논리적 연결성이 있는지 확인하세요. 좋은 비즈니스 문서는 보통 '문제 제기 → 현황 분석 → 해결책 제시'나 '과거 → 현재 → 미래' 같은 명확한 흐름을 갖고 있습니다.
- **각 섹션의 분량과 비중 확인**: 어떤 섹션이 가장 많은 페이지를 차지하는지 확인해 보세요.

일반적으로 가장 긴 섹션이 저자가 가장 중요하게 여기는 부분이거든요. 예를 들어, 시장 전망 보고서에서 '현재 시장 현황'이 50페이지, '미래 전망'이 10페이지라면 이 보고서는 예측보다는 현황 분석에 중점을 둔 것으로 볼 수 있습니다.

- **차트/그래프 위치와 유형 파악**: 문서를 빠르게 넘기면서 차트나 그래프가 어디에 집중되어 있는지 확인하세요. 데이터 시각화가 많은 섹션일수록 핵심 정보가 담겨 있을 가능성이 높아요.

이런 관점에서 다음 프롬프트를 이용해서 생성형 AI에게 문서의 구조 분석을 시킬 수도 있습니다. 2장의 구조적 독해에서 배웠던 내용들입니다(1권의 p.64~p.74 참조).

> **10분 구조 파악 프롬프트**
> "이 문서의 목차와 구조를 분석해서 다음을 알려 줘."
> 1) 전체 논리 흐름(어떤 순서로 논증이 전개되는지)
> 2) 각 섹션의 상대적 중요도(분량 기준)
> 3) 데이터나 차트가 집중된 핵심 섹션
> 4) 이 문서를 효율적으로 읽는 순서 제안

2단계 핵심 내용 추출(20분) – 이 문서의 핵심 메시지는 무엇인가?

구조를 파악했다면, 이제 가장 중요한 내용부터 집중적으로 읽어야 합니다. 모든 부분을 균등하게 읽는 것이 아니라 핵심 부분에 시간을 집중 투자하는 것이죠.

- **Executive Summary 정밀 분석**: 이미 사전 스캐닝에서 한 번 읽어 봤지만, 이번에는 더 꼼꼼히 읽어 보세요. 각 문장이 어떤 근거에 바탕하고 있는지, 결론이 논리적으로 타당한지 평가해 보세요. 특히, 수치나 전망치가 나오면 그 기준이 무엇인지 확인하는 것이 중요합니다.

- **주요 수치와 지표 정리**: 매출 증가율, 시장 점유율, 성장률 등 핵심 지표들을 따로 정리해 보세요. 이때 절댓값뿐만 아니라 상대적 비교도 함께 파악해야 합니다. '20% 성장'이라는 수치도 업계 평균이 10%인지, 30%인지에 따라 의미가 완전히 달라지거든요.

- **결론과 시사점 파악**: 분석 결과를 바탕으로 저자가 어떤 결론을 내리고 있는지, 그리고 독자에게 어떤 행동을 제안하고 있는지 파악하세요. 좋은 비즈니스 문서는 단순히 현상을 설명하는 것을 넘어 실행 가능한 시사점을 제시합니다.

생성형 AI를 통해 이러한 과정들을 함께 진행할 수도 있습니다. 혹시 전체 내용의 요약이 필요하다면, 1권(개념·기초 편)의 '7장. 요약·정리하기'에서 제시한 프롬프트를 활용해 보시기 바랍니다. 아울러 보고서마다 실제 내용은 제각각이므로 상황에 맞게 아래 기본 프롬프트들을 적절히 수정해서 활용해 보세요.

Executive Summary 정밀 분석 프롬프트

"이 문서의 Executive Summary를 다음 관점에서 분석해 줘."
1) 핵심 결론 3가지와 각각의 근거
2) 제시된 수치나 전망의 기준과 신뢰성
3) 논리적 일관성 점검(결론이 근거로 충분히 뒷받침되는가?)
4) 저자가 특히 강조하고 싶어하는 메시지
5) 추가 검증이 필요한 부분

핵심 수치 정리 프롬프트

"이 문서에서 언급된 수치를 누락 없이 다음 기준으로 체계적으로 정리해 줘. 해당 수치가 없다면 '해당 수치 없음'으로 표시해 줘. 먼저 2장부터 진행해 줘."
1) 매출/수익 관련 수치(성장률, 규모, 전망치)
2) 시장 관련 수치(시장 규모, 점유율, 성장률)
3) 경쟁사 비교 수치(상대적 위치, 격차)
4) 각 수치의 기준 시점과 비교 대상
5) 업계 평균 대비 우리의 상대적 위치
6) 특별히 주목해야 할 수치와 그 이유

☑ **프롬프트 포인트**: 이 프롬프트는 가급적 장별로 나눠서 여러 번 진행하는 것이 낫습니다. 전체를 한꺼번에 요청하면 상당히 높은 확률로 누락이나 환각이 발생합니다.

결론과 시사점 추출 프롬프트

"이 문서의 결론 부분을 분석해서 다음을 도출해 줘."

1) 핵심 결론 3가지(중요도 순으로)

2) 각 결론을 뒷받침하는 핵심 근거

3) 독자에게 제안하는 구체적 행동 방안

4) 단기(3개월), 중기(1년), 장기(2~3년) 시사점 구분

5) [우리 상황]에 특히 적용 가능한 인사이트

6) 결론의 강점과 한계점 평가

자료 파일 참조 🔗

3단계 세부 검토(30분) – "내가 놓친 중요한 내용은 없는가?"

마지막 30분은 관심 있는 섹션을 심층적으로 검토하고, 추가 질문 사항을 정리하는 시간입니다. 전체를 읽는 것이 아니라 꼭 봐야 할 부분만 본다는 점이 중요해요. 이 단계에서 특히 AI의 도움을 적극 활용하여 혼자서는 놓치기 쉬운 부분들을 체크해 보세요.

- **관심 섹션 심층 분석**: 1~2단계에서 파악한 핵심 내용 중에서 우리 업무와 가장 관련이 높은 부분을 선택해서 더 깊이 읽어 보세요. 이때는 단순히 내용을 이해하는 것을 넘어 '이 내용이 우리에게 어떤 의미인지'까지 생각해 봐야 합니다.

- **데이터 검증과 논리 점검**: 문서에서 제시된 주요 데이터나 논리가 타당한지 검토해 보세요. 특히, 미래 전망이나 예측의 경우, 그 근거가 충분한지, 과도한 가정이나 편향은 없는지 확인하는 것이 중요합니다.

- **추가 질문 사항 정리**: 문서를 읽으면서 궁금했던 점들이나 더 자세히 알고 싶은 내용들을 정리해 보세요. 이런 질문들은 나중에 AI와 함께 심화 독해를 할 때 유용한 출발점이 됩니다.

이 부분은 보고서 성격에 따라, 독해 목적에 따라, 관심이 있는 섹션에 따라 개인들이 각자 프롬프트를 만들어 AI와 티키타카를 해야 하는 부분들입니다. 그럼에도 불구하고, 자주 접하는 상황에서 필요한 프롬프트들을 일단 제시해 드리니 적절히 수정해서 사용하시기 바랍니다.

상황 1　　투자 검토 시-재무 데이터 심층 분석

"이 투자 보고서의 재무 분석 섹션을 다음 관점에서 심층 검토해 줘."

1) 매출 성장의 지속 가능성(일회성 vs. 구조적 요인)

2) 수익성 지표의 동종 업계 대비 경쟁력

3) 부채 구조와 재무 안정성 평가

4) 현금 흐름의 건전성과 배당 지속 가능성

5) 밸류에이션이 적정한지 다각도 검증

6) 재무 데이터에서 발견되는 주의 신호나 우려 사항

자료 파일 참조

* 분석에 이용된 자료는 서울대 경영학과 투자연구회인 SNU SMIC(SNU Midas Investment Club)에서 만든 팔란티어(Palantir) 기업 분석 보고서입니다. 대학생들이 만들었는데도 기본에 충실하고 분석의 깊이도 상당해서 한번 소개해 봅니다.[4]

상황 2　　시장 진출 검토 시-경쟁 환경 분석

"이 시장 보고서의 경쟁 분석 부분을 우리의 [업종] 진출 관점에서 검토해 줘."

1) 기존 플레이어들의 진입 장벽과 경쟁 우위 요소

2) 시장 점유율 변화 추이에서 보이는 경쟁 패턴

3) 신규 진입자에 대한 기존 업체들의 대응 방식

4) 고객 충성도와 스위칭 비용 분석

5) 우리가 차별화할 수 있는 영역과 방법

6) 경쟁사들이 간과하고 있는 기회 영역

상황 3　　조직 전략 수립 시-성공 사례 분석

(단, 여기서는 우리 조직에 대한 설명이 사전에 들어가야 합니다.)

"이 컨설팅 보고서의 성공 사례 부분을 우리 조직 적용의 관점에서 검토해 줘."

1) 성공 사례 기업들의 공통점과 핵심 성공 요인

2) 우리 조직과의 유사점과 차이점 분석

3) 성공 과정에서 겪었던 주요 장애물과 극복 방법

4) 우리 상황에서 그대로 적용 가능한 부분

5) 우리 조직 특성에 맞게 변형이 필요한 부분

6) 실패 위험을 줄이기 위한 사전 준비 사항

4　http://snusmic.com/equity-research-palantir-technologies-inc/

상황 4   전략 기획 시 – 트렌드 함의 분석

(여기에도 우리 기업/사업/부서에 대한 설명이 사전에 들어가야 합니다.)

"이 트렌드 보고서에서 제시하는 변화들을 우리 [사업/부서] 전략 관점에서 분석해 줘."

1) 각 트렌드가 우리 사업에 미칠 단기/중기/장기 영향

2) 트렌드 변화 속도와 우리의 대응 준비 시간

3) 트렌드에 선제적으로 대응할 수 있는 방법들

4) 경쟁사들이 이 트렌드에 어떻게 대응할 것인지 예측

5) 트렌드 변화로 생겨날 새로운 사업 기회들

6) 기존 사업 모델의 조정이 필요한 부분들

자료 파일 참조 🔗

● AI 활용 정보 추출: 혼자서는 놓치는 것들

핵심 수치 자동 정리

문서가 길고 복잡할수록 중요한 수치들이 여기저기 흩어져 있어서 놓치기 쉽습니다. AI에게 체계적인 정리를 요청해 보세요. 수치 분석은 ChatGPT보다 Claude를 사용하는 것이 좀 더 신뢰성이 높습니다. 아울러 페이지가 많고 수치 데이터도 많은 경우, 5~10페이지 단위로 적절히 끊어서 분석을 시키는 것이 낫습니다.

수치 정리 프롬프트

"이 문서에서 언급된 모든 수치를 누락 없이 다음 기준으로 정리해 줘. 해당 사항이 없으면 '해당 사항 없음'이라고 표시해 줘. 일단 10페이지까지 진행해 줘."

1) 매출/수익 관련 수치

2) 시장 규모/성장률 관련 수치

3) 경쟁사 비교 관련 수치

4) 미래 전망 관련 수치

5) 기타 중요하다고 판단되는 수치

"각 수치별로 출처와 기준년도도 함께 표시해 줘."

자료 파일 참조 🔗

수치만 정리한다고 끝나는 것이 아닙니다. 비즈니스 문서에서 숫자는 단순한 사실이 아니라 해석이 필요한 정보입니다. 같은 숫자라도 어떤 맥락에서 보느냐에 따라 완전히 다른 의미를 가질 수 있거든요. 예를 들어, 아래와 같은 측면을 기본적으로 체크해 봐야 합니다.

- **절댓값 vs. 상대값 구분**: '매출 100억 증가'와 '매출 20% 증가'는 완전히 다른 의미입니다. 기업 규모나 시장 상황을 고려해야 정확한 판단을 할 수 있습니다. 또한 매출 1조 기업의 100억 증가와 매출 500억 기업의 100억 증가는 완전히 다른 의미죠.
- **전년 대비 vs. 전망치 대비 비교**: 성장률을 볼 때도 '작년 대비 얼마나 성장했는가?'와 '예상치 대비 얼마나 달성했는가?'를 구분해야 합니다. 전년도 실적이 특별히 좋았거나 나빴다면 단순 전년 대비 비교는 왜곡될 수 있거든요.
- **일회성 vs. 지속성 요인 분리**: 매출이나 이익 증가가 일회성 요인(대형 계약, 자산 매각 등) 때문인지, 지속 가능한 요인(시장 성장, 경쟁력 강화 등) 때문인지 구분하는 것이 중요합니다.

이러한 측면에서 다음의 숫자 분석 프롬프트도 한번 활용해 보세요. 아울러 '6장. 확인·검증하기'에서 제시했던 프롬프트들도 한번 적절히 활용해 보시기 바랍니다.

수치 분석 프롬프트

"위에서 정리한 주요 수치들을 보고서 전체 맥락에서 분석해서 다음을 알려 줘. 만약 각 수치별로 해당 사항이 없으면, '해당 사항 없음'이라고 제시해 줘."
1) 각 수치의 의미와 중요도
2) 업계 평균이나 경쟁사 대비 상대적 위치
3) 일회성 요인과 지속성 요인 구분
4) 이 수치들이 시사하는 바

자료 파일 참조 🔗

이렇게 체계적인 본격 독해를 통해 문서의 핵심을 파악했다면, 이제 한 단계 더 나아가 1권 2장에서 살펴 본 심화 독해를 할 준비가 된 것입니다. 물론 모든 문서에 대해 심화 독해를 할 필요는 없습니다. 경험상 입수한 보고서 10개 중 정말 중요하다고 생각되는 1~2개 정도에만 심화 독해를 적용해도 충분합니다. 다음 절에서는 구조적, 계보적, 심층적, 실천적 독해 기법을 비즈니스 문서에 구체적으로 적용하는 방법을 알아보겠습니다.

10.4 심화 독해 4기법 적용

● 진짜 실력 차이가 나는 순간

오후 3시, 본격 독해를 통해 100페이지 반도체 시장 보고서의 핵심 내용을 파악했습니다. 매출 전망, 주요 플레이어 기술 트렌드까지 정리도 마쳤고요. 하지만 여기서 멈춘다면 '그냥 열심히 읽는 사람'에서 끝납니다. 진짜 차이는 여기서부터 시작됩니다. 같은 보고서를 읽고도 어떤 사람은 '반도체 시장이 좋아지고 있네.'라는 뻔한 결론에 그치지만, 어떤 사람은 '보고서가 간과하고 있는 이슈는 이것' 또는 '우리 회사가 지금 당장 취해야 할 구체적 액션 3가지'까지 도출해내거든요. 내일 회의에서 '보고서의 내용은 이렇습니다.'라고 발표하는 사람과 '보고서 분석 결과 우리는 이런 전략을 취해야 합니다.'라고 제안하는 사람 중에서 어느 쪽이 더 임팩트가 있을까요?

바로 이 지점에서 심화 독해 4기법이 빛을 발합니다. 1권 2장의 심화 독해에서 배운 구조적, 계보적, 심층적, 실천적 독해를 비즈니스 문서에 구체적으로 적용해 남들이 놓치는 통찰을 찾아내는 것이죠. AI와 함께라면 이런 고급 분석도 1시간 내에 완성할 수 있습니다.

● 구조적 독해 적용: 보고서가 말하지 않는 것들

10분 투자 목표 **문서 구조 뒤에 숨은 의미 찾기**

'이 보고서는 왜 이렇게 구성되었을까?'

구조적 독해의 핵심은 보고서 작성자의 의도와 편향을 구조를 통해 파악하는 것입니다. 같은 내용이라도 어떤 순서로 배치하고, 어떤 부분에 더 많은 지면을 할애하는지에 따라 독자의 인식이 달라지거든요. 참고로 2장에서 배웠던 구조적 독해의 주요 체크 포인트들은 아래와 같습니다(1권 p.64~p.74 참조).

구조적 독해 체크 포인트

- 섹션별 분량 비중 파악
- 논리 구조와 논증 흐름 분석
- 키워드 밀도와 배치 패턴 확인
- → 구조를 통해 드러나는 작성자의 의도 파악

분량 분석 진짜 중요한 것은 무엇인가?

예를 들어, 어떤 ESG 보고서에서 환경(E) 부분은 40페이지, 사회(S) 부분은 15페이지, 지배 구조(G) 부분은 5페이지로 구성되어 있다면, 이 회사는 환경 성과에는 자신이 있지만, 지배 구조 부분에는 숨기고 싶은 것이 있을 가능성이 높습니다. 한번 읽고 있는 보고서에 대해 각 섹션의 페이지 수와 상대적 비중을 분석해 보세요.

물리 구조(분량 분석) 프롬프트

"이 보고서의 각 섹션별 페이지 수를 분석해서 다음을 알려 줘."
1) 가장 많은 지면을 할애한 섹션 TOP 3
2) 예상보다 적은 지면을 할애한 섹션
3) 이런 구성이 독자에게 주는 메시지
4) 작성자가 강조하고 싶어하는 부분과 회피하고 싶어하는 부분

자료 파일 참조 🔗

논리 구조 분석 주장과 근거의 연결고리

보고서의 논증 구조를 파악해 보세요. 결론이 어떤 근거로 뒷받침되는지, 논리적 비약은 없는지 확인하는 것이 중요합니다.

"이 보고서의 핵심 주장 3가지를 찾아서 각각에 대해 다음을 분석해 줘."
1) 주장을 뒷받침하는 근거의 강도(강함/보통/약함)
2) 논리적 비약이나 갭이 있는 부분
3) 숨어 있는 가정이나 전제 조건
4) 반대 의견이나 대안적 해석 가능성

 진짜 트렌드는 무엇인가?

특정 키워드나 개념이 얼마나 자주, 어느 위치에 등장하는지 분석해 보세요. 이를 통해 보고서 작성자가 정말 중요하게 여기는 트렌드를 파악할 수 있습니다. 이 부분은 2장에서 다소 간단하게 넘어갔기 때문에 여기서 좀 더 상세하게 설명하겠습니다. 기본적으로 활용할 수 있는 프롬프트는 아래와 같습니다.

"이 보고서에서 키워드 밀도를 분석해서 작성자의 진짜 관심사를 파악해 줘."
1) 가장 자주 등장하는 키워드 TOP 10(빈도수 포함)
2) 각 키워드가 주로 등장하는 위치(도입부/본문/결론)
3) 시간 흐름에 따른 키워드 변화(과거 → 현재 → 미래 언급)
4) 긍정적 vs. 부정적 맥락에서 사용되는 비율
5) 예상보다 적게 언급된 중요 키워드(의도적 회피 가능성)
6) 이 키워드 패턴이 시사하는 작성자의 진짜 메시지

증권사 투자 보고서용이라면 아래처럼 프롬프트를 고쳐서 활용할 수도 있을 것입니다. 중요한 것은 제시된 프롬프트를 그냥 가져다 쓰는 것이 아니라 현재 내 상황에 맞게 적절히 수정해서 활용하는 것입니다.

"이 투자 분석 보고서에서 다음 분석을 기반으로 애널리스트의 진짜 생각을 키워드로 읽어 줘."
1) 'Risk' vs. 'Opportunity' 언급 비율과 위치 분석

2) 재무 지표 키워드('매출', '이익', '현금 흐름' 등) 강조도

3) 확신도 키워드('확실히', '예상', '가능성' 등) 분포

4) 경쟁사 대비 분석 대상 회사의 키워드 언급 톤의 차이

5) Executive Summary vs. 본문에서 키워드 사용 패턴 차이

6) 애널리스트가 진짜 확신하는 부분 vs. 애매하게 표현하는 부분

자료 파일 참조 🔗

키워드 밀도 분석을 할 때는 단순 빈도수보다 전체적인 맥락과 패턴에 주목하는 것이 중요합니다. 예를 들어, 'AI'라는 키워드가 100번 등장했다고 해서 반드시 AI가 핵심 주제는 아닐 수 있습니다. 보고서 형식상 반복적으로 언급되는 경우도 있고, 오히려 5번만 등장하지만, 모두 결론 부분에 집중된 키워드가 더 중요할 수도 있거든요. 따라서 '어디에서' 언급되는지, '어떤 맥락'에서 사용되는지를 함께 분석해야 합니다.

더 정확한 분석을 위해 동일 기관의 과거 보고서와 비교해 보는 것도 효과적입니다. '작년에는 규제가 50번 나왔는데 올해는 10번만 나온다면 규제 리스크가 줄어들었다고 판단할 수 있을까?' 같은 질문을 AI에게 던져 보세요.

또한 특정 섹션별로 나누어 분석하면 더 세밀한 패턴을 발견할 수 있습니다. Executive Summary에서는 '성장'이 주로 언급되지만, 리스크 섹션에서는 '불확실성'이 많이 나온다면, 작성자가 독자에게 전달하고 싶은 메시지와 실제 우려 사항 사이의 온도차를 파악할 수 있습니다. 애널리스트가 보고서를 작성할 때 부정적 측면을 꺼림칙하게 느꼈지만, 발간 단계에서 방향성을 데스크와 조율하면서 전체 요약 부분만 급하게 긍정적으로 수정하고 내 보내는 경우도 있습니다. 또한 AI의 키워드 인식에는 한계가 있으므로 정말 중요한 부분은 잊지 말고 직접 확인해 보세요.

● 계보적 독해 적용: 시간의 맥락에서 읽기

10분 투자 목표 **변화의 흐름과 맥락 파악하기**

'이 보고서는 어떤 변화의 연장선에 있는가?'

계보적 독해는 현재 문서를 시간적 맥락 속에서 이해하는 것입니다. 비즈니스 환경은 끊임없이 변화하기 때문에 같은 기관이 과거에 어떤 입장을 취했는지, 시장 전체적으로 어떤 변화가 있었는지 파악해야 정확한 판단을 할 수 있습니다.

> **계보적 독해 체크 포인트**
> - 과거 보고서와의 관점 변화 확인
> - 업계 컨센서스 대비 위치 파악
> - 새로운 트렌드나 패러다임 변화 감지
> - → 시간적 맥락에서의 현재 위치 파악

시계열 분석　관점과 전망의 변화 추적

동일 기관의 과거 보고서와 비교해 보세요. 증권사마다 매년 4분기에 내 놓는 내년도 산업 전망 자료라든지, Trend Hunter, FTI 같은 트렌드 예측 기관, Ipsos, Activate, Gartner, EIU 등 시장조사 기관에서 매년 발간하는 보고서들에 적용해 보면 좋습니다. 같은 주제에 대한 관점이 어떻게 변화했는지, 예측 정확도는 어떠했는지 확인하는 것이 중요합니다. 물론, 이때는 비교 대상인 과거 보고서를 미리 준비해 업로드해야 합니다. 자료도 없이 무턱대고 물어보면 환각 현상을 일으킬 가능성이 큽니다.

> **시계열 분석 프롬프트**
> "현재 보고서와 과거 보고서를 비교해서 다음을 분석해 줘."
> 1) 작년 같은 기관 보고서와 비교한 관점 변화
> 2) 시장 전망치의 변화 추이와 실제 결과 비교
> 3) 새롭게 등장한 키워드나 사라진 키워드
> 4) 이런 변화가 시사하는 바

업계 컨센서스 분석　다른 목소리들과 비교

동일 시기 다른 기관들의 보고서를 구해서 비교해 보세요. 업계 전체적인 컨센서스에서 벗어나는 부분이 있다면 그 이유를 파악하는 것이 중요합니다. 이 부분은 생성형 AI에게

RAG 방식으로 외부 인터넷을 검색하라고 시켜도 됩니다. 다만, 약간의 환각 가능성이 있으므로 주의해서 사용하시기 바랍니다. Perplexity가 업계 컨센서스 분석 목적으로는 가장 낫습니다. 이때 시기(예 최근 1개월간), 검색 범위(국내, 해외, 미국, 일본 등) 등을 적절히 지정해 주세요.

> **업계 비교 프롬프트**
>
> "이 보고서의 주요 전망을 최근 업계 다른 기관들과 비교해서 다음 내용들을 분석해 줘."
> 1) 컨센서스와 일치하는 부분
> 2) 독특하거나 다른 관점을 제시하는 부분
> 3) 이런 차이가 생기는 이유
> 4) 어떤 관점이 더 설득력 있는지 평가
>
> **자료 파일 참조** 🔗

패러다임 변화 감지 **새로운 트렌드의 신호**

업계 전체적으로 패러다임이 바뀌고 있는 신호를 포착해 보세요. 기존에 중요하게 여겨지던 지표가 사라지고 새로운 지표가 부각되거나 전체적인 분석 관점이 바뀌는 경우가 있습니다.

> **패러다임 변화 포착 프롬프트**
>
> (이 분석을 위해서는 동일 산업을 다룬 과거 보고서 여러 개를 함께 올려야 합니다.)
> "이 보고서를 과거 보고서들과 비교 분석하고, 업계 패러다임 변화의 신호를 다음 관점에서 분석해 줘."
> 1) 과거 중요하게 여겨졌지만 이제 언급이 줄어든 지표나 개념들
> 2) 새롭게 부각되고 있는 평가 기준이나 성과 지표들
> 3) 기존 분석 방법론에서 벗어난 새로운 접근 방식
> 4) 업계 용어나 표현의 변화(예 '디지털화' → '디지털 트랜스포메이션')
> 5) 이런 변화가 시사하는 업계 전체의 방향성
> 6) 우리가 놓치고 있을 수 있는 패러다임 변화의 조기 신호

이를 응용해서 조기 신호 감지에 대해서도 물어볼 수 있습니다.

"이 보고서에 제시된 내용들 중에서 아직 주류가 되지는 않았지만, 향후 2~3년 내 중요해질 가능성이 높은 것들을 예측해 줘."
1) 현재는 틈새 영역이지만 확산 가능성이 높은 트렌드
2) 선도 기업들만 언급하지만 곧 업계 표준이 될 가능성
3) 규제나 정책 변화로 인해 필수가 될 요소들
4) 기술 발전으로 인해 새롭게 가능해질 비즈니스 모델

자료 파일 참조 🔗

● 심층적 독해 적용: 행간의 의미 찾기

10분 투자 목표 **숨어 있는 의미와 가정 발굴하기**

"이 보고서가 말하지 않는 것은 무엇인가?"

심층적 독해는 표면적인 내용을 넘어 숨어 있는 의미를 파악하는 것입니다. 비즈니스 문서는 100% 객관적이지 않기 때문에 작성자의 숨어 있는 의도나 편향을 읽어 내는 것이 중요해요.

- 숨어 있는 가정과 전제 조건 파악
- 작성 기관의 이해관계 분석
- 생략되거나 회피된 정보 추론
→ 대안적 해석 가능성 검토

숨어 있는 가정 찾기 **전제 조건의 함정**

모든 전망과 분석에는 숨어 있는 가정이 있습니다. 이런 가정들이 무너지면 결론도 달라질 수 있으므로 반드시 파악해야 합니다. 예를 들어, 'AI 반도체 시장 연평균 30% 성장' 전

망에는 기술 발전 속도 유지, 규제 환경 변화 없음, 경쟁 구도 현상 유지 등의 가정이 숨어 있습니다. 2025년 DeepSeek처럼 효율적 학습, 추론이 가능하게 하는 AI 신기술이 등장했을 때 장미빛 AI 반도체 시장 전망이 흔들렸던 이유가 여기에 있습니다. 이런 기술들이 다양하게 등장한다면 AI 반도체 수요는 자연히 감소하고, 연평균 30% 성장은 불가능할 수도 있겠지요.

이해관계 분석 누구를 위한 보고서인가?

보고서 작성 기관의 이해관계를 분석해 보세요. 완전히 중립적인 보고서는 없기 때문에 어떤 관점에서 작성되었는지 파악하는 것이 중요합니다. 다만, 분석 기관의 세부적인 이해관계는 내부 정보이므로 AI라고 해서 모든 것을 알 수는 없습니다. 아마 대부분의 경우, 일반론적인 관점에서 하지만 일반인들은 쉽게 생각하지 못하고, 한 번쯤은 진지하게 생각해 봐야 하는 이슈들을 제시할 것입니다.

아울러 증권사 보고서라면, 맨 뒷 페이지의 의무 공시 사항(Disclaimer)을 활용해 이러한 이해관계 분석을 좀 더 쉽게 할 수 있습니다. 의무 공시 사항에는 대개 애널리스트나 증권사의 분석 대상 주식 보유 여부, 증권사의 시장 조성 의무 존재 여부, 증권사 및 관계사의 이사회 참여 여부 등 다양한 이해관계 상충 가능성 정보가 제시됩니다. 국제재무분석사(CFA)의 수험 과목 중 '투자윤리(Ethics)' 과목에서 투자 보고서를 읽을 때 중요하게 봐야 한다고 언급되는 부분입니다.

"이 보고서 작성 기관의 이해관계를 다음 내용을 중심으로 분석해 줘."
1) 기관의 주요 수익원과 비즈니스 모델
2) 특정 결론을 선호할 만한 동기
3) 객관성을 해칠 수 있는 요소들
4) 이런 편향을 고려한 해석 방법

생략된 정보 추론   무엇을 말하지 않았는가?

때로는 말하지 않는 것이 더 중요한 정보일 수 있습니다. 보고서에서 다루지 않은 중요한 측면이나 의도적으로 회피한 주제를 파악해 보세요. '*2장. 심화 독해*' 부분에서 언급했던 알튀세르의 징후적 독해를 상기해 보면 됩니다(1권 p.113~p.114 참조).

이러한 징후적 독해는 AI를 이용하면 매우 효과적입니다. 본인이 잘 모르는 분야의 보고서에 대해 징후적 독해를 하기란 쉽지 않습니다. 하지만 AI를 활용하면 수많은 관련 보고서들의 패턴과 다른 부분들을 쉽게 잡아 주거든요.

"이 보고서에서 의도적으로 언급하지 않은 중요한 정보들을 추론해 줘."
1) 업계에서 일반적으로 다루는 주제 중 이 보고서에서 빠진 것들
2) 논리적으로 연결되어야 하는데 언급되지 않은 후속 내용들
3) 긍정적 전망과 균형을 맞추기 위해 있어야 할 리스크나 우려 사항
4) 경쟁사나 대안적 솔루션에 대한 언급이 부족한 부분
5) 성공 사례는 많은데 실패 사례나 한계점이 없는 영역
6) 이런 '침묵'이 의미하는 바와 그 이유

자료 파일 참조

증권사 투자 보고서들의 경우, 아래처럼 특화된 생략 정보 추론 프롬프트가 이용될 수 있습니다.

생략된 정보를 정확히 파악하려면 체계적인 비교 분석이 필요합니다. 가장 효과적인 방법은 해당 업계의 유사한 문서들과 비교해 보는 것이에요. 예를 들어, 대부분의 시장 전망 보고서에서는 '성장 동력 – 현재 상황 – 리스크 요인 – 향후 전망' 순서로 구성되는데, 만약 어떤 보고서에서 리스크 요인 부분이 지나치게 짧거나 아예 없다면 의도적 회피로 볼 수 있습니다. 또한 논리적 연결성도 중요한 단서가 되는데요. 'AI 도입으로 생산성 30% 향상'이라고 했으면 당연히 '기존 인력은 어떻게 될 것인가?'에 대한 언급이 있어야 하는데 그런 내용이 없다면, 작성자가 의도적으로 피하고 싶어하는 민감한 주제일 가능성이 높습니다.

다만, 과도한 추론은 금물입니다. 단순한 지면 부족이나 작성자의 실수를 음모론으로 확대 해석하면 안 되거든요. 침묵 분석을 통해 얻은 추론은 반드시 다른 자료나 전문가 의견으로 교차 검증해야 합니다. 예를 들어, '경쟁사 언급이 적다.'고 해서 무조건 의도적 회피로 단정하지 말고, 해당 업계의 경쟁 구조나 다른 보고서에서는 어떻게 다루는지 확인해 보세요. 결국 침묵 분석의 핵심은 '왜 이 부분을 말하지 않았을까?'라는 질문을 던지되, 그 답을 찾기 위한 추가 조사의 출발점으로 활용하는 것입니다.

● 실천적 독해 적용: 행동으로 연결하기

[10분 투자 목표] **구체적 실행 방안 도출하기**

"이 보고서를 바탕으로 우리는 무엇을 해야 하는가?"

실천적 독해는 분석 결과를 구체적인 행동으로 연결하는 것입니다. 아무리 훌륭한 분석도 실행되지 않으면 의미가 없거든요. 특히, 비즈니스 환경에서는 '그래서 어떻게 할 것인가?'가 가장 중요한 질문입니다. 다만, AI와 함께 실천적 독해를 할 때는 자신의 생활, 회사, 산업 상황 등을 적절히 AI에게 먼저 제시해 주어야 합니다.

> **실천적 독해 체크 포인트**
> - 구체적 액션 아이템 도출
> - 리스크 대응 방안 수립
> - 모니터링 체계 구축

[투자/사업 결정 연결] **돈과 직결되는 판단**

투자나 사업 결정에 직접 활용할 수 있는 인사이트를 도출해 보세요. 단순한 정보 습득을 넘어 실제 의사결정에 도움이 되는 구체적 방안을 찾는 것이 중요합니다.

> **투자 결정 프롬프트**
> "나는 한국의 [어떤 업종]의 [기업 특성(매출 규모, 사업 내용)]을 가진 기업에서 근무하고 있어.
> 이 보고서 내용을 바탕으로 우리의 [투자/사업] 전략에 대해 시사점을 제시해 줘."
> 1) 즉시 실행해야 할 액션 아이템 3가지
> 2) 6개월 내 검토해야 할 중장기 과제
> 3) 피해야 할 리스크와 대응 방안
> 4) 성과 측정을 위한 모니터링 지표

실천적 독해에서 가장 현실적인 고민은 '우리 회사 정보를 AI에게 어디까지 알려 줘야 하는가?'입니다. 구체적인 맥락 없이는 '우리 상황에 맞는 실행 방안'을 도출하기 어렵지만, 그렇다고 민감한 회사 정보를 무분별하게 입력할 수는 없거든요.

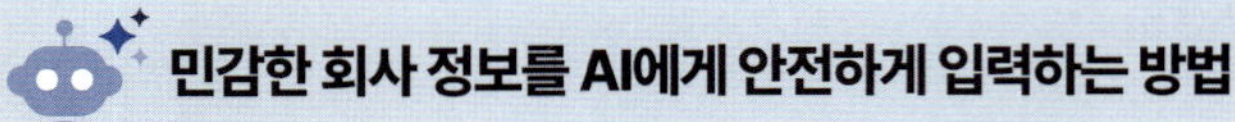

이런 딜레마를 해결하는 현실적인 접근법은 크게 3가지입니다.

첫째, '추상화 전략'입니다. 예컨대 구체적인 회사명을 막바로 입력하는 대신 '우리 회사는 매출 500억, 직원 200명의 중견 제조업체'라고 특징만 알려 주는 것이죠. 또는 '반도체 부품 공급 업체의 입장에서', 'B2B 소프트웨어 스타트업의 관점에서' 식으로 업종과 특성만 알려 주는 방법도 있습니다. 핵심은 AI가 맥락을 이해할 수 있을 만큼의 최소한 정보만 제공하되, 절대 복구 불가능한 수준으로 추상화하는 것입니다.

둘째, 정보 보안 등급별 접근법을 활용하는 것도 좋습니다. 공개 정보(업종, 규모, 일반적 사업 분야)는 자유롭게 활용하고, 내부 정보(구체적 매출, 고객사명, 전략 계획)는 추상화해서 표현하며, 기밀 정보(재무 세부 사항, 인사 정보, 영업 기밀)는 아예 언급하지 않는 방식입니다. 실제로 '주력 고객사 의존도가 높은 B2B 기업의 관점에서'나 '신규 시장 진출을 검토 중인 기술 기업의 입장에서' 정도의 정보만으로도 충분히 유용한 실천적 인사이트를 얻을 수 있습니다.

셋째, 상장 기업의 경우, '외부 컨설턴트의 관점' 접근법을 취할 수도 있습니다. 상장 기업은 이미 공시 의무로 인해 사업 현황, 재무 상태, 주요 리스크 등이 공개되어 있습니다. '삼성전자의 반도체 사업 전략을 검토 중인 컨설턴트의 입장에서'라고 페르소나를 써서 접근하면, AI는 이미 공개된 정보들을 바탕으로 분석하면서도 내부자가 아닌 객관적 외부 관점을 유지할 수 있습니다.

특히, 이 방식의 장점은 '우리 회사는…' 같은 표현을 피해 회사 소속임을 명시하지 않고도 해당 기업에 대한 구체적이고 실용적인 전략 제안을 받을 수 있다는 점입니다. 또한 컨설턴트의 관점은 자연스럽게 다각도 분석과 객관적 평가를 유도하기 때문에 내부자 시각에서는 놓치기 쉬운 맹점이나 외부 이해관계자 관점까지 포함한 더 균형잡힌 인사이트를 얻을 수 있습니다. 단, 이 경우에도 아직 공개되지 않은 내부 정보는 추상화해서 표현하거나 기밀 정보는 아예 언급하지 마세요.

리스크 관리 방안 위험을 기회로 바꾸기

식별된 리스크를 구체적인 대응 방안으로 전환해 보세요. 단순히 '위험하다.'에서 그치지 말고, '어떻게 대응할 것인가?'까지 생각해야 합니다.

"보고서에서 언급된 리스크 요인들을 아래와 같이 분석해 줘."
1) 우리에게 직접적 영향을 미칠 리스크 TOP 3
2) 각 리스크별 구체적 대응 방안
3) 리스크를 기회로 전환할 수 있는 방법
4) 조기 경보 시스템 구축 방안

● 4기법 통합 활용: 40분 완전 분석 워크플로우

지금까지 비즈니스 문서에 심화 독해 4기법을 통합 적용하는 방법을 살펴보았습니다. 다시 한번 내용을 정리해 보면 아래와 같습니다.

심화 독해 4기법의 비즈니스 문서 통합 적용 방식 정리

심화 독해	내용	산출물	AI 역할	성공 지표
구조적 독해	분량 분석 → 논리 구조 → 키워드 밀도	문서 구조 이해와 작성자 의도 파악	패턴 인식, 정량 분석	표면적 내용 이해 → 구조적 패턴 파악
계보적 독해	시계열 분석 → 업계 비교 → 패러다임 변화	시간적 맥락과 상대적 위치 파악	정보 검색, 비교 분석	단편적 정보 습득 → 시간적 맥락 이해
심층적 독해	가정 분석 → 이해관계 → 생략된 정보	숨어 있는 의미와 편향 파악	논리 검증, 가정 도출	주어진 결론 수용 → 숨어 있는 의미 발굴
실천적 독해	실행 방안 → 리스크 관리 → 모니터링	구체적 액션 플랜	아이디어 생성, 체계화	지식 축적 → 구체적 행동 계획

심화 독해 기법 적용을 통해 우리가 목표로 하는 것은 40분~1시간 투자로 전문가 수준의 통찰을 도출해내는 것입니다. 이렇게 4가지 심화 독해 기법을 체계적으로 적용하면, 단순히 '보고서를 읽은 사람'에서 '보고서를 분석해서 인사이트를 도출하고 실행 방안까지 제시하는 사람'으로 업그레이드됩니다. 내일 회의에서 동료들이 '어떻게 그런 통찰을 얻었나요?'라고 물어올 것입니다.

지금까지 4개 절에 걸쳐 비즈니스 문서의 특성부터 심화 독해 4기법까지 체계적으로 살펴보았습니다. 사전 스캐닝으로 문서의 가치를 판단하고, 전략적 본격 독해로 핵심 내용을 파악하며, 4가지 심화 독해 기법으로 다각도 분석을 수행하는 전체 워크플로우를 익혔죠. 하지만 이론을 아무리 완벽하게 이해해도 실제로 적용해 보지 않으면 진짜 실력이 되지 않습니다.

이번 절에서는 실제 비즈니스 현장에서 마주칠 수 있는 진짜 문서를 가지고, 처음부터 끝까지 완전한 분석 과정을 같이 체험해 보려고 합니다. 마치 요리 레시피를 읽는 것과 직접 요리를 해 보는 것의 차이처럼 이번 절에서는 여러분이 직접 'AI 증강 독해의 요리사'가 되어 볼 시간입니다.

이번 실전 사례를 통해 여러분은 '아, 프롬프트가 이런 식으로 설계되는구나.', '이런 순서로 질문해야 하는구나.'를 체감하게 될 것입니다. 단순히 결과만 보는 것이 아니라 각 단계별로 어떤 사고 과정을 거쳐 프롬프트가 만들어지는지, 그리고 그 프롬프트가 어떻게 전문가 수준의 인사이트를 이끌어 내는지에 주목하면 좋겠습니다. 이런 과정을 지금부터 조금씩 살펴보면 수십 개의 프롬프트를 엮어 하나의 완결된 보고서를 만들어 내는 3부의 AI 드리블링 기법도 쉽게 습득하실 수 있으리라 믿습니다.

● 실전 사례 선정: 왜 유로모니터의 2025 소비자 트렌드 보고서인가?

필자가 실전 독해 대상으로 선택한 문서는 유로모니터의 「2025 소비자 트렌드 보고서(Top global consumer trends 2025)」입니다.[5] 이 보고서를 택한 이유는 아래와 같습니다.

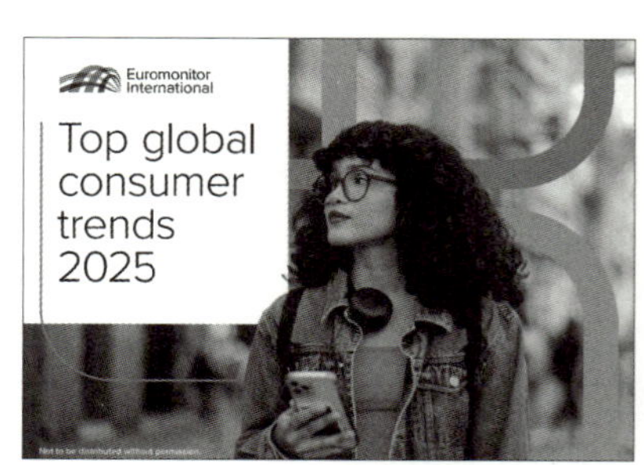

첫째, 비즈니스 문서의 전형적 특징을 모두 갖추

5　https://go.euromonitor.com/white−paper−2025−global−consumer−trends.html

고 있습니다. 앞서 1절에서 설명한 비즈니스 문서의 6가지 특징(목적 지향성, 데이터 강조, 시간 민감성, 이해관계 반영, 표준화된 구조, 프레임워크 중심)을 모두 확인할 수 있습니다. 특히, 2025년 전망이라는 시간 민감성과 글로벌 기업들의 전략 수립을 돕는다는 목적 지향성이 뚜렷합니다.

둘째, 적절한 복잡성을 가지고 있습니다. 5가지 트렌드(Healthspan Plans, Wiser Wallets, Eco Logical, Filtered Focus, AI Ambivalent)가 제시되어 있어서 우선순위 설정, 트렌드 간 연관성 분석, 비즈니스 적용 방안 도출 등 다양한 분석 기법을 종합적으로 활용할 수 있습니다. 너무 단순하지도 너무 복잡하지도 않은 적정선이죠.

셋째, 실제 업무 상황과 밀접합니다. 마케팅 기획자, 전략 담당자, 신사업 개발자라면 누구나 한 번쯤은 이런 트렌드 보고서를 분석해서 자사 전략에 반영해야 하는 상황을 경험했을 겁니다. 그래서 독자 여러분도 '아, 나도 이런 상황 있었는데….'라고 공감하며 따라 할 수 있습니다.

넷째, 영어 자료입니다. 대부분 외국어 자료들은 잘 안 읽힌다고 기피하는 경향이 심하지요. 그러나 생성형 AI를 활용하면 외국어 장벽은 정말 쉽게 돌파할 수 있습니다. 저도 중국어나 일본어는 못하지만, 요즘 AI를 활용해 중국, 일본 보고서들도 많이 봅니다.

다섯째, 시의성이 높습니다. 2025년 전망이니까 지금 읽어도 충분히 실용적이고, 실제로 업무에 활용할 수 있는 수준의 정보들이 담겨 있습니다. 단순한 학습용 예제가 아니라 정말 써먹을 수 있는 살아 있는 자료인 셈이죠.

마지막으로, 우리나라 기업들이 자주 빠지는 함정들을 잘 보여 줍니다. 특히, 외국 자료들은 한국적 맥락에서 재해석해야 하는데, 많은 경우, 서구 중심의 트렌드를 곧이곧대로 믿어 버립니다. 화장품 업계 자료를 예시로 잡은 이유도 K-뷰티가 글로벌 트렌드와 어떻게 다른 지점에서 차별화할 수 있는지 보여 주기 위해서입니다.

● 사용 프롬프트

요리를 할 때는 의외로 재료 손질이 중요합니다. AI 증강 독해도 마찬가지입니다. 이 보고서의 파일 크기는 16MB로 좀 큰 편입니다. 그대로 업로드하면, ChatGPT나 Claude 모두 잘 올라가지도 않고, 분석에도 버거워하는 모습을 보입니다. 이 경우, 일단 파일 용량을 줄이고 업로드해야 합니다. 알PDF에서 파일을 열고 [도구]-[PDF 최적화]-[보통(중간 압축, 중간 품질)]-[적용]을 선택해 파일 크기를 줄인 후 다른 이름으로 저장하세요. 필자의 PC에서는 6.7MB 정도로 크기가 줄었습니다. 이 최적화된 파일을 업로드하면 됩니다.

분석에 사용한 AI는 Claude입니다. 필자의 경우, 프롬프트를 10개 이상 연계해 진행하는 AI 드리블링에는 가급적 Claude를 사용합니다. 답변 방식이 ChatGPT와 달리 개조식으로 핵심만 제시해 주고, 반복 작업에도 환각 현상이 덜하고, 질문의 맥락을 잘 파악해 원하는 수준의 답변을 잘해 주기 때문입니다.

아울러 실천적 독해를 하려면 본인과 회사에 대한 적절한 맥락 정보 입력이 필요합니다. 여기서는 국내 대기업 화장품 회사에서 마케팅 기획 업무를 하는 김한나 과장이 2025년 글로벌 브랜드 전략 수립을 위해 유로모니터 보고서를 AI와 함께 분석하는 과정을 상정해 보았습니다.

다음은 AI 증강 독해에 사용한 프롬프트들입니다. AI 답변은 양이 많으므로 대화 내용은 자료 파일에 따로 제시하겠습니다. 자료 파일의 다운로드 방법은 책 앞 표지 다음에 삽입된 카드를 열어 보시면 알 수 있습니다. 책 본문에는 흐름을 이해할 수 있는 핵심 결과들만 제시하겠습니다.

● 1단계 사전 스캐닝(10분)

프롬프트 1(1~3분 차, 기본 정보 파악용)

"먼저 이 문서의 기본 정보를 정리해 줘."
1) 발행 기관과 신뢰도(유로모니터는 어떤 회사?)
2) 발행 시점과 대상 기간(2025년 전망의 기준점)
3) 문서 분량과 구조(몇 페이지, 어떤 구성?)
4) 핵심 키워드 5가지

자료 파일 참조 🔗

일반적인 프롬프트 책에서는 프롬프트 구성 시 맥락 정보, 즉 사용자의 역할과 질문 목적을 밝히라고 이야기합니다. 예를 들어, "나는 한국의 대기업 화장품 회사에서 마케팅 기획 업무를 하고 있어. 올해 글로벌 마케팅 전략 수립을 위해 이 문서 내용을 분석해 보려 해." 같은 문구 말이지요.

하지만 'AI 증강 독해와 AI 드리블링'에서는 이런 맥락 정보는 가급적 처음에 밝히지 말고, 나중에 필요할 때 제시하길 권장합니다. 이 점이 의외로 중요합니다. 처음부터 맥락 정보를 밝히면, AI가 사용자 맞춤형 답변을 하려다가 보고서 본문에 없는 이야기들을 제시하고, 이게 누적되면서 나중에는 환각 현상을 일으키는 경우가 많기 때문입니다. 특히, ChatGPT에서는 맞춤형 답변을 하려는 경향이 강해서 이런 현상이 심합니다. 그래서 맥락 정보는 **프롬프트 1** 에서는 입력하지 않고, 뒤의 **프롬프트 3** 에서 입력했습니다.

다음은 **프롬프트 1** 의 결과를 김 과장이 보고서용으로 간단히 정리한 내용입니다. 실제로 현업 업무에서 AI 답변 결과를 그대로 팀 회의나 상사에게 가져가는 강심장들은 없을 것이라고 생각합니다. AI 답변 내용을 회사 보고서 포맷에 맞춰 정리하는 과정을 거쳐야 가독성도 높이고 본인 생각도 정리할 수 있습니다.

즉, 포매팅 과정에서 '이 내용이 정말 맞는 것인지?', '어떤 부분이 이상한지?', '어떤 내용을 늘리고 어떤 내용을 줄여야 하는지?', '어떤 부분을 추가로 생성해서 AI에게 요청해야 하는지'를 고민해 봐야 합니다.

⊞ 유로모니터의 「2025 소비자 트렌드 보고서」의 기본 정보

구분	개요
발행 기관과 신뢰도	• 유로모니터 인터내셔널: 1972년 설립된 글로벌 시장 조사 전문 기관 • 100개국 네트워크, Fortune 500 기업의 80% 이상이 고객 • 신뢰도: 매우 높음(시장 조사 업계 Top 3) • 특장점: 소비재/소매 분야 전문성, 정량+정성 데이터 결합
발행 시점과 대상 기간	• 발행: 2024년 12월 • 대상: 2025년 글로벌 소비자 트렌드 전망 • 기준점: 2024년 소비자 설문조사(40,236명) 및 업계 분석
문서 분량과 구조	• 총 51페이지, 핵심 내용 약 40페이지 • 구조: Executive Summary → 5개 트렌드 → 각 트렌드별 사례/전술 → 방법론 • 각 트렌드당 8~10페이지 할애

"이 보고서의 5가지 트렌드를 한눈에 파악할 수 있게 표로 정리해 줘. 표는 트렌드명 (Healthspan Plans 등) – 핵심 개념(20자 이내) – 영향도 – 실현 가능성 등으로 구성해 줘. 그리고 화장품 업계에 가장 중요한 트렌드 순으로 랭킹을 매겨 줘."

자료 파일 참조 🔗

☑ **프롬프트 포인트**: 복잡하지만 반복되는 내용들, 특히 대조 비교가 필요한 내용들은 가급적 표 출력을 요청하세요. 이때, 표의 구조를 원하는 대로 제시해 주면 맞춤형 분석 표가 만들어집니다.

다음은 김 과장이 5가지 트렌드 답변 결과를 보고서 포맷으로 재정리한 내용입니다.

화장품 업계 전략적 중요도 관점에서 본 5가지 트렌드

중요도	트렌드명	주목할 만한 이유	영향도	실현 가능성
1	Healthspan Plans (건강 수명 계획)	• 안티에이징 → 헬시 에이징 패러다임 전환 • 개인 맞춤 스킨케어 웰니스 뷰티 시장 확대	높음	높음
2	Filtered Focus (선별적 집중)	• 복잡한 뷰티 루틴 → 간소화된 멀티기능 제품 • 쉬운 제품 발견과 선택을 돕는 UX 중요성	높음	높음
3	Wiser Wallets (현명한 소비/지갑)	• 프리미엄 vs. 가성비의 양극화 심화 • 가치 입증할 수 있는 브랜드만 생존	높음	매우 높음
4	AI Ambivalent (AI 양가 감정)	• AI 뷰티 진단 도구의 신뢰성 이슈 • 인간 전문가와 AI의 적절한 밸런스	중간	높음
5	Eco Logical (친환경 논리)	• 친환경이지만 성능/가격 경쟁력 필수 • 그린워싱이 아닌 실질적 지속 가능성	중간	중간

"나는 한국의 대기업 화장품 회사에서 마케팅 기획 업무를 하고 있어. 올해 글로벌 마케팅 전략 수립을 위해 이 문서 내용을 분석해 보려 해. 이 보고서를 화장품 브랜드의 2025년 글로벌 마케팅 전략 수립에 활용할 때 다음에 답해 줘."

1) 집중해서 읽어야 할 트렌드 2개

2) 빠르게 훑어 볼 트렌드 2개

3) 스킵해도 되는 트렌드 1개

4) 총 독해 시간 추천(30분/1시간/2시간)

5) 기대할 수 있는 구체적 산출물

☑ **프롬프트 포인트**: AI 증강 독해에서 본인의 상황은 가급적 실천적 독해를 하거나, 내 상황에 맞춰 분석을 진행을 해야 할 때 제시하는 것이 낫습니다. 처음부터 본인 상황을 제시하면, 원문의 의미들이 내 상황에 맞게 필터링, 가공되므로 환각 여부를 판별하기 어려워집니다. 여기서도 1번째가 아니라 3번째 프롬프트에서야 본인의 상황을 밝혔습니다.

추가적으로 AI는 Healthspan Plans와 Filtered Focus를 집중 정밀 분석 트렌드로, Wiser Wallets, AI Ambivalent은 빠른 스캔 트렌드로, Eco Logical을 스킵 가능 트렌드로 제시했습니다. 하지만 굳이 보고서에는 이 내용을 넣을 필요는 없을 것 같아서 김 과장은 그냥 참고만 하기로 했습니다.

● [2단계] 본격 독해(30분)

[10~20분] 핵심 트렌드 정밀 분석

프롬프트 4

"Healthspan Plans에 대해 화장품 마케팅 관점에서 상세 분석해 줘."
1) **시장 기회**: 예상 시장 규모와 성장률, 새로 생겨날 비즈니스 모델, 우리가 놓치고 있던 고객 니즈
2) **주요 리스크**: 트렌드가 Hype일 가능성, 실행 시 예상되는 장애물, 경쟁사 대응으로 인한 위험
3) **실행 방안**: 단기 액션 아이템(3개월), 중기 전략 방향(1년), 장기 역량 구축(2~3년)
4) **성과 지표**: 추적해야 할 KPI, 벤치마킹 대상 기업

프롬프트 5(보고서 내 분석 제한 문구 추가한 경우)

"Healthspan Plans에 대해 화장품 마케팅 관점에서 상세 분석해 줘."
1) **시장 기회**: 예상 시장 규모와 성장률, 새로 생겨날 비즈니스 모델, 우리가 놓치고 있던 고객 니즈
2) **주요 리스크**: 트렌드가 Hype일 가능성, 실행 시 예상되는 장애물, 경쟁사 대응으로 인한 위험
3) **실행 방안**: 단가 액션 아이템(3개월), 중기 전략 방향(1년), 장기 역량 구축(2~3년)
4) **성과 지표**: 추적해야 할 KPI, 벤치마킹 대상 기업
"단, 구체적 시장 규모나 성장률 수치는 이 보고서에 명시된 것만 사용하고, 없다면 '보고서에서 구체적 수치 미제시'라고 명확히 표기해 줘."

여기서는 프롬프트를 2개 제시했습니다. 파일 업로드형 AI 증강 독해에서 '분석 범위 제한 문구'의 중요성을 강조하기 위해서입니다. 실제로 AI 증강 독해 때 '분석 범위 제한' 문제를 소홀히 생각했다가 나중에 큰 코 다치는 경우가 반드시 발생합니다.

프롬프트 4 는 분석 범위 제한 문구가 없는 경우로 김 과장이 처음 사용한 프롬프트입니다. 그 결과, 매우 매력적인 답변이 나왔습니다. 글로벌 웰니스 뷰티 시장이 2024년 151억 달러에서 2025년 167억 달러로, 연 10.6% 성장한다는 이야기도 나오고, 바이오마커 기반 맞춤형 제품 구독 서비스 같은 새로운 비즈니스 모델 이야기도 나오고, 연령대별 웰니스 관련 숨은 니즈도 제시됩니다.

그런데 이 보고서는 화장품이 아니라 전체 소비 트렌드 관련 내용인데, 화장품 관련 시장 전망이 구체적으로 나온다는 것이 이상했습니다. 보고서를 살펴보니 역시 화장품 시장 전망은 없었습니다. 바이오마커 기반 맞춤형 제품에 대한 이야기도 없었습니다. '화장품 마케팅의 관점에서'라는 문구가 들어가 생성형 AI가 자신의 지식을 최대한 끌어와서 맞춤형으로 대답해 준 것이지요. 문제는 나중에 팀 회의 때 출처가 어디냐고 질문이 들어오면 답하기가 힘들죠. "AI가 그랬어요."라고 말하면, 사람들 반응은…. 잘 아시죠?

그래서 이번에는 다시 **프롬프트 5** 처럼 '보고서 내로 분석을 제한하는 문구'를 추가했습니다. 그 결과, 전혀 다른 분석 답변이 나왔습니다. 다음 표에서 답변을 비교해 보세요. 분석 제한 문구가 없을 때는 상당히 내용이 풍부한데, 분석 제한 문구를 추가한 경우는 내용이 조금 빈약합니다. 다만, 분석 제한 문구가 없는 경우는 출처가 어디인지도, 어디까지가 팩트인지도 알 수 없기 때문에 그냥 쓰기에는 영 찜찜합니다.

▫ 분석 제한 문구가 없을 경우와 있을 경우의 결과 비교

구분	보고서 내 분석 제한 문구 없을 경우 (**프롬프트 4** 의 답변 결과)	보고서 내 분석 제한 문구 추가한 경우 (**프롬프트 5** 의 답변 결과)
시장 규모 & 성장률	• **글로벌 웰니스 뷰티 시장**: 2024년 151억 달러 → 2025년 167억 달러(연 10.6% 성장) • **개인 맞춤 스킨케어**: 연 15~20% 성장 예상 • **예방적 안티에이징**: 기존 치료형 대비 2배 빠른 성장	• 보고서에서는 구체적 시장 규모나 성장률 수치 미제시 • 다만 보고서에서 언급된 소비자 행동 변화 　− 바이오마커 기반 맞춤형 제품 관심 증가 　− Bayer와 Samsung의 웨어러블 기반 수면 연구 협력 사례 제시 　− Rootine의 맞춤형 건강 솔루션 성공 사례 언급

		(보고서 기반 추론)
새로운 비즈니스 모델	• 바이오마커 기반 맞춤형 제품 구독 서비스 • 웨어러블 연동 스킨 헬스 모니터링+제품 추천 • 라이프스타일 코칭 연계 토털 웰니스 솔루션 • 예방적 스킨케어 멤버십(정기 진단+맞춤 케어)	• 예방적 스킨케어 솔루션 개발(보고서 내 'pre- ventative solutions' 강조) • 라이프스테이지별 타깃 제품(보고서 내 'every life stage' 언급) • 과학적 근거 기반 마케팅('scientific evidence' 활 용 권장) • 개인화 기술과 진단 서비스 결합('personalised health assessments' 제안)
놓치고 있던 고객 니즈	• **25~35세**: 예방적 안티에이징에 대한 높은 관심, 하지만 너무 이른 느낌 • **45~55세**: 건강한 노화에 대한 욕구 증가 • **남성 고객**: 웰니스 관점의 그루밍 제품 부족 • **시니어**: 단순 주름 개선 아닌 건강한 피부 유지 솔루션	(보고서 분석 기반) • 단순 노화 방지 아닌 '건강한 노화' 추구 욕구 • 특정 관심사에 맞춘 타깃 제품 선호('specific concerns' 언급) • 제품 효과에 대한 과학적 증거 요구 증가 • 생애주기별 차별화된 웰니스 솔루션 니즈

이처럼 AI와 함께 문서를 증강 독해할 때 가장 중요한 선택 중 하나가 '분석 범위를 어디까지 설정할 것인가?'입니다. 이 사례에서 나타나듯이 '보고서에 명시된 내용만 사용하라.'는 제약을 두는 것과 AI의 외부 지식까지 활용하는 것은 완전히 다른 결과를 가져옵니다. 보고서 한정 접근법은 신뢰성과 투명성을 보장하지만 분석의 깊이가 제한되고, 외부 지식 활용 접근법은 풍부한 인사이트를 제공하지만 출처 불분명한 정보나 AI 환각의 위험이 따릅니다.

실무에서는 상황에 따른 선택적 활용이 핵심입니다. 초기 문서 스캐닝이나 공식 보고서 작성 시에는 보고서 한정 접근으로 확실한 근거를 확보해야 할 것입니다. 특히, 법적 검토가 필요하거나 컴플라이언스가 중요한 상황에서는 반드시 출처가 명확한 정보만 사용해야 합니다(**프롬프트 5** 활용). 하지만 브레인스토밍이나 창의적 기획 단계에서는 외부 지식을 활용해 아이디어를 확장하는 것이 효과적입니다. 또한 빠른 의사결정이나 방향성 판단이 필요할 때는 AI의 종합적 지식을 적극 활용할 수 있습니다(**프롬프트 4** 활용).

물론 2단계 하이브리드 접근법을 쓸 수도 있습니다. 먼저 "이 문서 내용만으로 파악 가능한 것들을 정리해 줘."라고 요청해 확실한 기반을 마련한 후 "부족한 부분을 일반적 시장 지식으로 보완해 줘. 단, 추정치임을 명확히 표기해 줘."라고 후속 질문을 하는 방식입니다. 이렇게 하면 신뢰할 수 있는 분석의 뼈대를 유지하면서도 실용적 완성도를 높일 수 있습니다.

무엇보다 중요한 것은 AI가 제시한 정보에 대한 비판적 검증입니다. 외부 지식을 활용했다면 반드시 출처를 요청하고, 상식선에서 합리적인 수준인지 판단하며, 중요한 의사결정 전에는 신뢰할 만한 다른 소스와 교차 검증해야 합니다. AI는 강력한 분석 파트너이지만, 최종 판단과 책임은 여전히 인간의 몫이라는 점을 잊지 말아야 합니다.

이 모든 것이 골치 아프다고 생각되면 아예 AI 증강 독해 머신으로 NotebookLM과 Perplexity를 사용하는 것도 좋은 방법입니다. 저 역시 요즘 NotebookLM 의존도가 크게 늘었습니다. NotebookLM을 활용하면 자동으로 분석 범위가 보고서 내로 제한됩니다. 아울러 분석 내용에 대해 각주 형태로 해당 원문 링크가 제공됩니다. 추가로 외부 정보나 데이터의 확인이 필요할 때는 Perplexity를 사용합니다. 이 조합으로 이용하면 환각 문제에 대해 상당히 안심하고 AI 증강 독해를 진행할 수 있습니다.

20~30분 ㅤ 트렌드 통합 분석

프롬프트 6

"Healthspan Plans와 Filtered Focus 트렌드의 상호 연관성을 우리 화장품 비즈니스의 관점에서 분석해 줘."
1) **시너지 관계**: 두 트렌드가 서로 어떻게 강화하는가?
2) **충돌 관계**: 어떤 부분에서 서로 상충할 수 있는가?
3) **통합 전략**: 두 트렌드를 모두 고려한 우리의 제품/마케팅 전략은?
"화장품 업계에서 이 두 트렌드가 어떻게 결합될지 구체적으로 예측해 줘."

다음은 AI의 답변을 김 과장이 표로 깔끔하게 정리한 내용입니다. 2개 트렌드를 결합해서 제품/마케팅 전략까지 도출하는 것은 사실 과거에는 2~3명이 팀을 이루어 하루나 이틀 정도는 치열한 브레인스토밍을 해야 겨우 나올까 말까 한 내용들이었습니다. 그러나 AI는 불과 1분만에 깔끔한 대안 하나를 제시해 주었습니다. 물론, 이것이 정답은 아니지만, 그래도 상당히 현실적인 답변을 도출해 주었습니다.

개념적 융합	구체적 시너지
• 복잡한 헬시에이징 → 간단, 효과적인 웰니스 뷰티	• AI 진단 → 복잡한 결과를 3가지 핵심 추천으로 단순화
• 개인 맞춤화 → 하지만 쉽게 이해, 사용 가능한	• 멀티 기능 제품 → 헬시에이징 효과를 한 제품에 집약
• 예방적 케어 → 복잡한 루틴 대신 핵심만 간추린	• 스마트 패키징 → 사용법/효과를 직관적으로 전달

개인화 vs. 단순화의 딜레마	해결 방향
• 맞춤형 = 복잡함 vs. 간소화 = 표준화	• 'Sophisticated Simplicity' 콘셉트
• 전문성 어필 vs. 쉬운 이해의 트레이드오프	• 백엔드는 복잡해도 프론트엔드는 심플하게
• 과학적 근거 제시 vs. 직관적 커뮤니케이션	• 3단계 선택 시스템: 간단 → 중간 → 상세

제품 전략	마케팅 전략
• 올인원 헬시에이징 세럼: 5가지 기능을 통합	• 메시지: '복잡한 과학, 간단한 결과'
• 3단계 개인 맞춤 키트: 진단 → 추천 → 간단한 루틴	• 콘텐츠: 30초 안에 이해되는 웰니스 뷰티 가이드
• 스마트 앱 연동: 복잡한 분석을 간단한 가이드로 제시	• 채널: 간편한 온라인 진단 → 개인 맞춤 제품 추천

● 3단계 심화 독해 4기법 적용(20분)

사실 일반 기업체에서는 2단계까지만 AI 증강 독해를 진행해도 분석을 잘했다는 평가를 받을 것입니다. 하지만 항상 빛에는 그늘이 있고, 수익에는 위험이 따르고, 적극 활용에는 주의점이 따릅니다. 이 보고서의 내용과 시사점을 활용할 때 균형적인 시각을 확보하기 위해 심화 독해를 추가적으로 진행해 보면 괜찮겠지요.

이때 일반적인 사용자라면, 이러한 4가지 독해의 답변 내용을 꼼꼼히 읽어 보기가 좀 귀찮을 수도 있습니다. 오히려 이러한 4가지 독해를 AI에게 진행시키고, 그 결과를 다시 한 번 요약해 달라고 하는 형태로 진행하는 것이 더 현실적일 것입니다. 즉, 프롬프트 7~10 까지의 결과는 가볍게 살펴보시고, 마지막 프롬프트 11 의 종합 정리 답변 결과에 주목하세요. 그러면 프롬프트 7~10 을 건너뛰고 프롬프트 11 로 가면 어떠냐는 분도 있는데, 이 경우 답변 내용이 좀 부실해집니다.

"(구조적 독해) 이 보고서의 구조적 특성을 분석해 줘."

1) **정보 밀도 분석**: 각 트렌드별 분량 차이와 그 의미, 어떤 트렌드에 더 많은 사례와 데이터가 할애되었는가?

2) **논증 구조 평가**: 각 트렌드의 근거 강도(강/중/약), 논리적 비약이나 부족한 설명은 없는가?

3) **누락된 관점**: 다루지 않은 중요한 변수나 리스크, 특정 지역/세대/계층 관점의 편향

* **프롬프트 포인트**: 프롬프트 맨 앞의 '(구조적 독해)'는 일반적으로 안 넣어도 무방합니다. 하지만 여기서는 뒤의 프롬프트 11 에서 종합 정리하거나 추가 분석을 할 때 각 프롬프트의 결과들을 쉽게 호출하기 위해 일종의 태그를 달아 준 것입니다. AI 드리블링에서는 이렇게 뒤에서 현재 프롬프트의 분석 결과를 재활용해야 할 경우가 많습니다. 이럴 때 이렇게 태그를 프롬프트 앞이나 뒤에 붙여 주면 편리합니다.

"(계보적 독해) 이 트렌드들의 역사적 맥락과 미래 전망을 분석해 줘."

1) **과거 연결성**: 2020~2024년 트렌드와의 연속성/단절성, 코로나 이후 소비자 행동 변화의 연장선인지?

2) **경쟁사 비교**: 민텔, 칸타 등 다른 리서치 사 전망과의 차이점, 유로모니터만의 독특한 관점은?

3) **미래 진화**: 2026~2030년에는 어떻게 발전할 것인가? 각 트렌드의 생명주기 예측

"(심층적 독해) 이 보고서의 숨어 있는 의미와 편향을 분석해 줘."

1) **숨어 있는 가정들**: 경제 상황, 기술 발전 속도에 대한 전제, 소비자 행동에 대한 기본 가정들

2) **이해관계 분석**: 유로모니터의 비즈니스 모델이 내용에 미친 영향, 어떤 방향으로 기업들을 유도하려는 의도가 있는가?

3) **반박 가능성**: 각 트렌드에 대한 회의적 관점, 실패할 수 있는 시나리오들

"(실천적 독해) 이 보고서를 바탕으로 우리 화장품 브랜드의 구체적 행동 계획을 수립해 줘."

1) **즉시 실행(이번 주)**: 추가 조사가 필요한 항목들, 팀 내 공유/토론할 포인트들

2) **단기 실행(3개월)**: 파일럿 테스트할 수 있는 아이디어 예산/리소스 확보 계획

3) **중장기 전략(1년)**: 조직 역량 개발 방향, 경쟁 우위 확보 방안

4) **모니터링 체계**: 분기별 점검할 지표들, 전략 수정 트리거 포인트(trigger point)들

방금 진행한 구조적 독해부터 실천적 독해까지 분석을 통해 우리가 이 보고서를 읽을 때 주의해야 될 포인트들을 정리해 보면 어떤 것들이 있을까?

다음은 AI의 답변 내용입니다.

구조적 독해에서 발견된 편향

- **정보 밀도의 불균형 문제**: AI Ambivalent 트렌드가 상대적으로 짧게 다뤄진 점은 유로모니터가 이 트렌드의 불확실성을 인정하고 있다는 것을 시사합니다. 반대로 Wiser Wallets이 가장 많은 분량을 차지하는 것은 경제적 가치 소비를 가장 확실한 트렌드로 보고 있다는 뜻이죠.
- **서구 중심 사례의 과대 대표**: 제시된 기업 사례의 70% 이상이 미국/유럽 기업으로, 아시아 시장의 독특한 소비 패턴이나 K-뷰티, J-뷰티 같은 지역 특화 트렌드가 과소 평가될 위험이 있습니다.

계보적 독해에서 나타난 한계

- **과도기적 트렌드의 성급한 일반화**: AI Ambivalent 같은 트렌드는 아직 형성 초기 단계인데, 마치 확정된 소비자 행동 패턴인 것처럼 제시하고 있습니다. 실제로는 Z 세대나 알파 세대에게는 이미 AI가 자연스러운 도구일 수 있습니다.
- **팬데믹 이후 변화의 과대 해석**: 2020~2024년 팬데믹 특수 상황에서 나타난 소비 행동을 구조적 변화로 해석하는 경향이 있습니다. 경제가 안정되면 일부 트렌드는 팬데믹 이전 패턴으로 회귀할 가능성도 있습니다.

심층적 독해에서 드러난 숨어 있는 편향

- **유로모니터의 비즈니스 모델 편향**: 글로벌 기업 대상 컨설팅이 주 수익원이다 보니 기업들의 디지털 전환 투자나 개인화 기술 도입을 정당화하는 방향으로 트렌드를 해석하는 경향이 있습니다.
- **경제적 가정의 취약성**: 모든 분석이 '경제 불확실성 지속'을 전제로 하고 있는데, 만약 급격한 경제 호황이나 불황이 오면 전체 트렌드 예측이 무력화될 수 있습니다.
- **기술 발전 속도의 과소 평가**: AI나 바이오테크 기술의 발전 속도를 보수적으로 평가하고 있어서 ChatGPT 등장과 같은 급진적 기술 변화에 대한 대비가 부족합니다.

실천적 독해에서 확인된 실행 리스크

- **아시아 시장 적용의 맹점**: 서구 중심 트렌드를 그대로 아시아에 적용할 경우, 집단주의 문화, 가족 중심 의사결정, 브랜드 충성도 등 문화적 차이를 간과할 위험이 있습니다.
- **중소기업 관점의 부재**: 대부분의 전략과 사례가 글로벌 대기업 중심으로 구성되어 있어서 자원과 기술력이 제한된 중소기업이나 스타트업에게는 실행 가능성이 떨어집니다.

실무진을 위한 종합 가이드라인

- **적극 활용해야 할 부분**
  - **거시적 방향성**: 5가지 트렌드의 전반적 흐름은 신뢰할 만함
  - **소비자 행동 변화**: 정량 데이터로 뒷받침된 행동 패턴 분석
  - **기업 사례**: 글로벌 선도 기업들의 실제 대응 전략
- **신중하게 판단해야 할 부분**
  - **구체적 수치**: 시장 규모, 성장률 등은 추가 검증 필요
  - **시간 전망**: 2025년 예측의 정확성, 특히 기술 관련 전망
  - **지역별 적용**: 서구 사례의 아시아 시장 적용 가능성
- **반드시 보완해야 할 부분**
  - **아시아 시장 데이터**: 별도 현지 조사나 아시아 특화 보고서 참조
  - **중소기업 관점**: 리소스 제약을 고려한 현실적 실행 방안
  - **경쟁사 동향**: 우리 업계 내 구체적 경쟁 상황 분석
  - **규제 환경**: 한국 시장 특유의 법적, 규제적 제약 사항

그런데 답변 내용을 보니 회사 전체 차원의 고려 사항들이고 우리 부서에서 무엇을 할지는 구체적 실행 아이템이 손에 잡히지 않습니다. 그래서 추가로 좀 더 구체적인 질문을 던져 보았습니다.

프롬프트 12

"방금 제시해 준 실행 계획은 회사 단위이고, 이번에는 우리 마케팅 기획 부서에서 할 수 있는 구체적 행동 계획을 수립해 줘."
1) 즉시 실행(이번 주): 우리 부서가 직접 할 수 있는 일들
2) 단기 실행(3개월): 부서 예산과 권한 내에서 가능한 프로젝트

3) 중장기 제안(1년): 상위 부서나 경영진에게 제안할 수 있는 내용
4) 모니터링: 우리가 분기별로 체크할 수 있는 간단한 지표들
"단, 전사적 조직 개편이나 대규모 투자가 필요한 내용은 제외하고, 마케팅 기획팀이 실제로 실행 가능한 수준으로 제한해 줘."

다음은 AI의 답변입니다. 보고서 분석 결과를 바탕으로 충분히 의미 있는 액션 플랜들을 제안하고 있습니다. 만일, 너무 거대한 답변이 나왔다면, "개인이나 2~3명의 소규모 팀 단위에서 할 수 있는 수준으로 축소해 줘."라고 다시 한번 요청해 보세요. AI는 종종 직원이 수백~수천 명인 기업 전체나 수십 명 규모의 큰 부서 단위로 액션 플랜을 제시하는 경향이 있습니다.

마케팅 기획 부서 실행 가능 액션 플랜

1) 즉시 실행(이번 주)
- **우리 팀이 직접 할 수 있는 일들**
  - 기존 제품 라인 헬시에이징 포지셔닝 검토(팀 내 워크숍 1회)
  - 경쟁사 헬시에이징 마케팅 메시지 모니터링 시작(담당자 1명 배정)
  - 소비자 조사 설문 문항 초안 작성(외부 용역 준비용)
  - 기존 고객 데이터에서 25~35세 세그먼트 분석(내부 데이터 활용)
  - SNS/온라인 커뮤니티에서 헬시에이징 관련 언급 모니터링 체계 구축
- **필요 리소스**: 팀원 시간 배분만으로 가능

2) 단기 실행(3개월)
- **부서 예산 내 가능한 프로젝트**
  - **소비자 인식 조사**: 헬시에이징에 대한 국내 소비자 인식 조사(예산: 5,000만 원)
  - **콘텐츠 마케팅 파일럿**: '건강한 노화' 콘셉트 SNS 콘텐츠 3개월 테스트(예산: 2,000만 원)
  - **KOL 협업 테스트**: 웰니스 전문가 3~4명과 협업 콘텐츠 제작(예산: 3,000만 원)
  - **경쟁사 벤치마킹**: 글로벌 헬시에이징 제품 구매 및 분석(예산: 1,000만 원)
- **부서가 주도할 수 있는 범위**
  - 기존 제품의 마케팅 메시지 조정 및 테스트
  - 타깃 고객층 세분화 및 맞춤형 커뮤니케이션 전략
  - 온라인 채널에서의 헬시에이징 브랜딩 실험

3) 장기 제안(1년)

- **상위 부서/경영진 제안 내용**
    - **신제품 라인 제안**: 소비자 조사 결과를 바탕으로 한 헬시에이징 제품 기획안
    - **마케팅 예산 확대**: 헬시에이징 포지셔닝 강화를 위한 별도 예산 요청(연 5억 원)
    - **디지털 마케팅 고도화**: AI 기반 개인 맞춤 마케팅 시스템 도입 제안
    - **글로벌 마케팅 전략**: 아시아 4개국 헬시에이징 시장 진출 계획
- **제안서에 포함할 근거**
    - 3개월간 수집한 소비자 데이터 및 시장 반응
    - 경쟁사 대비 우리의 차별화 포인트
    - 예상 ROI 및 리스크 분석
    - 단계별 실행 계획 및 필요 자원

4) 모니터링(분기별 체크 가능한 지표)

- **우리 팀이 직접 측정 가능한 KPI**
    - **브랜드 연관도**: '헬시에이징' 검색 시 우리 브랜드 언급률(월 1회 체크)
    - **콘텐츠 성과**: 헬시에이징 관련 콘텐츠 조회수, 참여율(주 1회 체크)
    - **고객 피드백**: 고객센터 문의나 SNS에서 헬시에이징 관련 언급 빈도
    - **경쟁사 대응**: 경쟁사 헬시에이징 제품 출시 및 마케팅 활동 모니터링
- **간단한 체크 방식**
    - 구글 트렌드, 네이버 데이터랩 활용한 키워드 모니터링
    - SNS 언급량 분석 도구(예 썸트렌드, 다음소프트) 활용
    - 월 1회 팀 미팅에서 주요 지표 리뷰 및 대응 방안 논의
- **성공 기준**(3개월 후)
    - 헬시에이징 관련 브랜드 언급률 20% 증가
    - 관련 콘텐츠 평균 참여율 기존 대비 15% 향상
    - 25~35세 고객층의 브랜드 선호도 측정 가능한 수준까지 도달
- **조기 경보 신호**
    - 경쟁사가 유사한 콘셉트로 선제적 마케팅 시작
    - 소비자 조사에서 헬시에이징 관심도가 예상보다 낮음(30% 미만)
    - 기존 고객층에서 콘셉트 변화에 대한 부정적 반응 감지

실행 방안까지 살펴보았으니 이제 최종 보고서를 한번 작성해 봐야죠. 10페이지 이상의 보고서라면 AI 드리블링을 통해 작성해야겠지만, 여기서는 2~3페이지의 브리프 보고서를 작성한다고 생각하고, 간단한 프롬프트만으로 보고서 초안을 한번 구성해 보겠습니다.

프롬프트 13(보고서 작성, 30분)

"지금까지의 분석을 바탕으로 우리 마케팅 기획 부서용 최종 요약 보고서를 작성해 줘."

1. Executive Summary(3줄)
- 핵심 인사이트 1개 – 우리 부서 최우선 액션 아이템 1개 – 가장 주의해야 할 리스크 1개

2. **마케팅 기획 부서에게 주는 시사점**(5가지)
- a. [제품 포지셔닝] 관점, b. [타깃 고객] 관점, c. [콘텐츠/메시징] 관점, d. [채널 전략] 관점, e. [경쟁 대응] 관점

3. **우리 팀** Next Action Items
- 이번 주에 할 일(팀 내부 작업) – 이번 달에 할 일(부서 예산 내) – 분기 내에 할 일(상위 부서 협의)

4. **마케팅 관점 추가 리서치 필요 영역**
- 소비자 인식 조사 항목 – 경쟁사 벤치마킹 포인트 – 협업이 필요한 다른 부서
- *** 프롬프트 포인트**: 보고서 작성 시에는 본인이 생각하는 개요를 간단히 정리하고, 중간중간에 각 파트에서 강조될 내용이나 서술 방향들을 적어 주는 것이 좋습니다.

다음은 AI의 답변 내용을 바탕으로 김 과장이 좀 더 수정해 보고서를 만든 내용입니다. 보고서 하나만 분석해도 이렇게 새로운 관점의 마케팅 기획안으로 연결될 수 있습니다. 여러 보고서를 종합적으로 분석했다면 더 풍부한 내용의 기획이 가능했겠지요. 프롬프트 결과는 금방 나옵니다. 하지만 보고서 작성 소요 시간을 30분 정도로 잡은 이유는 내용의 적절성을 검토하고, 회사 보고서 포맷에 맞게 정리하는 시간이 조금 걸리기 때문입니다.

1. 유로모니터 보고서에서 제시한 5대 글로벌 소비자 트렌드(중요도는 화장품 업계 관점 평가)

중요도	트렌드명	주목할 이유	영향도	실현 가능성
1	Healthspan Plans	• 안티에이징 → 헬시에이징 패러다임 전환 • 개인 맞춤 스킨케어 웰니스 뷰티 시장 확대	높음	높음
2	Filtered Focus	• 복잡한 뷰티 루틴 → 간소화된 멀티기능 제품 • 쉬운 제품 발견과 선택을 돕는 UX의 중요성	높음	높음
3	Wiser Wallets	• 프리미엄 vs. 가성비의 양극화 심화 • 가치 입증할 수 있는 브랜드만 생존	높음	매우 높음
4	AI Ambivalent	• AI 뷰티 진단 도구의 신뢰성 이슈 • 인간 전문가와 AI의 적절한 밸런스	중간	높음
5	Eco Logical	• 친환경이지만 성능/가격 경쟁력 필수 • 그린워싱 아닌 실질적 지속 가능성	중간	중간

- 기존 안티에이징 패러다임이 헬시에이징 패러다임으로 전환되면서 '복잡한 과학을 간단한 경험으로' 전달하려는 경향이 중요해질 가능성
- 프리미엄 브랜드와 가성비의 양극화는 전체 소비 시장에서 전개되며, 특히 화장품 업계에서도 더욱 뚜렷해질 가능성
- 화장품 업계에서 AI 뷰티 진단 도구의 도입에 대해서는 좀 더 지켜 볼 필요가 있으며, 친환경 트렌드 대응은 중요도는 낮지만, 지속적으로 진행할 필요성

2. 마케팅 기획 관련 주요 내용 및 시사점

- 유로모니터 보고서는 글로벌 트렌드의 방향성을 제시하지만, 우리의 진정한 기회는 '아시아적 해석'에 존재
- 서구의 개인주의적 헬시에이징을 '가족 중심 웰니스'로, 서구의 기술 중심 간소화를 '정성스러운 간편함'으로 재해석할 때 K-뷰티만의 차별화된 가치를 창출 가능할 것으로 판단
- 이 관점에서 5대 트렌드 중 상위 3대 트렌드에 집중해 시사점을 도출하면 아래와 같음

시사점	주요 내용	관련 트렌드
제품 포지셔닝 관점: 안티에이징 → 헬시에이징 전환	• 기존·노화 방지' 메시지를·건강한 노화' 콘셉트로 점진적 전환 • 25~35세 예방적 스킨케어 니즈와 45~55세 웰니스 뷰티 니즈 동시 포착 • '나이를 거스르는' 대신 '나이와 함께 아름다워지는' 메시지 프레임	Healthspan Plans, Wiser Wallets

타깃 고객 관점: 웰니스 라이프스타일 세그먼트 재정의	• 기존 연령별 → 웰니스 관심도별 세분화로 전환 • 헬스케어 앱 사용자, 웨어러블 기기 보유자, 유기농 식품 구매자 등 행동 기반 타깃팅 • 남성 그루밍 시장에서 웰니스 관점 접근으로 새로운 기회 창출	Healthspan Plans
콘텐츠/메시징 관점: 과학적 근거의 쉬운 스토리텔링	• 복잡한 성분 설명을 30초 내 이해 가능한 비주얼 콘텐츠로 변환 • '성분 X가 Y 기능을 한다.' → '건강한 피부를 위한 3가지 핵심 관리' • 인플루언서보다 피부과 전문의, 웰니스 코치와의 협업 콘텐츠 강화	Filtered Focus, Wiser Wallets
채널 전략 관점: 정보 피로감 해소를 위한 간소화	• SNS 콘텐츠도 '핵심만 3초에' 원칙으로 재구성 • 복잡한 제품 라인업 → 라이프스타일별 3~4가지 패키지 제안 • 온라인 진단 도구 도입으로 고객의 선택 부담 경감	Filtered Focus
경쟁 대응 관점: K–뷰티만의 웰니스 철학 차별화	• 서구적 개인주의 웰니스 대신 아시아적 조화 중심 웰니스로 차별화 • '나만의 완벽함' 대신 '가족과 함께하는 건강한 아름다움' 어필 • 한방 성분, 발효 기술 등 K–뷰티 고유 자산과 헬시에이징 콘셉트 결합	Healthspan Plans

3. 논의 사항: 우리 팀 Next Action Items 제안(헬시에이징 마케팅 플랜 기획)

- 이번 주(팀 내부 작업)
  - **헬시에이징 콘셉트 팀 워크숍 개최:** 기존 제품 라인 재포지셔닝 아이디어 브레인스토밍
  - **경쟁사 모니터링 체계 구축:** 글로벌 헬시에이징 브랜드 10개 선정 및 담당자 배정
  - **소비자 조사 설문 문항 초안 작성:** 헬시에이징 인식, 구매 의향, 선호 메시지 등
  - **기존 고객 데이터 분석:** 25~35세, 45~55세 세그먼트별 구매 패턴 및 선호 제품 파악
- 이번 달(부서 예산 내)
  - **소비자 인식 조사 실행:** 20~50대 여성 1,000명 대상 헬시에이징 관련 조사(예산: 5,000만 원)
  - **콘텐츠 마케팅 파일럿:** '건강한 노화' 콘셉트 SNS 콘텐츠 4주 테스트(예산: 2,000만 원)
  - **웰니스 전문가 협업:** 피부과 전문의, 웰니스 코치 3명과 협업 콘텐츠 제작(예산: 2,000만 원)
- 분기 내(상위 부서 협의)
  - **신제품 기획안 제출:** 소비자 조사 결과 기반 헬시에이징 라인 제안서 작성
  - **마케팅 예산 확대 요청:** 헬시에이징 포지셔닝 강화 위한 별도 예산(연 10억 원) 제안
  - **R&D 팀 협업 제안:** 멀티 기능 올인원 제품 개발 가능성 논의

● AI 드리블링이라는 예술: 왜 이런 순서로, 이런 방식으로?

지금까지 내용을 잘 살펴보셨나요? 사례 자체만으로 'AI 증강 독해와 AI 드리블링'이 적절히 결합될 때 얼마나 좋은 결과를 얻을 수 있는지 느낌이 오셨을 것입니다. 불과 13개의 프롬프트만으로도 단순 자료 분석이 아니라 우리 입장에서의 자료 소화와 재해석, 액션 아이템까지 담은 우수한 결과물이 나왔습니다.

이번에는 제시된 실전 독해 사례를 바탕으로 AI 드리블링의 주요 원리를 살펴보겠습니다. 처음부터 자동차 운전을 잘할 수 없듯이, 아무것도 모르는 상태에서 'AI 증강 독해와 AI 드리블링'을 잘할 수는 없습니다. 좋은 설계 원칙을 숙지하고, 상황에 맞추어 적절히 밀고 당기며 프롬프트를 조정해 나가야 합니다.

4가지 설계 원칙

- **목적 지향성: 각 프롬프트가 명확한 목표를 가져야 한다.**

프롬프트를 만들 때 가장 먼저 고민할 점은 '이 질문으로 무엇을 얻고 싶은가?'입니다. 막연히 "분석해 줘."라고 하면 막연한 답변만 돌아옵니다. 하지만 "화장품 마케팅의 관점에서 시장 기회, 주요 리스크, 실행 방안, 성과 지표를 분석해 줘."라고 구체적으로 요청하면, 바로 업무에 써먹을 수 있는 실용적 답변을 얻을 수 있습니다. 예를 들어, 위 사례의 **프롬프트 2** 를 보세요. 단순히 "트렌드를 정리해 줘."가 아니라 표 형태로 핵심 개념, 영향도 실현 가능성을 정리하고, 마지막에 "우리 화장품 업계에 가장 중요한 트렌드 순으로 랭킹을 매겨 줘."라고 요청했습니다. 이렇게 해야 AI가 우리의 관점에서 우선순위를 매겨 줄 수 있거든요.

- **연결성: 이전 답변을 활용해 아래 질문을 정교화해야 한다.**

훌륭한 AI 드리블링은 마치 숙련된 인터뷰어가 진행하는 대화와 같습니다. 이전 답변에서 나온 핵심 포인트를 아래 질문에서 더 깊이 파고들어야 해요. 위 사례 중 **프롬프트 3** 에서 읽기 가치를 판단한 후 **프롬프트 4** 에서는 그 결과를 바탕으로 1순위 트렌드를 심층 분석했잖아요. 이런 연결성과 분석의 강약 판단이 있어야 분석의 깊이가 살아납니다.

- **균형성**: 너무 단순하지도 너무 복잡하지도 않아야 한다.

프롬프트 설계에서 가장 어려운 부분이 바로 이 균형감입니다. 너무 단순하면 표면적인 답변만 나오고, 너무 복잡하면 AI가 헷갈려서 초점 없는 답변을 줍니다. 여기서는 각 단계별로 3~5개의 하위 질문으로 구성해서 AI가 체계적으로 사고할 수 있도록 드리블링했습니다.

- **맥락성**: 본인의 역할과 상황을 반영한 질문이어야 한다.

'대기업 화장품 회사의 마케팅 기획 담당자'라는 구체적 역할을 설정한 것도 중요한 포인트입니다. 같은 트렌드 보고서라도 IT 기업의 전략 담당자가 보는 관점과 화장품 회사 마케터가 보는 관점은 완전히 다르거든요. 역할과 상황을 명확히 해야 실용적인 답변을 얻을 수 있습니다.

단계별 프롬프트 구성의 논리

- **사전 스캐닝 단계**: 정보 → 판단 → 결정

첫 번째 단계에서는 정보 수집 → 가치 판단 → 독해 전략 결정의 순서로 진행했습니다. 먼저 문서의 기본 정보(발행 기관, 신뢰도 구조)를 파악하고, 다음에 5가지 트렌드를 우리 업계의 관점에서 평가하며, 마지막에 어떤 트렌드에 집중할지 결정하는 것이죠. 이 순서가 중요한 이유는 객관적 정보 없이 주관적 판단을 하면 편향이 생기기 때문입니다.

- **본격 독해 단계**: 개별 분석 → 통합 분석

두 번째 단계에서는 우선순위 트렌드를 하나씩 깊이 파고든 후 트렌드 간 연관성을 분석했습니다. 개별 분석이 수직적 깊이를 담당한다면, 통합 분석은 수평적 연결을 담당해요. 이 2가지가 결합되어야 진정한 인사이트가 나옵니다.

- **심화 독해 단계**: 다각도 검증 → 편향 방지

세 번째 단계의 4기법 적용은 서로 다른 렌즈로 같은 대상을 보기입니다. 구조적 독해로 객관적 패턴을 찾고, 계보적 독해로 역사적 맥락을 파악하며, 심층적 독해로 숨어 있는 편향을 드러내고, 실천적 독해로 구체적 행동 방안을 도출해요. 이렇게 다각도로 검증해야 균형 잡힌 분석이 가능합니다.

- **최종 정리 단계: 인사이트 → 전략 → 실행**

마지막의 보고서 작성 단계에서는 지금까지의 분석을 Executive Summary → 시사점 → Action Items로 구조화했습니다. 이 서술 순서가 중요한 이유는 실제 비즈니스 현장에서 보고서를 읽는 사람들의 관심사와 일치하기 때문이에요. 바쁜 임원들은 결론부터 보고, 실무진들은 구체적 실행 방안을 원하거든요.

주의 사항   **이런 함정을 피하세요**

- **프롬프트 과부하:** 한 번에 너무 많은 것을 요청하면 AI가 헷갈려합니다. 또한 인간도 AI 답변을 볼 때 왜 이런 답변이 나왔는지 이해하기 어려워집니다. 복잡한 분석이 필요할 때는 단계를 나누어 진행하세요. 그러면 AI도 덜 헷갈리고, 인간도 결과를 이해하기 편해집니다. 위 사례처럼 13개의 프롬프트로 나누어 분석을 진행한 이유도 이 때문이에요. 어차피 다음 보고서를 분석할 때는 약간 다른 맥락에서 접근해야 할 것입니다. 길고 완벽한 프롬프트를 만들어도 다음 번에 이용하려면 맥락에 맞게 수정하느라 시간을 허비할 가능성이 큰 것이지요. 짧은 대화를 잘 이어가며 자연스럽게 AI를 드리블링하세요.
- **맥락 손실:** 연속된 프롬프트에서 이전 답변의 핵심 포인트를 아래 질문에 포함시키지 않으면, AI가 맥락을 놓칠 수 있습니다. '앞서 분석한 Healthspan Plans를 바탕으로….' 같은 연결 고리를 만들어 주세요. **프롬프트 7~11** 처럼 프롬프트 전후에 적절한 태그를 만들어 주는 것도 좋은 방법입니다.
- **답변의 무조건적 신뢰:** AI 답변이 아무리 그럴듯해도 항상 비판적으로 검토해야 합니다. 특히, 우리 업계나 회사의 특수한 상황은 AI가 완전히 이해하기 어려우므로 최종 판단은 여러분의 전문성에 의존해야 해요.

이번 실전 사례를 통해 비즈니스 문서 독해의 전 과정을 체험해 보았습니다. 1시간 30분 투입으로 2~3일 걸릴 분석을 완료하고, 팀 미팅에서 효과적으로 브리핑 가능한 보고서를 만들어 냈죠. 이제 여러분은 유로모니터 같은 트렌드 보고서뿐만 아니라 증권사 투자 보고서, 컨설팅 사 전략 보고서, 기업의 연간 사업 보고서 등 다양한 비즈니스 문서를 자신 있게 분석할 수 있을 겁니다.

하지만 세상에는 비즈니스 문서만 있는 것이 아니죠. 기술 문서, 학술 논문, 일반 교양서 등 각각 다른 특성과 독해 포인트를 가진 문서들이 존재합니다. 11장부터는 이런 다양한 문서 유형별로 특화된 AI 증강 독해 전략을 배워 보겠습니다. 특히, 기술 문서에서는 기술 성숙도 평가와 상용화 가능성 판단이 핵심이고, 학술 문서에서는 연구 방법론 검증과 결과 해석이 중요하며, 교양서에서는 저자 관점과 사회문화적 맥락 파악이 관건입니다. 각 유형별로 완전히 다른 접근법이 필요해요.

10장에서 마스터한 AI 증강 독해의 기본기를 바탕으로 다른 유형의 문서들도 자신 있게 분석할 수 있도록 AI 증강 독해의 다양한 실전 노하우를 찾아 여행을 같이 떠나 보시지요.

11 기술 문서

✦ 장 오노레 프라고나르의 『책 읽는 소녀』를 모티브로 해서 나노 바나나를 이용해 바이오 연구실에서 기술 연구직 여성이 전문 서적을 읽고 있는 모습을 구현한 그림

11장에서는 전문 용어가 가득한 기술 보고서를 빠르게 평가하고, 기술 성숙도(TRL)를 판단하며, 비즈니스 가치와 연결하는 실전 독해법을 배웁니다. 특히, 11장은 10장과 달리, 기술 문서의 특성을 고려해서 각 단계마다 이론 설명과 함께 프롬프트와 사례를 동시에 제시하여 '배우자마자 바로 써 보기'가 가능하도록 구성했습니다. 제가 실무에서 많이 경험하는 사례와 유사하게 구성한, 김택구 팀장의 기술 스크리닝 사례를 중심으로 사전 스캐닝부터 최종 선별까지 전 과정을 실감나게 체험할 수 있습니다.

11장의 전체 구조

11.1 기술 문서의 특징과 독해 포인트

→ 기술 문서가 비즈니스 문서와 다른 6가지 핵심 특징과 7가지 독해 포인트를 이해하고, 전문 용어와 기술 성숙도(TRL) 개념을 파악한다.

11.2 사전 스캐닝 전략

→ 10개 기술 요약서를 3일 내에 3개로 압축해야 하는 상황에서 3단계 스캐닝 방법을 익히고, 즉시 활용 가능한 프롬프트를 습득한다.

11.3 본격 독해 방법

→ 10개 기술을 4~5개로 압축하기 위한 본격 독해 방법을 배우고, 체계적인 기술 심층 분석을 진행한다.

11.4 효율적 정보 추출과 정리

→ 복잡한 기술 정보를 1페이지로 구조화하는 기술 카드 작성법과 1차 압축 및 순위 설정 방법을 AI로 진행하는 방법을 배운다.

11.5 심화 독해 4기법 적용

→ 1권(개념·기초 편)의7장에서 배운 구조적, 계보적, 심층적, 실천적 독해를 기술 문서에 구체적으로 적용하여 기술의 진짜 가치와 리스크를 파악한다.

내 상황에 맞는 읽기 가이드

독자별 니즈	독해 가이드
"기술 문서의 기본 특징을 알고 싶어요."	11.1로 바로 이동(6가지 특징과 7가지 독해 포인트 이해하기)
"여러 기술 중 빠르게 선별해야 해요."	11.2로 바로 이동(3단계 스캐닝 방법과 프롬프트 익히기)
"선별된 기술을 심층 분석하고 싶어요."	11.3으로 바로 이동(3단계 본격 독해 방법 학습)
"기술 정보를 깔끔하게 정리하고 싶어요."	11.4로 바로 이동(기술 카드 작성법과 평가 기준 습득)
"기술의 숨어 있는 리스크를 찾아내고 싶어요."	11.5로 바로 이동(심화 독해 4기법 기술 문서 적용법)
"실제 사례로 전 과정을 체험하고 싶어요."	11.2 → 11.3 → 11.4 순서로(김택구 팀장 사례 따라가기)
"기술 문서 독해의 전체 흐름을 체계적으로 익히고 싶어요."	11.1 → 11.2 → 11.3 → 11.4 → 11.5 → 11.6 순서로(완벽 학습)

● 기술 문서 독해가 왜 어려운가?

화요일 오전 9시, 국내 대기업 M 전자의 전략 기획 부서에서 근무하는 김택구 팀장에게 부서장인 상무님이 급하게 부르더니 이런 말씀을 하시네요.

"다음 분기에 R&D 모니터링할 후보 기술 리스트가 필요하게 되었어요. 메일로 보내는 10개 기술 요약서 중 우선순위가 높은 3개를 선정해 금요일까지 보고서 올려 주세요."

잠시 후 보내온 메일에는 각각 8~15페이지짜리 기술 요약서들이 10개 첨부되어 있습니다. 'AI 기반 신약 개발', '차세대 배터리 기술', '양자 센서 응용.' …. 제목만 봐도 머리가 아파 옵니다.

기술 문서를 읽어야 하는데 어디서부터 시작해야 할지 막막한 상황…. 아마 이와 비슷한 경험들을 해 보셨을 것입니다. 사실 기술 문서는 비즈니스 문서나 교양서와는 완전히 다른 접근이 필요한 특별한 텍스트입니다. 독해를 어렵게 하는 독특한 장벽들이 있거든요.

첫째, 가장 큰 문제는 전문 용어의 장벽입니다. 'CRISPR-Cas9 시스템의 off-target 효과'[6], '트랜스포머 아키텍처의 어텐션 메커니즘'[7], '반도체의 양자 터널링 효과'[8]…. 이런 외계어들이 난무하는 문서를 보면 일단 정신이 혼미해집니다. 하지만 전문 용어를 제대로 이해하지 못하면, 기술의 핵심을 제대로 파악할 수 없습니다.

둘째, 기술적 타당성 판단도 만만치 않습니다. 기술 문서에는 '혁신적', '파괴적 기술', '게임 체인저'라는 화려한 수식어들이 난무합니다. 이러한 수사들의 향연을 걷어 내고, 진짜 혁신과 부풀려진 하이프(Hype, 과장, 과대 선전)를 구분해야 합니다. 하지만 실험실에서 성공한 기술이 현실에서도 통할지, 지금 언론에서 극찬을 받는 기술이 3~4년 후에도 계속 유효할지 판단하는 것은 전문가도 어려워하는 일입니다.

---

6   의도하지 않은 DNA 부위까지 편집하는 부작용. 이는 유전체 편집의 정확성과 안전성 측면에서 중요한 문제입니다.
7   어텐션은 문장에서 중요한 단어에 집중하게 해 주는 기술로, 트랜스포머 AI 아키텍처의 이해력과 성능을 높이는 핵심 요소입니다.
8   반도체 배선 폭이 5나노 이하로 작아지면 전자가 절연체를 뚫고 새는 현상. 반도체 미세화가 진전될수록 양자 터널링으로 인한 누설 전류가 성능과 전력 소비에 심각한 영향을 주며, 2nm 이하에서는 이 문제를 해결하기 위해 새로운 소재와 구조가 필요합니다.

셋째, 비즈니스 연결까지 고려하면 판단은 더욱 어려워집니다. 아무리 기술적으로 우수해도 시장에서 성공하지 못하는 기술들은 너무도 많았습니다. 2000년대 초반의 세그웨이, 2010년대 초반의 구글 글래스와 3D TV, 2010년대 후반의 하이퍼튜브 기술 등…. 특히, 우리는 베타맥스 vs. VHS 사례처럼 기술적 우위가 시장 승리를 보장하지 않음을 너무도 많이 봐 왔습니다.[9]

바로 이 지점에서 AI 증강 독해의 필요성이 극명하게 드러납니다. 생성형 AI는 복잡한 기술 개념을 일반인도 이해할 수 있게 번역해 주는 '기술 번역가' 역할을 해 줄 수 있습니다. 또한 객관적인 관점에서 기술의 장단점을 분석하고, 과장된 부분을 걸러 내는 '편향 탐지기' 기능도 제공합니다. 또한 비즈니스적 가치에 대해서도 적절히 조언해 줍니다. 이처럼 AI는 일반인들도 조금만 노력하면 전문가 수준으로 기술을 이해할 수 있게 만드는 강력한 도구인 것이지요.

● 기술 문서의 6가지 핵심 특징

기술 내용의 복잡성 **<u>이해가 첫 번째 관문</u>**

앞서 말한 것처럼 기술 문서를 읽을 때 가장 먼저 마주치는 것은 전문 용어의 벽입니다. 한 페이지에 모르는 기술 용어가 5~10개씩 나오면 내용 파악 자체가 불가능해지죠. 더 큰 문제는 이런 용어들이 단순히 암기로 해결되는 것이 아니라 기술의 배경, 구조, 원리를 이해해야만 참 의미를 파악할 수 있다는 점입니다.

예를 들어, 'GPT의 트랜스포머 아키텍처'라는 표현을 이해하려면 단순히 단어 뜻을 아는 것을 넘어 어텐션 메커니즘, 인코더-디코더 구조, 셀프-어텐션의 작동 원리까지 알아야 해요. 'CRISPR-Cas9'도 마찬가지로 가이드 RNA, PAM 서열, HDR과 NHEJ 수선 메커니즘 등의 배경 지식 없이는 왜 혁신적인지 이해할 수 없습니다.

아, 책 덮으려는 분들 계시네요. 하지만 더 이상 어렵게 생각하실 필요 없어요. AI 증강 독해가 새로운 돌파구가 되고 있으니까요. 생성형 AI에게 "CRISPR-Cas9의 개념과 혁신

---

9   1980년대 비디오 테이프 규격 경쟁에서 소니의 베타맥스가 화질은 더 좋았지만, VHS가 녹화 시간이 길고 가격이 저렴해 시장을 점령했습니다. 기술적 우위보다 실용성과 경제성이 승부를 가른 대표적인 사례이지요.

성을 중학생도 쉽게 이해할 수 있게 설명해 줘."라고 요청하면 복잡한 개념을 일상적인 비유로 풀어서 설명해 줍니다. 그다음 "이제 대학생 수준으로 좀 더 자세히", "마지막으로 VC 업계 투자 심사역 수준으로 좀 더 정확하게"라는 식으로 단계적으로 이해도를 점점 쌓아갈 수 있습니다.

TRL이 중요한 판단의 기준

기술 문서에서는 TRL(Technology Readiness Level, 기술 성숙도) 개념이 특히 중요합니다. 여기서 TRL은 흔히 말하는 시장수명주기(PLC: 도입기 – 성장기 – 성숙기 – 쇠퇴기)와는 약간 다릅니다. 시장수명주기가 기술이 적용된 제품이 '얼마나 팔리고 있는지'를 묻는 지표라면, TRL은 제품 이전의 기술이 '팔릴 준비가 되었는지'를 묻는 지표입니다. 대략 TRL 9단계가 완료되는 시점이 바로 시장수명주기의 '도입기'가 시작되는 지점이라고 보시면 됩니다.

중요한 점은 같은 신기술이라도 TRL 1~3(기초 연구 단계)인지, TRL 7~9(상용화 단계)인지에 따라 전략적 의미가 완전히 달라진다는 것입니다. 예를 들어, TRL 3단계의 '개념 증명'과 TRL 8단계의 '시스템 완성'은 하늘과 땅 차이입니다. 개념 증명은 '원리적으로 가능'함을 보여 준 정도이고, 실제 제품으로 만들어 시장에서 팔 수 있는 단계까지 가려면 보통 5~10년, 때로는 그 이상이 걸려요.

문제는 많은 기술 문서가 이런 구분을 모호하게 처리하거나 아예 언급하지 않는다는 점입니다. '양자 컴퓨팅은 유망하다.'라는 막연한 표현으로 TRL 3 수준의 연구 결과와 TRL 7 수준의 상용화 제품을 뒤섞어서 설명하는 경우가 많습니다. 독자는 '언제쯤 실제로 쓸 수 있는 건지' 헷갈리게 됩니다.

TRL이란 무엇인가?

TRL은 기술의 성숙도를 1단계부터 9단계까지 나눈 국제적 표준입니다.

구분	단계	의미
TRL 1~3	기초 연구 단계	실험실 연구 수준
TRL 4~6	응용 연구 단계	제품 프로토타입 제작
TRL 7~9	상용화 단계	실제 제품/서비스화 진입

예를 들어, 어떤 기술이 TRL 3 수준이라면 아직 기초 연구 단계라는 뜻입니다. 아무리 혁신적이어도 상용화까지는 최소 5~10년은 걸릴 수 있다는 것이죠. 반면 TRL 7~8 수준이라면 실제 제품 출시가 임박했다는 의미입니다.

물론 기술 분야마다 상용화까지 걸리는 실제 시간은 크게 차이 날 수 있습니다. 예를 들어, IT/SW 분야에서 TRL 7단계라면 내년이라도 베타 버전이 나올 수 있다는 의미입니다. 하지만 같은 TRL 7단계라도 소재나 에너지에서는 실제 제품 출시에 3~5년이 걸립니다. 공정 최적화나 환경 규제 충족 등 다양한 문제 해결이 필요하니까요. 심지어 우주 항공이나 방산 분야에서 TRL 7이라면, 필드 테스트, 국가 승인이 필요하기에 상용화까지 5~10년 정도 걸립니다. TRL 해석에서 기술 분야별 시간 차이도 같이 고려해야 한다는 의미입니다.

기술-시장 갭 실험실(Lab)과 시장(Market)의 거리

기술 문서를 잘 독해하려면, 기술적 가능성과 상업적 성공은 별개라는 점을 항상 염두에 둬야 합니다. 실험실에서 성공한 기술이 시장에서도 성공하려면, '죽음의 계곡(Valley of Death)'이라 불리는 험난한 구간을 지나야 해요.[10]

그래핀(Graphene)[11]이 대표적인 예입니다. 2004년 노벨 물리학상을 받을 만큼 혁신적인 소재로 평가받았지만, 20년이 지난 지금도 여전히 '미래 유망 소재'로 남아 있습니다. 대량 생산 비용, 기존 반도체 공정과의 비호환성, 소재 품질의 편차 이슈 등으로 상용화가 계속 지연되기 때문이죠. 수소 연료 전지는 1990년대 자동차 기업들이 도입을 검토한 지 20여 년이 지나서야 겨우 상용화되기 시작했습니다. 핵 융합 기술도 1950년대 개발이 시작되었지만, 70년이 지난 지금도 여전히 '꿈의 미래 기술' 상태이고요.

항암 신약 분야도 만만치 않습니다. 저도 암 환자라 이 분야 뉴스들은 꼭 챙겨 봅니다. 국내 언론에는 한 달에 서너 건씩 'OO대학에서 혁신적 항암 물질 발견, 암 정복 성큼'이라는 기사가 나옵니다. 하지만 대부분은 세포 실험이나 동물 실험에서 새로운 기전을 발견하거나 후보 물질을 찾은 정도에 불과합니다. 이것이 환자에게 투여할 수 있는 신약이 되려면 전임상 시험 → 임상 1상 → 2상 → 3상 → 허가라는 긴 과정을 거쳐야 합니다.

---

10 기술이 상용화되기 전 자금 · 수요 부족 등으로 실패하기 쉬운 구간
11 탄소 원자들이 벌집 모양으로 연결되어 만들어진 아주 얇은 막. 단순히 얇은 게 아니라, 두께가 원자 하나 정도(약 0.2nm)밖에 안 되는 세상에서 가장 얇은 2차원 물질입니다.

통계적으로 보면 초기 발견 단계의 후보 물질 중 실제 시장에 출시되는 신약은 1% 미만이고, 성공하는 경우에도 평균 12~15년의 개발 기간과 수천억 원의 비용이 소요됩니다. 그런데 언론 보도는 마치 내년에라도 혁신적인 항암제가 나올 것처럼 표현하는 경우가 많죠. 기술 문서를 읽을 때도 '실험실 성공은 시장 성공과 별개'라는 관점을 항상 염두에 두어야 과장 여부를 구분할 수 있습니다.

표준화와 생태계 기술 자체보다 중요한 것들

정말 좋은 기술, 제품인데, 막상 시장에 나와서 실패하는 경우도 많습니다. 기술 자체의 우수성보다 표준화 주도권이나 생태계 구축 같은 기술 외적 요인들이 종종 더 중요하기 때문입니다. 앞서 언급한 베타맥스 vs. VHS가 대표적인 사례죠. 소니의 베타맥스가 화질이나 기술적 성능은 더 우수했지만, VHS가 더 저렴하고 녹화 시간이 길어서 시장을 점령했어요. 최근 전기차 충전 표준을 둘러싼 경쟁도 좋은 사례입니다. 테슬라의 슈퍼차저, 유럽의 CCS2, 일본의 CHAdeMO, 중국의 GB/T 등 다양한 표준이 경쟁하고 있습니다. 기술적 우위보다 어떤 표준이 더 많은 제조사와 인프라 업체의 지지를 받는지가 중요해지면서 점차 글로벌 표준보다는 지역별 표준으로 시장이 분할되는 추세입니다.

대체재와 보완재 관계도 중요합니다. 아무리 좋은 신기술이라도 매우 저렴한 대체재가 있다면 시장에 들어오기 힘듭니다. 바이오 플라스틱이 20년 넘게 표류 중인 이유는 기존 플라스틱의 가격이 너무 저렴하기 때문입니다. 반대로 보완재가 부족하면 기술 자체가 아무리 완벽해도 활용도가 제한됩니다. 8K TV는 이미 기술적으로 완성되었지만, 8K 콘텐츠가 부족해서 시장 확산은 더디게 진행되고 있습니다.

플랫폼 전략과 네트워크 효과도 무시할 수 없는 요소입니다. 구글의 안드로이드는 기술적으로 iOS보다 낮다고 말하기 힘들지만, 오픈 소스 전략으로 더 많은 제조사와 개발자를 끌어들여 시장 점유율에서 앞서고 있죠. 시장 런칭의 성공이 곧 시장 장악을 의미하지는 않는다는 것이죠.

규제와 정책 변수 **예측하기 어려운 게임 체인저**

기술 발전 속도와 규제 대응 속도 사이에는 비동기성이 존재합니다. 기술은 날아가는데, 규제는 걷거나 뛰는 속도로 쫓아갑니다. 그래서 기술 발전이 예상치 못하게 발목 잡히는 경우가 많습니다. AI 기술이 대표적인 사례입니다. ChatGPT가 등장한 지 1년도 안 되어 세계 각국에서 AI 규제 논의가 봇물처럼 터져 나왔죠. EU의 「AI Act」, 중국의 생성형 AI 규제, 미국의 행정 명령, 한국의 「AI 기본법」 등이 연이어 나오면서 기술 개발 방향에도 큰 영향을 미치고 있습니다.

지정학적 리스크도 갈수록 중요해지고 있습니다. 미중 기술 패권 경쟁으로 반도체, 배터리, AI 등 핵심 기술 분야에서 수출 통제, 기술 이전 제한, 공급망 재편 등이 일어나고 있습니다. 아무리 좋은 기술이라도 정치적 변수에 의해 하루아침에 접근이 차단될 수 있는 시대가 된 것이죠.

지적재산권 복잡성 **특허 지형의 중요성**

기술 분야에서는 특허 보유 현황이 경쟁 구도를 결정하는 경우가 많습니다. 아무리 좋은 아이디어가 있어도 핵심 특허를 다른 회사가 보유하고 있다면 상용화가 어려워집니다. 예를 들어, 스마트폰의 터치스크린 기술에서 애플이 보유한 멀티터치 관련 핵심 특허들 때문에 안드로이드 제조사들이 초기에 많은 제약을 받았고, 일부는 라이선스 비용을 지불해야 했습니다.

특허 덤불(Patent Thicket) 문제도 심각합니다. 하나의 제품을 만들기 위해 수백, 수천 개의 특허를 피해가야 하는 상황이 벌어지면서 혁신보다는 특허 회피 설계에 더 많은 비용이 들어가는 경우도 있습니다. 반면, 크로스 라이선싱과 특허 풀을 통해 이런 문제를 해결하려는 움직임도 있습니다. 5G 표준에서 주요 통신 장비 업체들이 FRAND(Fair, Reasonable And Non-Discriminatory) 원칙 하에 서로의 특허를 공유하는 것이 대표적인 예시죠.

● 기술 문서의 4가지 유형과 서술 구조

이처럼 독특한 특징을 가진 기술 문서를 효율적으로 읽으려면 유형별로 다른 구조와 독해 순서를 이해해야 합니다. 기술 문서의 유형별로 고유한 정보 배치 로직을 알면 훨씬 **빠**르게 핵심을 파악할 수 있거든요.

기술 시장 전망 보고서

기술 시장 전망 보고서는 특정 기술의 현재 시장 상황과 향후 전망을 분석한 보고서입니다. 큰 단위의 기술을 다루고 있어서 비교적 읽기 쉽고 비즈니스 관점이 많이 녹아 있어서 입문자들이 보기 좋습니다. IT 분야는 Gartner나 IDC, Omdia, 배터리는 SNE, 신재생 에너지는 BNEF, 바이오는 IQVIA, 우주는 BryceTech 등 분야별로 유명한 시장 조사 기관들이 있습니다. 다만, 이들 기관 리포트들은 상당히 비싸서 대기업들도 관련 있는 분야만 선택해서 4~5만 달러에 연단위 구독을 합니다.

팁 하나를 드리자면, 구글에서 기술 시장 전망 보고서를 '○○○ market forecast report 2026 2027 filetype:pdf' 형태로 검색해 보세요. 꽤 많은 자료를 얻을 수 있습니다. 저도 구글을 통해 해외 시장 보고서 자료들을 많이 구합니다. 또한 한국에서는 다양한 공공 산업 전문 포털을 통해 이들 보고서들을 가공한 2차 자료들을 무료로 쉽게 구할 수 있습니다. 예를 들어, ICT 분야는 ITFind, 바이오 분야는 BioIn, 기타 과학 기술 전반은 S&TGPS를 이용하면 됩니다. 국내 증권사에서도 AI, 로봇 등 최근 핫한 기술들에 대해 이런 시장 전망 보고서들을 내고 있고요.

▦ 기술 시장 전망 보고서 종류와 입수 방법

종류	입수 방법
산업별 유명 리서치 기관 보고서	유료 구매(매우 비쌈)
1차 자료를 인용한 2차 영어 보고서	구글 검색(검색식−○○○ market forecast report 2026 2027 filetype:pdf)
1차 자료를 인용한 2차 한글 보고서	산업별 국내 전문 포털, 증권사 보고서

아울러 기술 시장 전망 보고서는 숫자와 차트가 핵심입니다. 텍스트보다는 시장 현황·전망 그래프, 성장률 차트, 지역별/세그먼트별 분석 데이터에 집중하세요. 특히, 예측 근거와 가정 조건을 꼼꼼히 체크해야 합니다. 기술 시장 보고서의 주요 서술 구조는 아래와 같습니다.

개별 기술 동향 보고서

개별 기술 동향 보고서는 대개 최근 주목받는 기술들의 발전 추이를 정리한 보고서입니다. 예를 들어, '인공지능 모델 경량화 기술 동향', '드론 기술의 국방 분야 활용 동향 및 전망' 같은 제목의 보고서들입니다. 분량도 5~20페이지 내외로 가볍습니다. 하지만 이런 기술 동향 보고서는 아무래도 최신 발전 상황을 다루다 보니 해당 분야의 기초 지식이 없으면 조금 읽기 어려울 수도 있습니다. 생성형 AI의 기술 번역가 역할을 잘 활용해야 하는 보고서 형태이죠.

이들 기술 동향 보고서도 국내에서는 매우 쉽게 구할 수 있습니다. 위에서 소개한 다양한 공공 산업 전문 포털을 찾아가 보세요. 해외 보고서도 구글에서 '○○○ technology trend report filetype:pdf' 형태로 검색하면 다양하게 구할 수 있습니다. 기술 동향 보고서의 주요 서술 구조는 아래와 같습니다. 단, 분량이 적은 만큼 한 보고서에는 구성 요소 일부만 포함되는 경우가 많아, 보통 해당 주제에 여러 보고서를 구해 비교해가며 보는 경우가 많습니다.

개별 기술 동향 보고서에서는 기술적 장단점, 해결 필요 과제, TRL 등의 판단이 가장 중요합니다. 다만, 각 보고서에서는 TRL을 제시하지 않는 경우가 많습니다. 화려한 가능성보다 현재 해결할 구체적인 문제점들을 중심으로 읽어야 현재 기술 수준에 대해 현실적 판단을 할 수 있습니다.

기술 테마 보고서

기술 테마 보고서는 여러 기술을 테마별로 묶어서 큰 그림을 그려 주는 보고서입니다. 개별 기술보다 AI, 그린, 바이오 등 특정 기술 테마 내에서 여러 하위 기술 간의 최신 트렌드와 융합 동향에 집중하죠. 돈나무 언니로 잘 알려진 캐시우드가 이끄는 ARK Investment의 'Big Ideas' 시리즈나 미래 예측 기관인 FTI(Future Technology Institute)의 'Tech Trends 202X' 신기술, 스타트업 분석 전문 기관인 CB Insights의 '202X Tech Trends' 같은 것들이 대표적입니다.

한국에서는 중소기업기술진흥연구원(TIPA)에서 매년 발간하는 「중소기업 전략 기술 로드맵」이나 한국산업기술진흥원(KIAT)의 「10대 전략 산업기술 환경 예측」이 무척 유용합니다. 또한 과학기술부에서 부정기적으로 발간하는 「과학 기술 미래 비전」이나 과학 기술 정책 보고서들이 이런 유형에 속합니다. 증권사에서도 이런 기술 산업 테마 보고서들을 많이 내고요. 저도 신기술, 신사업 쪽 연구를 종종 해서 이런 보고서들을 자주 참고합니다. 가끔씩 보고서 발간 작업에도 직접 참여하고 있고요. 기술 테마 보고서의 주요 서술 구조는 아래와 같습니다.

테마 선정 배경 → 개별 기술 소개 → 기술 간 연관성 → 융합 시나리오 → 시장 임팩트 → 투자 우선순위 → 실행 방안

기술 테마 보고서에는 상당히 많은 하위 기술들이 소개됩니다. 1권(개념·기초 편)의 7장의 요약·정리하기에서 소개한 Big Idea 2025에서는 AI 에이전트, 스테이블 코인, 재사용 로켓, 로보 택시 등 12개 테마 기술이 다루어지고, 2025년 2월 출간된 NASA의 소형 위성 보고서(State-of-the-Art Smart Spacecraft Technology)에서는 추진체, 열관리, 통신, 식별/추적 등 11개 하위 테마의 수십 개 기술들이 분석됩니다.

이 때문에 기술 테마 보고서는 상당히 두껍습니다. 위에서 언급한 Big Idea 보고서의

2025년판은 148페이지에 달합니다. NASA 보고서는 소형 위성 기술 한 분야만 다루고 있는데도 461페이지에 달합니다. 중국의 화웨이에서 2024에 발간한 「Intelligent World」라는 보고서는 764페이지나 되더군요.

따라서 전체 내용을 완독하기는 쉽지 않고 선택적, 전략적 독해가 중요해집니다. 전체 테마의 구성과 선정 배경들을 먼저 파악하고, 자신이 관심 있거나 향후 유망해질 분야들을 선택해 집중적으로 보는 형태로 가야 하지요. 이때 생성형 AI의 도움을 받으면 효율적인 독해가 가능해집니다.

산업 기술 백서

산업 기술 백서는 국가나 지역 차원에서 특정 산업의 기술 경쟁력 현황을 종합 분석하고 미래 발전 방향을 제시하는 보고서입니다. 개별 기술이나 기업 차원을 넘어 산업 생태계 전체의 기술 역량과 정책 방향에 초점을 맞추죠. 한국의 경우, 재료연구원의 「소재기술백서」, 한국데이터산업진흥원의 「데이터산업백서」, 한국과학기술원(KIST)의 「융합연구연감」, 한국과학기술기획평가원(KISTEP)의 「과학기술연감」 등이 대표적입니다.

해외에서는 미국 에너지부(DOE)의 「청정 에너지 기술 로드맵」, 독일 연방교육연구부의 「하이테크 전략」, 일본 경제산업성의 「산업 기술 비전」 등을 들 수 있습니다. 이런 백서들은 보통 200~500페이지에 달하는 방대한 분량으로, 해당 산업의 전 가치사슬을 아우르는 종합적 분석을 제공합니다. 산업 기술 백서의 주요 서술 구조는 아래와 같습니다.

산업 개요 → 미래 비전 → 기술 생태계 → 가치사슬별 분석 → 경쟁력 현황 → 정책 방향 → 실행 전략 → 성과 지표

「산업 기술 백서」는 분량도 분량이지만, 무엇보다 정책적 관점이 강합니다. 따라서 기술 자체보다는 산업 생태계와 국가적 전략을 이해하는 데 중점을 둬야 합니다. 특히, '우리나라의 강점과 약점', '주요국과의 기술 격차', '정책 지원 방향' 같은 섹션에서 현실적이고 실용적인 인사이트를 얻을 수 있습니다.

다만, 정부 주도로 작성되는 특성상 현정부 정책에 유리한 방향으로 해석되거나 섹션 담

당 저술자의 주관에 따라 특정 분야가 과대 평가될 수도 있어서 주의해야 합니다. 또한 백서의 특성상 사후적, 보수적인 경향이 있어서 급변하는 기술 트렌드나 파괴적 혁신에는 상대적으로 둔감할 수 있습니다. 따라서 거시적 방향성과 정책 흐름 파악에는 유용하지만, 개별 기술의 상세 분석이나 단기 전망에는 다른 보고서들을 함께 참고하는 것이 좋습니다.

기타 참고할 기술 문서 유형

앞서 다룬 4가지 핵심 유형 외에도 알아 두면 유용한 기술 문서들이 있습니다. 이런 문서들은 주 분석 대상은 아니지만, 핵심 4가지 유형을 읽을 때 보완 자료로 활용하면 더 입체적인 이해가 가능해요. 예를 들어, 기술 시장 전망 보고서를 읽은 후 해당 기술의 특허 분석 보고서나 정책 보고서를 추가로 확인하면 더 입체적인 이해가 가능해집니다.

⊞ 여러 가지 기타 기술 문서 유형

유형	주요 특징	대표 발행 기관	활용 포인트
특허 및 IP 분석 보고서	특허 출원 동향, 핵심 특허 보유 현황, IP 분쟁 리스크	특허청, WIPO, IP 전문 기관	특허 회피 설계, IP 전략 수립
개별 기업 기술개발 현황 보고서	특정 기업의 R&D 투자, 기술 로드맵, 경쟁력 비교	기업 내부 자료	투자 의사결정
기술 표준화 보고서	국제 표준 제정 현황, 표준화 경쟁 구도	ISO, ITU, IEEE, 업계 표준 기구	표준 대응 전략, 시장 주도권 분석
기술 정책/규제 보고서	정부 기술 정책, 규제 변화, 지원 제도 현황	정부 부처, 싱크탱크, 정책 연구원	정책 대응, 규제 리스크 관리
기술 성숙도 평가 보고서	TRL 분석, 상용화 가능성, 기술 격차 진단	정부 R&D 기관, 기술평가원, VC	기술 도입 시기, 투자 타이밍 결정

● 기술 문서의 7가지 독해 포인트

기술 문서를 효과적으로 읽는 방법은 우리 회사나 여러 기업의 주니어들이 궁금해합니다. 그래서 앞쪽의 기술 문서의 6가지 핵심 특징과 실무상 중요했던 여러 노하우들을 합해서 다시 한번 간단하게 기술 문서 고유의 독해 포인트와 초심자들이 자주 빠지는 함정들을 간단히 정리해 보았습니다.

기술 원리와 메커니즘 이해

기술 문서에서 가장 기본이지만, 동시에 어려운 부분이 '복잡한 기술 개념을 빠르게 파악하기'입니다. 여기서 중요한 것은 모든 것을 완벽하게 이해하려 하지 말라는 것입니다. 예를 들어, '트랜스포머 아키텍처'를 이해할 때 RNN이나 CNN과의 차이점, 즉 '어텐션 메커니즘을 통해 순차 처리 없이 병렬 처리가 가능하다.'라는 핵심만 파악하면 돼요. 해당 분야 전문가가 되려는 목적이 아닌 이상, 세부적인 수식이나 구현 방법까지 알 필요는 없습니다.

저는 새로운 기술을 접했을 때 보통 다음의 질문을 던져 봅니다.

신기술 파악에 이용되는 주요 질문

❶ (개념, 원리) 어떤 기술인가?

❷ (용도, 활용처) 어디에 쓰는 기술인가?

❸ (혁신적 특징) 기존 기술과 뭐가 다르고, 기존 기술 대비 장단점은 무엇이지?

❹ (주요 개발처) 기술 개발을 주도하는 곳은 어디이지?

❺ (현재 수준, 이슈) 현재 발전 수준과 극복 필요한 이슈는?"

여기서 특히 중요한 것은 ❸ 기존 기술과의 차별점입니다. 기술적이든, 경제적이든 기존 기술과 차별점이 적다면 치열한 기술 경쟁 상황에서 살아남기 힘듭니다. AI에게 특정 기술에 대해 이러한 질문들을 한번 던져 보세요. 더욱 쉽고 체계적으로 기술을 이해할 수 있을 것입니다.

⚠️ **관련 함정** **기술의 표면적 이해에 따른 과장**

가장 기본적이면서도 흔한 함정은 기술 원리를 제대로 모르고 표면적 정보만으로 판단하는 것입니다. 'AI가 인간 수준의 성능을 달성했다.'라는 헤드라인을 보고 범용 인공지능(AGI)이 완성되었다고 착각하거나 '반도체 양자 터널링 효과가 해결됐다.'라는 뉴스를 보고 모든 나노 공정 문제가 사라졌다고 주장하는 경우가 대표적이에요.

관심 있는 기술명을 넣고 프롬프트를 테스트해 보세요.

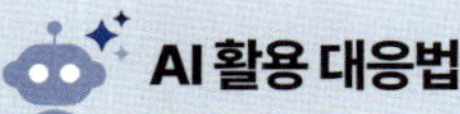

- **기본 이해 프롬프트**: "이 기술이 왜 혁신적인지 근본 원리부터 단계적으로 설명해 줘."
- **차별점 파악 프롬프트**: "이 기술의 가장 혁신적인 부분 3가지를 기존 기술과 비교해서 설명해 줘."
- **세부 이해 프롬프트**: "이 기술을 상세하게 설명해 줘. ❶ 어떤 기술인지, ❷ 어디에 쓰는 기술인지, ❸ 기존 기술과 뭐가 다르고, 기존 기술 대비 장단점은 무엇인지, ❹ 기술 개발에 앞선 곳은 어디인지, ❺ 현재 발전 수준과 극복 필요한 이슈는?"
- **본인 이해도 체크 질문**: "이 기술의 핵심 차별점을 한 문장으로 설명하자면?", "기존 기술로는 불가능했던 일인가?"(스스로에게 먼저 질문한 후 AI에게도 물어서 비교해 보세요.)

자료 파일 참조

기술 성숙도와 현실성 평가

TRL, 즉 기술 성숙 수준을 정확히 파악하는 것은 모든 후속 판단의 기준이 됩니다. 많은 기술 문서가 TRL을 명시하지 않거나 애매하게 표현하는데, 이때는 구체적인 실증 사례나 상용화 계획을 통해 역추산해야 합니다. '프로토타입 개발 완료'는 보통 TRL 4~5 수준이고, '파일럿 테스트 진행 중'은 TRL 6~7, '상용화 준비'는 TRL 8~9 정도로 볼 수 있습니다. 중요한 것은 각 단계별로 남은 과제가 무엇인지 파악하는 거예요.

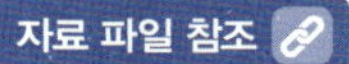 **관련 함정** **기술 성숙도 착각과 상용화 과신**

'프로토타입 완성=상용화 임박'이라는 착각이 대표적인 함정입니다. 2010년경 구글 자율주행차 데모를 보고 '5년 내 완전 자율주행 상용화'를 예측했던 전문가들이 많았지만, 2025년 현재도 레벨 4 이상 자율주행은 제한적 지역에서만 서비스되고 있습니다. 파일럿 테스트(TRL 6~7)에서 상용화(TRL 9)까지가 생각보다 훨씬 험난한 구간입니다.

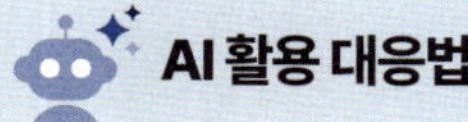

- **현실성 검증 프롬프트**: "이 기술의 현재 TRL과 상용화까지 필요한 단계들을 구체적 분석해 줘."

자료 파일 참조

성안당 e 러닝

국가기술자격교육 **NO.1**

합격이 **쉬워**진다,
합격이 **빨라**진다!

당신의 합격 메이트,
성안당
이러닝

bm.cyber.co.kr

단체교육 문의 ▶ 031-950-6332

◆ 소방 분야

강좌명	수강료	학습일	강사
소방기술사 전과목 마스터반	620,000원	365일	유창범
[쌍기사 평생연장반] 소방설비기사 전기 x 기계 동시 대비	549,000원	합격할 때까지	공하성
소방설비기사 필기+실기+기출문제풀이	370,000원	170일	공하성
소방설비기사 필기	180,000원	100일	공하성
소방설비기사 실기 이론+기출문제풀이	280,000원	180일	공하성
소방설비산업기사 필기+실기	280,000원	130일	공하성
소방설비산업기사 필기	130,000원	100일	공하성
소방설비산업기사 실기+기출문제풀이	200,000원	100일	공하성
소방시설관리사 1차+2차 대비 평생연장반	850,000원	합격할 때까지	공하성
소방공무원 소방관계법규 문제풀이	89,000원	60일	공하성
화재감식평가기사·산업기사	240,000원	120일	김인범

◆ 위험물·화학 분야

강좌명	수강료	학습일	강사
위험물기능장 필기+실기	280,000원	180일	현성호,박병호
위험물산업기사 필기+실기	245,000원	150일	박수경
위험물산업기사 필기+실기[대학생 패스]	270,000원	최대4년	현성호
위험물산업기사 필기+실기+과년도	344,000원	150일	현성호
위험물기능사 필기+실기	240,000원	240일	현성호
화학분석기사 필기+실기 1트 완성반	310,000원	240일	박수경
화학분석기사 실기(필답형+작업형)	200,000원	60일	박수경
화학분석기능사 실기(필답형+작업형)	80,000원	60일	박수경

<u>**상용화 타임라인의 현실성**</u>

기술 성숙도와 현실성 평가가 주로 TRL 4~5단계 이하의 기초, 원천 기술 쪽에서 주로 이슈가 된다면, 상용화 타임라인의 현실성 문제는 TRL 6단계 이상의 응용 기술 쪽에서 주로 이슈가 됩니다. 기술 문서에서는 대개 낙관적으로 상용화 일정을 제시합니다.

현실적으로 판단하려면 유사한 복잡도의 기술들이 과거에 상용화되는 데 걸린 시간을 참고해야 해요. 일반적으로 TRL 3에서 TRL 9까지는 5~15년이 걸리고, 복잡한 시스템일수록 더 오래 걸립니다. 또한 기술적 과제뿐만 아니라 규제 승인, 표준화, 시장 수용성까지 고려해야 합니다. 제시된 일정에서 1.5~2배 정도는 여유를 두어야 현실적이지요.

⚠️ 관련 함정　**낙관적 일정 편향과 규제 간과**

"기술적으로 완성되면 상용화는 자동으로 따라온다."라는 가정은 매우 위험합니다. 실제로는 기술 완성 후에도 안전성 검증, 규제 승인, 표준화, 대량 생산 체계 구축 등 많은 단계가 남아 있습니다. 특히, 바이오, 의료, 자동차 같은 분야는 규제 승인만 몇 년씩 걸리는 경우가 많습니다.

> **🤖 AI 활용 대응법**
>
> - **일정 검증 프롬프트**: "이 기술의 상용화 일정을 유사 기술들의 과거 사례와 비교해서 현실성을 평가해 줘."
> - **규제 분석 프롬프트**: "이 기술 분야의 규제 환경과 승인 절차를 분석해서 상용화 일정에 미칠 영향을 예측해 줘."
>
> **자료 파일 참조** 🔗

<u>**경쟁 기술 대비 우위와 한계**</u>

기술 문서에서는 자신의 기술 우위를 과장하고 경쟁 기술의 한계를 과대 평가하는 경향이 있습니다. 균형 있게 판단하려면 여러 소스를 교차 검증해야 해요. 특히, '기존 기술 대비 10배 성능 향상' 같은 수치적 주장은 구체적인 테스트 조건과 환경을 확인해야 합니다. 실험실에서의 성능과 실제 환경의 성능은 큰 차이가 날 수 있거든요.

관련 함정 **경쟁 기술 폄하와 체리 피킹**

자신에게 유리한 데이터만 골라서 제시하는 것은 기술 문서에서 자주 나타나는 편향입니다. 예를 들어, AI 분야에서 SOTA(State-of-the-Art, 최고 성능 최신 기록) 달성을 광고하는 것도 대표적인 체리 피킹 사례입니다. '우리 모델이 SOTA 달성!'이라고 발표하지만 자세히 보면 매우 특정한 데이터셋이나 제한된 조건에서만 최고 성능을 기록한 경우가 많습니다.

특정 평가 지표에서만 우수한 결과를 강조하는 경우도 있습니다. 정확도는 높지만 처리 속도가 느리거나, 벤치마크 점수는 좋지만 실제 사용자 만족도는 낮은데도 좋은 지표만 부각시키는 거예요. 이런 편향을 발견하려면 언급되지 않은 데이터나 반대 증거가 무엇인지 항상 생각해 봐야 합니다.

AI 활용 대응법

- **객관성 검증 프롬프트**: "이 보고서에서 다루지 않은 중요한 지표나 반대 증거는 무엇인가?"
- **경쟁 분석 프롬프트**: "경쟁 기술들의 최근 발전 상황과 비교해서 이 기술의 상대적 우위를 객관적으로 평가해 줘."

자료 파일 참조

기술 의존성과 전제 조건

기술은 혼자서 존재하지 않습니다. 해당 기술이 성공하기 위한 선행 기술이나 인프라 요구 사항을 반드시 체크해야 해요. 자율주행차 기술이 아무리 발전해도 5G 네트워크, 정밀 지도 도로 인프라, 법적 제도가 뒷받침되지 않으면 상용화가 어렵죠. 수소 경제도 마찬가지로 수소 생산, 저장, 운송, 충전 인프라가 모두 갖춰져야 의미가 있습니다.

관련 함정 **개별 기술 중심 사고의 한계**

많은 기술 문서가 해당 기술만 완성되면 모든 문제가 해결될 것처럼 서술하는 경우가 많습니다. 하지만 현실에서는 관련 기술과 인프라가 함께 발전해야 합니다. 이 과정에서 예상치 못한 병목 현상이 발생할 수 있습니다. 예를 들어, VR 헤드셋도 하드웨어는 발전했지만 킬러 콘텐츠 부족과 편의성 문제 때문에 대중화가 안 되고 있습니다. 개별 기술의 완성도에만 초점을 맞추면 이런 생태계 전체의 복잡성을 놓치게 되죠.

- **의존성 분석 프롬프트**: "이 기술이 성공하기 위해 필요한 선행 조건과 보완 기술들을 체계적으로 분석해 줘."
- **병목 진단 프롬프트**: "이 기술의 상용화에서 가장 큰 병목이 될 수 있는 외부 요인들을 찾아 줘."(소비자의 부정적 인식, 정부 규제, 보완재 부족 등)

자료 파일 참조 🔗

수익 모델과 비즈니스 임팩트

기술 우위가 실제 수익으로 연결되는 메커니즘을 명확히 파악해야 합니다. 아무리 혁신적인 기술이라도 누군가 돈을 내고 살 이유가 없다면 성공할 수 없어요. 특히, B2B 기술의 경우, 고객이 기존 시스템을 버리고 새로운 기술로 전환할 만한 충분한 인센티브가 있는지 체크해야 합니다. 전환 비용, 학습 비용, 위험 부담을 고려했을 때도 여전히 매력적인지 판단하는 것이죠.

 관련 함정 **기술 중심주의와 시장 수용성 간과**

'기술적으로 우수하니 시장에서 당연히 잘 팔리겠지.'라는 생각은 너무 안일합니다. 첨단 기술일수록 초기 시장 가격은 엄청나게 비쌉니다. 명확한 가치 제안, 초기 수요 확보 전략, 제대로 된 수익 모델과 가격 인하 계획이 뒷받침되지 않은 경우, 시장에 잠깐 얼굴을 내밀었다가 사라지는 경우가 많습니다.

성공 사례로는 테슬라의 전기차 전략이 대표적입니다. 2000년대 후반의 출시 초기에 고가의 로드스터와 모델 S로 프리미엄 시장을 공략해 유명 인사들을 중심으로, 첨단, 친환경 브랜드 가치를 구축하고, 여기서 얻은 자금과 기술력으로 2010년대에 대중차 시장까지 차근차근 확장한 것이죠. 반면, 2010년대 후반에 나온 구글 글래스는 기술적으로는 혁신적이었지만 1,500달러라는 높은 가격과 불분명한 가치 제안으로 실패했어요. 일반 소비자들이 왜 스마트폰 대신 글래스를 써야 하는지 명확한 이유를 제시하지 못했거든요.

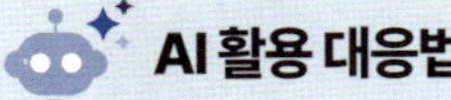

- **비즈니스 모델 분석 프롬프트**: "이 기술의 수익 모델과 고객 가치 제안을 구체적으로 분석해 줘."
- **시장 수용성 프롬프트**: "고객이 기존 솔루션에서 이 기술로 전환할 만한 충분한 인센티브가 있는지 분석해 줘."

자료 파일 참조 🔗

생태계 참여자와 협력/경쟁 구도

기술 분야에서 혼자서 모든 것을 다 할 수 있는 기업은 거의 없습니다. 누가 어떤 역할을 하고, 어떤 이해관계를 가지고 있는지 파악하는 것이 중요해요. 예를 들어, 전기차 배터리 기술에서는 소재 업체(양극재, 음극재, 전해질), 셀 제조사, 팩 어셈블리 업체, 완성차 업체가 각각 다른 입장을 가지고 있습니다. 이런 생태계 구조를 이해해야 기술의 실제 성공 가능성을 정확히 판단할 수 있습니다.

⚠️ **관련 함정** **이해관계 충돌과 작성 기관 편향**

문서 작성 기관의 이해관계가 내용에 영향을 미칠 수 있습니다. 예를 들어, 특정 기업이 후원한 연구 보고서에서는 해당 기업에 유리한 방향으로 결론이 도출될 가능성이 높아요. 신약이나 식품 쪽에서 이런 기업 스폰서 보고서들이 많습니다. 가급적 균형 잡힌 시각을 유지하기 위해 해당 기업의 투자 관계, 연구비 출처, 스폰서 기업, 자문단 구성 등을 확인해 보아야 합니다.

- **생태계 분석 프롬프트**: "이 기술 분야의 주요 참여자들과 이해관계를 분석해서 협력과 경쟁 구도를 설명해 줘."
- **편향 탐지 프롬프트**: "이 보고서 작성에 영향을 미칠 수 있는 이해관계나 편향 요소가 있는지 분석해 줘."

자료 파일 참조 🔗

이제 기술 문서의 기본 특징과 주의 사항을 충분히 파악하셨을 겁니다. 다음 절에서는 이런 복잡한 기술 문서들을 어떻게 효율적으로 선별하고 우선순위를 매기는지, 실전에서 바로 써먹을 수 있는지를 AI 증강 독해의 관점에서 살펴보겠습니다.

한 가지 주의할 점입니다. 11장 기술 문서는 10장 비즈니스 문서와 약간 다른 방식으로 구성되었습니다. 10장에서는 이론적 방법론을 먼저 체계적으로 설명한 후 마지막에 유로 모니터 보고서를 활용한 실전 사례를 제시했습니다. 하지만 기술 문서는 복잡성과 다양성이 훨씬 높아서 이론만 먼저 배우면 '실제로 어떻게 적용하지?'라는 의문이 계속 생깁니다.

따라서 11장에서는 업무 현장에서 종종 마주치는 기술 평가 및 스크리닝 사례를 픽션 방식으로 구성해서, 각 단계마다 이론 설명과 함께 관련 프롬프트와 사례를 함께 제시하는 방식을 택했어요. 2절에서 스캐닝 방법을 배우면서 동시에 프롬프트를 살펴보고, 3절에서 본격 독해 이론과 함께 상황별 적용 사례를 알아보는 식으로 말이죠. 이렇게 하면 '배우자마자 바로 써 보기'가 가능해서 기술 문서의 높은 진입 장벽을 효과적으로 낮출 수 있습니다.

또 하나 미리 말씀드릴 점은 기술 문서가 비즈니스 문서와 달리, 저작권과 기업 기밀성 문제 때문에 실제 문서를 그대로 제공하기 어려운 한계가 있다는 것입니다. 10장에서는 유로모니터라는 실제 보고서를 활용해 전 과정을 생생하게 체험해 볼 수 있었지만, 기술 문서는 대부분 연구 기관이나 기업의 지적 재산권이 걸려 있어 함부로 공개하기 어려워요. 그래서 11장에서 제시되는 김 팀장의 10개 기술 분석 사례는 현실적인 상황과 방법론은 그대로 반영하되, 구체적인 기술 요약서 문서 내용은 AI 딥 리서치를 이용해 가상으로 구성했습니다.

하지만 걱정하지 마세요. 앞에서 소개한 CB Insights의 Technology Trends 2025, ARK Investment의 Big Idea 2025, 아니면 MIT Technology Review의 10 breakthrough technologies 2025 등 기술 테마 보고서들을 재료 삼아 여러분의 상황에 맞게 각 절의 프롬프트와 체크리스트들을 적용해 볼 수 있습니다. 또한 각 절에서 제공하는 프롬프트와 체크리스트는 여러분이 구글에서 '[기술 동향 보고서 키워드] filetype:pdf'로 검색해 찾은 실제 문서에도 쉽게 적용 가능할 것입니다.

11.2 사전 스캐닝 전략

● 현실적 시간 압박 속에서의 선별 독해

화요일 오전 9시 30분, 국내 대기업 M 전자의 김 팀장은 전략기획 상무님의 요청을 받은 후 책상으로 돌아왔습니다. 상무님이 보내온 메일에는 각각 8~15페이지 분량의 기술 요약서가 10개가 첨부되어 있었습니다. '페로브스카이트 태양전지', '멀티모달 엠비언트 센싱', '차세대 열관리(액체 냉각) 기술', 'SMR 기술'…. 다음 표는 10개 기술들의 개요와 특징을 정리한 내용인데, 제목만 봐도 복잡해 보입니다. 3일 내에 이 중 3개를 선별해서 보고서를 작성해야 하는데, 어디서부터 시작해야 할까요?

이런 상황에서 가장 흔한 실수가 첫 번째 문서부터 차례로 꼼꼼히 읽는 것입니다. 이러면 첫 번째 문서 읽는 데만 2~3시간이 걸리고, 나머지 9개는 제대로 볼 시간도 없게 됩니다. 결국 '일단 읽어 본 것 중에서' 선택하게 되는 비합리적 상황이 벌어집니다. 실제 이런 경우가 종종 일어납니다. 매의 눈을 가진 상급자가 탈락시킨 기술에 대해 그 기술이 무엇이고 왜 탈락시켰는지 물어보면, 직원은 갑자기 움츠려 들며 쩔쩔매는 경우가 많습니다. 제대로 대답 못하는 이유는 간단하죠. 시간이 부족해서 뒤쪽 내용은 못 봤거나 대충 봤으니까요.

기술 문서의 사전 스캐닝은 짧은 시간에 여러 옵션을 비교 평가하는 것이 핵심입니다. 마치 온라인 쇼핑에서 수백 개 상품을 필터링으로 추려 나가는 것과 비슷합니다. 저는 내부의 유망 미래 기술 도출 프로젝트나 국가 R&D 예비 타당성 평가 기획들을 통해 이런 스캐닝 방법들을 익혔습니다. 유망 미래 기술 도출 프로젝트는 대개 100~150개 신기술들을 1차 선별하고 수차례의 스크리닝 과정을 통해 10개 내외로 압축해 나가는 과정입니다. 국가 R&D 예비 타당성 평가에서도 제안 프로젝트당 10~20개의 세부 핵심 기술 과제들을 도출하려면 100~200개 이상의 기술들을 검토해야 합니다.

여러 번 반복하는 말이지만, 완벽한 이해를 포기해야 스크리닝을 할 수 있습니다. 10분 스캐닝으로 기술의 모든 것을 파악할 수는 없어요. 하지만 '이 기술이 우리가 관심 가질 만한 가치가 있는지' 정도는 충분히 판단할 수 있습니다. 스캐닝 단계에서는 80% 확신이면 충분해요. 나머지 20%는 본격 독해에서 채우면 됩니다.

 김 팀장이 받은 10대 기술 개요

순번	기술명	TRL	기술 개요	주요 특징	예상 응용 분야
1	페로브스카이트 태양전지 기술	5~6	기존 실리콘 태양전지 대비 고효율, 저비용 차세대 태양전지	• 클린테크 사업 연계 • 유연성과 투명성 구현 가능 • 기존 대비 25% 고효율	건물 일체형 태양전지 (BIPV), 웨어러블 기기, 투명 디스플레이
2	Multimodal Ambient Sensing 기술	4~5	다중 센서 융합으로 주변 환경을 종합적으로 인식하는 기술	• 온도/습도/공기질/인체 감지/음성/영상 등 통합 분석 • 스마트홈/빌딩 핵심 기술 • AI 기반 환경 최적화	스마트홈 IoT, 상업 빌딩 관리, 헬스케어 모니터링
3	감성형 Buddy Robot 기술	4~5	감정 인식과 상호작용이 가능한 동반자 로봇 기술	• 가정용 케어 반려 서비스 • 교육/엔터테인먼트 응용 • 자연어 처리＋감정 AI	고령자 케어 아동 교육, 반려 서비스, 심리 치료
4	차세대 열관리 솔루션(액체 냉각) 기술	5~6	데이터센터, 고성능 컴퓨팅용 액체 냉각 시스템	• 기존 공조 기술과 시너지 • 데이터센터 시장 확장 • 50% 이상 냉각 효율 개선	데이터센터, 슈퍼컴, 전기차 배터리 냉각
5	AI 엣지 컴퓨팅 칩셋 기술	4~5	기기 단말에서 AI 연산을 수행하는 전용 칩셋	• IoT 플랫폼 핵심 인프라 • 실시간 처리 가능 • 클라우드 의존성 탈피	스마트 가전, 자율주행, 산업용 IoT, 스마트폰
6	배양육 생산 기술	5~6	동물 세포 배양을 통한 인공 육류 생산 기술	• 식품 산업 • 환경친화적 대안 식품 • 일부 상용화 시작	대체 육류, 펫푸드, 고급 식재료
7	뇌-컴퓨터 인터페이스(BCI) 기술	4~5	뇌 신호를 직접 읽어 컴퓨터나 기기를 제어하는 기술	• 의료/재활 응용 • 게임/엔터테인먼트 • 침습형 vs. 비침습형	뇌졸중 재활, 게임 컨트롤, 의수족 제어 VR/AR
8	데이터센터용 SMR(소형 모듈 원자로) 기술	4~5	데이터센터 전용 소형 원자력 발전 시설	• 대용량 안정 전력 공급 • 탄소 중립 기여 • 모듈형 설계로 확장성	데이터센터, 산업 단지, 도시 전력 공급
9	3D 바이오프린팅 기술	4~5	생체 재료를 이용한 3D 프린팅으로 조직/장기 제작	• 의료/제약 분야 • 맞춤형 치료 가능 • 동물 실험 대체	인공 장기, 약물 테스트, 재생 의료, 성형외과
10	양자 센서 기술	4~5	양자 현상을 이용한 초정밀 계측 센서	• 정밀 계측, 항법 • 의료 진단 응용 • 기존 센서 대비 1,000배 정밀도	GPS 없는 항법, MRI 대체, 지하자원 탐사, 중력파 검출

● 기술 문서의 사전 스캐닝 방법

1단계　**기술 내용의 간략 이해**

기술 문서 스캐닝에서 가장 먼저 해야 할 일은 '이 기술이 대체 무엇을 하는 건지' 파악하는 것입니다. 복잡한 기술 용어들 사이에서 핵심 개념을 빠르게 잡아 내야 해요. 70% 이해 원칙을 적용하세요. 핵심 개념과 차별점만 파악하면 나머지 세부 사항은 나중에 필요할 때 채워도 됩니다. 일단 처음 보는 기술인 경우, 다음 프로세스대로 파악해가시면 좋습니다.

▦ 기술 스캐닝 단계의 진행 순서와 점검 포인트

(1) 제목과 요약 훑어 보기	(2) 기술 설명 섹션 스캔	(3) 이해도 자가 진단
• 기술명에서 핵심 키워드 파악 • Executive Summary나 Abstract 한 번 훑기 • '이 기술이 무엇을 개선하려는 건지' 대략적 이해	• 기술 원리나 메커니즘 설명 부분 찾기 • 다이어그램이나 플로우 차트가 있다면 우선 확인 → 전체 내용 중 이해할 수 없는 부분의 비중 체크	• '이 기술의 핵심을 한 문장으로 설명할 수 있는가?' • '전체 내용 중 몇 % 정도 이해 가능한가?' • '추가 독해하면, 충분히 이해할 수 있는가?'

체크 포인트

- 이 기술이 무엇을 하는 기술인지 명확한가?
- 기술 용어 밀도가 감당할 만한 수준인가?
- 이 기술의 핵심 차별점을 파악할 수 있는가?

공력이 쌓인 전문가라면 먼저 기술 이름의 작명 의도를 파악하려고 많은 노력을 합니다. 기술자들은 자기가 개발한 기술을 자식처럼 여깁니다. 그래서 기술명도 아기 이름을 짓는 것처럼 그 기술에 대한 핵심 정보나 키워드를 담아 정성스럽게 짓습니다.

예를 들어, AI에서 요즘 많이 언급되는 LLM(Large Language Model, 대형 언어 모델) 모델에서 핵심 키워드는 대형, 언어 모델입니다. 즉, 방대한 텍스트를 학습한 자연어 처리 기술이며, 다양한 다른 용도로 활용되는 기반 모델이라는 의미를 담았다는 것을 유추할 수 있지요. 황화물계 고체 전해질 배터리 기술도 마찬가지입니다. 핵심 키워드는 '황화물'과 '고체 전해질'입니다. 기존 배터리의 전해질은 액체라 안전성이 염려되고, 에너지 밀도도 낮습니다. 이 전해질을 고체로 변경해서 이런 고질적 문제를 해결하려 하고, 주 재료로 황화물을 이용한다는 정보를 제목에서 유추할 수 있습니다.

물론 이런 식의 유추는 해당 기술 영역에 대한 배경 지식을 어느 정도 갖고 있어야 가능합니다. 그럼에도 불구하고 강조한 이유는 '기술 내용 간략 이해' 단계의 목적이 결국은 기술명을 제대로 이해하는 것이라는 오랜 경험 때문입니다.

기술 성숙도 진단

기술 내용을 어느 정도 파악했다면, 이제 '언제쯤 현실이 될 수 있을지'를 빠르게 판단해야 합니다. 아무리 혁신적인 기술이라도 상용화까지 10년, 20년이 걸린다면 단기적 관심 대상은 아니거든요.

기술 성숙도 진단의 점검 포인트

(1) TRL 수준 파악	(2) 상용화 일정과 장애물
• 보고서에서 'TRL' 검색해서 명시적 언급 찾기 • TRL 언급이 없다면 '프로토타입', '파일럿', '상용화' 등 키워드로 현황 파악 → 연구실 수준인지, 실증 단계인지, 상용화 임박인지 구분	• 제시된 상용화 타임라인이 있는지 확인 • '과제', 'challenge', 'barrier' 등으로 주요 장애물 체크 → 일정이 과도하게 낙관적이지 않은지 빠르게 판단

체크 포인트

- 현재 TRL과 상용화까지 필요한 단계가 명확한가?
- 실증 현황: 프로토타입/파일럿/상용화 사례 유무
- 제시된 상용화 일정이 현실적인 범위(3~7년) 내인가?(지나치게 짧게 제시되면 문제)
- 상용화의 주요 장애물이 해결 가능해 보이는가?

생성형 AI가 도입되면서 이러한 기술 성숙도 진단이 무척 편해졌습니다. 과거에는 종이책을 넘기며 포스트잇 붙이기, 문서 파일이 있다면 마우스 빠른 스크롤을 통한 넘겨 보기와 찾아보기(Ctrl + F) 신공으로 주요 키워드를 찾아내서 내용을 읽고 판단했거든요. 하지만 NotebookLM이나 Claude 같은 생성형 AI를 활용하면 질문만으로도 관련 정보를 찾아 주고 대략적인 판단을 해 주니 너무 편해졌습니다.

여기서 중요한 것은 완벽한 분석이 아니라 빠른 필터링입니다. 'TRL 3 단계에서 10년 후 상용화 예상'이라면 일단 후순위로 분류하고, 'TRL 7에서 2~3년 내 상용화 목표'라면 관심 대상으로 분류하는 식으로요.

사전 스캐닝의 마지막 단계는 '우리가 이 기술에 관심을 가질 이유가 있는가?'를 판단하는 시간입니다. 다음 표는 모니터링 가치를 판단하기 위한 기준들입니다. 저는 사전 스캐닝 단계에서 '우리가 관심을 가지지 않아도 될 기술은 무엇인가?'의 관점에서 떨어뜨려도 무방한 기술들을 찾는 데 주력합니다. 무엇보다 기술이 아무리 흥미롭더라도 우리 회사나 업무와 전혀 무관하다면 우선순위가 크게 떨어지거든요.

예를 들어, 전자제품 회사가 항암 신약 기술에, 조선 회사가 디지털 치료 기술에 관심을 가질 이유는 없겠지요. 또한 매출 10조 원대의 대기업이라면 5년 후 예상 시장 규모 100억 원대의 작은 기술에 관심을 가지려 하지 않을 것입니다. 다만, 당장은 관련성이 없어 보이지만, 미래 사업 희망 영역의 기술이거나 경쟁사가 요즘 관심을 갖는 기술이라면 추가 검토가 필요하긴 하겠지요.

⊞ 모니터링 가치 판단의 점검 포인트

시장 잠재력과 우리 연관성	정보 접근성과 모니터링 비용
• 시장 규모가 우리가 관심 가질 규모인지 체크 • 우리 회사의 사업 영역이나 기술 로드맵과의 연관성을 빠르게 판단 • 경쟁사들이 이미 주목하고 있는 기술인지 확인	• 이 기술에 대한 추가 정보 획득이 쉬운지 판단 • 지속적 모니터링을 위한 정보 소스 존재 여부 • 모니터링을 위해 투입할 시간, 비용의 합리성 평가

체크 포인트
- 언급된 시장이 우리가 관심 가질 규모인가?
- 우리 회사 기술 로드맵과 연관성이 있는가?
- 지속적으로 모니터링할 가치가 있는가?

이렇게 (1) 기술 내용의 간략 이해, (2) 기술 성숙도의 진단, (3) 모니터링 가치 판단을 거쳐 사전 스캐닝이 끝나면 해당 기술을 적절히 분류하는 것이 필요합니다. 필자가 이번 사례의 김 팀장이라면, A(우선 관심), B(조건부 관심), C(후순위)로 분류할 것입니다. 대략 10개 아이템이라면, A가 3~4개, B가 2~3개 정도 나오는 것이 적절합니다. 사전 스캐닝에 걸리는 시간이 문제이긴 한데, 충분히 경험이 쌓인 전문가라면 대개 아이템 1개당 사전 스캐닝으로 가등급을 매기는 데 10~15분 정도가 걸릴 것입니다. 초심자라면 아이템 1개당 1시간 정도 시간을 들여 진행해도 무방합니다.

● 즉시 활용 가능한 스캐닝 프롬프트

바쁜 상황에서 AI의 도움을 받아 빠르게 기술 문서를 스캐닝할 수 있는 실전 프롬프트들을 제공합니다. 이 프롬프트는 ❶ 문서 전반의 신뢰성, ❷ 기술 수준, ❸ 읽기 전략을 한 번에 파악할 수 있도록 설계되었습니다. 5가지 질문이 서로 연결되어 빠르게 종합적 판단이 가능해집니다.

기본 정보 파악 프롬프트

"이 기술 보고서의 기본 정보를 다음 관점에서 요약해 줘."
1) 발행 기관의 신뢰도와 해당 분야 전문성
2) 보고서의 주요 목적(연구/투자/정책 중 어느 쪽 지향)
3) 다루는 핵심 기술의 개념과 차별성, 현재 기술 성숙도(TRL 포함)
4) 제시된 데이터와 사례의 적절성, 타당성
5) 집중해서 읽어야 할 핵심 섹션 3가지

자료 파일 참조 🔗

모니터링 가치 판단 프롬프트

위 프롬프트를 통해 기본 정보를 파악하셨다면, 다음 프롬프트를 이용해 모니터링 가치를 판정해 보세요. 4)의 경우는 위의 김 팀장 사례처럼 10개 기술의 요약서가 한꺼번에 AI에게 업로드되어 있고, 기본 내용들이 AI를 통해 분석되어 있을 때 사용할 수 있습니다.

"이 기술 요약서를 [우리 회사/우리 업종]의 관점에서 평가해 줘."
1) **기술적 차별성**: 기존 기술 대비 실질적 개선점과 혁신 정도
2) **성숙도 현황**: 현재 개발 단계와 상용화까지 예상 기간
3) **모니터링 가치**: 우리가 지속적으로 모니터링할 만한 이유
4) **우선순위**: 10개 기술 중 상대적 순위와 그 근거(1~10점 척도)

자료 파일 참조 🔗

여기서는 마지막에 점수를 요청한 것이 핵심입니다. AI가 정성적 분석을 정량적 순위로 변환해 주면 의사결정이 훨씬 쉬워집니다. [우리 회사/우리 업종] 부분은 실제 맥락으로 수정해서 사용하세요. 아울러 우선순위 평가가 본인이 생각한 것과 차이 난다면, 평가 기준에 대해 물어보고 필요하면 조정하세요. 아울러 여기서 우선순위 평가는 최종 평가가 아니라 가평가임을 주의하세요. 최종 순위 평가는 뒤에서 보겠지만 좀 더 명확한 기준을 갖고 진행해야 합니다.

리스크 조기 탐지(보고서 품질 검증) 프롬프트

이 부분은 실무상 의외로 중요한 내용입니다. 김 팀장이 나중에 검토 결과를 전략기획 상무에게 보고할 때 당연히 전략기획 상무는 "그 보고서는 어땠나요? 믿을 만한 자료였나요?"라고 물어올 것입니다. 즉, 매의 눈을 가진 상사들은 요구 결과를 보고받으며, 활용 자료의 품질에 대한 검토를 제대로 했는지 항상 점검합니다. 기술 보고서의 경우, 기술 하이프나 과장된 전망이 매우 흔하므로 특히 이런 부분에 대한 검토가 중요합니다.

"이 보고서에서 과장된 부분은 없었나요?", "상용화 일정이 현실적으로 보이나요?", "경쟁 기술에 대한 평가가 객관적이었나요?" 같은 질문에 명확하게 답할 수 있어야 해요. 만약, 이런 검증 없이 보고서 내용을 그대로 전달했다가 나중에 '그 기술이 생각보다 문제가 많더라.' 하는 상황이 되면, 담당자의 판단력에 의문이 제기될 수 있습니다. 따라서 리스크 조기 탐지 프롬프트는 단순히 기술적 호기심이 아니라 업무상 필수적인 위험 관리 도구라고 볼 수 있습니다. AI와 함께 비판적 검토를 미리 해 두면 상사 앞에서도 자신 있게 "이 보고서의 한계점과 리스크 요인을 이미 파악했습니다."라고 말할 수 있어요.

즉 '리스크 조기 탐지'라는 명칭에서 '리스크'란, 보고서 자체가 아니라 여러분의 사내 평판에 대한 리스크라는 점을 꼭 이해하기 바랍니다. 다음은 여러분의 '평판 하락 리스크'를 미리 방지해 주는 프롬프트입니다.

리스크 조기 탐지 프롬프트(보고서 품질 검증 프롬프트)

"이 기술 보고서에서 과장되거나 검증이 부족한 부분을 찾아 줘."
1) 현실성 의심 부분: 과도하게 낙관적인 전망이나 일정

2) **하이프 신호**: '혁신적', '파괴적' 등 과장 표현 빈발 섹션

3) **데이터 부족**: 구체적 근거 없이 제시된 성능 지표나 시장 전망

4) **경쟁 기술 폄하**: 기존 기술이나 대안의 한계만 강조하는 부분

5) **숨어 있는 제약**: 언급되지 않았지만 상용화에 중요한 제약 조건들

11.3 본격 독해 방법

● 선별된 기술의 심층 분석 시작

다시 김 팀장 사례로 돌아가 보면, 2절의 사전 스캐닝을 통해 10개 기술 중 7개가 1차 통과했습니다. 통과한 기술은 페로브스카이트 태양전지, 멀티모달 앰비언트 센싱, 감성형 버디 로봇, 액체 냉각 솔루션, AI 엣지 컴퓨팅 칩셋, 뇌–컴퓨터 인터페이스, 양자 센서 기술이었습니다. 탈락한 기술은 데이터 센터용 SMR, 3D 바이오 프린팅, 배양육이었습니다. 김 팀장이 AI 증강 독해를 통해 사전 스캐닝을 한 후 이 세 기술을 일단 배제한 이유는 아래와 같습니다.

사례 김 팀장의 초기 배제 기술 아이템 및 배제 근거

배제 기술 아이템	배제 근거
데이터센터용 SMR	• 기술 이해도 부족: 원자력 기술의 복잡성으로 핵심 차별점을 쉽게 파악 곤란 • 성숙도 진단: TRL 4~5이지만 실증 사례 부족, 상용화까지 10년＋예상 • 관찰 가치 판단: 정보 접근성 제한적, 지속적 모니터링 비용 과다
3D 바이오프린팅	• 기술 용어 밀도: 생체 재료, 세포 배양 등 전문 용어 비중이 70% 이상 • 성숙도 진단: 프로토타입 단계, 임상 적용까지 장기간 소요 • 관찰 가치 판단: M 전자 관심 영역과 관련성 낮음, 추가 정보 획득 어려움
배양육 생산	• 기술명 키워드: '배양육'에서 식품 분야임을 즉시 파악, M 전자 사업과 무관 • 시장 잠재력: 언급된 시장 규모가 M 전자가 관심 가질 만한 크기 아님 • 정보 접근성: 식품 기술 분야로 기존 정보 소스와 네트워크 활용 곤란

이제 본격적인 독해를 통해 이 7개를 4~5개 정도로 압축하고, 최종 3개 선정을 위한 심화 분석 대상을 결정해야 합니다. 여기서 중요한 것은 7개 기술에 동일한 시간을 투입하지 않는다는 점입니다. 사전 스캐닝에서 A 등급을 받은 기술에는 1시간, B 등급에는 30~40분 정도로 우선순위에 따라 차등 배분하는 것이 효과적입니다.

이 사례에서 본격 독해의 목표는 '이 기술이 우리가 지속적으로 모니터링할 가치가 있는가?'에 대한 명확한 답을 얻는 것입니다. 단순히 기술 내용을 이해하는 것을 넘어 우리 회사의 전략적인 관점에서 이 기술의 의미와 가치를 평가해야 해요. 마치 투자 심사역이 여러 투자 기회를 검토할 때처럼 객관적 분석과 전략적 판단을 동시에 진행하는 것이죠.

● 기술 문서의 본격 독해 방법

1단계 **기술 원리 이해 – '무엇을 하는 기술인가?'**

본격 독해 시 1단계는 기술의 핵심 작동 원리와 기존 기술 대비 차별점을 정확히 파악하는 것입니다. 앞서 사전 스캐닝에서 가볍게 파악한 기술적 이해를 더욱 깊이 있게 들어가는 과정이죠. 이때 '이 기술이 왜 주목받는지?'에 대한 답을 명확히 얻어 내야 합니다.

기술 원리 이해의 프로세스와 점검 포인트

(1) 기술 개요 정독	(2) 핵심 메커니즘 분석	(3) 차별점과 한계 파악
• 기술 정의와 핵심 개념을 정확히 파악 • Abstract뿐만 아니라 핵심 질문에 관련된 본문 부분을 찾아 선택적 정독 → 기술의 목적과 해결하려는 문제를 명확히 이해	• 사전 스캐닝 과정에서 찾은 기술 원리 설명 부분 집중 독해 • 3Why의 관점에서 스스로 질문하며 독해 → '어떻게 작동하는가?'에 대한 기본 이해 확보	• 기존 기술 대비 개선 사항과 혁신 포인트 • 현재 기술의 한계와 제약 조건 • 경쟁 기술들과의 비교 우위 분석

체크 포인트
• 이 기술이 해결하려는 문제가 명확한가?
• 핵심 작동 원리를 간단히 설명할 수 있는가?
• 기존 기술 대비 어떤 점이 혁신적인가?
• 기술의 한계와 제약 조건을 파악했는가?

다음의 프롬프트는 ❶ 문제 정의, ❷ 원리 이해, ❸ 차별점, ❹ 한계, ❺ 전제 조건으로 구성되어 기술의 전체적 맥락을 체계적으로 파악할 수 있습니다. 특히, 5번 질문이 중요한데, 기술 성공의 전제 조건을 미리 파악해야 리스크를 제대로 평가할 수 있기 때문입니다.

> **기술 원리 이해 프롬프트**
>
> "이 기술의 핵심 원리를 단계적으로 설명해 줘."
> 1) 이 기술이 해결하려는 근본적 문제
> 2) 핵심 작동 원리를 일반인도 이해할 수 있게 비유로 설명
> 3) 기존 기술 대비 구체적 차별점과 개선 사항
> 4) 현재 기술의 한계와 해결해야 할 과제들
> 5) 이 기술이 성공하기 위한 핵심 전제 조건들
>
> **자료 파일 참조** 🔗

2단계 실현 가능성 평가 – '언제 현실이 될 수 있는가?'

두 번째 단계에서는 TRL 현황, 상용화 타이밍, 기술적 장애물을 종합적으로 평가합니다. 기술이 아무리 혁신적이라도 실현 가능성이 낮다면 단기적 관심 대상은 아니거든요.

⬛ 실현 가능성 평가의 점검 포인트

(1) TRL과 개발 현황 분석	(2) 상용화 장애물 진단	(3) 상용화 시나리오 검증
• 현재 TRL 수준과 각 단계별 달성 현황 • 프로토타입, 파일럿 테스트, 실증 사례 등 구체적 성과 • 주요 개발 기관, 투자 현황 파악	• 기술적 과제: 아직 해결되지 않은 핵심 문제들 • 경제적 과제: 비용 구조, 경제성 확보 방안 • 제도적 과제: 규제, 표준화, 인프라 등 비기술적 장벽	• 제시된 상용화 일정의 현실성 평가 • 초기 적용 분야와 예상 확산 경로의 합리성 • 시장 수용성과 고객 지불 의향 분석

체크 포인트
- 현재 TRL과 상용화까지 필요한 단계가 명확한가?
- 제시된 상용화 일정이 현실적인가?
- 상용화의 주요 장애 요소를 파악했는가?
- 초기 적용 분야가 합리적으로 설정되어 있는가?

다음은 상용화 가능성을 간단하게 체크해 볼 수 있는 프롬프트입니다.

"이 기술의 상용화 가능성을 다각도로 분석해 줘."
A. 기술적 측면
  1) 현재 TRL 수준과 상용화(TRL 9)까지 남은 과제들
  2) 각 과제의 난이도와 해결 예상 기간
  3) 유사한 복잡도 기술들의 과거 개발 사례 참조
B. 경제적 측면
  4) 상용화 시점의 예상 비용 구조
  5) 기존 솔루션 대비 경쟁력 확보 가능성
  6) 시장에서 지불할 수 있는 프리미엄 수준
C. 현실성 검증
  7) 제시된 타임라인의 낙관/보수 정도 평가
  8) 상용화를 가속화하거나 지연시킬 수 있는 변수들(규제, 대체재, 보완재 등)

자료 파일 참조 🔗

3단계　**우리 역량 매칭 – '우리가 다룰 수 있는 기술인가?'**

마지막 10분은 우리 회사의 역량, 전략 방향성, 리소스와의 적합성을 빠르게 평가하는 시간입니다. 아무리 좋은 기술이라도 우리가 접근할 수 없거나 활용하기 어렵다면 우선순위가 떨어지거든요. 앞서 사전 스캐닝에서 사업 영역과 관련성이 있다고 판단된 기술이라도 꼼꼼하게 역량이나 사업 전략과의 관련성들을 따져 보면 우선순위가 다르게 나올 것입니다.

▦ 자사 역량 매칭 단계의 점검 포인트

(1) 기존 역량과의 연관성	(2) 전략적 우선순위 평가
• 우리 회사의 현재 기술 포트폴리오와의 시너지 • 기존 R&D 역량으로 접근 가능한 영역인지 판단 • 필요한 추가 역량과 확보 가능성	• 우리 회사 사업 전략과의 부합도 • 다른 관심 기술들과의 상대적 우선순위 • 투입 가능한 리소스 대비 기대 효과

체크 포인트
• 우리 회사의 기존 기술 역량과 연관성이 있는가?
• 우리 사업 전략과 방향성에 부합하는가?
• 투입 가능한 리소스 범위 내에서 접근 가능한가?
• 다른 5개 기술 대비 우선순위는 어느 정도인가?

● 기술 문서 특화 독해 기법

기술 용어 정복 전략

기술 문서에서는 핵심 기술의 개념을 파악했더라도 다른 전문 용어들이 속도감 있게 문서를 독해하는 데 큰 걸림돌이 됩니다. 모든 용어를 완벽하게 이해하려면 시간이 무한히 걸리므로 핵심 용어, 보조 용어, 배경 용어 중 핵심 용어에 집중할 필요가 있습니다. 중요한 핵심 용어에 대해서는 적어도 AI에게 3번의 질문을 통해 내용을 제대로 이해하는 것이 좋습니다.

> **3단계 핵심 용어 이해 프롬프트**
> - **기본 개념**: "이 기술 용어가 무엇을 의미하는지 한 문장으로 설명해 줘."
> - **작동 원리**: "이것이 어떻게 작동하는지 일상 예시로 설명해 줘."
> - **맥락 이해**: "이 기술에서 이 용어가 왜 중요한지 설명해 줘."

사전 스캐닝 단계나 본격 독해 단계 초반에서 잘 모르는 용어들을 간단히 메모를 해 놓고, 아래처럼 생성형 AI에게 일괄적으로 용어 해설을 부탁해도 좋습니다.

> **용어 해설 프롬프트**
> "다음 기술 용어들을 단계적으로 설명해 줘."
> [핵심 용어 리스트]
> 각 용어마다
> 1) 기본 정의(고등학생도 이해할 수 있게)
> 2) 일상생활의 비유 예시
> 3) 이 기술에서의 역할과 중요성(핵심 용어 보조 용어 배경 용어로 구분)
> 4) 관련된 다른 용어들과의 관계

기술-비즈니스 연결 기법

기술적 우위를 비즈니스 가치로 번역하는 핵심 기법입니다. 많은 기술 문서가 기술적 성능만 강조하고 실제 비즈니스 임팩트는 모호하게 표현하는 경우가 많거든요. 즉, 기술 문서를 볼 때 적어도 이 정도의 이슈들은 체크해야 합니다.

- 이 기술이 고객에게 제공하는 구체적 가치는?
- 기존 솔루션 대비 비용 – 효익이 명확한가?
- 시장에서 지불할 의향이 있는 프리미엄은?
- 기술 우위가 지속 가능한 경쟁 우위로 이어지는가?

이러한 관점에서 해당 기술에 대해 비즈니스 가치를 종합적으로 평가해 볼 수 있는 프롬프트는 아래와 같습니다.

비즈니스 연결 프롬프트

"이 기술의 비즈니스 가치를 구체적으로 분석해 줘. 만일 외부 검색을 할 경우, 답변에 근거 출처를 제시하고, 외부 검색으로도 제대로 답변할 수 없다면, 해당 사항에 (정보 부족)이라고 이야기해 줘."

A. 고객 관점

1) 최종 사용자가 얻는 구체적 편익(시간, 비용, 품질 등)
2) 기존 솔루션의 불편함이나 한계점 해결 방식
3) 고객이 이 기술에 프리미엄을 지불할 이유

B. 사업 관점

4) 가능 수익 모델과 가치사슬에서의 위치
5) 시장 크기와 성장 가능성
6) 경쟁 우위의 지속 가능성과 진입 장벽

자료 파일 참조 🔗

성능 지표 검증 기법

기술 문서에서 제시하는 '기존 대비 10배 성능 향상' 같은 수치적 주장을 객관적으로 검증하는 방법입니다. 일반적으로 기술 성능의 검증 체크 포인트는 아래와 같습니다.

- **테스트 조건**: 실험실 vs. 실제 환경의 차이
- **비교 기준**: 어떤 기존 기술과 비교했는지
- **측정 지표**: 성능 향상의 구체적 기준과 측정 방법
- **재현 가능성**: 동일한 조건에서 반복 가능한지

상황별로 다음의 검증 프롬프트를 이용할 수 있습니다. 이때 외부 정보들을 많이 끌어와야 하므로 Perplexity를 활용하는 것이 나을 수도 있습니다. 개인적으로는 기술 문서를 업로드한 후 분석을 진행한 Claude나 ChatGPT 등 생성형 AI에서 1차 검증하고, 필요시 Perplexity를 이용해 2차 검증하는 형태로 수치 검증을 진행합니다. 다만, 아주 세부적인 기술에 대해서는 환각 현상이 일어날 수도 있으니 주의하세요.

수치 검증 프롬프트

상황 1　성능 수치 검증이 필요한 경우

"이 기술의 성능 지표를 비판적으로 분석해 줘."

1) 제시된 성능 향상 수치의 테스트 조건과 환경

2) 비교 대상이 된 기존 기술의 적절성

3) 실험실 조건과 실제 적용 환경의 차이점

4) 성능 지표의 객관성과 재현 가능성

5) 다른 중요 성능 지표들은 어떻게 변화했는지

상황 2　시장 전망의 현실성 평가가 필요한 경우

"이 기술 관련 시장 전망의 현실성을 검증해 줘."

1) 시장 규모 예측의 근거와 가정 조건들

2) 유사한 기술들의 과거 시장 확산 사례 비교

3) 시장 성장의 주요 동력과 저해 요인들

4) 예측 시나리오별(낙관/보수/현실적) 차이점

5) 외부 변수(규제, 경쟁 기술 등)가 미칠 영향

상황 3　기술 로드맵의 타당성 검토가 필요한 경우

"이 기술의 개발 로드맵을 현실적인 관점에서 평가해 줘."

1) 각 개발 단계별 목표와 달성 기준의 명확성

2) 단계 간 논리적 연결성과 의존 관계

3) 유사 복잡도 기술들의 과거 개발 기간 비교

4) 로드맵 지연을 유발할 수 있는 리스크 요인들

5) 로드맵 가속화가 가능한 조건이나 촉매 요인들

자료 파일 참조 🔗

● 핵심 정보 구조화

　　기술적 문서의 독해 후에는 다음 단계의 의사결정을 위한 구조화된 정보가 남아야 합니다. 단순히 '이해했다.'는 느낌이 아니라 명확한 판단 근거가 있어야 해요. 필자가 김 팀장이라면, 적어도 선별 기술마다 기술 개요, 성숙도 현황, 예상 시장 규모, 주요 장애물, 우리 연관성 등을 담아 1페이지씩 '기술 카드'를 만들 것입니다. 이것저것 살펴본 내용들을 깔끔하게 1페이지로 정리하는 것은 생각보다 공수가 많이 듭니다. 그러나 우리에게는 생성형 AI가 있습니다. 아래와 같은 프롬프트를 통해 간단하게 1차 초안을 얻을 수 있습니다. 이후 서식을 확정하고, 해당 내용들을 적절히 수정해 배치하면 되는 것이죠. 이때 우리 연관성을 평가하려면, 적절히 우리 사업 내용과 강약점, 미래 전략 방향성 등의 정보를 생성형 AI에게 미리 알려 줘야 합니다.

기술 카드 작성 프롬프트

"보고서 내용과 지금까지 논의 내용을 바탕으로 OOO, OOO 기술에 대해 다음 내용들을 정리해 줘." 문체는 개조식으로 부탁해.
- **기술 개요**: 핵심 원리와 차별점(3~4문장)
- **성숙도 현황**: TRL과 상용화 예상 시기
- **예상 시장 규모**: 보고서 제시 내용과 외부 검증 내용을 구분
- **주요 장애물**: 기술적/경제적/제도적 과제 3가지
- **우리 연관성**: 기존 역량과의 시너지, 필요 투자 규모

　　다음은 김 팀장이 위 정리 내용을 기반으로 만든 기술 카드 사례입니다. 보통 기술 하나당 1페이지로 간략하게 요약해서 개요와 특성을 쉽게 파악할 수 있도록 하지요.

- 기술 카드 사례(데이터센터용 액체 냉각 기술)

A. 기술 개요	C. 예상 시장 규모
 • 액체 냉각 기술은 물이나 유전체액의 높은 열 용량을 활용해 전자 시스템의 열을 직접 흡수·배출하는 냉각 방식 • 기존 공기 냉각 대비 열전달 효율이 월등히 높아 랙당 100kW 이상의 고밀도 냉각 가능, 특히 45~60°C의 고온 냉각수로도 운영되어 칠러 없는 운영이 가능 • Direct-to-Chip 방식(콜드플레이트)과 침진 냉각(Immersion) 방식으로 구분 • 상변화(액체↔기체)를 이용한 2상 냉각 방식은 높은 열 효율이 장점이지만, 핵심 소재인 PFAS 냉매가 환경 규제로 사용 곤란	**보고서 제시 내용** • '25년: 3조 원(TAM 기준) → '30년: 15조 원(CAGR 36%) → '35년: 35조 원(CAGR 18%) **외부 검증이 필요한 부분** • 보고서의 시장 규모는 낙관적 전망에 기반하고 있어, 실제 채택 속도와 가격 하락폭에 따라 상당한 변동 가능성 존재 • 특히 PFAS 규제나 대체 기술 등장 시 성장률이 크게 달라질 수 있어 다른 시장 데이터와의 교차 검증이 필요

기준은 상황에 따라 여러 가지를 이용할 수 있습니다. 아래는 현업에서 많이 활용되는 평가 기준입니다.

⊞ 대표적인 기술 스크리닝 평가 기준

분류	항목명	설명
기술 관점	기술 혁신성 (Novelty/Disruptiveness)	기술 자체가 얼마나 새로운가?, 기존 기술을 대체하거나 뛰어넘는가?
	기술 성숙도(TRL)	아이디어 단계인지, 프로토타입인지, 양산 가능한 상태인지
	구현 난이도	실제 구현·개발에 필요한 복잡도 및 리스크
시장 관점	상용화 가능성	규제, 생태계, 인프라 등 포함한 현실적 실현 가능성
	시장 잠재력(MKT Potential)	수요 규모, 산업 적용 범위, 성장률 등
	고객 수요 확실성	명확한 pain point에 대한 해답인가? 시장에서 반응이 있는가?
전략 관점	자사 적합도(Strategic Fit)	우리 조직의 역량, 자산, 비전에 얼마나 부합하는가?
	시급성(Time to Act)	먼저 움직여야 하는 기술인가?, 나중에 움직여도 되는 기술인가?
	투자 대비 효과(ROI)	투자에 비해 기술적/시장적 가치가 큰가?
위험 관점	기술 리스크	아직 불확실한 요소, 실패 가능성
	경쟁 리스크	경쟁사가 선점 중이거나 쉽게 모방 가능한가?
	규제/윤리 리스크	규제나 사회적 반발 가능성 존재 여부

문제는 인간이 평가를 진행하려면 기준 잡기도 어렵고, 평가 과정에서 종종 기준 적용의 일관성이 무너지는 점입니다. 이 때문에 전문가 여러명이 모여서 개별 평가를 한 후 이를 평균해 종합하는 프로세스를 많이 거칩니다. 반면, AI 평가는 평가 기준 잡기도 쉽고, 기준도 일관되게 적용하는 측면이 강점입니다. 그래서 1차로 AI 평가를 진행하고, 2차로 미고려된 정성적 요인들을 반영해 사람이 조금씩 수정하면 정말 편합니다.

김 팀장이 선택한 평가 기준은 기술 혁신성, 상용화 가능성, 사업/역량 적합성이었습니다. 3개를 택한 이유는 2×2 매트릭스 구성에 좋기 때문입니다. 나중에 최종 결과에서 보시겠지만, 대개 이런 식의 기술 스크리닝 결과의 최종 결과물은 2×2 매트릭스입니다. 2×2 매트릭스에는 대개 세로축, 가로축, 점 색깔을 통해 3개까지의 정보를 담을 수 있습니다. 굳이 정보를 더 추가한다면 점의 모양이나 테두리선을 통해 표시할 수도 있는데, 해석이 복잡해지므로 권장하지는 않습니다.

김 팀장이 AI에 이 기준을 인식시키고 평가를 시켜 얻은 결과는 아래와 같습니다. 여기서 종합 평가는 혁신성 30%, 상용화 가능성 30%, 사업/역량 적합성 40%로 가중 평가한 결과입니다.

김 팀장은 본격 독해를 하며 10개 기술을 좀 더 깊이 있게 이해했습니다. 그래서 생성형 AI 평가 결과를 살펴보며, 자신의 이해에 부합하는지 판단할 수 있었습니다. 추가 이해가 없다면 생성형 AI 평가 결과를 비판적으로 판단할 수가 없지요.

김 팀장은 이를 통해 1~4까지의 아이템들을 R&D 모니터링 후보로 생각하게 되었습니다. 여기서 최종 후보 3개가 아니라 잠재 후보 4개를 선택한 이유는 추가 판단이나 논의 과정에서 결격 사유가 발견되는 경우를 대비하기 위해서입니다. 대학 입시에서 1차 합격자 외에도 추가 합격 또는 예비 합격 대상자를 미리 선정해 놓는 이유와 비슷합니다.

사례 **김 팀장의 1차 기술 평가 결과**

순위	기술명	TRL	혁신성	상용화 가능성	사업/역량 적합성	종합 평가
1	AI 엣지 컴퓨팅 칩셋	4~5	4.0	4.0	4.0	4.0
2	차세대 열관리(액체 냉각)	5~6	3.5	4.5	3.5	3.8
3	감성형 Buddy Robot	4~5	4.5	3.0	3.5	3.7
4	Multimodal Ambient Sensing	4~5	3.0	4.0	3.0	3.3
5	페로브스카이트 태양전지	5~6	4.0	3.0	2.5	3.1
6	배양육 생산	5~6	4.5	4.0	1.0	3.0
7	뇌−컴퓨터 인터페이스	4~5	5.0	2.0	2.0	2.9
8	양자 센서	4~5	4.5	2.5	2.0	2.9
9	데이터센터용 SMR	4~5	5.0	2.5	1.0	2.7
10	3D 바이오 프린팅	4~5	4.0	2.5	1.5	2.6

여기에서 좀 상세히 설명할 부분이 있습니다. 김 팀장은 위 결과를 어떻게 얻어 냈을까요? 프롬프트 구성상 2가지 방법이 가능합니다. 첫 번째는 단순하게 위 기준을 간단하게 제시하고 평가를 시키는 방식입니다. 다음 프롬프트의 경우, 평가의 기준과 점수 척도가 명확하게 지시되고, 평가 결과의 출력 형태까지 잘 지정되어 있습니다. 보통 기술 평가에 익숙한 사람들이라면 즉시 이런 프롬프트를 사용합니다.

> **기술 평가 단순 프롬프트**
>
> "앞서 살펴본 10개 신기술을 R&D 모니터링의 관점에서 평가하려고 해. 평가 기준은 1) 혁신성, 2) 상용화 가능성, 3) 사업/역량 적합성이야. 5점 척도로 평가하고, 평가 결과를 표로 만들어 줘. 표 구성은 순위－기술명－TRL－혁신성－상용화 가능성－사업/역량 적합성 순으로 제시해 줘."
>
> **자료 파일 참조** 🔗

하지만 이 프롬프트는 기술 평가 초보자라면 쉽게 구성할 수 없고, 핸들링하기 어려운 프롬프트입니다. 무엇보다 막바로 위 3가지 기준을 생각해내고 AI에게 평가를 요청하기란 쉽지 않죠. 더욱이 AI가 어떤 관점에서 혁신성, 상용화 가능성, 사업/역량 적합성을 평가했는지, 또 각 기준에서 1점과 5점의 의미는 무엇인지 알 수도 없죠. 만약, 전략기획 상무님이 "평가 기준은 어떻게 구성했습니까? 상용화 가능성에서 3점은 무슨 의미이죠?"라고 묻는다면, 제대로 답변하기 힘들 것입니다.

단계적 평가 프롬프트 구성 프로세스

따라서 이런 업무에 익숙하지 않은 분이라면 다음의 단계적 평가 프롬프트 구성 방식을 추천드립니다.

- **1단계** 평가 기준 도출: ""앞서 살펴본 10개 신기술을 R&D 모니터링의 관점에서 평가하려고 해. 평가 기준을 적절히 제안해 줘."
  - AI가 평가 기준을 제안하고, 각 기준의 정의와 중요성을 설명하게 유도합니다. 이때 현재 상황과 목적을 명확히 제시하여 맞춤형 기준을 얻습니다. 이때 AI가 제안한 평가 기준은 정답이 아닙니다. 그대로 받아들이면 안 되고, 항상 내가 보고 적절히 수정을 해야 합니다.
- **2단계** 기준 간 상관관계 검증: "제시한 평가 기준들이 서로 독립적인지, 중복되는 부분은

없는지 검토해 줘."

- 종종 평가 기준들이 독립적이지 않고 상관관계가 존재하는 경우가 발생합니다. 사전에 이런 문제들을 제거해야 합니다. 특히, 매트릭스 분석을 염두에 둔다면 필수적인 단계입니다.

- **3단계** **점수 판정 기준 구체화**: "제시한 평가 기준 별로 5점 척도를 쓴다고 할 때, 점수의 의미를 표로 제시해 줘. 이때 reverse scoring이 필요한 부정적 평가 기준이 섞여 있는지 판단해 줘."

  - 5점이 무엇을 의미하는지, 3점은 어떤 상황인지 구체적인 판정 기준을 설정합니다. 이를 통해 일관된 평가가 가능해집니다. 또한 이를 통해 역점수 매김(Reverse Scoring) 문제를 고려할 수 있습니다. 예를 들어 실현 가능성과 잠재 리스크가 평가 기준에 포함되어 있을 때 실현 가능성은 5점, 잠재 리스크는 1점이어야 좋은 합산 평가를 받을 것입니다. 즉, 부정적 평가 항목은 점수의 방향성을 반대로 설계하거나(Reverse Scoring), 애초에 '리스크 관리 수준'처럼 긍정적 표현으로 재정의하여 동일 방향 척도로 통일해야 합니다. 그렇지 않으면 합산 점수에서 왜곡이 발생하고, 평가자 간 해석 불일치가 생깁니다.

- **4단계** **결과 형식 지정 및 평가 실행**: "앞서 논의를 바탕으로 평가 기준은 1) 혁신성, 2) 상용화 가능성, 3) 사업/역량 적합성이야. 5점 척도로 평가하고, 평가 결과를 표로 만들어 줘. 표 구성은 ~ 형태로 해 줘."

  - 완성된 평가 체계로 실제 평가를 수행하고, 결과를 표나 매트릭스 등 활용하기 쉬운 형태로 정리합니다. 특히, 평가 결과를 표로 받는 것이 정보를 종합적으로 일목요연하게 검토하는 데 유리합니다.

- **5단계** **검증 및 최종 확인**: "앞의 평가 결과를 다시 한 번 검증해 줘. 논리적 일관성과 현실적 타당성이 있는지 확인해 보고, 필요하다면, 어떤 부분을 조정해야 하는지 알려 줘."

  - 평가 결과 검증은 사람이 최종적으로 해야 하는 것이지만, AI에게 1차 의견을 들어 보면 살펴볼 부분을 좁히는 데 도움이 됩니다.

이런 단계적 접근의 가장 큰 장점은 '왜 이렇게 평가했는지'에 대한 명확한 답변이 가능하다는 것입니다. 상무님이 "상용화 가능성 3점의 근거가 뭔가요?"라고 물어봐도 3단계에서 설정한 구체적 기준을 바탕으로 자신 있게 설명할 수 있습니다. 또한 평가 과정 자체가 학습 과정이 되어 처음에는 어려웠던 기술 평가가 점점 익숙해집니다. AI가 제안하는 평가 기준과 논리를 통해 해당 분야의 전문성을 빠르게 습득할 수 있거든요. 무엇보다 이 방식은 재현 가능하고 개선 가능한 평가 시스템을 만들어 줍니다. 한 번 구축한 평가 체계는 다른 프로젝트에도 적용할 수 있고, 경험이 쌓일수록 더욱 정교해집니다.

이처럼 AI를 활용한 정량적 평가에 익숙해졌다면, 그 다음에는 가급적 동시에 여러 AI를 사용하는 방식을 시도해 보시기 바랍니다. 그 이유는 'AI의 재현 곤란성' 문제 때문입니다. 즉, 동일한 AI에게 동일한 사람이 동일한 질문을 여러 번 던지면, 매번 약간씩 다른 답변이 나옵니다. 정량 평가에서 이 문제는 더욱 심각해집니다. 물론 아주 큰 차이는 아니지만, 평가 결과 수치가 매번 바뀌게 되는 것이니까요. 특히, AI 정량 평가 결과를 이후 다른 사람이 검증할 때 더욱 골치 아파집니다. 수치가 당연히 다르게 나오니 "정량 평가를 제대로 한 거야?"라는 말이 자연히 나오게 되죠.

그래서 이런 '재현 곤란성' 문제를 방지하기 위해 가급적이면 한 번에 동일 질문을 3개 이상의 AI에게 던져서 나온 결괏값을 평균 내서 이용하는 것이 근거 마련에 유리합니다. 인간 주도 정량 평가 때도 한 번에 여러 전문가에게 평가를 의뢰한 후 이 수치를 평균 내서 이용합니다.

또한 이렇게 3개 이상 AI에게 동일 질문을 던져 답변을 받으면, 정량 평가상 환각 유무나 이슈 사항을 빠르게 체크하는 데 유리합니다. 즉, AI 두 개의 평가는 비슷한데, 유독 다른 AI 한 개의 평가값이 큰 차이를 보인다면, 이 항목에 대해서는 평가 기준이나 평가 방식의 적절성을 체크해 보아야 하죠. 제 경험상 이 문제는 특히 역스코어링이 필요한 부정적 평가 항목에서 두드러지게 발생했습니다.

11.5 심화 독해 4기법 적용

● 최종 결정을 위한 다각도 검증

11.4절에서 김 팀장은 본격 독해를 통해 대략적인 모니터링 우선순위를 도출했습니다. 사실 시간이 촉박하다면, 위 평가 표만으로도 최종 3개 모니터링 대상을 선별할 수 있습니다. 하지만 앞서 살펴본 것처럼 기술 문서만의 고유한 함정이 존재합니다. 기술 성숙도나 상용화 타임라인에 대한 낙관적 편향, 경쟁 기술에 대한 폄하 경향, 개별 기술 중심 사고 같은 것들 말이지요. 따라서 가급적 심층 분석을 통해 지금까지의 평가 내용을 비판적으로 검토하는 작업이 필요합니다.

여기서 중요한 것은 단일 관점의 함정에 빠지지 않는 것입니다. 지금까지는 주로 '기술적 우위와 상용화 가능성'의 관점에서 평가했다면, 이제는 구조적, 계보적, 심층적, 실천적인 관점에서 다각도로 검증해야 해요. 마치 다이아몬드를 여러 각도에서 봐야 진짜 품질을 알 수 있듯이 말이죠.

실제 벤처 투자에서도 비슷한 과정을 거칩니다. 1차 스크리닝에서 기본적인 비즈니스 모델과 시장성을 보고, 2차 심사에서 팀과 기술력을 평가한 후 최종 단계에서는 리스크 요인, 경쟁 구도 장기적 비전, 실행 가능성을 다각도로 검증하거든요. 우리도 같은 방식으로 접근해 보겠습니다.

4기지 심화 독해 기법을 적용하면 "이 기술에 숨어 있는 리스크나 기회는 없는가?"라는 질문에 대한 답을 얻을 수 있습니다. 표면적으로는 완벽해 보이는 기술도 깊이 들여다보면 예상치 못한 함정이나 반대로 놓친 기회가 있을 수 있습니다. 김 팀장은 시간 관계상 7개 기술 중 4개 모니터링 후보에 대해 심화 독해 기법을 적용해 보기로 했습니다. 감성형 Buddy Robot, AI 엣지 컴퓨팅 칩셋, 차세대 열관리 솔루션, 멀티모달 앰비언트 센싱 기술 말이지요.

● **기술 문서의 구조적 특성 분석**

기술 문서는 어떤 정보를 어디에 배치하느냐에 따라 독자의 인상이 크게 달라집니다. 작성자가 강조하고 싶은 부분은 앞쪽에, 감추고 싶은 부분은 뒤쪽이나 각주에 배치하는 경우가 많거든요. 그래서 한 번 정도는 정보 밀도 분석이나 구조 분석을 해 보는 것이 좋습니다.

정보 밀도 분석 체크 포인트

- **기술 설명 vs. 응용 사례**: 기술 원리 설명이 전체의 60% 이상이면 아직 이론 단계일 가능성
- **현재 성과 vs. 미래 전망**: 미래 전망이 80% 이상이면 과도한 기대감 주의
- **성공 사례 vs. 실패/한계**: 한계나 리스크 언급이 5% 미만이면 편향 의심
- **정량 데이터 vs. 정성 설명**: 구체적 수치가 부족하면 검증 가능성 낮음

"이 기술 보고서의 구조적 특성을 분석해 줘."

- 정보 밀도 분석

  1) 기술 설명과 비즈니스 응용의 비중(각각 %)

  2) 현재 성과 vs. 미래 전망의 지면 할애 비중

  3) 성공 사례와 한계/리스크 언급의 균형도

  4) 정량적 데이터와 정성적 설명의 비율

- 구조적 편향 탐지

  5) 가장 많은 지면을 할애한 부분과 그 이유

  6) 상대적으로 간과되거나 축소된 부분들

  7) 정보 순서와 강조점에서 드러나는 작성 의도

  8) 이 구조가 독자에게 미치는 인상과 편향 효과

☑ **프롬프트 포인트**: 이 프롬프트는 ❶ 정량적 분석과 ❷ 정성적 해석을 결합해서 문서 작성자의 숨어 있는 의도를 파악할 수 있습니다. 특히, 7~8번이 중요한데, 구조 자체가 독자에게 미치는 심리적 효과까지 살펴보면 좀 더 균형 잡힌 판단이 가능해집니다. 보고서 달인들은 나름의 의도를 갖고 독자가 받을 인상을 사전에 생각해 가며 보고서를 씁니다. 이 포인트를 AI와 함께 역추론해 보는 것이지요.

● 계보적 독해 **기술 발전의 역사적 맥락과 트렌드 추적**

해당 기술이 어떤 발전 과정을 거쳐 현재에 이르렀는지 파악하면, 미래 방향을 더 정확하게 예측할 수 있습니다. 기술 발전에는 일정한 패턴과 주기가 있거든요. 기술 계보를 추적하는 기본 아이디어는 아래와 같습니다.

무엇보다 과거에 개발된 기존 기술의 한계를 살펴봐야 합니다. 아울러 현재 제시된 신기술이 이 한계를 어떻게 극복했는지, 어떤 혁신이 이루어졌는지를 보아야 합니다. 그리고 미래에 이 신기술들이 지금의 이슈를 어떻게 극복할 것인지를 살펴봐야 합니다. 이런 관점에서 기술의 계보적 분석을 할 수 있는 프롬프트는 아래와 같습니다.

"이 기술의 발전 계보와 미래 방향을 분석해 줘."

- **역사적 맥락**:

    1) 이 기술 분야의 세대별 발전 과정(1세대~현재)

    2) 각 세대를 구분하는 핵심 혁신점들

    3) 세대 전환의 주요 동력과 계기들

- **현재 위치**

    4) 현재 기술이 속한 세대와 그 특징

    5) 이전 세대 한계의 극복 방식과 정도

    6) 현세대 내에서의 성숙도와 발전 여지

- **미래 전망**

    7) 다음 세대 기술의 예상 특징과 등장 시기

    8) 현재 기술의 생명주기와 대체 시점 예측

    9) 이 맥락에서 현재 기술의 전략적 의미와 투자 타이밍

● 심층적 독해 숨어 있는 편향과 가정 발굴

기술 문서는 특유의 편향과 가정을 내포하고 있어 비판적 분석이 필수입니다. 특히, 엔지니어들은 기술적 우위에만 집중하고 비기술적 요소들을 과소 평가하는 경향이 있습니다. 대표적인 편향 유형들은 아래와 같습니다.

기술 문서의 숨어 있는 편향

기술 중심주의 편향	낙관적 일정 편향
• **가정**: '기술적으로 우수하면 시장에서 성공한다.' • **현실**: 베타맥스 vs. VHS, 세그웨이 등 반례 다수 • **대응**: 사용자 경험, 비용, 생태계 등 비기술적 요소 중점 확인	• **가정**: '기술적 과제는 예상 시간 내에 해결된다.' • **현실**: 대부분 기술 개발은 당초 계획보다 1.5~2배 지연 • **대응**: 유사 복잡도 기술들의 과거 개발 기간 벤치마킹

경쟁 기술 폄하 편향	규제/표준화 변수 간과
• 가정: '우리 기술이 기존 기술보다 모든 면에서 월등히 우수하다.' • 현실: 기존 기술도 지속적으로 개선되고 있음 • 대응: 경쟁 기술의 개선 로드맵과 잠재력 함께 평가	• 가정: '기술적으로 완성되면 규제는 자연스럽게 따라 온다.' • 현실: 규제 승인과 표준화가 상용화의 가장 큰 병목 • 대응: 해당 분야의 규제 환경과 승인 절차 별도 조사

아래는 이러한 편향을 심층 독해의 관점에서 분석해 보는 프롬프트입니다.

편향 분석 프롬프트

"이 기술 보고서에 숨어 있는 편향과 가정을 분석해 줘."

- 기술 중심주의 체크
  1) 기술적 우위가 시장 성공으로 연결된다고 가정하는 부분들
  2) 사용자 경험, 비용, 편의성 등 비기술적 요소 고려 정도
- 현실성 편향 체크
  3) 과도하게 낙관적이거나 리스크를 과소 평가한 부분들
  4) 개발 일정이나 상용화 시기의 현실성
- 경쟁 환경 편향
  5) 경쟁 기술이나 대안에 대한 편향된 평가
  6) 기존 기술의 개선 가능성을 간과한 부분들
- 외부 변수 간과
  7) 언급되지 않았지만 중요한 변수나 제약 조건들
  8) 규제, 표준화, 사회적 수용성 등 비기술적 리스크
  9) 보고서 작성 주체의 이해관계가 반영된 부분들

자료 파일 참조 🔗

● **실천적 독해** **구체적 모니터링 전략 도출**

기술 정보를 실제 의사결정과 실행으로 연결하는 핵심 과정입니다. 단순히 '흥미로운 기술이다.'로 끝나는 것이 아니라 '언제, 어떻게 행동할 것인가?'까지 가급적 가설을 세워 보는 것이 좋습니다. 김 팀장이 담당한 R&D 모니터링이라면 적어도 다음 사항들을 체크해 보아야 할 것입니다.

1단계 정보 수집 계획	2단계 기술 발전 추적	3단계 의사결정 준비
• **모니터링 소스 설정** – 핵심 연구 기관과 주요 저널 – 업계 컨퍼런스와 전시회 일정 – 주요 기업들의 IR 자료와 특허 출원 현황 • **전문가 네트워크 구축** – 전문 연구자, 업계 전문가 접촉 – VC, 투자 기관의 관련 담당자 – 정부 정책 담당자와 규제 기관 관계자 • **경쟁사 동향 추적** – 경쟁사의 관련 기술 투자와 인수 합병 동향 – 신규 파트너십, 전략적 제휴 현황 – 채용 공고를 통한 기술 개발 방향 추정	• **마일스톤 모니터링** – TRL 진전과 주요 실증 사례 등장 – 투자 라운드와 기업 가치 평가 변화 – 규제 승인과 표준화 진전 상황 • **시장 반응 측정** – 초기 고객 반응과 파일럿 프로젝트 성과 – 언론과 업계의 관심도 변화 – 관련 주식과 펀드의 성과 추이 • **리스크 신호 탐지** – 기술적 한계나 부작용 발견 사례 – 경쟁 기술의 예상외 발전이나 돌파구 – 규제 강화나 정책 변화 신호	• **내부 역량 준비** – 관련 기술 이해 위한 인력 양성 – 필요시 전문가 영입, 자문단 구성 – 해당 분야 투자나 협력을 위한 예산 확보 • **외부 협력 기회 탐색** – 기술 도입이나 라이선싱 가능성 – 전략적 투자나 조인트 벤처 기회 – 인수 합병(M&A) 대상 기업 발굴 • **시나리오별 대응책** – 기술 성공 시 시장 진입 전략 – 기술 지연 시 대안 기술 검토 – 경쟁 심화 시 차별화 방안

이러한 프레임워크하에서 생성형 AI에게 좀 더 세부적인 정보에 대해 물어볼 수도 있습니다. 물론, 답변 결과는 완전히 믿을 수는 없겠지만, 적어도 계획 수립을 위한 출발점으로서 시행착오를 줄이는 데 크게 도움될 수 있습니다.

모니터링 전략 프롬프트

"이 기술 분석 결과를 바탕으로 [우리 회사]의 관점에서 체계적 모니터링 전략을 제시해 줘."

- 정보 수집 계획

    1) 이 기술의 발전을 추적할 수 있는 핵심 정보 소스들

    2) 접촉해야 할 전문가나 기관, 참석할 컨퍼런스 등

    3) 경쟁사들의 이 기술 관련 동향 파악 방법

- 발전 추적 지표

    4) 상용화 진전을 판단할 수 있는 핵심 마일스톤들

    5) 시장 관심도와 투자 동향 모니터링 방법

    6) 우리가 행동해야 할 시점을 알려 주는 신호들

- 의사결정 준비 사항

    7) 본격 검토 시점에 필요한 내부 역량과 준비 사항

8) 가능한 파트너십이나 기술 도입 경로들
9) 이 기술이 우리 사업에 미칠 영향 시나리오별 대응책

자료 파일 참조 🔗

많은 경우에 전사적 변화보다는 팀 권한 내에서 즉시 실행 가능한 항목들을 구체화하는 것이 현실적일 수도 있습니다. R&D 모니터링의 경우, 부서 내에서 실행 가능한 항목들을 뽑아 보면 아래와 같습니다. 즉, 앞서 제시한 프롬프트의 답변이 전사 차원으로 너무 거대하다 싶으면 "3~5명의 팀 단위에서 실행가능한 내용으로 축소 부탁해." 식으로 답변 수준을 조금 내리면 됩니다.

기술 모니터링 관련 제안 사항

즉시 실행 가능(팀 차원)	중기 실행 가능(부서 차원)
• 관련 논문과 보고서 정기 모니터링 체계 구축 • 해당 분야 전문가 세미나나 웨비나 참석 • 경쟁사 동향 추적을 위한 정보 수집 프로세스 • 분기별 기술 동향 보고서 작성 및 공유	• 외부 전문가 자문단 구성 및 정기 자문 계약 • 관련 컨퍼런스 참석 및 네트워킹 예산 확보 • 파일럿 프로젝트나 PoC 추진 검토 • 기술 도입 시 필요한 인력 양성 계획 수립

● 기술 문서에 대한 4기법 통합 활용 전략

기술 문서에서는 비즈니스 문서 대비 심화 독해의 중요성이 상대적으로 낮습니다. 비즈니스 문서의 경우, 의사결정자들의 이해관계나 편향이 복잡하게 얽혀 있고, 수익 모델이나 시장 전망에서 주관적 해석의 여지가 크기 때문에 4기법을 통한 다각도 검증이 절대적으로 중요해요. 하지만 기술 문서는 기술 원리와 성능 데이터라는 상대적으로 객관적인 정보가 핵심이므로 2~3절의 기본적인 독해만으로도 대부분의 핵심 정보를 파악할 수 있습니다.

따라서 기술 문서에서는 심화 독해 시 심층적 독해(편향 탐지)와 실천적 독해(관찰 전략 수립)에 집중하는 것이 효율적입니다. 구조적 독해와 계보적 독해는 상대적으로 간단히 처리하고, 대신 '이 기술 정보가 과장된 것은 아닌지', '우리가 실제로 어떻게 활용할 것인지'에

더 많은 시간을 투자하는 것이죠. 특히, 김 팀장처럼 제한된 시간 내에 여러 기술을 비교 평가해야 하는 상황에서는 이런 선택과 집중이 더욱 중요합니다. 다음은 7개 기술을 최종 3개로 압축하는 과정에서 4기법을 전략적으로 활용하는 방법입니다.

- **효율적 시간 배분**

  - **구조적 독해(15%)**: 유사한 평가를 받은 기술들의 미묘한 차이 발견
  - **계보적 독해(15%)**: 남은 기술들의 장기 전망 비교 → 우선순위 설정 근거
  - **심층적 독해(40%)**: 모든 기술에 적용 → 명백한 리스크가 있는 1~2개 제거
  - **실천적 독해(30%)**: 최종 선정된 3개 기술의 구체적 모니터링 계획 수립

김 팀장이 4개 모니터링 후보에 대해 4가지 심화 독해 기법을 적용한 결과는 다음과 같습니다.

- **심층적 독해 결과**

감성형 Buddy Robot-하향 조정	차세대 열관리 솔루션-현상 유지
− **발견**: '혁신적 동반자' 표현에서 하이프 요소 발견, 실제 기능은 제한적 − **조정**: 상용화 가능성 3.0 → 2.5(과장된 기대감 제거 후 현실적 평가)	− **발견**: 일부 과장 표현 있으나 핵심 가치는 검증 가능한 수준 − **조정**: 점수 변화 없음(기술적 신뢰성과 시장 기회 모두 견실)

- **계보적 독해 결과**

AI 엣지 컴퓨팅 칩셋-상향 조정	감성형 Buddy Robot-현상 유지
− **발견**: CPU → GPU → AI 칩의 3세대 진화에서 현재 핵심 전환점에 위치 − **조정**: 혁신성 4.0 → 4.5(기술 발전 계보상 전략적 중요성 증가)	− **발견**: 서비스 로봇은 3세대 초기 단계, 기술 수렴 시점에서 기회 요소 확인 − **조정**: 점수 변화 없음(장기적 잠재력은 인정하나 불확실성도 여전)

- **구조적 독해 결과**

AI 엣지 컴퓨팅 칩셋-상향 조정	멀티모달 앰비언트 센싱-하향 조정
− **발견**: 보고서 구조 분석 시 기술 원리와 시장 응용이 균형있게 배치, 신뢰성 높음 − **조정**: 사업/역량 적합성 4.0 → 4.5(기존 AP 설계 경험과 직접 연계 가능)	− **발견**: 정보 배치에서 센싱 부품 기술 80%, 시스템 통합 20%로 M 전자 역할 제한적 − **조정**: 사업/역량 적합성 3.0 → 2.0(가치사슬에서 주도적 역할 어려움)

- 실천적 독해 결과

멀티모달 앰비언트 센싱-하향 조정	AI 엣지 컴퓨팅 칩셋-현상 유지
– **발견**: 직접 R&D보다 파트너십이 효율적, 투자 대비 효과 제한적 – **조정**: 상용화 가능성 4.0 → 3.0(다양한 센서 기능 결합이 필요하고, 전문 센서 업체에서 주도)	– **발견**: 단계별 접근 가능하고 부서 단위 실행 방안 구체적 – **조정**: 점수 변화 없음(실행 가능성 높아 기존 평가 유지)

이러한 심화 독해 후 조정된 최종 평가 표는 아래와 같습니다.

사례 김 팀장의 최종 기술 평가 표

순위	기술명	TRL	혁신성	상용화 가능성	사업/역량 적합성	종합 평가	변화
1	AI 엣지 컴퓨팅 칩셋	4~5	4.5 ↑	4.0	4.5 ↑	최우선 관찰	상승
2	차세대 열관리(액체 냉각)	5~6	3.5	4.5	3.5	우선 관찰	유지
3	감성형 Buddy Robot	4~5	4.5	2.5 ↓	3.5	관찰 대상	하락
4	멀티모달 앰비언트 센싱	4~5	3.0	3.0 ↓	2.0 ↓	탈락	대폭 하락

지금까지 과정에서 탈락한 기술들의 주요 사유는 아래와 같습니다. 이 사유들은 철저히 M 전자 관점에서 만들어진 것입니다. 다른 회사라면 얼마든지 유망 기술 아이템으로 선정될 수 있는 기술들입니다.

탈락 단계	탈락 기술 아이템	탈락 사유
사전 스캐닝 단계(3개)	배양육 생산(5위)	높은 혁신성에도 불구하고 M 전자 사업과 완전 무관
	데이터센터용 SMR(8위)	최고 혁신성이지만 역량 부족과 리스크 과다
	3D 바이오프린팅(10위)	의료 분야로 사업 진입 근거 부족
본격 독해 단계(3개)	페로브스카이트 태양전지(6위)	기술적 우위 있으나 내구성 문제 미해결
	뇌-컴퓨터 인터페이스(7위)	최고 혁신성이지만 상용화 불확실성과 규제 리스크
	양자 센서(9위)	높은 혁신성 대비 상용화 가능성과 사업 적합성 부족
심화 독해 단계(1개)	Multimodal Ambient Sensing(4위)	4기법 검증 결과 M 전자 역할 한계 확인

마지막으로 평가 점수를 바탕으로 Claude에게 아래의 프롬프트를 통해 만들고 약간의 추가 프롬프트를 통해 수정한 2×2 평가 매트릭스는 아래와 같습니다. 일반적으로 회사에

서는 표로 제시하는 것보다 시각화해서 제시하는 것을 더 선호합니다. 최근 ChatGPT도 시각화 기능이 많이 좋아지긴 했지만, 매번 한글 폰트를 업로드해야 하는 불편함이 있고, 도표의 깔끔함도 Claude가 훨씬 낫습니다.

"좋아. 아래 데이터를 가지고 2x2 매트릭스를 만들어 보려고 해. 세로축은 기술 혁신성, 가로축은 상용화 가능성, 점 색깔은 사업/역량 적합성으로 표시해 줘. 아울러 기술명은 점의 오른쪽에 2줄 정도로 표시되면 좋겠어. 가로축과 세로축의 분할선은 적절히 넣어 줘. 한 번 그려 줘."

[평가 표 추가]

순위	기술명	혁신성	상용화 가능성	사업/역량 적합성
1	AI 엣지 컴퓨팅 칩셋	4.5	4.0	4.5
2	차세대 열관리(액체 냉각)	3.5	4.5	3.5
3	감성형 Buddy Robot	4.5	2.5	3.5
4	Multimodal Ambient Sensing	3.0	3.0	2.0
5	배양육 생산	4.5	4.0	1.0
6	페로브스카이트 태양전지	4.0	3.0	2.5
7	뇌-컴퓨터 인터페이스	5.0	2.0	2.0
8	데이터센터용 SMR	5.0	2.5	1.0
9	양자 센서	4.5	2.5	2.0
10	3D 바이오프린팅	4.0	2.5	1.5

 이렇게 해서 나온 2×2 매트릭스 초안도 상당히 괜찮은 수준이긴 한데, 점이 겹치는 문제라든지 점 색상이 도드라지는 문제들을 해결하기 위해 아래와 같은 수정을 거쳤습니다. 원래는 단계별로 조정하지만 빠른 실행을 위해 조정 과정을 하나의 프롬프트로 합쳐 보았습니다. 가독성 향상 조정 프롬프트는 결과물에 따라 매 상황마다 다르게 사용해야 합니다. 아래 프롬프트는 하나의 예시로 생각하고, 적절히 수정해서 사용하기 바랍니다. 절대로 그대로 쓰시면 안 됩니다.

"현재 2×2 매트릭스 차트를 아래와 같이 수정해 줘."

1. 축 범위 조정
   - 세로축(기술 혁신성)을 1.0~5.0에서 2.0~5.0으로 변경
2. 겹친 항목 분리
   - **양자 센서와 감성형 Buddy Robot(둘 다 혁신성 4.5, 상용화 2.5)**: 세로로 약간 분리
   - **AI 엣지 컴퓨팅과 배양육 생산(둘 다 혁신성 4.5, 상용화 4.0)**: 가로로 약간 분리
3. 데이터 값 수정
   - **AI 엣지 컴퓨팅 칩셋**: 상용화 가능성을 4.0 → 4.1로 변경
   - **배양육 생산**: 상용화 가능성을 4.0 → 3.9로 변경
4. 색상 변경
   - 사업/역량 적합성 낮음(1.0~2.0)을 빨간색에서 흰색(테두리 검은색)으로 변경
5. 레이블 위치 조정
   - 배양육 생산만 점 왼쪽에 이름 표시(나머지는 점 오른쪽 유지)
6. 범례 업데이트
   - 사업 적합성 낮음 표시를 흰색 원(검은 테두리)으로 변경

김 팀장은 Claude가 작성해 준 도표 설명 내용을 적절히 수정해서 보고서의 도표 하단에 설명을 집어넣었습니다. 매트릭스 해석도 사실 의외로 귀찮은 부분이긴 한데, 간단한 프롬프트 하나로 처리 가능하니 너무 편하죠. 답변 내용도 상당히 괜찮은 편이고요.

"이 매트릭스를 간단히 설명해 줘. 원래 목적은 10개 기술들을 3가지 기준에 따라 평가하고 AI 엣지 컴퓨팅 칩셋, 감성형 Buddy Robot, 차세대 열관리 솔루션(액체 냉각)의 3 기술을 R&D 모니터링이 필요한 기술로 도출하는 것이야. 설명 내용은 2~3문단으로 풀어서 제시해 줘."

수정된 2×2 매트릭스와 설명 내용은 아래와 같습니다.

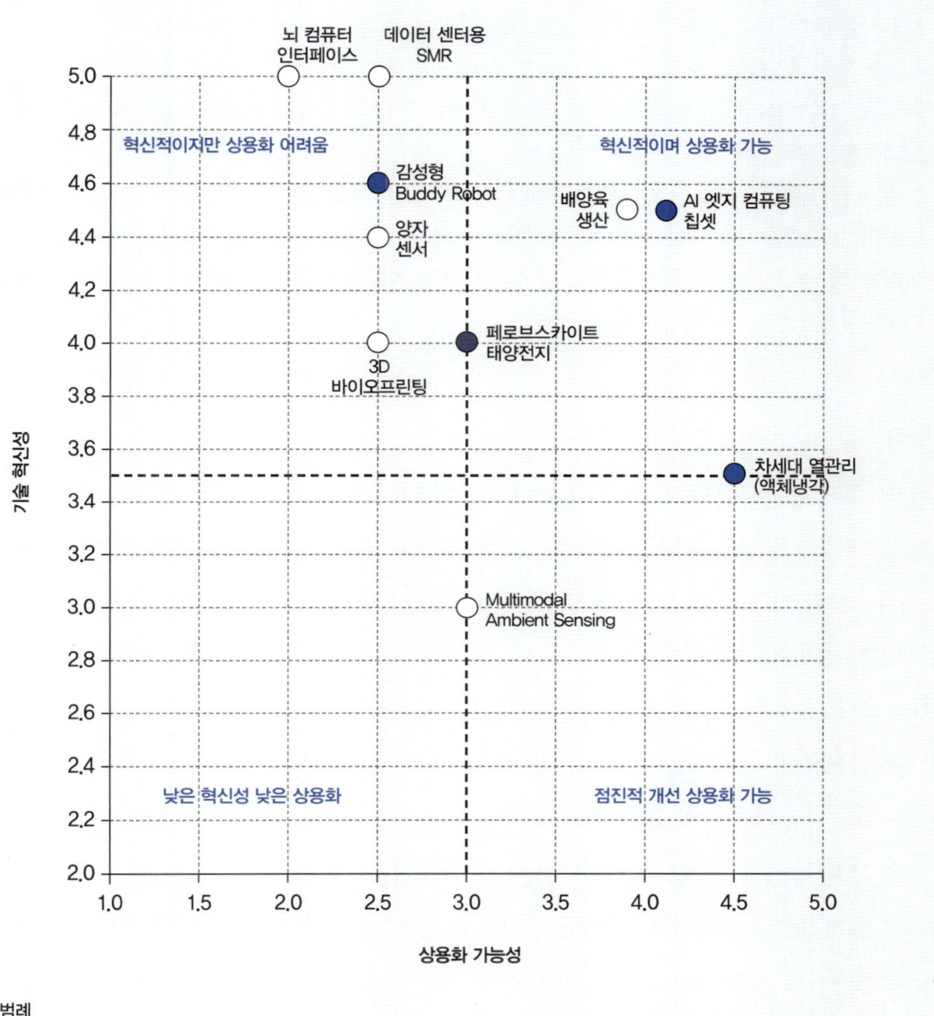

이 2×2 매트릭스는 10개의 신기술을 기술 혁신성, 상용화 가능성, 사업/역량 적합성이라는 3가지 핵심 기준으로 체계적으로 평가하여 R&D 모니터링 우선순위를 도출한 결과입니다. 세로축은 기술 혁신성(2.0~5.0점), 가로축은 상용화 가능성(1.0~5.0점)을 나타내며, 각 점의 색깔은 사업/역량 적합성 수준을 구분하여 표시했습니다.

분석 결과, 우상단의 고혁신성−고상용화 영역에 위치하면서 동시에 높은 사업 적합성을 보이는

3개 기술이 최우선 모니터링 대상으로 식별되었습니다. AI 엣지 컴퓨팅 칩셋(혁신성 4.5, 상용화 4.0)이 가장 균형잡힌 포지션을 차지하고, 차세대 열관리 솔루션은 상용화 가능성에서 최고점 (4.5)을 기록했습니다. 감성형 Buddy Robot은 높은 혁신성(4.5)을 보이지만, 상용화 측면에서는 상대적으로 보수적인 평가를 받았습니다.

한편, 뇌-컴퓨터 인터페이스나 데이터센터용 SMR 같은 기술들은 최고 수준의 혁신성(5.0점)을 보이지만, 상용화의 어려움으로 인해 장기적인 관점에서 접근이 필요할 것으로 판단되었습니다. 배양육 생산처럼 기술적 우수성에도 불구하고 사업 적합성이 낮은 기술들은 흰색 점으로 구분 했습니다.

마무리

이제 여러분은 복잡한 기술 문서 앞에서도 당황하지 않을 수 있게 되었습니다. 10개의 기술 요약서가 책상에 쌓여 있어도 체계적인 사전 스캐닝으로 우선순위를 매기고, 기술 원리 이해, 실현 가능성 평가, 우리 역량 매칭의 3단계 독해를 진행해서 핵심을 파악하며, 4가지 심화 기법을 적용하여 숨어 있는 리스크와 기회까지 발굴할 수 있습니다.

무엇보다 AI와 함께라면 전문 용어의 벽도, TRL 판단의 어려움도, 기술-비즈니스 연결의 복잡함도 모두 해결 가능합니다. 김 팀장처럼 3일 만에 명확한 근거로 우선순위를 매기는 것이 더 이상 불가능한 일이 아니죠.

기술 문서 독해에서 가장 중요한 것은 완벽주의를 버리는 것입니다. 모든 기술을 다 이해하려 하지 말고, 우리에게 필요한 핵심만 효율적으로 파악하는 것이 훨씬 현실적이에요. 페로브스카이트 태양전지의 모든 화학적 메커니즘을 알 필요는 없습니다. 다만, '언제쯤 상용화되고, 우리 사업에 어떤 영향을 미칠지'만 정확히 판단할 수 있으면 충분해요. 특정 기술을 너무 깊게 알려다가 그 기술과 사랑에 빠지면 올바른 판단을 할 수가 없게 됩니다. 내가 본 기술만 최고라고 생각하게 되는 것이죠. AI 증강 독해는 이처럼 특정 기술에 매몰되지 않고 다양한 기술들에 대해 전략적 판단을 할 수 있게 만드는 강력한 도구입니다.

앞으로는 어떤 기술 문서가 와도 자신 있게 접근할 수 있을 겁니다. 양자 컴퓨팅이든, 합성 생물학이든, 차세대 배터리든 말이죠. 복잡해 보이는 기술도 결국 '무엇을 해결하려는 기술인가?', '언제쯤 현실이 될 것인가?', '우리에게 어떤 의미인가?'라는 3가지 질문으로 정리할 수 있거든요. 12장에서는 학술 논문이라는 또 다른 도전이 기다리고 있습니다. 기술 문서보다 더 깊이 있고 엄밀한 텍스트들을 어떻게 효과적으로 독해할 수 있는지 함께 알아보겠습니다.

심화·활용 편

12 학술 문서

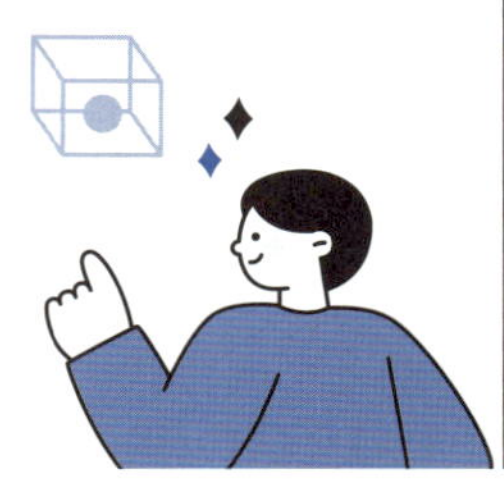

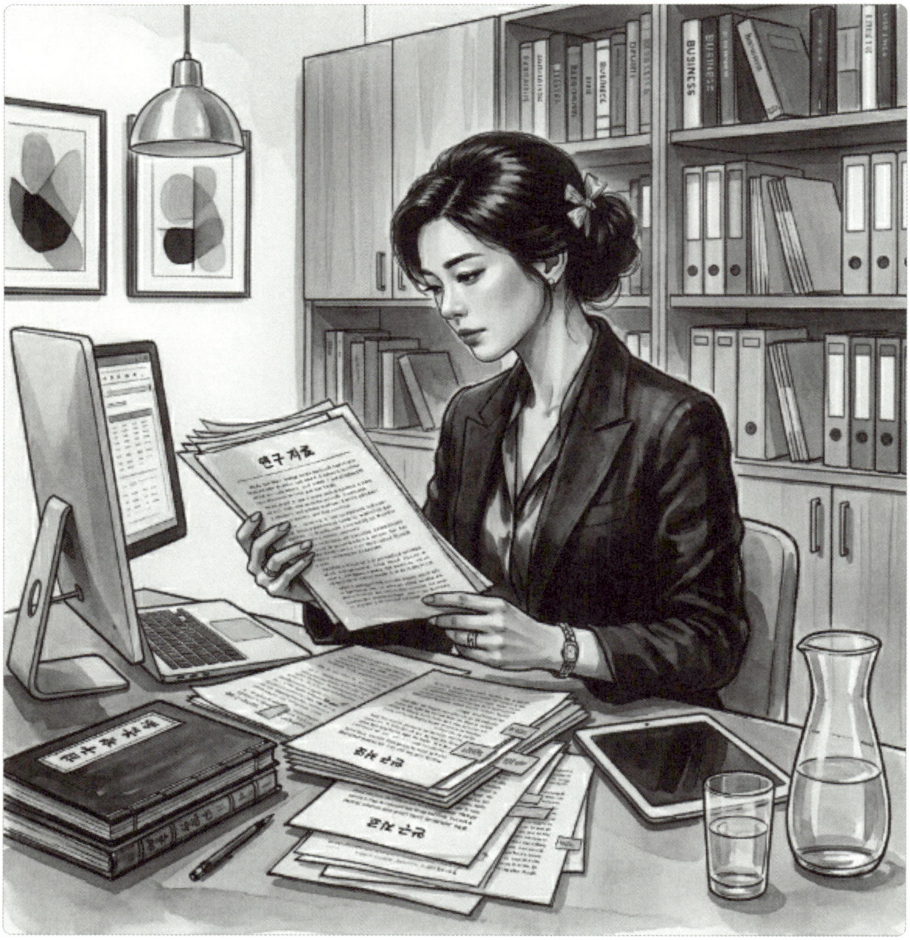

✦ 장 오노레 프라고나르의 『책 읽는 소녀』를 모티브로 해서 나노 바나나를 이용해 현대 수묵화 스타일로 구현한 그림

12장은 학술 논문, 연구 보고서, 학술지, 아티클 등 학술 문서를 AI와 함께 효율적으로 독해하는 방법을 다룹니다. 현업 전문가가 정책 근거 마련, 연구 트렌드 파악, 실무 적용을 위해 학술 문서를 읽을 때는 학계 연구자와 다른 접근이 필요합니다. 12장에서는 학술 문서의 구조적인 특징을 이해하고, 연구 방법론의 신뢰성을 검증하며, 연구 결과를 현실에 적용하는 방법을 배웁니다. 특히, 자연 과학과 사회 과학 논문의 구조 차이, 효율적 독해 순서 심화 독해 4기법을 통한 다각도 분석까지 학술 문서 독해의 전 과정을 마스터할 수 있습니다.

12장의 전체 구조

12.1 학술 문서의 특징과 독해 포인트

→ 학술 문서의 6가지 핵심 특징을 이해하고, 자연 과학과 사회 과학 논문의 구조적 차이를 파악한다.

12.2 사전 스캐닝 전략

→ 학술 문서를 본격적으로 읽기 전, 논문의 가치와 신뢰도를 빠르게 판단하는 스캐닝 전략을 익힌다.

12.3 본격 독해 방법

→ 학계 전문가와 현업 전문가의 서로 다른 독해 순서를 이해하고, 효율적으로 학술 문서의 핵심을 파악하는 방법을 배운다.

12.4 심화 독해 적용

→ 1권의 2장에서 배운 심화 독해 4기법(구조적, 계보적, 심층적, 실천적 독해)을 학술 문서에 구체적으로 적용하여 연구의 숨어 있는 의도, 이론사적 맥락, 한계점, 실무 적용 방안을 도출한다.

12.5 학술 문서 독해 마스터하기

→ 학술 문서 독해의 핵심 포인트를 정리하고, 현업에서 학술 문서를 전략적으로 활용하는 방법을 종합적으로 익힌다.

내 상황에 맞는 읽기 가이드

독자별 니즈	독해 가이드
"정책 근거 마련을 위해 논문을 빠르게 검토하고 싶어요."	12.1 → 12.2로 이동(학술 문서 특징 이해 후 스캐닝 전략 습득)
"자연 과학/사회 과학 논문의 구조 차이가 궁금해요."	12.1로 바로 이동(IMRaD 구조 vs. 확장 구조 비교)
"논문을 어떤 순서로 읽어야 효율적인지 모르겠어요."	12.3으로 바로 이동(학계 vs. 현업 전문가의 독해 순서)
"논문의 연구 방법론과 한계점을 비판적으로 분석하고 싶어요."	12.4로 바로 이동(구조적·계보적 독해로 연구 설계 분석)
"연구 결과를 우리 조직/정책에 실제로 적용하고 싶어요."	12.4의 실천적 독해 부분으로 이동(한국 맥락 수정 적용)
"여러 논문을 비교 분석하고 종합하는 방법을 배우고 싶어요."	12.4의 구조적 독해 부분으로 이동(다수 논문 비교 분석)
"비즈니스의 관점에서 학술 문서를 독해하는 전체 프로세스를 체계적으로 익히고 싶어요."	12.1 → 12.2 → 12.3 → 12.4 → 12.5 순서로(완전 마스터)

● 논문 읽기, 의외로 다른 학계와 현업 세계

화요일 오전 10시, 한국고용OO원 고용서비스연구실 김지영 연구위원에게 급한 전화가 걸려왔습니다.

"김 연구위원, 고용노동부에서 국정감사 대응 자료가 급하게 필요하다고 하네요. 담당자인 박외근 연구위원이 지금 해외 컨퍼런스 참여 중이라 이렇게 부탁하게 되었습니다. 금요일까지 청년 고용 정책의 효과성을 뒷받침할 학술적 근거를 정리해서 보고해 주세요."

김 연구위원은 이전에 잠깐 청년 고용 정책 분야를 살펴봤던 경험을 살려 자신의 PC와 인터넷 검색, 다른 분의 도움으로 관련 논문 5편을 찾았습니다. 각각 20~30페이지에 달하는 논문들(통계 분석, 실증 연구, 정책 평가 등)이었습니다. 문제는 다음 주 초에 있을 다른 연구 작업의 중간 보고를 이번 주에 준비해야 하는데, 갑자기 고용노동부의 대응 요청이 들어 왔다는 것입니다. 좀 난감한 상황이죠.

국책 연구 기관 근무자들은 의외로 학술 문서를 많이 봅니다. 하지만 논문 특유의 복잡한 구조와 전문 용어 때문에 자기 분야가 아닌 논문이라면, 읽는 것이 수월하지는 않죠. 공공 기관에서도 학술 논문을 가끔씩 봐야 할 때가 생깁니다. 요즘은 증거 기반 정책이 대세라 사업 기획을 하려면 학술적 근거를 마련해야 하기 때문입니다. 또한, 일반 기업에서 근무해도 학술 문헌을 검토해야 할 때가 생깁니다. 예를 들어, 해외 기업의 내부 프로세스를 벤치마킹을 할 때 저는 그 기업 임직원의 학위 논문을 종종 찾아봅니다. 대개 자기가 일했던 경험을 기초로 케이스 논문을 쓰는 경우가 많거든요.

김 연구위원처럼 '연구자이면서 현업 전문가'인 분들의 고민은 더 복잡합니다. 논문을 이해할 기본 소양은 갖추고 있지만, 학문적 완성도보다는 정책적 활용도가 우선이거든요. 더욱이 학계 연구자들처럼 한 편의 논문을 며칠에 걸쳐 음미할 시간도 없지만, 상부에서는 '학술적 근거가 탄탄한' 보고서를 요구합니다.

여기에서 학계 연구자(Scholar)들과 현업 전문가(Practitioner) 간에 존재하는 중요한 차이를 생각해 볼 필요가 있습니다. 연구자들에게 논문은 '학문적 대화'의 도구입니다. 논문의 이론적 기여도와 학술적 의미, 방법론의 엄밀성과 혁신성, 후속 연구 가능성과 연구사적 위치가 주 관심사입니다. 논문 독해의 주 목적은 시간을 충분히 들여 세부 방법론까지 완전히 이해하는 것입니다. 중요 논문의 경우, 세미나를 통해 동료들과 내용을 공유하고 심층 논의도 하지요. 하지만 현업 전문가들에게 논문은 '문제 해결'의 도구입니다. '우리 정책에 적용 가능한가?', '상사나 대외에 설명할 근거가 되는가?', '제한된 시간 내에 핵심만 파악할 수 있는가?'가 절실한 관심사거든요.

즉, 같은 논문을 보더라도 학계 연구자들은 '이 연구 방법론이 기존 이론에 어떤 기여를 하는가?'라는 질문을 던지지만, 현업 전문가들은 '이 연구 결과가 우리 정책에 실제로 도움이 되는가?'라고 완전히 다른 질문을 던집니다. 박 연구위원의 고민이 바로 여기서 시작됩니다.

▣▣ 학계 연구자와 현업 전문가의 독해 관점 차이

구분	학계 연구자(Scholar)	현업 전문가(Practitioner)
읽는 목적	학문적 기여도 평가, 이론 발전, 후속 연구 설계	정책/업무 결정 근거 확보, 실무 개선 방안 도출
핵심 관심사	방법론 혁신성, 이론적 함의, 학술적 엄밀성	'우리 일에 쓸모가 있나?', '믿을 만한가?', '어떻게 적용하나?'
투입 시간	충분한 시간(하루~수일)	극도로 제한적(몇 시간 이내)
독해 깊이	세부 방법론까지 완전 이해	핵심 결과와 실무 적용성 중심
결과 활용	논문 작성, 연구 설계, 이론 구축	정책 보고서 의사결정 근거, 예산 편성, 대외 설명
성공 기준	학문적 완성도와 이론적 기여	실무 적용성과 정책적 활용도

사실 필자도 석·박사 과정을 거치며 학술 논문을 읽는 훈련을 받았습니다. 선행 연구 검토부터 방법론 비판, 이론적 기여도 평가까지 학계에서 요구하는 깊이 있는 논문 독해 방법을 수많은 논문과 싸우면서 체득했지요. 하지만 현업에서는 완전히 다른 접근이 필요하다는 것을 깨달았습니다. 김 연구위원처럼 '금요일까지 정책 근거 마련'이라는 현실적 제약 앞에서 학계에서 배운 정교한 독해법은 오히려 비효율적이었거든요. '이 논문이 방법론적

으로 완벽한가?'보다 '이 결과를 우리 보고서에 써도 되는가?'가 더 절실한 질문이 되었습니다.

놀랍게도 시중에는 학술 논문을 쓰는 방법을 다룬 책들은 많지만, 학술 논문을 빠르고 제대로 읽는 방법을 소개하는 책은 의외로 찾기 어렵습니다. 특히, 현업 전문가들처럼 '가끔씩 불가피하게' 논문을 접해야 하는 상황에 특화된 가이드는 더욱 드물어요. 이것이 바로 학자와 현업 전문가 간 간극(Scholar–Practitioner gap)의 현실입니다. 생업으로 논문을 읽는 학계 연구자들과 달리, 현업 전문가들은 어쩌다 한 번씩 논문을 읽게 되죠. 그러다 보니 감이 떨어져 논문 앞에서 막막해하거나 학교 다닐 때 익힌 깊이 추구 독해 방식을 그대로 적용해서 시간을 낭비하는 경우가 빈번하죠.

제가 12장에서 일부러 학계 연구자가 아니라 현업 전문가 관점을 강조하는 이유는 이 때문입니다. 학술 논문에도 산업 실무에서 써먹을 부분이 정말 많은데, 대부분의 직장인들은 학교를 졸업하면 학술 논문은 아예 들여다 보려 하지 않습니다. 하지만 현업에서 마주하는 수많은 난제들은 결국 '검증된 논리'라는 강력한 무기를 필요로 합니다. 이때 학술 논문은 단순한 이론서가 아닌 가장 정교한 '문제 해결의 데이터북'이 됩니다.

연구자들이 방법론의 혁신성을 증명하기 위해 고군분투한 그 치열한 기록들 속에서, 현업 전문가들은 실증 사례와 데이터들을 전략적으로 추출해 정책의 타당성을 뒷받침하거나 상사를 설득할 객관적 근거로 삼아야 합니다. 즉, 논문을 학술적 비판의 대상이 아닌 실질적인 '의사결정의 방패'로 바라보는 관점의 전환만 있다면, 학교 밖의 거친 현장에서 논문은 그 어떤 컨설팅 보고서보다 강력한 실전 도구가 될 것입니다.

12장은 바로 이러한 현업 전문가들을 위한 실전 가이드입니다. 저처럼 학술적 완성도보다 정책적 활용도, 이론적 엄밀성보다 실무적 효율성이 필요한 분들을 위해 제가 가진 노하우들을 AI로 쉽게 활용해 볼 수 있는 방법들을 정리해 보았습니다. 여기서는 학계 전문가의 관점이 아닌 현업 전문가의 관점에서 '어떻게 하면 제한된 시간 내에 신뢰할 만한 정책 근거를 추출할 수 있는가?'에 집중하겠습니다.

물론, 학계 연구자들에게도 12장의 내용들은 나름의 가치가 있을 것입니다. 학술 논문을 현실 지형에 접목시키려 할 때 직면하는 다양한 어려움들을 해소할 수 있는 힌트를 얻을 수 있으니까요.

● 왜 학술 문서 독해에는 특별한 접근이 필요한가?

연구 보고서, 저널 논문, 워킹 페이퍼, 컨퍼런스 논문부터 가끔씩 검토해야 하는 메타분석(Meta-Analysis) 논문, 테크니컬 논문, 학위 논문, 북 챕터까지 학술 문서는 읽기가 상당히 까다롭습니다. 다양한 독해 장벽들이 있기 때문이죠. 논문 읽기가 생업인 학계 연구자들도 독해에 어려움을 겪는 경우가 많습니다. 자신의 세부 전공이 아니면 '왜 이게 중요한 연구인가?'부터 막히고, 급속히 발전하는 다양한 방법론들을 모두 따라잡기도 벅찹니다. 또한 최신 연구일수록 아직 정설이 되지 않은 논쟁적 내용들이 많아서 맥락 파악 자체가 까다롭죠. 그런데 현업 전문가들은 이와는 또 다른 차원의 장벽들에 직면합니다.

첫 번째 벽은 방법론의 복잡성과 실무 적용성의 간극입니다.

현업 전문가들에게는 방법론 자체보다 '이 방법론으로 나온 결과를 믿어도 되는가?'가 더 중요합니다. '메타분석', '패널 다중회귀분석', '경향점수매칭(PSM)' 등 최신 방법론들의 정확한 의미를 모두 알 필요는 없어요.[12] 하지만 '우리가 알고 싶어하는 것을 이 방법이 제대로 측정했는가?'는 반드시 가늠할 수 있어야 합니다. 예를 들어, 경향점수매칭으로 청년 고용 정책 효과를 측정한 논문을 봤을 때 PSM이 정확히 무엇인지 몰라도 '정책 대상자와 비대상자를 공정하게 비교했나?', '선택 편향을 제대로 통제했나?'는 판단할 수 있어야 합니다.

두 번째 벽은 학술적 객관성과 정책적 편향성의 구분입니다.

학술 논문은 객관적일 것 같지만, 의외로 연구자의 가설, 연구비 출처, 학술적 트렌드에

---

[12] 메타분석(Meta-Analysis)은 동일한 주제를 다룬 여러 연구 결과를 통계적으로 종합하여 더 강력한 결론을 도출하는 분석 방법, 패널 다중회귀분석은 동일한 대상을 여러 시점에 걸쳐 추적 관찰하며 다양한 변수들의 영향을 분석하는 통계 기법, 경향점수매칭(Propensity Score Matching)은 실험군과 대조군의 특성을 통계적으로 매칭시켜 선택 편향을 제거하는 분석 방법을 말합니다.

따른 다양한 편향이 분명히 존재합니다. 특히, 사회 과학 쪽에서 문제되는 부분은 가설 편향입니다. '기초 소득이 긍정적 효과를 미친다.'라는 잠정적 결론을 염두에 두고 분석 설계를 하면 당연히 결과도 그렇게 나올 것입니다. 이념/정책 편향도 의외로 존재하고요. 청년 일자리 정책과 관련해 고용노동부 쪽 연구 기관에서 나온 자료는 긍정적인 결과가 나올 가능성이 크고, 청년 노조 쪽이나 사회 단체 쪽에서 나온 자료는 부정적인 결과가 나올 가능성이 크지요.

그래서 현업 전문가는 항상 '이 연구가 특정 관점과 특정 결과만 강조하고 있지는 않은가?'를 비판적으로 검토해야 해요. '통계적으로 유의하다.'라는 표현 뒤에 숨은 한계점을 찾아내는 것이 핵심입니다. 이런 편향을 탐지하려면 숨어 있는 연구 스폰서를 확인하고, 반대 결과 연구도 인용했는지 확인하고, '한계점' 섹션이 솔직한지 점검하는 것이 필요합니다.

세 번째 벽은 연구 환경과 정책 환경의 차이입니다.

가장 큰 함정이 바로 이것입니다. 논문에서 '효과적'이라고 증명된 정책이 실제 현장에서는 왜 제대로 작동하지 않을까요? 연구는 통제된 환경에서, 정책은 복잡한 현실에서 이루어지기 때문입니다. 표본의 제한성, 시간적 지연, 정치적·제도적 제약 등을 고려해야 정확한 정책 판단이 가능합니다.

예를 들어, 핀란드의 기본 소득 실험 사례는 유명하지요. 즉, 핀란드에서는 2017~2018년 2,000명의 실업자에게 매달 560유로의 기본소득을 지급하는 실험을 진행했습니다. 그 결과 고용 증진 효과는 미미했지만, 수혜자들에게서 정신 건강과 삶의 만족도 같은 '웰빙 지표'에서는 분명한 개선 효과가 나타났습니다. 우리나라에도 많이 소개되었죠. 하지만 표본의 제한성, 시간적 제약, 제도적 충돌, 행정 문제 등 다양한 현실 문제 때문에 핀란드 본토에서도 기본소득 제도는 전국으로 확대되지 못했습니다.

● AI 증강 독해가 현업 전문가들에게 더욱 필요한 이유

현업 전문가들에게 AI의 도움이 가장 효과적인 영역은 바로 학술 문서 독해일 것입니다. 그 이유는 아래와 같습니다.

첫째, 복잡한 통계를 정책 언어로 번역해 줍니다. 어쩌다 본 논문인데, 'p<0.05, 95% 신뢰 구간 [1.23, 2.87], 효과 크기 d=0.34'라는 결과를 보면 막막한 경우가 많습니다. 생성형 AI에게 "이 통계 결과가 어느 정도 효과를 의미하는지 쉽게 설명해 줘."라고 요청하면 훨씬 명확해집니다.

둘째, 방법론의 신뢰도를 빠르게 체크해 줍니다. 모든 통계 방법을 완벽히 이해할 수는 없습니다. 하지만 적어도 지금 보는 논문에서 사용된 방법론의 특성과 함께, '정책 근거로 사용해도 될 만큼 이 연구 결과를 신뢰할 수 있는가?'는 판단할 수 있어야 해요. 생성형 AI는 방법론의 적절성과 한계점을 현업의 관점에서 잘 풀어서 정리해 줍니다.

셋째, 여러 연구를 정책적 우선순위로 종합해 줍니다. 5~6편의 관련 논문이 서로 다른 결론을 내릴 때 AI는 '정책 담당자의 입장에서 어떤 연구 결과에 더 무게를 둬야 하는가?'를 판단하는 데 도움을 줍니다. 학술적 완성도가 아니라 정책적 활용도 중심으로 우선순위를 매길 수 있습니다.

넷째, 숨어 있는 가정과 한계점을 찾아 줍니다. 논문에는 저자들이 당연하게 여겨서 제대로 밝히지 않은 암묵적 가정들이 있습니다. '이 연구 결과가 성립하려면 어떤 전제 조건들이 필요한가?', '연구자가 말하지 않은 제약 사항은 무엇인가?'를 AI와 함께 탐색하면 연구 결과를 정책에 적용할 때 놓칠 수 있는 함정들을 미리 발견할 수 있습니다.

다섯째, 국제 연구를 한국 맥락으로 번역해 줍니다. 해외 연구 결과를 국내에 적용할 때 '문화적·제도적 차이'를 고려해야 하는데, 이게 생각보다 복잡합니다. 많은 사고와 경험, 또 필요에 따라서 여러 번의 실무자 인터뷰가 필요하지요. 하지만 생성형 AI에게 "이 북유럽 연구 결과를 한국에 적용할 때 고려해야 할 차이점들을 분석해 줘."라고 요청하면 놓치기 쉬운 맥락적 요소들을 간단하게 체크할 수 있습니다.

여섯째, 반대 논리도 미리 준비해 줍니다. 국정감사나 정책 토론에서는 '이 연구에 어떤 반박이 가능한가?'를 미리 알고 준비해야 합니다. AI에게 "이 연구 결과에 대한 가능한 비판점들과 대응 논리를 정리해 줘."라고 요청하면, 예상 질의에 대한 답변을 미리 준비할 수 있습니다.

마지막으로 시간 압박 상황에서 핵심만 빠르게 추출해 줍니다. 김 연구위원처럼 '금요일까지' 같은 급박한 상황에서 AI는 "이 20페이지 논문에서 우리 보고서에 쓸 수 있는 핵심 근거 3가지만 뽑아 줘." 같은 초고속 요약을 가능하게 합니다.

● 현업 전문가를 위한 학술 문서의 6가지 핵심 특징

현업 전문가들이 학술 문서를 읽을 때 반드시 알아야 할 핵심 특징들을 정리해 보겠습니다. 이는 단순한 이론적 설명이 아니라 '정책 근거로 쓸 만한가?'를 판단하는 실용적 가이드입니다.

방법론 신뢰도　결과보다 과정이 신뢰성을 결정한다

학술 문서에서는 '무엇을 발견했는가?'만큼 '어떻게 발견했는가?'가 중요합니다. 이 때문에 연구 방법론을 매우 중요하게 생각하죠. 현업 전문가는 방법론을 완벽히 이해할 필요는 없지만, 최소한 신뢰할 만한 방법인지, 그리고 기초 통계상 문제는 없는지 정도는 판단할 수 있어야 해요. 예를 들어, '청년 취업률 20% 향상'이라는 결과가 나와도 표본이 특정 대학의 100명이라면 전국 정책 근거로 쓰기 어렵습니다.

> **현업 관점의 체크 포인트**
>
> 표본 크기가 정책 일반화에 충분한가?(100명 vs. 10,000명)
> 비교 대상이 공정하게 설정되었는가?(실험군/대조군)
> 측정 기간이 정책 효과를 파악하기에 적절한가?(단기 vs. 장기)

통계적 vs. 실질적 의미　숫자 너머의 정책적 가치 파악

'통계적으로 유의하다($p<0.05$)'와 '정책적으로 의미 있다.'는 완전히 다른 개념입니다. 학계에서는 결과 테이블의 수치에서 '별이 뜨는가?', 즉 '*'의 표식이 숫자에 몇 개나 붙는지를 중시합니다. 통계적 유의성을 확보했다는 중요한 신호이니까요. 하지만 현업 전문가는 결과 수치의 통계적 유의성과 함께 정책적 함의를 파악하는 것이 핵심이에요. '이 정도 효과면

예산 대비 투자할 가치가 있는가?', '국민이 체감할 수 있는 수준인가?'를 항상 생각해 보아야 합니다.

- **통계적 유의성의 실무적 무의미성**: 대규모 표본(**예** 1만 명)에서는 매우 작은 차이도 통계적으로 유의미하게 나타나는 경우가 발생
- **다중 비교 무시**: 20개 항목 중 1개만 유의해도 "효과 있음"으로 포장하는 경우를 조심
- **맥락 무시의 함정**: 특정 집단(**예** 상위권 대학 졸업생)에서 나온 결과를 전체로 일반화하는 오류

 동료 심사부터 워킹페이퍼까지

현업 전문가가 마주치는 학술 문서는 저널 논문만이 아닙니다. 각 유형별로 특성과 신뢰도 수준을 적절히 파악해야 정책 근거로 잘 활용할 수 있습니다. 상식적인 이야기지만, 학술 문서는 대략적으로 아래처럼 신뢰도 등급을 구분할 수 있습니다. 가급적 Tier 1, 2 자료를 주 리뷰 대상으로 삼고, Tier 3, 4는 참고 자료로 활용하는 것이 안전합니다.

학술 논문 저널 유형 구분

신뢰도 Tier	신뢰도	특징
Tier 1: 동료 심사 저널 논문	높음	• 가장 엄격한 검증 과정, 하지만 저널 간 격차 존재(Top 저널인지, 약탈적 저널인지 여부 확인 필요) • 정책 근거로 가장 안전하지만 저널 수준 체크 필요 • 주의 사항: 긍정적 결과 편향, 심사자 편향, 재현성 위기
Tier 2: 정부 출연 연구원 보고서	중상	• KDI, KIEP, KLI 등의 정책 연구 보고서 • 한국 맥락 잘 반영, 정책 지향적, 신속성 우선 • 학술적 엄밀성은 저널 대비 상대적 약함
Tier 3: 워킹 페이퍼	중	• 동료 심사 전 초고, 최신 연구 동향 파악 가능 • 최신성은 높지만 검증 부족으로 단독 근거 위험 • 트렌드 파악이나 아이디어 소스로 활용
Tier 4: 컨퍼런스 논문, 북 챕터	중하	• 검증이 부분적이고, 다양한 품질 수준 혼재(Oxford, Cambridge, Sage Handbook은 최고 전문가들이 집필하지만, 학회 프로시딩 모음집이나 개인 차원의 상업 출판물들은 검증 과정이 약함) • 보조 자료나 배경 이해용으로 활용 • 핵심 정책 근거로는 부적합

생소한 분야의 연구 논문을 빠르게 검토할 때는 대개 수록 저널의 IF(Impact Factor), 출판사, 대학 도서관 구독 여부 등을 많이 살펴봅니다. 저널의 IF가 JCR((Journal Citation Reports) 내 상위 25% 이내, 출판사가 Springer, Elsevier, Wiley 등 메이저 출판사라면 양호하다고 볼 수 있습니다. 또 국내 SKY 대학 도서관에서 구독하는 저널이라면 괜찮다고 볼 수 있습니다. 논문 자체만 놓고 판단하면 Google Scholar에서 해당 논문의 인용 빈도를 찾아보거나 저자가 주요 대학이나 연구 기관 소속인지를 살펴보기도 합니다. 아니면 아래처럼 AI에게 간단히 저널의 신뢰도에 대해 물어볼 수도 있습니다.

저널 신뢰도 파악 프롬프트

"[저널명]의 Impact Factor와 관련 학계에서 어느 정도 수준의 저널인지 5점 척도로 평가하고 간단한 이유를 알려 줘."

자료 파일 참조 🔗

아울러 상식 차원에서 권위 있는 업계 탑 저널들의 이름을 알고 있으면 편합니다.

분야	Top 저널
종합 과학 저널 (Multidisciplinary)	Nature(IF ~50), Science(IF ~45), Cell(IF ~50), PNAS(IF ~12), Nature Communi-cations(IF ~15), Science Advances(IF ~15)
의학/보건 분야	The Lancet(IF ~200+), New England Journal of Medicine(NEJM)(IF ~180+), JAMA(IF ~100+), BMJ(IF ~30)
경제학 분야	American Economic Review(AER), Quarterly Journal of Economics(QJE), Journal of Political Economy(JPE), Review of Economic Studies(REStud), Econometrica
경영학 분야	Academy of Management Review(AMR), Academy of Management Journal(AMJ), Strategic Management Journal(SMJ), Organization Science, Management Science
사회 과학 일반	American Political Science Review, American Sociological Review, Psychological Science, Journal of Applied Psychology

또한 논문이 등재된 저널의 수준을 파악할 때 현업 전문가들이 놓치기 쉬운 함정들이 몇 가지 있습니다. 참고로 알아 두세요.

함정	내용
⚠ **함정 1** 저널명 착각	• "Journal of ○○ Research" vs. "International Journal of ○○ Research" • 이름만 비슷하고 완전히 다른 수준일 수 있음 • British, International, American, Global, European 등의 이름에 속지 말 것

함정	내용
⚠ 함정 2 Predatory Journal (약탈적 저널)	• 돈만 내면 게재해 주는 가짜 저널들 • DOAJ(신뢰할 만한 양질의 오픈 억세스 저널 리스트) 등재 여부나 Beall's List (신뢰하기 힘든 약탈적 저널의 블랙 리스트) 체크 필요
⚠ 함정 3 특수 목적 저널	• 업계 홍보용, 특정 관점(페미니즘, 극우/극좌 정파 등) 옹호용 저널들 • 학술적 중립성보다 특정 이해관계 반영(제약, 식품, 환경, 에너지, IT 등)

이론적 기여 vs. 실무적 활용   목적의 차이 인식

학술 연구의 목적은 '새로운 지식 창출'이지 '즉각 활용 가능한 솔루션 제공'이 아닙니다. 즉, 학자의 관심사와 현업 전문가의 필요는 아래처럼 확연히 다릅니다. 따라서 아무리 명망 높은 학자가 논문에서 '정책 제언'을 제시했다 하더라도 넙죽 받지 말고, '이 아이디어를 우리 현실에 어떻게 적용할까?'라는 관점에서 재해석해야 합니다.

학계 연구자와 현업 전문가의 관심사 차이

학계 연구자의 관심사	현업 전문가의 필요
• 기존 이론의 한계 지적과 새로운 관점 제시 • 연구 방법론의 혁신과 정교함 • 후속 연구를 위한 가설과 방향 제시	• 당장 적용 가능한 정책 방안 • 예산 효율성과 정치적 실현 가능성 • 국민 체감도와 중단기 성과

한계점의 가치   가장 솔직하고 중요한 정보

논문의 'Limitations' 섹션은 현업 전문가에게 오히려 가장 중요한 부분일 수 있습니다. 연구자가 스스로 인정하는 약점이 정책 적용 시 의외로 주의할 핵심 정보일 수 있기 때문입니다. 예를 들어, 아래처럼 한계점에서 유추할 수 있는 정보들은 다양합니다. 다만, 한계점을 단점이라고 단순히 생각하면 안 됩니다. '정책 설계 시 보완할 요소'로 활용하세요. 연구자가 '못한 것'을 정책에서 '보완'하면 됩니다.

한계점 재해석의 예시

- **표본 제한성**: '서울 소재 4년제 대학 졸업자만 대상' → 전국 적용 시 주의
- **시간적 제약**: '6개월 추적 조사' → 장기 효과 불분명
- **측정의 한계**: '자기 보고식 설문' → 객관적 효과 측정 어려움

 문화와 제도의 차이 고려

학술 문서를 찾다 보면, 국내 연구뿐만 아니라 해외 연구들도 많이 접하게 됩니다. 일단 양적, 질적으로 우수한 논문들이 많으니까요. 다만, 해외 연구 결과를 국내에 적용할 때는 문화적·제도적 차이를 반드시 고려해야 합니다. 같은 정책이라도 국가별로 작동 방식이 완전히 다를 수 있습니다. 즉, 실무에서는 해외 사례는 '영감'으로 활용하되 '그대로 복사'는 지양해야 합니다. 또한, 가급적 유사한 문화권이나 제도를 가진 국가의 연구에 더 주목해야 합니다. 고령화 정책을 분석할 때 독일이나 미국보다는 일본의 연구 자료가 당연히 더 가치 있겠지요.

또한 학술 문서에 제시된 정책 대안을 그대로 가져오려 하지 말고, 항상 한국 특수성을 반영한 '수정된 적용 방안'을 모색하세요. 후반부의 실천적 독해에서 다시 보겠지만, 생성형 AI는 이러한 한국 맥락의 수정 적용 방안 구상에 매우 유용합니다.

맥락 차이 체크 포인트
- **사회보장 체계**: 북유럽 연구를 한국에 적용 시 복지 시스템 차이 고려
- **노동 시장 구조**: 독일 도제 시스템이 한국 대학 문화에서 작동할지 의문
- **문화적 배경**: 개인주의 vs. 집단주의 문화가 정책 효과에 미치는 영향

현업 전문가를 위한 실전 체크리스트

지금까지 학술 문서의 6가지 핵심 특징을 살펴보았습니다. 이러한 맥락에서 학술 문서를 읽을 때 아래 질문들을 스스로에게 던져 보세요. 이 6가지 특징을 이해하고 나면, 김 연구위원처럼 '금요일까지 정책 근거 마련'이라는 현실적 제약 속에서도 신뢰할 만한 학술적 근거를 확보할 수 있습니다.

- **신뢰성 체크**: 이 연구 방법으로 나온 결과를 정책 근거로 써도 될까?
- **실용성 체크**: 통계적 유의성을 넘어 실제 정책 효과가 의미 있을까?
- **편향성 체크**: 연구자나 기관의 이해관계가 결과에 영향을 미쳤을까?
- **적용성 체크**: 이 연구 조건과 우리 정책 환경의 차이는 무엇인가?

- **한계성 체크**: 연구자가 인정한 약점들을 정책에서 어떻게 보완할까?
- **맥락성 체크**: 해외 연구라면 한국 상황에 맞게 어떻게 수정해야 할까?

● 학술 문서의 일반적 서술 구조

학술 문서의 구조를 이해하는 것은 효율적 독해의 첫걸음입니다. 하지만 자연 과학과 사회 과학 논문의 구조가 왜 다른지, 그리고 학계 전문가와 현업 전문가가 왜 완전히 다른 순서로 읽어야 하는지를 아는 사람은 많지 않아요. 김 연구위원처럼 현업에서 급하게 논문을 읽어야 하는 입장에는 학술 문서의 구조적 이해가 시간 절약에 큰 도움을 줍니다.

자연 과학 vs. 사회 과학 · 왜 서술 구조가 다를까?

많은 사람이 '학술 논문은 다 비슷하겠지.'라고 생각하지만, 실제로는 학문 분야에 따라 서술 구조가 완전히 다릅니다. 이는 각 학문이 추구하는 지식의 성격 자체가 다르기 때문이에요. 저도 석사 때는 경영학, 경제학 쪽 논문만 읽다가 박사 과정 때 경제 물리학(Econophysics) 분야의 학위 논문을 준비하다 보니 물리학이나 복잡계 쪽 논문들을 많이 읽게 되었어요. 그런데 두 분야의 서술 구조가 너무 달라서 초기에 적응하는데 꽤나 애먹었던 기억이 납니다.

자연 과학 논문 · 간결한 IMRaD 구조

자연 과학 논문은 대부분 IMRaD(Introduction, Methods, Results, and Discussion) 구조를 따릅니다.

Introduction(서론) → Methods(방법) → Results(결과) → Discussion(논의)
　문제 정의　　　　　실험 방법　　　　실험 결과　　　　결과 해석

이렇게 간결한 구조가 가능한 이유는 자연 과학의 특성 때문입니다.

- **실험 중심의 선형 구조**: 자연 과학 연구는 가설 설정 → 실험 설계 → 결과 추출 → 결과 해석이라는 명확하고 간단한 순서를 따릅니다. 화학 반응이나 물리 법칙은 어디서 실험

하든 같은 결과가 나오므로 복잡한 맥락 설명이 필요 없습니다.

- **재현 가능성**: 같은 실험을 하면 같은 결과가 나와야 하는 것이 자연 과학의 기본 원칙입니다. 따라서 Methods 섹션에서 실험 과정을 정확히 기술하고, Results에서 객관적 데이터를 제시하면 충분합니다.

- **누적적 지식 구조**: 물리학을 보면 뉴턴의 법칙 위에 아인슈타인의 이론이 쌓입니다. 생물학에서도 멘델의 유전학 원리 위에 DNA 구조 발견, 유전자 발현 메커니즘 등이 점진적으로 쌓여왔죠. 자연 과학에서는 기존 지식에 딴지를 걸기보다 재검증, 확장, 정교화하는 경우가 많습니다. IMRaD 구조는 이러한 누적적 지식의 축적 방식을 글쓰기 형식으로 제도화한 것으로, 새로운 연구가 기존 지식을 바탕으로 어떻게 기여하는지를 명확히 드러내 줍니다.

사회 과학 논문 복잡한 확장 구조

사회 과학 논문은 훨씬 복잡한 6단계 구조를 가집니다. 자연 과학에 비해 Literature Review를 중시하고, Discussion과 Conclusion 부분의 역할과 의의가 좀 다르지요.

Introduction → Literature Review → Methods → Results → Discussion → Conclusion
문제 의식　　　선행 연구 검토　　　방법론　　　결과　　　논의　　　결론

- **선행 연구 검토(Literature Review)를 중시**: 청년 실업 문제라고 해도 한국의 2024년 상황과 독일의 2020년 상황은 완전히 다릅니다. 교육 제도, 노동 시장 구조, 문화적 배경이 모두 다르죠. 또한 같은 실업률 데이터를 보고도 케인즈 경제학자와 신자유주의 경제학자는 완전히 다른 해석을 내 놓습니다. 이 때문에 전체 연구 흐름에서 논의 맥락을 충분히 검토하는 과정이 필수적입니다. 기존 연구들 간의 논쟁점을 정리하고, 자신의 연구가 어떤 관점에서 접근하는지, 그리고 이런 연구 흐름 속에서 본 연구의 위치가 어디인지를 명확히 제시해야 하기 때문입니다.

- **논의(Discussion)를 깊게 진행**: 자연 과학 논문의 Discussion이 주로 방법론적 해석에 집중한다면, 사회 과학 논문의 Discussion은 연구 결과의 이론적, 사회적, 정책적 함의를

광범위하게 탐구합니다. 단순히 결과를 설명하는 것을 넘어 더 넓은 맥락에서 해석하고, 후속 연구의 방향성까지 제시하는 특징이 있습니다.

- **결론(Conclusion)의 차이**: 자연 과학 논문의 결론은 주로 연구 결과의 요약과 즉각적인 과학적 함의에 집중합니다. 예를 들어, 물리학 논문의 결론은 '우리의 실험 결과 X가 Y 현상을 입증했다.'로 마무리합니다. 반면, 사회 과학 논문의 결론은 더 넓은 사회적, 정책적, 이론적 맥락에서 연구의 의미를 해석합니다. 즉, '이 연구 결과가 기존 이론에 도전하며, 향후 정책 수립에 중요한 시사점을 제공한다. 특히, A, B와 같은 사회적 함의를 가지며, 후속 연구에서는 C, D 측면을 더 깊이 탐구할 필요가 있다.'와 같이 훨씬 더 복합적이고 해석적인 측면을 강조하죠.

독해 전략에 미치는 영향

이처럼 사회 과학 논문은 단순한 사실 보고를 넘어 복잡한 사회 현상의 다층적 이해를 추구하기 때문에 더 풍부하고 확장된 구조를 가지게 됩니다. 이런 구조적, 구성적 차이는 독해 전략에도 직접적 영향을 미칩니다.

무엇보다 자연 과학 논문 독해는 방법론(Methods)와 결과(Results) 섹션만 집중적으로 봐도 논문의 핵심을 파악할 수 있습니다. '어떤 실험을 했는가?'와 '결과가 무엇인가?'만 알면 대부분의 정보를 얻을 수 있습니다. 한편, 사회 과학 논문 독해는 문헌 연구(Literature Review)와 논의(Discussion)가 의외로 중요합니다. 단순히 결과만 보면 안 되고, '기존 연구와 어떻게 다른가?', '이 결과를 어떻게 해석해야 하는가?'에 더 많은 시간을 투자해야 합니다.

효율적 독해 순서 **학계 연구자 vs. 현업 전문가**

특히, 같은 사회 과학 논문이라도 학계 전문가와 현업 전문가는 독해 순서에서도 큰 차이를 보일 수 있습니다. 이는 단순한 개인 취향의 차이가 아니라 각자의 독해 목적과 제약이 근본적으로 다르기 때문이에요.

일반적으로 학계 연구자들은 새로운 분야의 논문을 볼 때 서술 순서대로 읽어 나갑니다. 요약(Abstract)으로 전체 내용을 한눈에 파악하고, 서론(Introduction)에서 연구자의 문제의식과 동기를 이해하며, 문헌 연구(Literature Review)에서 기존 연구와의 관계를 파악해 가는 식이지요.

하지만 자신의 전문 분야라면 논문 독해에 전혀 다른 접근법을 사용합니다. 이미 해당 분야의 이론적 배경과 연구 트렌드를 꿰고 있다면, 순차적인 독서 방식이 비효율적일 수 있습니다. 대신 개별 논문의 이론적 함의와 결과의 의미를 빠르게 포착하는 데 집중합니다. 최근 연구 동향을 파악하고 싶을 때는 문헌 연구부터 보는 경우도 있고요.

- **학계 연구자들의 일반적인 독해 순서**

Abstract → Introduction → Literature Review → Methods → Results → Discussion → Conclusion
요약론　　　문제의식　　　문헌 연구　　　방법론　　결과　　논의　　결론

- **익숙한 전문 분야의 독해 순서**

  Abstract → Discussion → Results → Methods → Introduction → Conclusion

- **연구 트렌드 탐색 시 독해 순서**

  Literature Review → Abstract → Discussion → 기타 섹션

한편 현업 전문가들은 요약(Abstract)를 빨리 읽은 후에 결과(Results)와 논의(Discussion) 부터 먼저 보는 경향이 있습니다. 김 연구위원처럼 현업 전문가들이 이 순서를 따르는 이유는 주 관심사가 '왜 이 연구를 했는가?'나 '학문적 기여도는 어느 정도인가?'가 아니라 '이 연구 결과를 어떻게 활용할 것인가?'에 있기 때문입니다. 또한 시간 제약이 많고, 완성도 기준도 실용적 충분성만 확보되면 되기 때문입니다. 이러한 관점에서 독해 단계별 관심 포인트는 아래처럼 달라집니다.

- **현업 전문가들의 독해 순서**

  Abstract → Results → Discussion → Methods → Introduction → Literature
  Review → Conclusion

- **1단계** Abstract: '이 논문이 우리 정책에 유용한가?'를 1차 판단합니다. 시간이 부족한 상황에서는 Abstract만 보고 넘어갈지 말지를 결정해야 하거든요.

- **2단계** Results: '구체적으로 무엇을 발견했는가?'를 바로 확인합니다. 정책 담당자라면 '연간 취업률이 몇 % 개선되었는가?', 기업 분석가라면 '어떤 전략이 성과를 냈는가?'를 먼저 알고 싶어합니다. 통계적 유의성(별이 떴는가?)은 그다음 관심사입니다.

- **3단계** Discussion: '우리 정책에 어떤 의미인가?'를 평가합니다. 학술적 의미보다는 정책적 함의가 우선이에요. '이 결과를 근거로 예산을 요청할 수 있는가?', '국정감사에서 어떻게 활용할 수 있는가?'를 판단합니다.

- **4단계** Methods: '이 결과를 믿어도 되는가?'를 체크합니다. 활용 전에 최소한의 신뢰도는 확인해야 하므로 표본 수나 조사 방식, 분석 기법 같은 기본 타당성을 검토합니다. 하지만 전 과정을 깊이 파악하기보다는 '실무적으로 신뢰할 만한 수준인가?'에 집중합니다.

- **5단계** Introduction: 필요할 때만 배경을 이해합니다. 시간이 부족하면 생략하기도 하지만 정책적 맥락이나 산업 환경 이해가 필요할 때는 참고합니다.

- **6단계** Literature Review: 시간 여유가 있을 때만 맥락을 파악합니다. 학술적 논쟁사보다 '다른 연구들도 비슷한 결과를 냈는가?'를 확인하는 측면이 강합니다.

- **7단계** Conclusion: 종종 생략되지만, 연구자가 실무 적용 포인트를 제시한 경우도 있어 선택적으로 참고합니다.

논문 독해의 실전 테크닉들

아날로그 세상에도 논문을 효율적으로 읽기 위한 독해 기법들이 이미 다양하게 존재합니다. AI 증강 독해를 본격적으로 설명드리기 전에 시간 압박을 받는 현업 전문가에게 특히 유용한 아날로그 기법들을 간단히 소개하겠습니다.

F-shaped Reading: 웹에서 논문까지

원래 F-shaped Reading은 사람들이 웹 페이지를 읽을 때 자연스럽게 사용하는 패턴을 논문에 적용한 것입니다. 독자가 텍스트를 처음에는 수평적으로 읽다가 점점 좌측 중심의 수직 훑기

(scanning) 방식으로 전환하는 읽기 패턴을 말하는 것이지요. 사회 과학 논문이라면 다음과 같이 처음에는 좀 자세히 읽다가 점차 핵심 정보만 스캔하고 선택적 정독을 하는 형태로 구현됩니다. 요즘은 논문 저자들도 독자가 이런 패턴으로 읽는다는 걸 알고 있어서 각 섹션의 첫 문장과 Abstract에 가장 중요한 정보를 배치하는 경향을 보입니다.

F-Shaped Reading 방식의 학술 문서 독해

순서	읽는 부위	목적
❶	제목+초록(Abstract)은 전체 읽기	내용을 읽으며, 논문이 내 관심사와 맞는지 빠르게 판단
❷	서론 첫 문단+마지막 문단	연구 문제와 연구 목적 파악
❸	각 섹션의 첫 문장들(Methods, Results, Discussion)	구조 파악 및 핵심 메시지 빠른 이해
❹	표, 그림 캡션, 두드러진 키워드	데이터 요약 및 주장의 뒷받침 확인
❺	결론 요약+정책 제안 또는 한계	실제 시사점과 현실 적용성 파악

SQ3R 기법: 체계적 접근의 정석

SQ3R이란, Survey-Question-Read-Recite-Review의 5단계로 구성된 전통적인 독해 기법입니다. 일반 보고서나 책을 읽을 때도 많이 쓰는 방식으로 논문 독해에도 효과적입니다. 여기서 특히 중요한 단계는 질문(Question)입니다. 내가 답을 얻어야 할 질문을 만들고, 그 답을 찾기 위해 의식적으로 섹션을 읽다 보면 더 빠르게 내게 적합한 정보들을 찾아낼 수 있지요. 또한 요약(Recite)을 통해 중요 내용들을 기억하고, 검토(Review)를 통해 읽은 내용을 어떻게 활용할지 판단합니다.

- **Survey(개괄)**: 목차, 제목, 그래프를 훑어 보며 전체 구조를 파악합니다. '이 논문이 어떤 내용을 다루는가?'를 큰 그림으로 이해하는 단계예요.
- **Question(질문)**: 각 섹션에서 답을 찾고 싶은 구체적 질문을 설정합니다. 예를 들어, 이 정책의 효과 크기는?, '어떤 조건에서 효과적인가?' 같은 질문들이죠.
- **Read(읽기)**: 설정한 질문에 답하는 방식으로 선택적 독해를 합니다. 모든 문장을 다 읽지 말고, 내가 찾는 답과 관련된 부분만 집중해서 읽어요.
- **Recite(요약)**: 각 섹션을 읽은 후 핵심 내용을 자신의 언어로 요약합니다. '이 부분에서 알아 낸 것은 ○○이다.'라고 정리하는 거예요.
- **Review(검토)**: 전체 내용을 정책적인 관점에서 재검토합니다. '이 연구 결과를 우리 업무에 어떻게 활용할 수 있는가?'를 최종 판단해요.

3-Pass Reading Method: 단계별 심화

이 방법은 컴퓨터 과학자인 S. Keshav가 2007년 「How to Read a Paper」라는 유명한 논문을 통해 제시한 논문 독해법입니다. 원래 자연 과학이나 공학 쪽 논문 독해 기법인데, 사회 과학 논문에도 빠른 스캐닝에는 효과적입니다. 저도 수많은 자료를 읽다 보니 어느새 자연스럽게 이 방식으로 논문이나 보고서를 읽고 있더군요. 이 방식은 그래프, 표, 그림 등 연구 결과를 중시하는 특징이 있습니다.

- **1st Pass**: Abstract, Introduction 첫 문단, Conclusion만 읽습니다. '이 논문의 핵심 주장이 무엇인가?'를 파악하는 단계예요. 대부분의 논문은 이 단계에서 걸러집니다.
- **2nd Pass**: 본문은 가볍게 스킵(skip)하면서 그래프, 표, 그림을 중심으로 Results를 파악합니다. 숫자와 시각 자료만 봐도 연구의 핵심 발견을 이해할 수 있습니다. 특히, 정책 담당자에게는 구체적 수치가 가장 중요하거든요.
- **3rd Pass**: 정책 적용을 위한 철저한 검증 단계로, 연구의 숨어 있는 가정과 한계점을 집중적으로 분석합니다. '이 연구 결과를 실제 정책에 안전하게 적용할 수 있는가?'를 엄격하게 평가하며, AI와 협업하여 잠재적 리스크와 보완점을 식별합니다.

● 논문 독해 AI 도구 생태계

그렇다면 현업 전문가들이 학술 논문을 읽는데, 과연 ChatGPT나 Claude 같은 범용 AI만으로도 충분할까요? 아니면 SciSpace, Research Rabbit, Semantic Scholar 같은 논문 전용 도구들을 반드시 사용해야 할까요? 이 질문에 대한 답은 좀 복잡합니다. 학계 교수님들과 현업 전문가들이 완전히 다른 패턴으로 이런 도구들을 활용하고 있거든요. 중요한 것은 '어떤 도구가 최고인가?'가 아니라 '내 상황에서 어떤 조합이 가장 효율적인가?'입니다.

범용 AI vs. 특화 도구　각자의 영역이 있다

많은 사람이 'AI 도구 하나면 다 되겠지.'라고 생각하지만, 실제로는 각 도구마다 고유한 강점과 한계가 있습니다. 마치 요리할 때 만능칼 하나로도 웬만한 것은 다 할 수 있지만,

생선을 썰 때는 회칼이, 빵을 자를 때는 빵칼이 훨씬 효율적인 것과 같아요.

범용 AI의 독보적 강점들

범용 AI가 논문 독해에서 갖는 가장 큰 장점은 맥락적 이해 능력입니다. 단순히 논문의 내용을 요약하는 것을 넘어 '이 연구가 우리 정책에 어떤 의미를 갖는가?' 같은 종합적 판단을 내릴 수 있습니다.

즉시 활용 가능성도 큰 장점입니다. 김 연구위원처럼 급하게 논문을 분석해야 하는 상황에서 별도 가입이나 사용법 학습 없이 바로 "이 논문의 핵심 3가지를 알려 줘."라고 질문할 수 있거든요.

자연스러운 대화 방식으로 점진적 심화가 가능한 것도 범용 AI만의 특징입니다. "아, 그럼 이 결과를 국정감사에서 어떻게 활용할 수 있을까?", "혹시 이 연구에 반박할 만한 논리는 없을까?"와 같은 연속적 질문을 통해 분석을 깊게 발전시킬 수 있습니다.

비판적 사고의 지원도 범용 AI의 강점입니다. 연구의 한계점이나 잠재적 편향을 균형잡힌 시각에서 분석해 주고, 여러 관점에서 검토할 수 있도록 도와줍니다.

특히, 이번 분석처럼 여러 자료를 한꺼번에 분석해야 하고, 자료 내에서만 인사이트를 뽑아내야 할 경우에는 의외로 NotebookLM이 가장 강력한 도구가 될 수 있습니다. NotebookLM은 입력된 자료 내에서만 충실히 분석을 진행하고, 또 분석 내용의 근거들을 각주 형태로 제시해 관련된 원문을 즉각 찾아볼 수 있거든요. 또한 10개 이내의 자료를 통합 분석하거나 필요에 따라 일부 자료들을 선택해 분석하는 것이 매우 편리하게 가능합니다.

특화 도구들의 고유한 가치

그렇다면 특화 도구들은 왜 존재하는 걸까요? 범용 AI로는 해결하기 어려운 전문적 영역들이 분명히 있기 때문입니다. 정확한 메타데이터는 특화 도구만이 제공할 수 있습니다. '이 논문이 몇 번 인용되었는가?', '저자의 h-index는?', '어떤 저널에 게재되었나?'와 같은 정보는 실시간으로 업데이트되는 데이터베이스가 있어야 정확하게 알 수 있습니다.

논문 네트워크 시각화도 특화 도구의 독보적 영역입니다. 논문들 간의 인용 관계, 연구자들 간의 협업 패턴, 특정 주제의 발전 과정을 한눈에 보여 주는 것은 범용 AI로는 불가능합니다.

전문적 통계 분석에서도 특화 도구가 우위를 보입니다. 복잡한 메타분석 결과나 다중 회귀분석의 해석 같은 것들은 통계학에 특화된 AI가 훨씬 정확하고 세밀하게 분석할 수 있습니다.

최신 정보 실시간 추적도 특화 도구의 장점입니다. 어제 arXiv에 올라온 최신 논문이나 이번 주에 새로 나온 관련 연구들을 실시간으로 추적해서 알려 주는 것은 범용 AI로는 한계가 있습니다.

현업 vs. 학계 왜 AI 도구 활용 패턴이 다를까?

흥미롭게도 같은 AI 도구를 보고도 학계 연구자들과 현업 전문가들의 평가가 완전히 다릅니다. 이는 각자가 처한 상황과 목적이 근본적으로 다르기 때문이에요. 현업 전문가들이 특화 도구를 덜 활용하는 이유는 명확합니다. '금요일까지 보고서 완성' 같은 시간 압박 상황에서는 새로운 도구를 익힐 여유가 없고, 논문 독해가 가끔씩 하는 부업무라서 도구 투자 대비 효과가 애매해요. 더욱이 '이 논문이 학계에서 어떤 위치를 차지하는가?'보다는 '이 결과를 우리 보고서에 써도 되는가?'가 더 절실한 질문이라, 학술적 완성도보다 정책 활용도를 우선시하거든요.

반면, 학계 연구자들은 특화 도구를 적극 활용합니다. 중요한 논문이라면 1~2일간 분석할 시간 여유가 있고, 매일 논문을 읽기 때문에 도구를 익히는 초기 투자가 장기적으로 큰 효율성을 가져다 주거든요. 또한 논문 인용 횟수나 연구자 이력을 정밀하게 파악하는 등 학술적 정확성을 우선시하기 때문에 약간 번거로워도 전문 도구의 정밀한 분석을 선호합니다.

주요 특화 도구들의 실전 활용법

그렇다면 각각의 특화 도구들은 언제, 어떻게 활용해야 할까요? 김 연구위원 같은 현업진의 관점에서 실용적인 활용법을 살펴보겠습니다.

Research Rabbit 논문 우주의 내비게이션

Research Rabbit은 논문들 간의 관계를 시각적으로 보여 주는 강력한 도구입니다. 마치 논문 세계의 지도를 제공하는 것과 같아요.

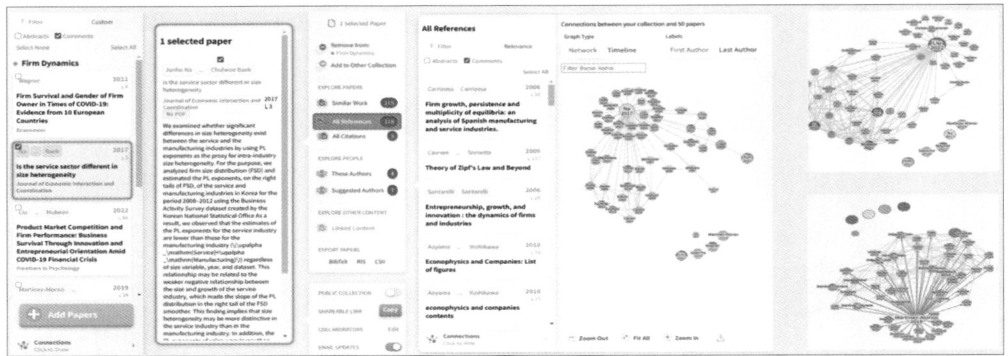

✦ Research Rabbit의 사용 화면

핵심 기능은 아래와 같습니다. 먼저 논문 간 인용 관계 시각화는 이 도구의 가장 강력한 기능입니다. 하나의 논문을 입력하면, 그 논문이 인용한 연구들과 그 논문을 인용한 후속 연구들을 네트워크로 보여 줍니다. 어떤 연구가 핵심적인 위치를 차지하는지 한눈에 파악할 수 있습니다.

관련 연구 자동 추천 기능도 매우 유용합니다. AI가 논문의 내용과 인용 패턴을 분석해서 놓칠 수 있는 중요한 연구들을 추천해 줍니다. 특히, 다른 키워드로 검색해야 나오는 관련 연구들을 발굴하는 데 탁월해요. 연구 분야 트렌드 분석을 통해서는 특정 주제가 시간에 따라 어떻게 발전해 왔는지, 최근에 어떤 방향으로 연구가 진행되고 있는지를 파악할 수 있습니다.

현업 활용 상황을 구체적으로 보면, '이 분야에서 가장 영향력 있는 연구가 뭐지?'라는 질문에 Research Rabbit이 최적의 답을 제공합니다. 청년 고용 정책 논문 하나를 입력하면, 해당 분야의 핵심 연구 10~15편이 네트워크 형태로 표시되어 어떤 것이 가장 많이 인용되고 영향력이 큰지 바로 알 수 있습니다.

'내가 놓친 중요한 연구가 있을까?'라는 의문이 들 때도 유용합니다. 김 연구위원이 5편의 논문을 선별했지만, 혹시 더 중요한 연구를 놓쳤을 가능성이 있거든요. Research Rabbit은 관련 연구들의 전체 지형을 보여 줘서 빠진 퍼즐 조각을 찾는 데 도움을 줍니다. '이 연구자가 신뢰할 만한 사람인가?'를 판단할 때도 연구자 네트워크 기능이 유용해요. 해당 연구자가 어떤 학자들과 협업하는지, 어떤 연구 전통에 속해 있는지를 파악할 수 있습니다.

예를 들어, 청년 고용 정책 관련 논문을 Research Rabbit에 입력하면, Kluve et al.의 메타분석이 네트워크의 중심에 위치하고 113개 연구와 연결되어 있다는 것을 발견할 수 있습니다. 이를 통해 이 연구가 해당 분야의 핵심적 위치를 차지한다는 것을 시각적으로 확인할 수 있습니다.

SciSpace **논문 속 숨어 있는 보석 발굴기**

SciSpace는 논문 PDF 안에서 필요한 정보를 정확하게 찾고 해석하는 데 특화된 도구입니다. 특히, 복잡한 통계나 전문 용어로 가득한 논문을 읽을 때 진가를 발휘해요.

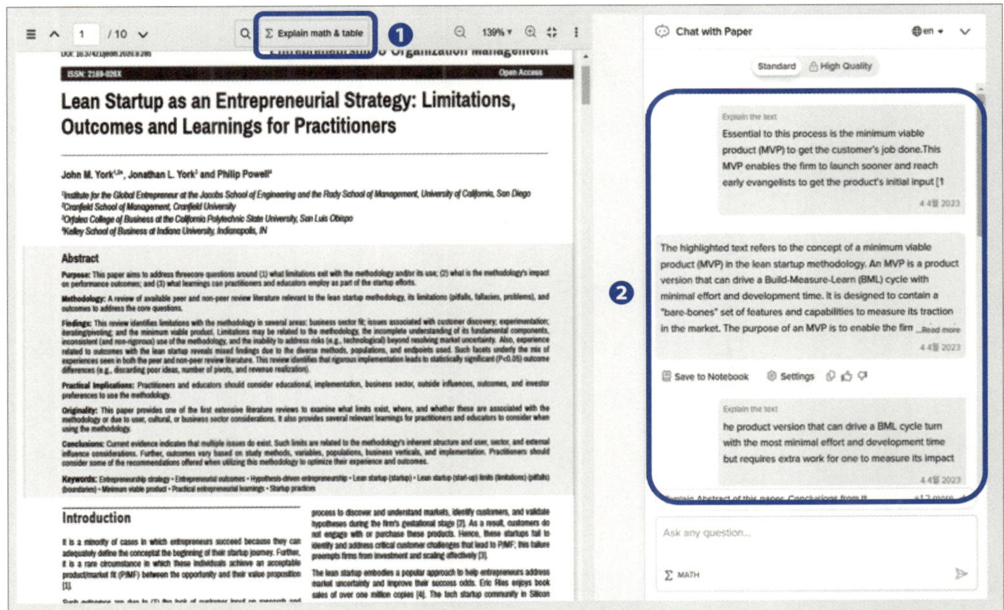

◆ SciSpace 사용 화면

핵심 기능들은 아래와 같습니다. 먼저, Summary 기능은 AI가 자동으로 논문을 분석하여 Abstract(초록), Conclusion(결론), Results(결과), Method(방법론), Limitations(한계점) 등으로 나누어 핵심 내용을 정리해 줍니다. 각 섹션별로 채팅 형태로 상세하게 설명해 주므로 복잡한 논문도 체계적으로 이해할 수 있습니다.

복잡한 수식과 통계의 쉬운 해석이 SciSpace의 가장 강력한 기능입니다. 위 그림의 ❶ 부분에 해당합니다. 논문에 나오는 복잡한 수식이나 결과 표에 대해 '이것이 무슨 뜻인지', '왜 이런 결과가 나왔는지' 친절하게 알려 줍니다. 'p < 0.05, Cohen's d = 0.34, 95% CI[0.12, 0.56]' 같은 통계 결과를 입력하면, '통계적으로 유의하며, 작은 정도의 효과 크기를 가지고 있다.'라는 식으로 쉽게 설명해 줍니다.

Chat with Paper 기능은 논문과 직접 대화할 수 있게 해 줍니다. 그림의 ❷처럼 채팅 창에서 '이 연구의 한계점은 무엇인가?', '이 방법론을 다른 분야에 적용한다면?', 'Figure 3의 결과가 의미하는 바는?' 같은 구체적인 질문을 던져 보세요. AI가 논문 내용을 바탕으로 정확한 답변을 제공합니다. 각 답변에는 해당 내용이 논문의 어느 부분에 있는지 출처까지 명시해 주어 사실 확인이 매우 용이합니다.

현업 활용 상황들을 살펴 볼까요? '이 통계 결과가 실제로 무슨 의미야?'라는 질문에 SciSpace가 명확한 답을 제공합니다. 경향점수매칭(PSM) 결과표를 보고 막막할 때 SciSpace에 물어보면 '처리군과 대조군의 특성을 통계적으로 동일하게 만든 후 정책 효과를 측정한 결과'라고 쉽게 설명해 줍니다.

'이 논문에서 '취업률'이라는 단어가 어떻게 정의되었지?' 같은 개념 확인에도 유용해요. 논문마다 같은 용어를 다르게 정의하는 경우가 많은데, SciSpace는 해당 논문에서 특정 용어가 어떻게 사용되었는지 정확하게 찾아 줍니다. "Methods 섹션이 너무 복잡해서 이해가 안 돼."라는 상황에서도 도움이 됩니다. 복잡한 연구 설계나 분석 방법을 단계별로 쉽게 풀어서 설명해 주거든요.

Semantic Scholar 논문의 학술적 신뢰도 측정기

Semantic Scholar는 논문과 연구자의 학술적 영향력을 정확하게 측정하는 데 특화된 도구입니다. 특히, 논문의 신뢰도를 빠르게 체크해야 하는 현업진에게 유용해요.

핵심 기능들로는 정확한 인용 횟수와 인용 패턴 제공이 가장 기본적이면서도 중요한 기능입니다. 단순히 총 인용 횟수만이 아니라 연도별 인용 추이, 인용한 논문들의 질적 수준까지 분석해 줍니다. 저자의 h-index와 연구 이력 분석을 통해서는 해당 연구자가 얼마나 꾸준히 양질의 연구를 해 왔는지를 객관적으로 평가할 수 있습니다. Open Access 논문 전문 제공 기능으로는 유료 논문의 무료 버전이나 프리 프린트를 찾아서 제공합니다. 주요 저널들을 구독하지 않고 급하게 해당 논문의 내용을 확인해야 하는 현업진에게는 매우 실용적인 기능이에요.

현업 활용과 관련해 '이 논문이 학계에서 얼마나 인정받고 있지?'라는 의문에 Semantic Scholar가 객관적 답을 제공합니다. 청년 고용 정책 논문이 300번 인용되었다면 해당 분야에서 상당한 영향력을 가진 연구라고 판단할 수 있습니다.

'저자가 이 분야 전문가가 맞나?'를 확인할 때도 유용합니다. 연구자의 논문 목록과 인용 현황을 보면, 해당 분야에서 얼마나 인정받는 학자인지 빠르게 파악할 수 있습니다. '비슷한 연구 결과들이 일관적인가?'를 검토할 때도 도움이 됩니다. 관련 논문들의 인용 관계를 분석해서 학계에서 어떤 결론이 더 많은 지지를 받고 있는지 알 수 있습니다.

특화 도구를 반드시 써야 하는 상황들

아무리 범용 AI가 뛰어나다고 해도 특화 도구를 반드시 사용해야 하는 상황들이 있습니다. 이런 상황들을 미리 알고 있으면 효율적인 도구 선택이 가능해요.

- **논문 신뢰도가 의심스러울 때**: '이 논문 결과를 정말 믿어도 될까?'라는 의구심이 들 때는 Semantic Scholar를 사용하면 좋습니다. 범용 AI는 논문 내용은 분석할 수 있지만, 실시간 인용 데이터나 저자의 학술적 이력은 정확하게 제공하기 어려워요. 실제 사례로, 청년 고용 정책 효과가 90% 개선되었다는 놀라운 결과를 주장하는 논문이 있다고 가정해 봅시다. 이럴 때 Semantic Scholar에서 확인해 보니 인용 횟수가 3번밖에 안 되고, 저자의 다른 논문들도 거의 인용되지 않았다면 신중하게 접근해야 합니다.

- **관련 연구를 더 찾아야 할 때**: '혹시 더 중요한 연구를 놓쳤을까?'라는 불안감이 들 때는 Research Rabbit이 최적의 해결책입니다. 범용 AI는 알고 있는 논문 범위 내에서만 추천하지만 Research Rabbit은 실시간 데이터베이스를 바탕으로 최신 연구들도 발굴해 줍니다. 김 연구위원이 청년 고용 정책 논문 5편을 선별했지만, '혹시 더 최근에 나온 중요한 연구가 있을까?'라는 생각이 들 때 Research Rabbit에 핵심 논문 하나를 입력하

면 관련된 최신 연구들을 네트워크로 보여 줘서 추가 검토 대상을 빠르게 찾을 수 있습니다.

- **복잡한 통계를 정확히 이해해야 할 때**: '이 회귀분석 결과표는 도대체 이해가 안 되네.'와 같은 상황에서는 SciSpace의 전문적 해석이 필요합니다. 범용 AI도 통계 해석을 어느 정도 해 주지만, 복잡한 다변량 분석이나 메타분석 결과는 통계 전문 AI가 더 정확하고 세밀하게 분석해 줍니다. 예를 들어, Kluve et al.의 메타분석에서 Forest Plot을 해석해야 할 때 각 연구의 효과 크기와 신뢰 구간, 전체 통합 효과의 의미를 정확히 파악하려면 SciSpace의 도움이 필요할 수 있습니다.

- **최신 연구 동향을 파악해야 할 때**: '이 분야가 요즘 어떻게 발전하고 있지?'라는 궁금증이 생길 때는 Research Rabbit과 Semantic Scholar의 조합이 효과적입니다. 범용 AI는 학습 데이터의 시점까지만 알 수 있지만, 이 도구들은 실시간으로 업데이트되는 최신 정보를 제공합니다. 특히, 정책 담당자의 입장에서는 '우리가 추진하는 정책과 유사한 연구가 최근에 더 나왔는지' 알아야 하는 경우가 많은데, 이런 정보는 특화 도구를 통해서만 정확하게 파악할 수 있습니다.

상황별 최적 도구 조합 전략

그렇다면 김 연구위원처럼 현실적 제약이 있는 상황에서는 어떤 전략이 가장 효율적일까요? 단계별로 구체적 가이드를 제시해 보겠습니다.

사전 스캐닝할 때 **범용 AI 단독**

이 단계에서는 속도가 생명입니다. 새로운 도구를 열고 사용법을 고민하다 보면 집중력이 분산됩니다. 그냥 범용 AI에 논문을 업로드하고 "이 논문의 핵심 발견 3가지와 우리 정책과의 관련성을 알려 줘."라고 간단히 질문하는 것만으로도 충분합니다.

목표: 읽을 가치 있는 논문 선별
주력 도구: ChatGPT/Claude/NotebookLM(논문 업로드 → "핵심 3가지만 알려 줘.")
보조 도구: 없음(시간 절약이 최우선)

본격 독해할 때 **범용 AI 중심+특화 AI의 선택적 사용**

이 단계에서는 범용 AI로 전체적인 분석을 진행하되, 의문이 생기는 부분만 특화 도구로 보완합니다. 예를 들어, '이 논문이 신뢰할 만한지 확신이 안 서네.'라는 생각이 들면 Semantic Scholar에서 1분만 투자해서 인용 횟수를 확인해 보는 거예요.

- **목표**: 정책 근거로 활용할 핵심 내용 추출
- **주력 도구**: ChatGPT/Claude/NotebookLM(단계별 심화 질문으로 전체 분석)
- **보조 도구**: Semantic Scholar(논문 신뢰도 1분 체크), SciSpace(복잡한 통계 나올 때만 활용)

심화 분석할 때 **통합적 접근**

시간 여유가 있을 때는 여러 도구를 조합해서 다각도로 검증합니다. Research Rabbit으로 놓친 중요한 연구가 없는지 확인하고, SciSpace로 복잡한 부분을 정밀하게 분석하며, Semantic Scholar로 학술적 맥락을 파악하는 거예요.

- **목표**: 완전한 이해와 다각도 검증
- **주력 도구**: ChatGPT/Claude(종합적 분석과 정책 함의 도출)
- **보조 도구**: Research Rabbit(관련 연구 네트워크 탐색), SciSpace(정밀한 통계 해석과 개념 확인), Semantic Scholar(저자 신뢰도+인용 패턴 분석)

12.2 사전 스캐닝 전략

화요일 오후 2시, 김 연구위원은 아래의 청년 고용 정책 관련 자료 5개를 검토하려 합니다.

- 「Do youth employment programs improve labor market outcomes? A quantitative review」 (Kluve et al., 2019)−113개 청년 고용 프로그램 메타분석, 25페이지
- 「최근 취업자 수 증가세에 대한 평가 및 향후 전망」(김지연, 2022, KDI)−코로나19 이후 고용 동향 분석, 32페이지

- 「Global Employment Trends for Youth 2024」(ILO, 2024)—국제노동기구 최신 보고서, 45페이지
- 「청년 고용 정책이 대졸 청년층 취업에 미치는 효과 분석」(황정원·길혜지, 2021)—한국 4대 정책 실증 분석, 28페이지
- 「한국의 청년과 청년 고용 정책의 한계」(김종법, 2023)—「청년 기본법」 이후 정책 비판, 32페이지

목표는 명확합니다. 목요일, 그러니까 3일 내에 이중 2~3편을 선정해서 심층 분석을 통해 국정감사 대응 자료를 완성하는 것! 하지만 현실적 제약도 만만치 않습니다. 연구 작업의 중간 보고 준비도 해야 해서 이 작업에 많은 시간을 할애하기는 힘듭니다.

이런 상황에서 가장 흔한 실수가 첫 번째 논문부터 꼼꼼히 읽기 시작하는 것입니다. 그렇게 하면 첫 번째 논문 읽는 데만 2~3시간이 걸리고, 나머지 4편은 제대로 볼 시간도 없게 되거든요. 결국 '일단 읽어 본 것 중에서' 선택하게 되는 비합리적 상황이 벌어집니다.

학술 문서의 사전 스캐닝은 짧은 시간에 많은 옵션을 비교 평가하는 것이 핵심입니다. 5편 논문을 각각 15분 정도씩 스캐닝해서 본격 독해를 할 논문 3편과 참고만 할 논문 2편 정도로 1차 압축하고, 그다음에 본격적인 독해를 시작하는 방식이 현실적이겠지요.

● 15분 스캐닝의 현실적 접근

사전 스캐닝에서 중요한 것은 앞서도 말씀드렸지만 완벽한 이해를 포기하는 것입니다. 15분 스캐닝으로 논문의 모든 것을 파악할 수는 없어요. 하지만 '이 논문이 우리가 심층 분석할 만한 가치가 있는지 없는지' 정도는 충분히 판단할 수 있습니다. 스캐닝 단계에서는 80% 확신이면 충분해요. 나머지 20%는 본격 독해에서 채우면 됩니다.

1편당 15분 × 5편＝75분 전략

핵심은 1절에서 강조했던 현업 전문가의 독해 순서를 스캐닝 단계부터 적용하는 것입니다. '이 연구 결과를 정책 근거로 쓸 수 있는가?'가 가장 절실한 질문이므로 Results부터

먼저 확인하는 것이 효율적이죠. 김 연구위원처럼 '금요일까지 국정감사 자료'라는 현실적 제약이 있는 상황에서는 Results에서 바로 쓸 만한 수치를 발견하지 못하면 그 논문은 우선순위에서 밀려날 수밖에 없어요. Introduction이나 Methods를 아무리 정교하게 이해해도 정작 Discussion에서 '한국 상황에는 적용하기 어렵다.'라는 결론이 나오면 시간 낭비가 되거든요.

▨ 학술 자료의 사전 스캐닝 세부 순서

단계	시간	현업 관점 핵심 질문
Abstract 훑어 보기 (2분)	• 연구 목적과 핵심 결과 파악 • '찾는 답이 여기 있는가?' 1차 판단	• 청년 고용 정책과 직접 관련성 • 구체적 효과 수치 언급 여부 • 한국 상황 적용 가능성
Results 핵심 확인 (6분)	• 구체적 수치와 통계 결과 • 표/그래프에서 정책 효과 파악 • '실제로 얼마나 효과적인가?' 판단	• 정책 효과의 통계적 유의성 • 효과 크기의 실질적 의미 • 국정감사에서 인용 가능한 수치
Discussion 정책 함의 (4분)	• 정책적 시사점과 활용 방안 • 연구 한계와 주의 사항 • '국정감사에서 어떻게 활용할까?'	• 정책 개선 방향 제시 여부 • 한국 상황 특수성 고려 • 반박 가능한 약점 파악
Methods 신뢰도 체크 (3분)	• 연구 방법의 기본 타당성 • 표본과 분석 방법 적절성 • '이 결과를 믿어도 되는가?' 판단	• 표본 크기와 대표성 • 분석 방법의 적절성 • 명백한 방법론적 결함 존재 유무

5편 논문에 우선순위 매기기

현업의 관점에서 학술 문서의 우선순위를 정할 때는 관련성, 활용도 신뢰도의 3가지 기준을 동시에 고려해야 합니다. 김 연구위원의 사례에서는 아래와 같은 사항들을 살펴봐야 하겠지요.

기준	주 내용
정책 관련성(우리 정책 목적과의 부합도) – 최우선 고려	• 청년 고용 정책이 핵심 주제인 논문 > 고용 정책 일반을 다룬 논문 > 사회정책 전반을 다룬 논문 • 한국 상황 특화인 논문 > 국제 비교인 논문 > 해외 사례를 다룬 논문 • 정책 효과성 분석에 초점을 맞춘 논문 > 현황 진단 위주인 논문 > 이론적 논의 중심인 논문
실무 활용성(국정감사 자료로 쓸 수 있는 정도) – 핵심	• 구체적 수치 제시 > 정성적 평가 > 방향성 제안 • 최신 데이터 > 과거 데이터 > 예측 데이터 • 정책 개선 방안 제시 > 문제점 지적 > 현황 서술
연구 신뢰성(연구 방법의 엄밀성) – 기본 조건	• 메타분석 > 대규모 실증 연구 > 정부 기관 분석 > 개별 사례 연구 • 통계적 검증 > 정성적 분석 • 동료 심사 학술지 > 연구원 보고서 > 정책 보고서

● 현실적 AI 협업 스캐닝 프롬프트

다음은 바쁜 상황에서 AI의 도움을 받아 빠르게 학술 문서를 스캐닝할 수 있는 실전 프롬프트들입니다. 이 프롬프트들은 ❶ 정책 관련성, ❷ 실무 활용도 ❸ 연구 신뢰성을 한 번에 파악할 수 있도록 설계되었습니다. 각 보고서마다 한 번씩 아래 프롬프트를 사용하면 됩니다.

사전 스캐닝용 프롬프트

"이 논문의 저자, 서지정보, 개요를 알려 줘. 추가적으로 다음 3가지를 알려 줘."
1) **핵심 발견**: 이 연구가 밝혀낸 가장 중요한 결과 3가지
2) **활용성**: 청년 취업 정책 근거 자료로 쓸 만한지(상/중/하로 평가)
3) **신뢰도**: 연구 방법이 얼마나 믿을 만한지(상/중/하로 평가)

* 핵심 발견의 경우, 염두에 둔 정책과의 관련성을 판단해야 합니다. 이 부분까지 AI에게 판단을 시키려면 맥락까지 입력해야 해서 프롬프트가 상당히 길어집니다.

* ILO 보고서의 경우, 원본의 파일 크기는 24MB로 약간 커서 생성형 AI에 잘 업로드되지 않습니다. 이럴 경우, 알 PDF에서 파일 최적화를 시켜서 파일 용량을 줄인 후 업로드하면 됩니다.

* Claude를 이용한다면, 프로젝트를 구성해 파일 5개를 업로드한 후 독해를 진행하세요.

자료 파일 참조 🔗

보고서 5편을 정리시킨 후 비교 정리 프롬프트를 활용해 보세요.

"위에서 분석한 5편 논문을 다음 기준으로 5점 척도로 순위를 매겨 줘. 아울러 상위 3편을 추천하고, 각각을 선택한 이유를 간단히 설명해 줘. 현재 나는 국정감사 대응을 위해 청년 고용 정책의 효과성을 뒷받침할 학술적 근거를 정리하고 있어."
1) [연구 목적]과의 관련성
2) [국정감사 참고 자료]로 활용 가능성
3) 연구의 신뢰성

아울러 사전 스캐닝 단계에서는 범용 AI로도 충분합니다. 15분 스캐닝은 상대적 우선순위 판단이 목적이고, 깊은 전문성이 불필요하며, 정책 담당자의 관점에서의 실용성이 핵심이기 때문입니다. 간혹 논문 간 인용 관계 파악으로 중요도를 확인할 때 Research Rabbit이 필요하다거나 복잡한 결과 테이블 내용을 빠르게 분석해야 할 때 SciSpace가 이용될 수 있습니다.

● 사전 스캐닝 결과

김 연구위원은 원래 3개 문서만 보려고 했지만, 사전 스캐닝 결과 마음을 바꿨습니다. 즉, 하나는 좀 오래된 통계라 시의성이 떨어져 최근 자료를 새로 구해서 보기로 하고, 2개 문서는 해외 동향, 2개 문서는 국내 동향을 볼 수 있어 총 4개 문서를 보기로 했습니다. 김 연구위원은 AI 분석 결과와 본인이 가볍게 자료들을 살펴본 경험을 바탕으로 이런 결정을 내렸습니다.

논문	특징	관련성	활용도	신뢰도	총점	선정 이유
Kluve(2019)	메타분석	4	5	5	14점	113개 연구 종합으로 국제 벤치마킹 완벽, 정책 근거 최강
ILO 2024 보고서(2024)	연례 동향	4	4	5	13점	최신 국제 동향, 한국 위치 객관적 평가 가능
황정원(2021)	실증 연구	5	3	4	12점	한국 4대 정책 직접 분석, 구체적 효과 수치 풍부, 대졸 청년층 제한
김종법(2023)	정책 비판	5	3	3	11점	비판적 관점 제시하나 구체적 대안 부족
김지연 KDI(2022)	통계 수치	3	2	4	9점	거시 경제의 관점, 청년 고용과의 간접적인 관련성, 3년전 통계로 시의성 부족

* 여기서 총점은 개괄적인 주관적 점수이고 본격 독해 대상을 고르기 위한 참고 지표입니다. 본 점수가 논문의 객관적 우수성 자체를 평가하지는 않습니다.

12.3 본격 독해 방법

수요일 오후 1시, 김 연구위원은 어제 선별한 4편의 논문을 앞에 두고 있습니다. 대략적으로 각 논문에 대한 독해 시간 배정과 독해 목표는 아래와 같습니다.

시간 제약: 오늘 오후 6시까지, 실질 분석 시간 180분(각 논문당 45분 배정)
최종 목표: 국정감사용 4가지 핵심 논거 완성
- **Kluve et al. 메타분석**(2019)
  - **세부 목표**: 국제 성공 사례와 한국 적용 가능한 정책 요소 도출
- **ILO Global Trends**(2024)
  - **세부 목표**: 한국 청년 고용의 국제적 위치와 벤치마킹 포인트 파악
- **황정원·길혜지 실증 연구**(2021)
  - **세부 목표**: 한국 4대 정책의 구체적 효과성과 개선 방안 도출
- **김종법 정책 비판**(2023)
  - **세부 목표**: 현정책의 한계점과 개선 방향 참고

이제 '어떤 논문을 읽을 것인지'는 결정했으므로 '어떻게 읽을 것인지'에 집중해야 합니다. 학술 문서는 일반 독서와 달리 전략적 접근이 필요해요. 무작정 첫 페이지부터 끝까지 읽으면 중요한 부분을 놓치거나 시간을 무한정 소모하게 됩니다.

● 45분 독해의 시간 기반 3단계 전략

현업 전문가에게 있어서 학술 문서의 효율적 독해는 관심 순서에 따라 진행하는 것이 핵심입니다. 앞서 1절에서 살펴본 것처럼 Results → Discussion → Methods 순서로 접근하되, 45분이라는 제한된 시간을 체계적으로 배분해야 하겠지요.

1단계 **핵심 결과 파악(15분) – '이 연구가 발견한 것은 무엇인가?'**

먼저 연구의 주요 발견 사항과 통계적 결과를 이해해야 합니다. 이때 정책 담당자에게는 '이 연구가 뭘 발견했는가?'가 가장 중요합니다. 방법론이 완벽해도 우리 정책에 도움이 안 되면 의미가 없거든요.

15분 체크 포인트

- 연구의 핵심 발견 3가지를 명확히 파악했는가?
- 주요 통계 결과와 그 의미를 이해했는가?
- 표와 그래프의 핵심 패턴을 확인했는가?
- 이 결과가 우리 정책에 주는 함의를 생각해 봤는가?

결과 파악 프롬프트

"이 논문의 Results 섹션을 분석해서 다음을 알려 줘."
1) 가장 중요한 연구 발견 3가지(구체적 수치 포함)
2) 각 발견의 통계적 유의성과 실질적 의미
3) 주요 표/그래프가 보여 주는 핵심 패턴
4) 이 결과들이 청년 고용 정책에 주는 시사점
5) 예상보다 놀라운 결과나 의외의 발견이 있다면 무엇인가?"

자료 파일 참조 🔗

2단계 **정책적 함의 도출(20분) – '우리 정책에 어떤 의미인가?'**

어떤 결과가 우리 정책에 유의미한지 판단했다면, 연구 결과를 정책적인 관점에서 해석하고 실무 적용 방안을 모색해야겠지요. 이 단계가 정책 담당자에게 가장 중요합니다. 학술 연구를 정책 언어로 번역하는 과정이에요.

20분 체크 포인트

- 연구 결과의 정책적 의미를 명확히 해석했는가?
- 현재 우리 정책과의 연관성을 파악했는가?
- 이 연구가 제시하는 개선 방향을 이해했는가?
- 국정감사에서 활용할 논거를 구체적으로 도출했는가?

정책 함의 도출 프롬프트

"이 연구의 Discussion 섹션을 정책 담당자의 관점에서 분석해 줘."
1) 연구 결과가 현재 한국 청년 고용 정책에 주는 핵심 메시지
2) 정책 개선을 위한 구체적 제언과 그 근거
3) 이 연구를 국정감사에서 활용할 수 있는 3가지 방향
- 정부 성과 입증용 논거
- 정책 한계 지적용 근거
- 개선 방안 제시용 자료
4) 다른 국가나 지역 사례에서 벤치마킹할 수 있는 요소
5) 이 연구 결과를 적용할 때 주의해야 할 한계점

자료 파일 참조 🔗

3단계 **신뢰도 검증(10분) – '이 결과를 믿어도 되는가?'**

정책 근거로 사용하기 전에 반드시 신뢰도를 체크해야 합니다. 국정감사에서 '이 연구 믿을 만합니까?'라는 질문에 대답할 수 있어야 해요. 이를 위해 연구 방법론과 한계점 부분을 검토해야겠지요.

10분 체크 포인트

- 연구 방법론이 연구 질문에 적절한가?
- 표본 크기와 대표성에 문제는 없는가?
- 연구자가 인정하는 한계점을 파악했는가?

- 이 연구의 신뢰도를 동료에게 설명할 수 있는가?

"이 논문의 Methods 섹션과 Limitations를 검토해서 다음을 평가해 줘."
1) 연구 설계의 적절성과 강점/약점
2) 표본의 크기와 대표성(일반화 가능성)
3) 데이터 수집과 분석 방법의 타당성
4) 연구자가 명시한 한계점과 그 심각성
5) 이 연구를 정책 근거로 사용할 때 고려해야 할 주의 사항
6) 전체적인 신뢰도를 5점 척도로 평가하고 그 이유

논문별 특화 독해 전략

다만, 논문마다 특성이 약간씩 다릅니다. 메타분석 논문, 실증 분석 논문, 서베이 논문 등 논문 유형에 따라 같은 45분이라도 접근 방식을 조금씩 다르게 가져가야 합니다. 분석 프롬프트를 만들려면 먼저 논문의 유형을 구분하시고, 이후 AI에게 보고서별로 독해상 주의할 점을 분석시키고, 이후 이를 감안해 분석 프롬프트를 짜달라고 AI에게 요청하시면 됩니다.

메타분석 논문 **Kluve et al.(2019)**

예를 들어, Kluve et al.(2019)는 전세계 각국의 청년 고용 정책 프로그램에 대한 113개 연구를 종합한 메타분석 논문입니다. 때문에 강력한 근거력을 갖고 있지만, 개별 연구의 한계도 누적될 위험이 있지요. 이 메타분석 논문의 경우, 고려할 추가 특화 분석 포인트는 아래와 같습니다.

- **회귀분석 결과표 해석**: 메타 분석에서는 대개 복잡한 계량 분석 표가 제시. 특히, 이 논문에서는 Table 6, 7의 Hedges' g 계수와 통계적 유의성 파악이 중요
- **Subgroup Analysis 활용**: 한국과 유사한 조건을 갖는 나라들에 대한 분석이 존재하는지 파악
- **Publication Bias 체크**: 긍정적 결과만 발표되는 편향 확인

이러한 특성을 고려해서 아래처럼 추가적으로 분석을 시도할 수도 있습니다. 이러한 AI 분석 결과, 이 논문은 한국 청년 고용 정책에 중요한 통찰을 제공하지만 맥락적 해석과 현지화가 필수적이라는 시사점을 얻었습니다.

> **메타분석 특화 프롬프트**
>
> "이 메타분석을 정책 근거로 활용하는 관점에서 분석해 줘."
> 1) 113개 연구 중 한국과 유사한 조건의 연구 비중과 결과
> 2) 전체 효과 크기 vs. 고소득 국가 대상 효과 크기의 차이
> 3) 가장 효과적인 정책 유형과 그 공통 특징
> 4) Publication bias나 연구 품질이 결과에 미친 영향
> 5) 이 메타분석 결과를 한국에 적용할 때의 타당성과 한계
>
> **자료 파일 참조** 🔗

국제 기구 보고서 **ILO 보고서**

ILO 보고서는 대표적인 국제 기구 보고서입니다. 국제 기구 보고서는 권위성과 최신성은 높지만, 일반론적 서술과 외교적 표현에 주의해야 합니다. 이 보고서에서는 아래 측면을 추가로 고려할 필요가 있습니다.

- **한국 데이터 정확성 확인**: ILO가 사용한 한국 통계의 출처와 정확성
- **OECD 평균과의 비교**: 한국의 상대적 위치와 강약점 파악
- **지역 트렌드 분석**: 글로벌, 그리고 아시아 지역 내에서 한국의 특수성

이러한 점을 고려해서 추가적으로 분석을 시도하면 아래와 같습니다.

> **국제 기구 보고서 특화 프롬프트**
>
> "이 ILO 보고서의 한국 관련 내용을 정책 활용의 관점에서 분석해 줘."
> 1) 한국 청년 고용 현황의 국제적 위치(순위, 상대적 성과)
> 2) OECD 평균 대비 한국의 강점과 약점 영역
> 3) 다른 선진국 대비 한국이 벤치마킹해야 할 정책 사례
> 4) ILO가 제시하는 정책 권고 사항 중 한국 적용 가능한 것

5) 이 보고서를 국정감사에서 활용할 때의 강점과 주의점

☑ **프롬프트 포인트**: 이 프롬프트는 이 보고서의 특징과 긴밀하게 연결되어 있으므로 다른 보고서에 일반화시켜 사용하기는 힘듭니다. 약간 고쳐서 사용하시는 것이 바람직합니다. 또한, 일반적으로는 보고서별로 AI에게 먼저 특징을 분석시키고, 이를 감안해 본인의 연구 목적에 맞게 추가 분석 프롬프트를 짜달라고 요청하는 방식을 이용해 보세요.

실증 연구 **황정원(2021)**

국내 실증 연구 보고서는 한국 상황에 특화되어 맥락적으로 도움되는 정보들이 많습니다. 다만, 데이터와 방법론 측면에서 한계가 있을 수 있습니다. 이 보고서는 아래와 같은 특징을 가집니다.

- **GOMS**(대졸자 직업 경로 이동 조사) **데이터의 대표성**: 2016년 데이터의 현재 적용 가능성 검토
- **정책별 차별적 효과**: 4대 정책의 효과 차이와 그 원인 분석
- * 이 논문에서는 고용 인센티브(중소기업 청년 인턴), 직업 훈련(내일배움카드제), 일자리 창출 (공공 기관 청년 인턴), 공공 고용 서비스 및 행정(취업 성공 패키지)의 4개 정책을 분석
- **Propensity Score Matching 타당성**: 선택 편향 통제의 적절성 평가
- * 이 논문에서는 경향점수매칭(PSM)을 기본 방법론으로 이용

이러한 점을 고려해서 추가적으로 분석을 시도하면 아래와 같습니다.

실증 연구 특화 프롬프트

"이 실증 연구를 정책 개선 근거로 활용하는 관점에서 분석해 줘."
1) 4대 청년 고용 정책의 효과성 순위와 그 차이의 원인
2) 경향점수매칭의 신뢰도와 한계점
3) 2016년 데이터 기반 결과의 현재 적용 가능성
4) 각 정책별 개선 방향과 구체적 제언
5) 이 연구를 정책 예산 배분 근거로 사용할 때의 타당성

정책 비판 **김종법(2023)**

이 논문은 실증 분석을 통해 현재 정책의 문제점을 지적하고 개선 방향을 제시하는 특징을 보입니다. 연구 기관 보고서나 정책 분석 보고서에서 많이 나타나는 유형입니다. 하지만 종종 문제점 분석은 심도 있게 되지만, 대안이 아이디어 차원에 그치거나 구체적이지 않을 가능성이 있습니다.

- **비판점의 타당성 검증**: 제기된 문제가 실제로 존재하는가?
- **「청년 기본법」 이후 변화 분석**: 2020년 이후 정책 환경 변화 반영 여부
- **건설적 대안 탐색**: 단순 비판을 넘어선 구체적 개선 방안 존재 여부

정책 비판 특화 프롬프트

"이 정책 비판 논문을 개선 방향 도출의 관점에서 분석해 줘."
1) 현청년 고용 정책의 핵심 한계점 3가지와 그 근거
2) 「청년 기본법」(2020) 이후 정책 변화에 대한 평가
3) 제시된 개선 방향의 실현 가능성과 구체성
4) 다른 연구들과 비교했을 때 이 비판의 독특한 관점
5) 국정감사에서 건설적 개선 논리로 활용할 수 있는 부분

자료 파일 참조 🔗

학술 자료 특화 AI 활용

현업 전문가라면 본격 독해 단계에서 범용 AI만으로도 충분히 전문가 수준의 분석이 가능합니다. 범용 AI는 맥락적 이해와 종합적 판단력이 강하고, 복잡한 통계 결과도 직관적으로 설명해 주며, 무엇보다도 정책적인 관점에서의 해석 능력이 뛰어나기 때문입니다. 이 부분은 학술 특화 AI가 대신해 줄 수 없는 범용 AI 고유의 장점입니다. 다만, 시간 여유가 있거나 더 정밀한 분석이 필요한 경우, SciSpace를 활용하거나 Research Rabbit도 활용할 수 있을 것입니다.

SciSpace 활용	Research Rabbit 활용
• 복잡한 통계 용어와 수식의 정확한 해석 • 메타분석의 Forest Plot 읽기 지원 • 논문의 강점/약점 자동 분석	• 인용 네트워크 통한 논문의 학술적 영향력 확인 • 관련 최신 연구나 반박 논문 발굴 • 연구 분야의 주요 학자와 연구 동향 파악

● 본격 독해 결과 예시

김 연구위원은 4편의 논문을 분석해서 얻은 시사점들을 아래처럼 간단히 정리해 보았습니다.

🔳 **사례** 김 연구위원의 논문 본격 독해 결과 정리

분석 논문	활용 방향	세부 내용
Kluve et al(2019)	국제 벤치마킹 논거	• 핵심 발견: 다중 서비스 통합형 정책이 2.3배 더 효과적 • 한국 시사점: 개별 정책보다 패키지형 접근 필요 • 국감 활용 > 'OECD 성공사례와 동일한 방향 추진 중'
ILO(2024)	국제 비교 논거	• 핵심 발견: 한국 청년 실업률 OECD 16위, 중위권 수준 • 한국 특성: 고학력 청년 NEET 비율 상대적으로 높음 • 국감 활용 > '국제 평균 수준이지만 질적 개선 필요.'
황정원(2021)	국내 정책 개선 논거	• 핵심 발견: 중소기업 인턴제 > 취업 성공 패키지 > 공공 인턴제 순으로 효과가 좋음 • 개선 포인트: 정책 간 연계성 부족, 사후 관리 미흡 • 국감 활용 > '효과 높은 정책 확대, 연계형 서비스 강화'
김종법(2023)	정책 한계 보완 논거	• 핵심 발견: 「청년 기본법」 이후에도 근본적 구조 변화 미흡 • 한계 지적: 단기 고용 창출에 치중, 질적 개선 부족 • 국감 활용 > '구조적 개선을 위한 중장기 로드맵 필요.'

이처럼 4편의 핵심 논문에서 구체적 정책 근거를 추출했습니다. 하지만 단순히 결과만 받아들이기보다는 각 연구의 숨어 있는 가정과 한계점을 비판적으로 검토하는 것이 필요합니다. 다음 절에서는 심화 독해 4기법을 통해 이 4편 논문을 다각도로 검증하고, 더 깊은 통찰을 얻는 방법을 배워 보겠습니다.

수요일 오후 4시 반, 김 연구위원은 선별한 4편의 논문의 본격 독해를 마쳤습니다. 원래 3시간을 생각했는데, 중간에 한번 쉬느라고 시간이 조금 지체되었네요. Kluve et al.의 메타분석에서는 '청년 고용 정책의 국제적 성공 요인'을, ILO 보고서에서는 '한국 청년 고용의 글로벌 벤치마킹 포인트'를, 황정원·길혜지 연구에서는 '한국 4대 정책의 구체적 효과성'을, 김종법 정책 비판에서는 '현재 정책의 한계점'을 각각 파악했지요.

하지만 여기서 멈춘다면 그냥 '열심히 논문 읽는 연구자'에서 끝납니다. 진짜 차이는 여기서부터 시작되거든요. 같은 논문들을 읽고도 어떤 사람은 '청년 고용 정책 효과가 있다더라.'라는 뻔한 정리에 그치지만, 어떤 사람은 '국정감사에서 예상되는 3가지 질의에 대한 구체적 답변 근거'까지 도출해 제시합니다. 내일 실장님께 "논문 4편 검토 완료했습니다."라고 보고하는 것과 "논문 분석 결과, 국정감사 대응에 필요한 핵심 논거 3가지를 도출했습니다."라고 제안하는 것 중 어느 쪽이 더 임팩트가 있을까요?

바로 이 지점에서 심화 독해 4기법이 빛을 발합니다. 1권의 2장에서 배운 구조적, 계보적, 심층적, 실천적 독해를 학술 문서에 구체적으로 적용해서 현업 전문가에게 꼭 필요한 통찰을 추가로 찾아내는 것이죠. AI와 함께라면 4편의 논문에 대한 이런 고급 분석도 1~2시간이면 완성할 수 있습니다.

● 구조적 독해 적용: 연구 설계 뒤에 숨은 의미 찾기

'이 연구는 왜 이렇게 설계되었을까?'라는 생각을 해 보신 적이 많을 것입니다. 구조적 독해의 핵심은 논문이 작성된 구조나 방식을 분석해 연구자의 의도와 한계를 역추론하는 것입니다. 같은 주제라도 어떤 방법론을 선택하고, 어떤 데이터를 활용하는지에 따라 결론이 달라질 수 있거든요. 특히, 현업 전문가의 입장에서는 '이 연구 결과를 정책 근거로 쓸 때 어떤 제약이 있는가?'를 미리 파악하는 것이 중요해요.

이번 사례처럼 여러 학술 문서 자료를 종합적으로 읽어 내는 경우, 구조적 독해에서는 4편의 논문을 개별적으로 분석하는 것을 넘어 상호 비교를 통한 종합적 이해가 핵심입니다. 각 논문이 왜 서로 다른 방법론을 선택했는지, 그 선택이 어떻게 다른 결론으로 이어졌는지를 파악하면서 4개 연구들의 보완적 관계를 이해해야 해요.

예를 들어, Kluve et al.의 메타분석은 광범위한 국제 비교가 강점이나 개별 국가 특수성 반영에는 한계가 있습니다. ILO 보고서는 185개국 거시 데이터의 종합이라는 구조적 강점을 갖지만, 국가별 정책 세부 사항보다 전체 트렌드 제시에 초점을 맞춘 한계도 가져서 한국의 구체적 정책 효과 분석에는 보조적 역할에 그칩니다.

한편, 황정원·길혜지 연구는 한국 상황을 구체적으로 다루지만 대졸자로 표본이 제한된다는 식으로 각 연구의 강점이 다른 연구의 약점을 보완하는 구조를 발견할 수 있습니다. 이런 구조적 이해 없이는 '논문에서 효과 있다고 했으니까 우리 정책도 효과적'이라는 단순한 논리에 빠질 수 있습니다. 구조적 독해를 통해 '대졸자 대상 정책과 전체 청년 대상 정책을 구분해서 설명해야 한다.'는 구체적 대응 방안을 도출할 수 있는 거예요.

이런 구조적 이해를 바탕으로 정책 담당자는 '어떤 상황에서 어떤 연구를 우선적으로 활용할 것인가?' 하는 전략적 우선순위를 설정할 수 있고, 동시에 '4편을 종합할 때 공통으로 주의해야 할 제약 사항'과 '개별 연구만의 특수한 한계점'을 구분해서 정책 적용 시 리스크를 미리 파악할 수 있게 되는 것이죠.

● 계보적 독해 적용: 연구사적 흐름과 정책적 맥락의 추적

정책 연구자의 입장에서 학술 논문의 계보적 독해는 결국 개별 논문을 고립된 텍스트가 아니라 연구 전통과 정책 변화의 맥락에서 이해하는 방법입니다. '이 연구들은 어떤 학술적 전통에서 나왔고, 정책 맥락에서 어떤 의미인가?'라는 질문의 해답을 찾아가는 것이지요. 특히, 개별 정책들은 '어떤 정책 철학과 시대적 배경에서 나왔는가?'를 이해해야 현재적 의미를 정확히 파악할 수 있습니다.

학술 계보 분석 프롬프트

"이 4편의 논문을 연구사적, 정책사적 맥락에서 분석해 줘."

- **학술적 계보**
  1) 각 논문이 속한 청년 고용 정책 연구의 세대나 흐름
  2) 연구 방법론의 발전 과정에서 차지하는 위치
  3) 상호 인용 관계와 학술적 영향력 네트워크
  4) 현재 시점에서 이 연구들의 학술적 의미
- **정책사적 맥락**
  1) 각 연구가 나온 당시의 정책 환경과 사회적 배경
  2) 한국 청년 고용 정책의 발전 단계별 특징
  3) 해외 정책 동향이 국내 연구에 미친 영향
  4) 현재 정책에 여전히 유효한 부분과 한계가 드러난 부분
- **미래 전망**
  1) 이 연구들이 제시하는 미래 연구 방향
  2) 다음 세대 정책 연구의 예상 트렌드
  3) 우리가 주목해야 할 새로운 연구 영역

자료 파일 참조 🔗

또한 계보적 독해에서는 4편의 논문을 시간의 흐름과 학술적 전통 속에서 이해하는 것이 핵심입니다. AI에게 분석을 시켜 보니, Kluve et al.(2019)은 2000년대 이후 전개된 다양한 청년 고용 정책에 대한 종합적 분석 결과이며, ILO(2024)는 글로벌 청년 고용 정책의 표준과 방향성을 제시하는 '정책 나침반' 역할을 한다는 결과를 얻었습니다. 그리고 황정원·길혜지(2021)는 한국형 정책 효과 측정의 새로운 시도이며, 김종법(2023)은 청년 기본법 이후 첫 번째 비판적 검토라는 각각의 학술사적 위치를 파악해야 합니다.

이를 통해 한국 청년 고용 정책이 2020년 「청년 기본법」을 기점으로 패러다임 전환을 시도했고, 이제 그 효과를 검증하는 단계라는 정책사적 맥락을 이해할 수 있습니다. 또한 국제 연구에서 국내 연구로, 양적 평가에서 질적 평가로 발전하는 연구 트렌드의 변화를 파악하면 앞으로 어떤 방향으로 연구들이 전개될지 예측할 수 있고, 이는 곧 정책 평가 시스템의 개선 방향을 미리 준비하는 데 도움이 됩니다. 따라서 국정감사에서는 '새로운 정책 프레임워크의 초기 성과'라는 관점에서 접근해야 한다는 전략적 시사점을 얻을 수 있죠.

● 심층적 독해 적용: 연구의 전제와 한계에 비판적 검토

학술 논문은 객관적으로 보이지만, 연구자의 암묵적 가정과 제도적 압력에 따른 다양한 편향을 내포하고 있습니다. 특히, 정책 연구는 정치적 환경, 학술 트렌드, 연구비 출처에 영향을 받기 쉬워요. 현업 전문가는 이런 숨어 있는 층위를 파악해야 '정책 근거로 안전하게 활용할 수 있는 부분'과 '주의해서 해석해야 할 부분'을 구분할 수 있습니다. '이 연구들이 당연하게 여기는 가정들은 무엇이고, 그것이 결론에 어떤 영향을 미쳤는가?'라는 질문을 던져야 하는 것이지요.

> **가정 및 편향 분석 프롬프트**
>
> "이 4편의 논문에 숨어 있는 가정과 편향을 비판적으로 분석해 줘."
> - **암묵적 가정 분석**
>   1) 각 연구가 '청년', '고용', '정책 효과'에 대해 당연시하는 가정들
>   2) 연구 설계에 반영된 특정 정책 철학이나 이념적 편향

3) 문화적, 제도적 맥락이 결론에 미친 영향

4) 연구자의 소속 기관이나 연구비 출처가 미친 영향

- **편향 패턴 식별**

1) 긍정적 결과를 강조하고 부정적 결과를 축소하는 패턴

2) 특정 정책 모델이나 이론을 선호하는 편향

3) 단기 효과에 집중하고 장기 효과를 간과하는 경향

4) 양적 지표 중심으로 질적 변화를 놓치는 한계

- **대안적 해석**

1) 다른 관점에서 재해석할 수 있는 부분들

2) 연구자가 고려하지 못한 변수나 맥락

3) 반대 결론을 지지할 수 있는 증거들

4) 정책 실무자의 관점에서의 추가 고려 사항

자료 파일 참조 🔗

심층적 독해에서는 4편 논문의 표면적 객관성 이면에 숨어 있는 편향과 가정들을 체계적으로 발굴하는 것이 목표입니다. 예를 들어, Kluve et al.은 '고용률 증가 = 정책 성공'을 암묵적으로 가정하지만, 일자리의 질이나 지속 가능성은 상대적으로 간과했다고 분석되었습니다. 이런 미묘한 한계는 사람 눈으로 보고서를 읽어서는 금세 찾아내기 힘들지요.

ILO 보고서는 국제 기구의 특성상 회원국에 대한 직접적 비판을 피하고 '권고' 수준에서 머무르는 외교적 편향을 갖고, 선진국 중심의 정책 모델을 암묵적 기준으로 설정하는 경향을 가집니다. 황정원·길혜지 연구는 '대졸자 = 청년 대표'라는 표본 편향이 있으며, 김종법 논문은 「청년 기본법」= 정책 실패'라는 선입견에서 출발한 측면이 있습니다. 이처럼 각 연구의 고유한 편향 패턴을 파악해야 합니다.

분석은 AI에게 시키더라도, 결과를 어떻게 활용할 것인지는 여전히 인간의 몫입니다. 중요한 것은 이런 편향들을 단순히 문제점으로 지적하는 것이 아니라 '정책 설계 시 보완할 요소'로 활용하는 것입니다. 학계 전문가와 현업 전문가의 결정적 차이는 여기서 나타납니다. 학계 전문가는 단순히 편향 비판에 그쳐도 인정받지만, 현업 전문가는 여기서 한 발 더 나아가 대안까지 제시해야 하는 숙명을 안고 살거든요.

이런 편향을 이해하면 국정감사에서 '고용률뿐만 아니라 일자리 질 개선 노력도 함께 설명', '대졸자 외 다른 청년층에 대한 별도 정책도 병행 추진' 같은 균형 잡힌 답변을 준비할수 있습니다. 단순히 '연구 결과 정책 효과가 좋더라 또는 나쁘더라.'가 아니라 '연구의 한계를 인정하되 정책 방향은 맞다.'라는 더 정교한 논리를 구성할 수 있는 것이죠.

● 실천적 독해 적용: 학술 근거를 정책 언어로 번역

실천적 독해는 학술 연구를 실제 정책 상황에 적용하는 핵심 과정입니다. 김 연구위원의경우, '금요일까지 국정감사 대응 자료'라는 명확한 실행 목표가 있으므로 4편의 논문에서도출한 통찰을 구체적인 답변 논리와 대응 전략으로 변환해야 해요.

정책 적용 전략 프롬프트

"이 4편 논문 분석 결과를 바탕으로 국정감사 대응 전략을 수립해 줘."

- **핵심 논거 구성**
  1) 청년 고용 정책 효과성을 뒷받침하는 가장 강력한 근거 3가지
  2) 각 근거별로 활용할 수 있는 구체적 수치와 사례
  3) 예상되는 반박에 대한 대응 논리
  4) 정책 성과를 균형 있게 설명하는 방식
- **상황별 답변 전략**
  1) '정책 효과가 미미하다.'는 지적에 대한 답변
  2) '예산 대비 성과가 부족하다.'는 비판에 대한 대응
  3) '해외 사례와 비교해 뒤떨어진다.'는 질의에 대한 반박
  4) '정책 수혜자가 한정적'이라는 문제 제기에 대한 설명
- **향후 개선 방향**
  1) 연구 결과가 제시하는 정책 보완점
  2) 중장기적으로 강화해야 할 영역
  3) 새로운 정책 실험이 필요한 부분
  4) 평가 체계 개선 방안
- **실행 계획**
  1) 즉시 적용 가능한 정책 조정 사항

2) 다음 연도 예산에 반영할 개선점
3) 장기적 정책 방향 설정을 위한 과제
4) 추가 연구가 필요한 영역

실천적 독해는 4편 논문에서 도출한 모든 통찰을 '국정감사 지원용으로 바로 쓸 수 있는 형태'로 변환하는 최종 단계입니다. 단순히 'Kluve et al.에 따르면 효과가 있더라.'는 학술적 인용이 아니라 'OECD 113개 연구를 종합한 결과, 한국 정책이 국제 평균 수준의 효과를 보인다.'라는 정책 언어로 번역해야 해요. 또한 '정책 효과 미미' 지적에는 Kluve et al.과 황정원·길혜지를, '예산 대비 성과 부족' 비판에는 ILO 보고서의 장기적 관점을, '수혜자 한정' 문제에는 김종법의 정책 확대 필요성을 각각 조합해서 상황별 최적 답변을 구성할 수 있습니다.

무엇보다 연구에서 지적된 한계점들을 '문제점'이 아닌 '개선 과제'로 발전시켜 '현재 성과 인정＋미래 발전 방향 제시'라는 균형 잡힌 정책 논리를 완성하는 것이 핵심입니다. 김 연구위원은 실천적 독해를 통해 아래와 같은 국정감사 대응 전략 아이디어를 도출했습니다.

국정감사 대응 전략 방향 아이디어

- **핵심 논거 3가지**
  - **국제적 검증**: Kluve et al. 메타분석에 따르면, 한국형 청년 고용 정책은 OECD 평균 수준의 효과를 보임
  - **구체적 성과**: 황정원·길혜지 연구에서 대졸 청년층 취업률 15% 개선 효과 확인
  - **정책 혁신**: 2020년 「청년 기본법」 도입으로 기존 고용 중심에서 종합적 청년 정책으로 패러다임 전환
- **예상 질의별 대응**
  - '효과 미미' → '국제 기준으로는 평균 수준이나 한국 상황에서는 지속적 개선 중'
  - '예산 대비 성과 부족' → '초기 투자 단계이며, 장기적 사회적 수익률 고려 필요.'
  - '수혜자 한정' → '대졸자부터 시작해 단계적으로 전체 청년층으로 확대 계획'

이처럼 4기법을 종합 적용하면 단순한 '논문 요약'을 넘어 '정책 상황에 바로 활용할 수 있는 전략적 통찰'을 빠르고 깊이 있게 도출할 수 있습니다.

목요일 오전 11시, 김 연구위원은 자신의 책상 앞에서 잠시 뒤를 돌아보았습니다. 화요일 급작스럽게 시작된 '금요일까지 국정감사 대응 자료 작성' 작업이 이제 막바지에 접어들었거든요. 화요일에는 막막했던 청년 고용 정책 논문 5편이 수요일 사전 스캐닝을 거쳐 4편으로 정리되었고, 목요일 본격 독해를 통해 각 논문의 핵심을 파악했습니다. 그리고 심화 독해 기법까지 적용해서 단순한 '논문 요약'을 넘어 '국정감사에서 바로 쓸 수 있는 전략적 논거'까지 도출해냈어요.

지금 김 연구위원의 손에는 4개 보고서의 핵심 요약과 내용 비교, 그리고 국정감사 대응의 핵심 논거와 예상 질의별 대응 전략 등 완성도 높은 결과물들이 있습니다. 이틀 전만 하더라도 '간만에 청년 고용 정책 쪽 논문을 보니 어떻게 접근할지 막막하다.'라고 했던 상황에서 이제는 복잡한 학술 연구를 정책 언어로 번역하고 실무에 활용할 수 있는 수준까지 도달한 것입니다.

● 지금까지의 여정 되돌아보기

1절에서 알아야 할 것 **Scholar와 Practitioner는 정말 다르다**

우리는 1절에서 학계 연구자와 현업 전문가는 완전히 다른 관점으로 논문을 봐야 한다는 점을 살펴보았습니다.

- **Scholar의 접근**: '이 연구의 방법론적 혁신성은 무엇인가?' → 학문적 완성도 중심
- **Practitioner의 접근**: '이 연구 결과를 우리 정책에 안전하게 활용할 수 있는가?' → 실무적 활용도 중심

김 연구위원처럼 '연구자이면서 동시에 현업 전문가'인 분들에게는 이 차이가 특히 중요합니다. 논문을 이해할 기본 소양은 갖추고 있지만, 정작 필요한 것은 학문적 완성도가 아니라 정책적 활용도이거든요. Results → Discussion → Methods 순서로 읽는 것, AI 증강 독해의 필요성, 범용 AI 중심의 도구 선택까지…. 1절에서 배운 기본 원칙들이 이후 모든 단계의 토대가 되었습니다.

2절에서 체득한 것 시간 제약 하에서의 전략적 선별

15분 × 5편＝75분의 사전 스캐닝 전략은 현업 전문가에게 꼭 필요한 핵심 스킬이었습니다. 무작정 첫 번째 논문부터 차례로 읽기 시작하는 비효율을 피하고, 신뢰도/관련성/활용도 3가지 기준으로 체계적으로 우선순위를 매길 수 있었지요.

특히 김 연구위원이 원래 3편만 보려다가 4편으로 조정한 것처럼 스캐닝 결과에 따라 유연하게 계획을 수정하는 것이 현실적 접근법이라는 것을 확인했습니다. 시의성이 부족한 논문 하나는 제외하고, 대신 국제 동향 2편＋국내 동향 2편의 균형잡힌 구성을 만들어 냈지요.

3절에서 익힌 것 체계적이고 효율적인 본격 독해

45분 × 4편＝180분의 본격 독해 전략을 통해 각 논문의 특성에 맞는 차별화된 접근법을 배웠습니다.

- **Kluve et al. 메타분석**: 113개 연구 종합의 국제 벤치마킹 포인트 추출
- **ILO 보고서**: 한국 청년 고용의 글로벌 위치와 개선 방향 파악
- **황정원·길혜지 실증 연구**: 구체적 효과 수치와 정책별 차별화 효과 분석
- **김종법 정책 비판**: 현정책 한계와 개선 필요성에 대한 균형잡힌 시각

무엇보다 15분 결과 파악＋20분 함의 도출＋10분 신뢰도 체크의 3단계 구조가 현실적이면서도 체계적인 접근법임을 확인했습니다.

 심화 분석을 통한 전략적 통찰

1권 2장에서 배운 심화 독해 4기법을 학술 문서에 적용해서 단순한 논문 요약을 넘어선 전략적 통찰을 도출할 수 있었습니다. 구조적 독해로는 각 연구의 방법론적 한계와 정책 적용 시 주의점을, 계보적 독해로는 청년 고용 정책의 패러다임 전환 과정을, 심층적 독해로는 연구의 숨어 있는 편향과 가정들을, 실천적 독해로는 국정감사에서 바로 활용할 수 있는 구체적 답변 논리를 확보했지요. 특히, 학술 연구를 정책 언어로 번역하는 과정이 현업 전문가에게는 가장 중요한 스킬임을 재확인했습니다.

● 현업 전문가를 위한 학술 독해의 핵심 원칙

김 연구위원의 4일간 여정을 통해 확인된 현업 전문가를 위한 학술 문서 독해의 5가지 핵심 원칙을 정리해 보겠습니다.

- **목적 지향성: 왜 읽는지 명확히 하기**
  학술적 완성도보다는 '우리 업무에 어떻게 쓸 것인가??'가 모든 독해의 출발점입니다. 김지영 연구위원의 경우, '국정감사 대응'이라는 명확한 목적이 있었기 때문에 효율적인 독해가 가능했어요.
- **시간 효율성: 완벽함보다는 적절함 추구**
  80% 확신이면 충분합니다. 학자들처럼 며칠에 걸쳐 완벽히 이해할 시간은 없지만, 제한된 시간 내에 핵심을 파악하고 실무에 적용할 수 있으면 성공입니다.
- **비판적 사고: 연구의 한계와 편향 인식**
  모든 학술 연구에는 방법론적 한계, 표본의 제약, 연구자의 편향이 존재합니다. 이를 인정하고 정책 적용 시 보완점을 미리 준비하는 것이 현명한 접근법입니다.
- **AI 협업: 인간과 AI의 역할 분담 최적화**
  복잡한 통계를 이해하고, 방법론의 신뢰도를 체크하며, 여러 연구를 종합하는 작업에서 AI는 강력한 파트너가 됩니다. 단, AI에게 맡길 것과 인간이 직접 판단할 것을 명확히 구분해야 해요.
- **실용적 번역: 학술 언어를 정책 언어로 변환**
  '통계적으로 유의하다.'를 '정책적으로 의미 있다.'로, '연구 한계'를 '정책 보완점'으로 번역하는 능력이 현업 전문가에게는 핵심 역량입니다.

12장에서 학술 문서 독해를 마스터했다면, 13장에서는 인문 교양서라는 또 다른 도전이 기다리고 있습니다. 학술 문서가 '객관성과 엄밀성'을 추구한다면, 교양서는 '저자의 관점과 경험'이 강하게 반영된 텍스트입니다. 따라서 완전히 다른 접근법이 필요하죠.

김 연구위원이 국정감사 자료를 완성한 것처럼 여러분도 이제 어떤 학술 문서든 자신 있게 독해할 수 있는 실력을 갖추었습니다. 하지만 AI 증강 독해의 진짜 완성은 모든 유형의 텍스트를 자유자재로 다룰 수 있을 때 이루어집니다. 13장에서는 베스트셀러 비즈니스서부터 인문학 에세이까지, 다양한 교양서를 통해 AI 증강 독해의 또 다른 가능성을 탐험해 보겠습니다. 학술 문서에서 배운 체계적 접근법에 교양서만의 특별한 독해 기법을 더한다면, 정말로 어떤 텍스트든 마스터할 수 있는 수준에 도달할 것입니다.

13 인문 교양서

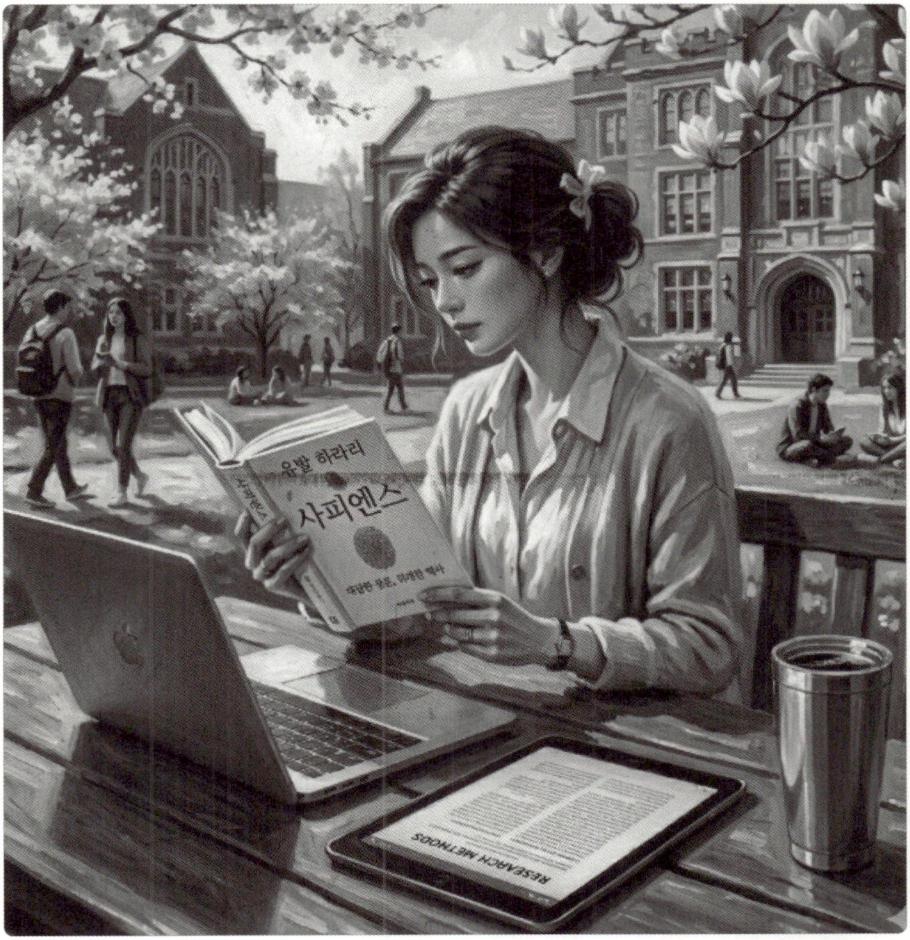

✦ 장 오노레 프라고나르의 『책 읽는 소녀』를 모티브로 해서 나노 바나나를 이용해 수채화 스타일로 구현한 그림

13장은 인문 교양서를 기업 현장과 실무에 적용하는 특화된 독해 방법을 다룹니다. 인문 교양서의 철학과 통찰을 조직에 그대로 적용하면 '추상적이다.', '현장 적용이 어렵다.'라는 문제가 발생합니다. 이를 해결하기 위해 (1) 저자 DNA 해독법으로 저자의 배경과 성공 조건을 파악하고, (2) 비즈니스 번역법으로 철학적 개념을 KPI와 액션 아이템으로 변환하며, (3) 문화적 필터링으로 서구 이론을 한국 조직 현실에 맞게 조정하는 방법을 배웁니다.

13장의 전체 구조

13.1 인문 교양서의 특징과 독해 포인트

→ 인문 교양서만의 고유한 특성을 이해하고, 비즈니스 관점의 인문서 독해 방법론(저자 DNA 해독법, 비즈니스 번역법, 문화적 필터링)과 함정 대응법을 익힌다.

13.2 사전 스캐닝-박민수 팀장의 새로운 도전

→ 132권의 인문 교양서 후보에서 여러 차례의 스크리닝을 거치는 체계적 프로세스를 배운다.

13.3 본격 독해-3대 방법론의 실전 적용

→ 선정된 16권의 책에 대해 저자/도서 신뢰도 체크, 실무 활용도 체크, 문화 적합도 체크의 3단계 평가를 실행하고, 최종 5권의 포트폴리오를 완성하는 방법을 익힌다.

13.4 심화 독해와 실무 가이드 완성

→ 최종 선정된 5권에 대해 심화 독해 4기법(구조적, 계보적, 심층적, 실천적 독해)을 적용하여 현실 맞춤형 실행 방안을 도출하고 완성된 실무 가이드를 만든다.

13.5 문학 텍스트의 해석적 심층 독해

→ (선택) 순수 문학 작품에 대한 해석적 독해 방법을 배우며, 비즈니스 독해를 넘어 인문적 교양과 지적 즐거움을 추구하는 방법을 익힌다.

내 상황에 맞는 읽기 가이드

독자별 니즈	독해 가이드
"인문 교양서를 조직에 적용하려는데 항상 추상적이라는 피드백을 받아요."	13.1로 바로 이동(비즈니스 번역법으로 철학→KPI 변환 익히기)
"서구 이론을 한국 조직에 적용할 때 문화적 충돌이 발생해요."	13.1의 문화적 필터링 부분으로 이동(조정 방법 학습)
"베스트셀러 중에서 우리 조직에 맞는 책을 어떻게 골라야 할지 모르겠어요."	13.2로 바로 이동(체계적 도서 선정 프로세스)
"인문 교양서의 철학을 실제 실행 가능한 KPI로 만들고 싶어요."	13.3의 2단계로 이동(실무 활용도 체크)
"저자의 숨어 있는 편향과 가정을 분석하고 우리 현실에 맞게 수정하고 싶어요."	13.4로 바로 이동(심화 독해 4기법으로 깊이 있는 분석)
"인문 교양서를 편하게 읽을 때 AI의 도움을 받고 싶어요."	13.5로 이동(AI와 채팅하며 다채로운 해석 전개)

인문 교양서를 기업 현장에 활용하려 할 때 종종 현실적인 어려움들에 직면합니다. 분명히 그 자체로는 정말 좋은 내용이고, 경영 시사점도 있는 듯한데, 막상 현장에 적용하려면 막막한 상황 말입니다. 그렇다고 포기하기에는 인문 교양서가 주는 인사이트와 영감이 너무 아깝고요. 이런 딜레마를 해결하기 위해 13장에서는 새로운 접근법을 제시하려고 합니다. 학술 문서에서는 '객관적 정보 추출'가 중요했다면, 인문 교양서에서는 '저자 관점 분석과 현실적 비즈니스 적용'이 핵심입니다.

이번 장에서도 구체적인 사례를 가지고 이야기를 풀어 나갈까 합니다. 이야기의 주인공은 대기업에서 교육 연수를 담당하고 있는 박민수 팀장입니다. 이 대기업의 경영진은 독서 경영을 중요하게 생각합니다. 다양한 독서를 통해 경영 현안을 풀어 나갈 폭넓은 지혜를 얻을 수 있기 때문에 직원들도 독서를 통해 본인의 기본 소양을 지속적으로 키워야 한다는 것입니다. 그래서 박 팀장은 올해도 하반기 임직원 독서 프로그램을 만들어야 하는 상황입니다.

박 팀장은 모니터에 있는 132권의 인문 교양서 추천 리스트를 바라보며 깊은 한숨을 내쉬었습니다. 이 중에서 우리 조직 문화 혁신에 도움될 교양서 5권을 골라 임직원 독서 프로그램을 만들어야 합니다. 그런데 문득 작년 독서 프로그램에 대한 직원들의 피드백이 떠올랐습니다. "너무 추상적이에요.", "현장에서 어떻게 적용하라는 건지 모르겠어요.", "결국 또 정신 무장, 신념 강화 아닌가요?" 이런 반응들이 박 팀장을 괴롭혔거든요. 더욱이 올해는 상반기 대비 예산을 20%나 줄여야 하는 상황이고, 2주 내에 500명의 임직원을 대상으로 하는 교육 프로그램을 완성해야 하는데, 어떻게 해야 할까요?

● 인문 교양서와 다른 문서들의 근본적 차이

인문 교양서를 제대로 읽어 내려면 먼저 인문 교양서만의 고유한 특성을 이해해야 합니다.

첫째, 인문 교양서는 개인적 경험의 새로운 해석과 일반화를 추구합니다. 즉, 저자가 자신만의 독특한 관점에서 개인 경험을 해석하고, 그 깨달음을 보편적 교훈으로 전환하려 합니다.

둘째, 독자와의 상호작용 속에서 의미를 전달하려 합니다. 그래서 교양서에서 얻는 지식과 통찰은 사람마다 크게 달라집니다.

셋째, 삶의 적용을 중시합니다. 즉, 저자들은 독자들이 단순한 지식만 얻는 것이 아니라 그 지식을 통해 생각, 더 나아가 삶의 방식과 태도를 변화시키는 것을 보고자 합니다.

이처럼 인문 교양서는 앞서 다룬 비즈니스 문서, 기술 문서, 학술 문서와는 특징이 크게 다릅니다. 비즈니스 문서가 명확한 의사결정을 위한 정보 제공에 초점을 맞춘다면, 인문 교양서는 독자의 사고와 관점의 확장에 초점을 맞춥니다. 또한 기술 문서가 구체적 문제 해결 방법의 제시를 강조한다면, 인문 교양서는 삶과 사회에 대한 통찰 제공을 강조합니다. 더 나아가 학술 문서가 연구를 통한 새로운 지식 창조를 목표로 한다면, 인문 교양서는 기존 지식의 대중적 해석과 적용을 목표로 합니다.

박 팀장이 이런 인문 교양서의 특성을 깨달았을 때 새로운 고민이 시작되었습니다.

'그렇다면 우리 같은 기업 교육 담당자는 인문 교양서에 어떻게 접근해야 할까? 비즈니스 문서나 기술 문서 학술 문서와는 분명히 다른 특징을 갖고 있는데 말이지. 그럼에도 우리는 기업 현장에 맥락이 전혀 다른 저자들의 인문학적 교훈들을 접목시켜야 하고, 임직원들이 제각각의 깨달음을 얻어 삶의 방식과 태도를 변화시키게끔 도와야 하잖아.'

네, 맞습니다. 인문 교양서는 비즈니스 문서, 기술 문서, 학술 문서와는 전혀 다른 접근이 필요합니다. 박 팀장이 작년 독서 프로그램에서 경험한 것처럼 베스트셀러 인문 교양서의 내용을 조직에 그대로 적용하면 아래와 같은 문제들이 발생합니다.

- '이 저자는 실리콘밸리에서 성공했지만, 우리는 전통적인 제조업체인데?'
- '미국식 수평 문화는 좋지만, 우리 조직 문화를 갑자기 바꿀 수 없잖아?'
- '개인의 자율성을 강조하지만 팀워크가 중요한 우리 업무에는 어떻게 적용하지?'

● 비즈니스 관점의 인문 교양서 독해법

이런 딜레마를 해결하려면, 일반인들이 재미나 지식을 습득할 목적으로 교양서를 읽는 방법과는 약간 다른, 기업 실무자 관점의 특별한 인문 교양서 독해법이 필요합니다. 첫째, 저자의 배경과 성공 조건을 먼저 파악하고(저자의 DNA 해독법), 둘째, 그들의 철학을 우리 조직 상황에 맞게 번역한 후(비즈니스 번역법), 셋째 문화적 차이까지 고려해서 적용 방안을 설계하는(문화적 필터링) 체계적인 접근이 필요하죠. 이 3가지 방법에 대해 좀 더 자세히 살펴보겠습니다.

저자의 DNA 해독법 텍스트보다 저자를 먼저 읽어라

일반적인 인문 교양서 독해법은 '이 책에서 무엇을 얻을 것인가?'라는 질문에서 출발합니다. 그러나 기업 현장에서 인문 교양서의 교훈을 실제 경영에 적용하려면, 질문의 방향을 바꿔야 합니다. '이 저자는 누구이며, 어떤 배경과 세계관 속에서 이런 주장을 펼쳤는가?'가 출발점이 되어야 합니다.

인문 교양서는 저자의 세계관과 개인적 경험이 특정 문화와 시대의 맥락 속에서 보편적 교훈으로 재가공된 결과물입니다. 따라서 책의 메시지를 곧이곧대로 받아들이기보다 그 메시지가 어떤 세계관(세계에 대한 해석 틀), 경험(삶과 경력의 궤적), 문화적 배경(그 사회의 가치와 담론), 시대적 맥락(당시의 문제 의식) 속에서 나온 것인지를 먼저 읽어 내야 합니다. 즉, '저자 DNA 분석'을 선행해야만, 그 책의 교훈을 우리 기업의 맥락에 맞게 해석하고 전략적으로 적용할 수 있습니다.[13]

- 인문 교양서 = 저자의 세계관+개인 경험+문화적 배경+시대적 맥락
- 독해 = 저자 DNA 해독+메시지 해석+조직 적용 가능성 판단

---

[13] 저자의 DNA 해독법이란 것이 갑자기 왜 튀어나왔는지, 이론적 근거가 있는지 궁금해하실 분도 있을 것입니다. 이런 독해 관점은 알고 보면 이미 오래전부터 존재하던 것입니다. 예를 들어, 해석학의 대가 한스 가다머(H.-G. Gadamer)는 『진리와 방법(1960)』에서 "텍스트의 의미는 고정된 결과물이 아니라 저자의 역사적 지평과 독자의 현재적 지평이 만나 융합되는 과정 속에서 비로소 드러난다."고 보았습니다. 독해란, 단순한 정보 수집이 아니라 서로 다른 지평의 '대화적 해석 행위'라는 것이지요. 프랑스의 해석학 대가 폴 리쾨르(P. Ricœur) 또한 『해석의 갈등(1969)』에서 "텍스트는 저자의 의도와 사회적 상징 체계가 교차하며 생성된 의미의 층위적 산물"이라고 설명했지요. 해석자는 저자의 세계관과 그 시대의 언어적·문화적 코드까지 복원해야 진정한 의미에 도달할 수 있다는 말입니다. 영국의 비평이론가 테리 이글턴(T. Eagleton)도 『문학이론 입문(1983)』에서 텍스트를 자율적 예술품이 아닌 사회적 산물로 규정하며, "의미는 텍스트 바깥의 사회적 조건들 속에서 형성된다."고 주장함으로써 저자와 시대 맥락 분석의 중요성을 강조했습니다.

사이먼 시넥의 『리더는 마지막에 먹는다』를 예로 들어 보죠. 많은 사람이 책 내용에만 집중하지만, 정작 중요한 건 '시넥이 누구인가?' 하는 점입니다. 영국 출신의 마케팅 컨설턴트에서 리더십 구루로 변신한 인물, TED 강연으로 5,000만 뷰를 기록한 성공 경험, 주로 서구 개인주의 문화권에서 활동한 배경 등과 같은 '저자 DNA'를 먼저 파악해야 그의 메시지를 제대로 해석할 수 있습니다.

왜 이게 중요할까요? 같은 '리더십'이라는 주제라도 한국의 집단주의 문화에서 자란 저자와 서구의 개인주의 문화에서 성공한 저자의 관점은 완전히 다를 수밖에 없거든요. 저자 DNA를 모르고 내용만 받아들이면, 우리 조직 현실과 맞지 않는 조언을 그대로 적용하다가 실패할 가능성이 커집니다.

 철학을 액션 아이템과 KPI으로 변환하라

2010년대 초·중반 한국 기업계에는 인문학 열풍이 불었습니다. 하지만 인문학을 기업 경영에 접목시키려던 수많은 시도들은 제대로 성과를 거두지 못했지요. 가장 중요한 이유는 개인의 추상적인 철학과 개인적 통찰을 조직에 그대로 적용하려 했기 때문입니다. 총론은 있는데 각론이 없는 상황…. 말은 좋은데 어떻게 실천해야 할지 불분명한 상황이 반복되니 당연히 시들해졌습니다. 철학적 개념을 구체적 KPI와 액션 아이템으로 체계적 변환하는 '비즈니스 번역'이 부족했던 것이지요.

예를 들어, 아래처럼 개념 → 시사점 → 액션 아이템과 KPI(Key Performance Indicator, 핵심성과지표)라는 3단계 비즈니스 번역이 있어야 인문학적 아이디어가 실제 실행으로 옮겨질 수 있습니다. 하지만 과거에는 인문 교양서의 전체적인 내용 소개와 핵심 개념 정리에만 급급하다 보니 끝부분에 경영 시사점만 간단히 덧붙이고 액션 아이템까지는 나가지도 못하고 끝나는 경우가 많았습니다.

⊞ 비즈니스 번역법 사례

개념		시사점		액션 아이템과 KPI
'용기'	→	'자율적 의사결정과 책임감'	→	'권한 위임 건수', '자발적 제안 증가율'
'WHY'	→	'팀 목표와 개인 가치 연결'	→	'업무 몰입도', '팀원 만족도 향상'
'성장 마인드셋'	→	'실패 허용 문화와 지속 학습'	→	'혁신 시도 건수', '학습 투자 시간'

박 팀장이 작년에 실패한 이유도 바로 여기에 있었어요. '직원들이 용기를 가져야 한다.'라는 추상적 메시지를 그대로 전달했더니 직원들은 '그래서 구체적으로 무엇을, 어떻게 하라는 거야?'라는 반응을 보였거든요. 하지만 '용기'를 '자율적 의사결정과 책임감'으로 번역하고, 이를 다시 '팀장 결재 없이 처리 가능한 업무 범위 확대', '월 1회 이상 업무 개선 아이디어 제안', '실패한 프로젝트에 대한 학습 보고서 작성' 같은 구체적 액션으로 변환하면 어떨까요? 추상적이던 철학이 실행 가능한 업무가 되죠. 이것이 바로 비즈니스 번역법의 핵심입니다. 철학적 개념을 조직에서 실제로 실행하고 측정할 수 있는 형태로 변환하는 거예요.

'문화적 필터링' 서구 이론을 한국 현실에 맞게 조정하라

국내 출간된 인문 교양서들의 상당수는 번역서입니다. 해외에서 큰 반향을 얻고 리서치 내용도 탄탄한 만큼 풍부한 시사점을 얻을 수 있지요. 하지만 문제는 해외와 한국의 제도적, 문화적 토양이 너무 달라 서구 이론을 한국에 그대로 적용하다 보면 종종 심각한 부작용이 발생한다는 점입니다.

예를 들어, 교육 현장에서 2010년대 중반에 '플립 러닝(flipped learning)'의 개념이 크게 주목받았죠. 교사가 설명을 생략하고 학생이 집에서 학습한 내용을 수업 시간에 토론하며 스스로 정리한다는 '순서가 뒤집혀진' 거꾸로 교육 방식이었습니다. 그러나 한국은 입시 부담이 상당하고, '자율적 학습 문화'가 자리 잡지 않은 상태입니다. 결국 학생들의 수업 준비에 대한 부담 가중과 수업의 질 저하로 이어졌습니다. 요즘에는 수행 평가 부담 때문에 학교 못 다니겠다는 말까지 나오는 상황이니까요.

이는 적용 방안 설계에 국가, 산업, 기업 차원의 문화적 차이를 고려한 맞춤형 접근이 필요함을 잘 보여 주는 사례입니다. 미국 실리콘밸리의 스타트업에서 성공한 방식을 한국 제조업 대기업에 그대로 적용하는 것은 사실 쉽지 않은 이야기이지요. 이런 측면에서 서구나 일본의 이론들을 기업 현장에서 활용할 때는 항상 우리 현실 상황을 꼭 살펴보고 창조적으로 변용해야 합니다. 예를 들어, 서구의 개인주의 리더십은 한국의 집단주의 문화로 조정되어야 하고, 미국식 수평 소통은 한국에서는 예의와 솔직함의 균형을 고려하는 형태로 변용되어야 할 것입니다.

2020년대에는 에이미 에드먼슨의 '심리적 안전감'이 큰 화제였습니다. 문제는 많은 조직에서 심리적 안전감 개념을 그대로 도입하려다가 부작용을 경험했거나 경험하고 있다는 것입니다. 미국식의 '실수해도 괜찮다.'는 메시지를 그대로 적용했더니 일부 직원들이 '그럼 대충 해도 되는 거네.'라고 오해하는 일들이 나타났죠. 성과 압박이 여전한 상황에서 팀원들의 심기 관리 책임까지 팀장에게 떠넘겨지면서 오히려 팀장들이 번아웃 직전까지 몰리는 경우도 나타나고 있습니다.

하지만 문화적 필터링을 거치면 달라집니다. '실수해도 괜찮다.'를 '실수를 통해 학습하고 개선하는 문화'로 조정하고, '실수 자체보다는 같은 실수의 반복이나 은폐가 문제'라는 식으로 메시지를 재구성하는 거예요. 한국 기업의 성과 지향 문화와 체면 문화를 인정하면서도 혁신을 위한 시도는 격려하는 방향으로 조정하는 것이죠.

● 인문 교양서 독해 7대 함정과 대응법

이외에도 박 팀장이 성공적인 독서 프로그램을 만들려면, 인문 교양서 독해에서 자주 발생하는 함정들을 미리 알고 대비해야 합니다. 인문 교양서에서 자주 나타나는 7가지 함정과 그 대응법을 요점 중심으로 간단히 살펴보겠습니다. 비즈니스 문서나 기술 문서에도 주의할 특성들이 존재하지만, 인문 교양서는 특히 함정들이 많습니다. 기본적으로 독자들의 생각, 삶의 방식과 태도에 영향을 주려 하기 때문에 독해 시 조심해야 할 부분이 많은 것이죠.

경험의 과도한 일반화 함정

- **현상**: 저자의 개인적이고 특수한 성공 경험을 보편적 법칙으로 무리해서 일반화
- **예시**: '나는 새벽 4시에 일어나서 성공했다.' → '성공하려면 새벽에 일어나야 한다.'
- **위험성**: 저자의 특수 조건(건강 상태, 가족 환경, 업무 특성 등)을 무시하고 따라하다가 실패
- **대응법**: '이 저자의 성공 조건 중 우리와 다른 점은 무엇인가?' 체크

선택 편향 함정

- **현상**: 자신의 주장에 유리한 사례만 골라서 제시
- **예시**: 성공한 CEO 10명만 분석하고 실패한 사람들은 언급 안 함(생존자 편향)
- **위험성**: 실패 요인을 놓치고 성공만 모방하려다가 예상치 못한 부작용 발생
- **대응법**: '실패 사례나 반대 의견은 왜 언급하지 않았을까?' 의문 제기

현학적 포장 함정

- **현상**: 기존 개념을 거창한 새 용어로 리브랜딩해서 새로운 혁신인 척 제시
- **예시**: 제텔카스텐(1970년대 메모법), OKR(MBO 재포장), 딥워크(몰입 리브랜딩)[14]
- **위험성**: 불필요한 신규 교육 비용, 기존 검증된 방법론 무시, 유행 따라가기 피로감 증대
- **대응법**: '이 개념의 기존 버전은 무엇이고, 정말 새로운 요소는 뭔가?' 분석

과도 단순화의 함정

- **현상**: 복잡한 현실을 지나치게 단순한 공식으로 환원
- **예시**: '성공 = 열정 + 끈기 + 운' 같은 단순 공식
- **위험성**: 현실의 복잡한 변수들을 놓치고 단순한 해답만 추구하다가 실패
- **대응법**: '이 공식에서 빠진 중요한 변수는 없을까?' 보완점 찾기

무리한 전문성 확대 함정

- **현상**: 한 분야 전문가가 전혀 다른 분야까지 조언
- **예시**: IT에서 성공한 CEO가 교육, 철학, 인생론, 육아까지 설파
- **위험성**: 전문 영역 밖의 조언을 맹신하여 잘못된 의사결정
- **대응법**: '이 저자가 이 분야에서도 정말 전문가인가?' 자격 확인

---

14 최근 유행하는 생산성·경영 개념들은 완전히 새로운 발명이라기보다는 기존 이론을 디지털 환경에 맞게 재설계·재맥락화한 사례로 볼 수 있습니다. 제텔카스텐(Zettelkasten)은 독일 사회학자 루만이 사용한 카드 연결식 메모 체계로 최근 '제2의 뇌(Second Brain)' 등으로 재포장되어 유행하고 있습니다. OKR(Objectives and Key Results)은 목표와 핵심 결과를 설정하는 구글 경영 기법으로, 1950년대 피터 드러커가 개발한 목표 중심 경영 기법인 MBO(Management by Objectives)의 디지털 시대 진화 방식이라고 볼 수 있습니다. 딥워크(Deep Work)는 칼 뉴포트가 명명한 고도의 집중력을 요하는 작업 방식 개념입니다. 심리학자 칙센트미하이가 제시한 몰입(Flow) 이론의 업무 적용 버전이라고 볼 수 있습니다.

시대적 맥락 무시 함정

- **현상**: 특정 시대나 상황의 성공 법칙을 현재에도 유효한 것처럼 제시
- **예시**: 1990년대 제조업 성공 전략을 디지털 시대에 그대로 적용
- **위험성**: 변화된 환경을 무시하고 과거 방식만 고집하다가 뒤처짐
- **대응법**: '이 조언이 나온 시기와 지금의 차이점은 무엇인가?' 시대적 변화 고려

문화적 편향의 무비판적 수용 함정

- **현상**: 서구나 특정 문화의 가치관을 보편적 진리로 인식
- **예시**: 미국식 개인주의 리더십을 한국 집단주의 문화에도 무비판적 수용 시도
- **위험성**: 조직 내 갈등, 기존 문화와 충돌, 직원들의 거부감 증가
- **대응법**: '이 조언이 우리 문화에서는 어떻게 받아들여질까?'를 사전 검토

* 이 함정은 인문학 도서 자체의 문제라기보다는 비판적 사고에 익숙하지 않은 독자들의 문제들일 수 있습니다. 일반 독자들뿐만 아니라 지식인들 사이에서도 매우 흔하게 나타나는 함정입니다.

● 3가지 방법론으로 7대 함정 극복하기

앞서 살펴본 저자 DNA 해독법, 비즈니스 번역법, 문화적 필터링 독해법은 인문 교양서의 7가지 함정을 극복하는 데 중요한 역할을 할 수 있습니다.

먼저 저자 DNA 해독법은 경험의 **과도한 일반화 함정(1번)**와 **무리한 전문성 확장 함정(5번)**을 예방하는 데 큰 도움을 줍니다. 저자의 특수한 성공 조건을 미리 파악하면 무작정 모방하는 실수를 방지할 수 있고, 저자의 실제 전문 영역과 한계를 명확히 구분하면 무책임한 비전문적인 조언을 가려 낼 수 있지요.

비즈니스 번역법은 **3번(현학적 포장)**과 **4번(과도 단순화)** 함정의 극복에 중요합니다. 즉, 거창하거나 힙(hip)해 보이는 용어들을 일반 비즈니스 언어로 번역하는 과정에서 본질에 대해 다시 한번 생각하게 됩니다. 또한 단순한 공식을 실행 계획으로 구체화, 세분화하는 과정에서 현실성을 확보할 수 있습니다.

한편, 문화적 필터링을 통해 **6번(시대적 맥락 무시)**과 **7번(무비판 수용)** 함정을 극복할 수

있습니다. 과거 성공 사례가 현재에도 타당한지 꼼꼼하게 검토하고 서구 이론을 한국 현실의 고유한 차이에 맞게 재조정하며, 실행상 부작용들을 미리 가늠하고 우리에게 맞는 방법을 찾아갈 수 있지요.

마지막으로 **2번 함정(선택 편향)**은 관련 주제에 대해 책 한 권이 아니라 여러 관련 서적들을 두루 살펴본 후 저자들의 관점을 조합해 균형잡힌 시각을 만들고 다양한 사례를 확보해 극복할 수 있습니다.

자, 이제 이론적인 설명은 끝났으니 본격적으로 박 팀장의 작업 프로세스를 따라가 봅시다. 이후 내용을 읽다 보면 문득 '독해 방법을 배우려고 했는데 왜 책 고르는 이야기부터 하는 거지?'라는 의문이 드실 수도 있습니다. 하지만 인문 교양서의 경우, 어떤 책을 잘 선별해서 읽느냐가 곧 독해의 질을 결정합니다. 이는 비즈니스 문서나 기술 문서 학술 문서와 근본적으로 다른 점입니다.

비즈니스 문서나 학술 문서는 이미 정해진 자료가 있습니다. 여러분 앞에 놓인 실적 보고서 시장 분석 보고서 연구 논문을 읽어야 하는 상황이죠. 선택의 여지가 많지 않기에 주어진 자료를 어떻게 잘 읽느냐가 중요합니다. 하지만 인문 교양서는 다릅니다. 시중에는 수만 권의 인문 교양서가 있고, 같은 주제를 다룬 책들도 수십 권입니다. 그중에서 내 상황에 맞는 책을 선별하는 것 자체가 독해의 시작입니다. 잘못된 책을 선택하면 아무리 깊이 읽어도 실무에 적용하기 어렵거나 오히려 조직에 해가 될 수도 있습니다.

이 때문에 박 팀장은 계속 스크리닝 때문에 고민하게 되는 것입니다. 132권의 후보 책 중에서 아무거나 골라서 5권을 정독했는데 막상 조직에 맞지 않는다면? 참 난감하겠지요. 인문 교양서에서 깊이 있는 독해는 스크리닝 다음의 문제입니다.

그렇다면 이제 박 팀장이 어떻게 132권의 후보 도서에서 최종 5권을 선정하는지, 이때 AI를 어떻게 활용할 수 있는지, 체계적인 과정을 살펴보겠습니다.

박 팀장은 1절에서 소개한 3대 방법론을 머릿속에 정리하며 본격적인 도서 선정 작업에 들어갔습니다.

'이제 방법론은 알겠는데, 그럼 구체적으로 어떤 책들을 골라야 할까?'

작년에는 경영진이 추천한 몇 권과 베스트셀러 순위를 참고해서 대충 골랐죠. 하지만 이번에는 다릅니다. 500명의 임직원을 대상으로 하는 프로그램, 20% 예산 절감 압박, '추상적이고 현장 적용 어렵다.'는 작년 피드백…. 이 모든 걸 고려하면 도서 선정부터 과학적이고 체계적으로 접근해야 했거든요.

'그래, 이번에는 제대로 해 보자. 가능한 모든 후보를 다 모아서 객관적으로 비교 분석해 보는 거야.'

박 팀장이 생각한 도서 선정 프로세스는 아래와 같습니다. 이 과정에서 AI는 박 팀장의 강력한 파트너가 되어 줄 겁니다. 대량 정보 처리는 AI가, 최종 판단은 인간이 담당하는 역할 분담이죠.

- **0단계** Long List 구축[15] ～ '일단 유용해 보이는 책들은 모두 모아 보자.'
- **1단계** 기본 정보 이용한 1차 스크리닝 ～ '검증 안 된 책들은 제외하자.'
- **2단계** AI 활용 스크리닝 ～'3대 방법론을 활용해 진짜 우리에게 맞는 책을 골라 보자.'
  - **저자 DNA 해독**: '이 저자 믿을 만한가?'
  - **비즈니스 번역**: '이 내용 써먹을 수 있나?'
  - **문화적 필터링**: '우리 조직에 맞나?'
- **3단계** 포트폴리오 조합 ～ '선택한 책들이 서로 잘 어울리나?'

---

15 Long List는 초기 검토 단계에서 가능한 모든 후보를 폭넓게 포함한 1차 후보군 목록을 말하고, Short List는 그중에서 핵심 기준을 충족한 소수의 최종 심사 대상군을 뜻합니다.

● Long List 구축−후보 풀의 체계적 확보(132권)

1단계 **다양한 추천 소스에서 후보 도서 수집**

박 팀장과 팀원들은 편향되지 않은 선정을 위해 최대한 다양한 소스를 활용해 후보 도서를 모았습니다. 일반적으로 활용 가능한 추천 소스는 다음과 같습니다.

▦ 다양한 인문 교양서 추천 탐색 소스

외부 추천 소스 객관성과 전문성 확보, 최신 해외 트렌드 파악	내부 추천 소스 조직 적합성과 실행 가능성 확보
• 경영 컨설팅 사 추천 도서(Mckinsey, BCG, Deloitte 등) • 주요 경영대학원, MBA 필독서(서울대, 연세대, 고려대, KAIST 등) • 경영 전문지 선정 리스트(HBR, MIT Sloan Management Review, 동아비즈니스리뷰 등) • 온라인 서점 베스트 셀러(교보문고, 예스24, 알라딘 등) • 해외 권위지 선정 도서(Financial Times, New York Times 등)	• 경영진 직접 추천 − CEO가 임원회의에서 언급한 도서 − 각 부문장이 팀장 회의에서 추천한 책 • 각 부서별 팀장 설문 조사 − '팀원들에게 추천하고 싶은 책 3권씩' − 영업/생산/연구개발/지원 부서별 니즈 반영 • 작년 독서 프로그램 참여자 피드백 − '이런 책을 읽었으면 더 좋았을 것 같다.' − 실제로 도움이 되었던 개인 독서 경험 • 사내 독서 동아리 추천 도서 − 리더십 독서회 1년간 선정 도서 − 자기 계발 스터디 그룹 추천 리스트

이때 올해 나온 따끈따끈한 신간보다는 출간 후 1~2년 이상 시장에서 검증된 도서들을 중심으로 골랐습니다. 신간은 화제성은 높지만 실제 교육 효과나 부작용을 예측하기 어렵고, 번역서는 초기 번역 오류가 개정판에서 수정되는 경우가 많거든요. 500명 대상 프로그램에서는 모험보다 안정성이 더 중요했습니다.

2단계 **AI를 활용한 서지 정보 보완 및 Long List 만들기**

박 팀장이 가진 132권의 리스트는 팀원 김 대리가 이틀 전 여러 추천 도서들을 종합해 보내 온 것입니다. 문제는 132권 리스트는 있지만, 각 책의 출간년도, 페이지 수, 핵심 내용, 분야 분류 같은 추가 정보가 전혀 없다는 것입니다. '이 상태로는 1단계 스크리닝도 할 수 없는데…' 하지만 현재 김 대리는 1주일짜리 인재 육성 전문가 프로그램 교육에 들어가 있습니다. 다른 팀원들도 연수원의 임원 리더십 프로그램에 퍼실리테이터로 모두 투입되어 문서 작업이 힘든 상황이라, 결국 본인이 직접 나서야 했습니다.

'좋아, 그럼 Perplexity라도 써서 일단 서지 정보부터 채워 보자.'

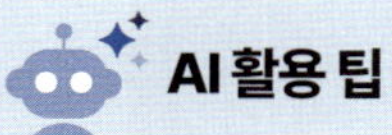

Perplexity는 외부 인터넷 검색을 통해 자료 검증을 할 때 매우 유용합니다. 흔히 구글 검색 대용으로 챗GPT나 제미나이를 많이 이용하지만, Perplexity는 검색 내용 정리도 빠르고, 참조 자료들의 URL도 모두 제시해 주며, 잘못된 URL을 참조하는 경우가 적어 구글 검색 대용 툴로 매우 유용합니다. Perplexity는 웹 버전도 좋지만, PC 버전을 설치해 사용하면 검색 이력 관리나 검색 자동화 측면에서 여러 모로 좋습니다.

[사례] 박 팀장이 확보한 132권의 개요 및 분야별 대표 도서

조직 행동/인사 관리(22권)	자기 계발/개인 성장(20권)
• 에이미 에드먼슨, 『두려움 없는 조직』 – 추천 5회 • 패트릭 렌시오니 『최고의 팀은 왜 기본에 충실한가』 – 추천 4회 • 린다 그래튼, 『일을 리디자인하라』 – 추천 4회	• 캐럴 드웩, 『마인드셋』 – 추천 8회 • 기시미 이치로, 『미움받을 용기』 – 추천 6회 • 안젤라 더크워스, 『그릿』 – 추천 7회
경영 전략/리더십(30권)	커뮤니케이션/소통(13권)
• 사이먼 시넥, 『리더는 마지막에 먹는다』 – 추천 7회 • 로버트 그린리프, 『서번트 리더십』 – 추천 3회 • 리드 헤이스팅스, 『규칙 없음』 – 추천 2회	• 데일 카네기, 『인간관계론』 – 추천 7회 • 수전 케인, 『콰이어트』 – 추천 3회 • 킴 스콧, 『실리콘밸리의 팀장들』 – 추천 4회
심리학/행동과학(15권)	역사/철학/인문학(12권)
• 대니얼 핑크, 『언제 할 것인가』 – 추천 2회 • 수전 데이비드, 『감정의 재발견』 – 추천 2회 • 스티븐 핑커, 『우리 본성의 선한 천사』 – 추천 1회	• 라이언 홀리데이, 『돌파력』 – 추천 2회 • 유발 하라리, 『호모 데우스』 – 추천 1회 • 니콜로 마키아벨리, 『군주론』 – 추천 1회
과학/기술/미래(10권)	기타/보완(10권)
• 에릭 브린욜프슨, 『머신, 플랫폼, 크라우드』 – 추천 2회 • 클라우스 슈밥, 『4차 산업혁명』 – 추천 2회 • 케빈 켈리, 『기술의 충격』 – 추천 1회	• 하워드 슐츠, 『온워드』 – 추천 2회 • 셰릴 샌드버그, 『린 인』 – 추천 2회 • 레이 달리오, 『원칙』 – 추천 1회

박 팀장은 먼저 리스트가 제대로 작성되어 있는지 확인해 보기로 했습니다. Perplexity에 요청한 프롬프트는 아래와 같습니다.

"다음 추천 도서들이 한국에서 제대로 출간되었는지 확인하고 싶어. 먼저 책 목록을 표로 만들어 주고(분야–저자–책 제목–추천 횟수–출판사–출판년도–오류 여부), 인터넷에서 저자 및 책 제목 기준으로 출판사와 출판년도를 찾아서 표를 채워 줘. 아울러 저자 및 책 제목으로 찾아지지 않는 경우는 오류 여부에 '오류'라고 표시해 줘."
[책 목록 붙여 넣기]

자료 파일 참조 🔗

☑ **프롬프트 포인트**: 분석상 오류나 환각이 일어날 가능성이 크다고 판단되면, 아예 문제되는 항목들에 '오류'를 표시해 달라고 처음부터 요청하는 것이 좋습니다. 이러한 추가 요청이 없으면 AI는 어떻게든 내용을 채우려다가 환각을 일으키는 경우가 많습니다. 이처럼 문제가 발생한 항목들은 AI에게 계속 오류 수정을 요구하는 것보다 인간이 직접 손품을 팔아서 결과를 완성하는 것이 빠릅니다.

단, 이때 한꺼번에 132권 리스트를 올려서 검증해 달라고 하면, 오류가 날 가능성이 큽니다. AI도 사람처럼 한 번에 지나치게 많은 내용을 요청하면 답변을 부실하게 합니다. 박 팀장은 이 문제를 방지하고자 20~30권씩 나누어 여러 번에 걸쳐 요청했습니다. 그 결과 비교적 깔끔하게 결과가 정리되어 내용들을 엑셀에 카피해서 1차 정리했습니다.

다만, 132개 도서 중 12개가 오류 판정이 나왔습니다. 12개 항목에 대해서는 박 팀장이 수동으로 확인하며 엑셀 파일을 수정했습니다. 12개 항목들은 대부분 저자 이름의 한글 표기상 오류가 있다거나, 공저자가 있어 퍼플렉시티가 잘못 판단했다거나, 재출간으로 책 제목이 바뀐 경우였습니다.

일단, 기본 서지 정보가 확보되었으므로 이번에는 효과적인 스크리닝을 위해 추가 정보들을 확보하기로 했습니다. 이것도 마찬가지로 원서의 경우는 원서 제목, 핵심 내용, 키워드 등의 정보 말이지요.

"아래 책들의 서지 정보가 정확한지 확인해 보고, 다음 표를 작성해 줘. 분야−저자−책 제목−
추천 횟수−출판사−출판년도−페이지 수−원서 제목−핵심 내용(40자 내)−키워드(5개)"
[책 목록 붙여 넣기]

자료 파일 참조

정보 확장은 비교적 수월하게 진행되었습니다. 다만, 엑셀 통합 과정에서 살펴보니 2가지 문제가 발견되었습니다. 하나는 Perplexity가 책 제목을 원서 제목에 맞춰서 바꿔버린 경우가 있다는 것과 페이지 수가 잘 맞지 않는다는 것이었습니다. 박 팀장은 책 제목의 경우, 이전 정리 내용을 기준으로 엑셀에서 통합하고, 페이지 수는 판본에 따라 달라지기 때문에 무시하기로 했습니다.

🤖 AI 활용 팁

생성 AI로 대단위 작업을 하다 보면 이런 문제들이 많이 발생됩니다. 그래서 AI 결과를 과신하지 말고 꼼꼼히 검수해 보아야 합니다. 비슷한 일을 사람에게 맡겼을 때 인간이 실수하는 만큼 AI도 많이 실수합니다.

업무 자동화에서는 이런 오류들의 원인을 파악해 해결하는 것이 매우 중요합니다. 하지만 비슷한 일을 어쩌다가 한 번씩 진행하게 되는 일상 업무에서는 세부 원인을 파악해 들어가는 수고보다 문제가 생긴 부분을 사람이 수정하는 수고가 훨씬 적게 들어갈 경우가 많습니다. 오류 수정을 AI에게 추가로 맡길지, 사람이 수정할지는 이런 식으로 추가 노력 부담을 빠르게 비교해 보고 결정하는 것이 바람직합니다.

분야	저자	책 제목	추천	출판사	출판 년도	페이지	원서 제목	핵심 내용 (40자 내)	키워드
경영 전략/ 리더십	사이먼 시넥	리더는 마지막에 먹는다	7	36.5	2014	360	Leaders Eat Last	신뢰와 협력, 기업 문화가 조직 성공의 핵심	리더십, 신뢰, 협력, 조직, 문화
경영 전략/ 리더십	사이먼 시넥	WHY부터 시작하라	6	세계사	2011	347	Start with Why	'왜'에서 시작하는 목적 중심 리더십	비전, 동기, 골든서클, 영향, 영감
경영 전략/ 리더십	짐 콜린스	좋은 기업을 넘어 위대한 기업으로	8	김영사	2002	412	Good to Great	평범한 기업이 위대한 기업 되는 전략	기업, 도약, 리더, 전략, 문화

3단계 ## 중복 자료 식별 제거

이렇게 132권의 세부 정보 파일이 1차 완성되었습니다. 박 팀장은 정리된 엑셀 파일을 Claude에 올리고 리스트에 대한 분석을 시작했습니다. 먼저 리스트 내에 중복된 책이 있는지 확인을 부탁했습니다.

> **리스트 내 중복 확인 프롬프트(Claude 활용)**
>
> "방금 올린 엑셀 파일에서 한글 제목이나 원서 제목을 기준으로 중복 서적이 존재하는지 분석하고, 중복된 책들의 리스트를 제시해 줘."
>
> [엑셀 파일 업로드]
>
> **자료 파일 참조** 🔗

엑셀 분석 결과, 중복 그룹은 11개로 총 중복 도서는 23권, 중복으로 제거할 도서는 11권이라는 답변을 얻었습니다. 중복 도서가 22권이 아니라 23권으로 나타난 이유는 3번 중복된 책이 1권('설득의 심리학') 있었기 때문입니다. 엑셀 파일에서 중복 파일들에 태깅을 하면서 보니 『상식 밖의 경제학』도 중복인데, Claude가 체크하지 못한 것을 발견했습니다. 그래서 이 부분을 다시 확인해 보라고 하니 AI도 실수를 인정하고 총 12권의 제거가 필요하며, 리스트는 132권에서 120권으로 압축된다고 답변했습니다. 생성형 AI가 비교적 정확하기는 하지만, 완벽히 정확하지는 않으므로 숫자를 다룰 때는 꼭 추가 검증이 필요하다는 선배의 말이 실감나는 순간이었습니다. 이후 박 팀장은 120권에 대해서 분포 분석을 시켜 보았습니다.

생성 AI는 의외로 산수를 잘하지 못합니다. 이런 식으로 조건에 맞는 항목들의 숫자 세기에서 실수하는 경우가 많습니다. 해결 방법은 보통 3가지입니다.

❶ **검증, 재검토 프롬프트 추가**: 위 프롬프트 다음에 "분석 결과를 다시 한 번 검증해 오류가 있는지 확인해 보고, 오류가 있다면 수정해 줘."라는 말을 추가하면 실수가 좀 줄어듭니다.

❷ **3개 이상의 다른 AI를 동시 활용**: 같은 자료, 같은 프롬프트를 3개 이상의 AI에게 입력하고, 결과가 일치하는지를 살펴봅니다. 2개 AI가 일치하고 1개 AI 결과가 다르다면, 대부분 2개 AI의 일치된 결과가 맞는 답이고, 다른 AI는 환각을 일으킨 것입니다. 만일 3개 AI 결과가 모두 다르다면, 데이터나 프롬프트 자체에 무엇인가 문제가 있는 것입니다. 이때는 처음부터 다시 내용을 검토해 보아야 합니다.

❸ **인간이 수동 검증**: 가급적 AI에게 숫자 세기를 맡긴 다음에는 사람이 검산해 보는 것을 권장합니다. 엑셀의 피봇 테이블 기능을 활용하면 쉽게 검증할 수 있습니다.

리스트 분포 분석 프롬프트(Claude 활용)

"좋아. 그럼 수정된 120권의 리스트에 대해서 기초 통계를 정리해 줘."

1) 분야별 도서 수량과 비율

2) 테마별 도서 수량과 비율

3) 추천 횟수별 분야/테마 분포

4) 빈 영역이나 과밀 영역 식별

1~2분 정도 시간이 걸린 후 나온 분석 결과는 아래와 같았습니다. 분석 결과는 엑셀에서 피봇 테이블을 가지고 분석한 결과와 정확히 일치했습니다.

사례 리스트 분포 분석 결과

분야별 도서 수량과 비율(중복 제거 후)	추천 횟수별 분야 분포
• **경영 전략/리더십**: 26권(21.7%)	• **고추천 도서**(4회 이상) 23권
• **자기 계발/개인 성장**: 19권(15.8%)	− 경영 전략/리더십: 8권(34.8%)
• **조직 행동/인사 관리**: 18권(15.0%)	− 자기 계발/개인 성장: 7권(30.4%)
• **심리학/행동 과학**: 14권(11.7%)	− 조직 행동/인사 관리: 6권(26.1%)
• **역사/철학/인문학**: 12권(10.0%)	− 커뮤니케이션/소통: 2권(8.7%)
• **커뮤니케이션/소통**: 11권(9.2%)	• **중간 추천 도서**(2~3회) 46권
• **과학/기술/미래**: 10권(8.3%)	− 경영 전략/리더십: 12권
• **기타/보완**: 10권(8.3%)	− 조직 행동/인사 관리: 9권
	− 자기 계발/개인 성장: 7권

● 1차 스크리닝–기본 정보 기반

이제는 120권의 책에서 관련성 없는 책들을 제거하는 스크리닝을 해야 합니다. 다만, 어떤 기준으로 정리할지 아이디어가 부족했습니다. 일반적으로는 팀 내 브레인스토밍을 통해 스크리닝 기준을 정해야 하겠지만, 지금은 팀원들이 없으므로 Claude에게 1차 스크리닝 절차와 필요한 기준을 물었습니다.

스크리닝 프로세스 설계 조언 요청 프롬프트

"120권 도서를 40권 정도로 줄이는 스크리닝 과정을 설계해 줘. 스크리닝 기준은 가급적 아래 데이터를 최대한 활용하되, 시간 효율적으로 구성해 줘."

- **조건**
  - **대상**: 대기업 임직원 500명 목표: 실무 적용 가능한 리더십 교육
  - **데이터**: 분야, 저자, 책 제목, 추천 횟수, 출판사, 출판년도, 원서 제목, 핵심 내용, 키워드
  - **제약**: 작년 피드백은 '내용이 추상적'이라는 평가

Claude가 제안한 1차 스크리닝(120권 → 40권 목표) 기준은 추천 횟수 기준, 출간년도 기준, 실무적 활용성, 분야별 균형 배정 등 4가지였습니다. 박 팀장은 이러한 AI 조언과 엑셀의 데이터 상황을 살펴보고, 엑셀 데이터에 즉시 적용 가능한 3가지 기준을 정해 수동 스크리닝하기로 했습니다.

> **AI 활용 팁**
>
> 판단 기준, 평가 기준, 스크리닝 기준을 잘 모르겠다면 AI에게 물어보는 것도 좋은 방법입니다. 이 때 AI의 답변이 정답이라고 생각하지는 마세요. AI 답변은 꽤 신뢰성이 높은 의견이지만, 여기에 내 의견을 덧붙여야 비로소 최종 기준이 만들어진다고 생각하세요.

AI 조언은 언뜻 보기에 체계적으로 보이지만, 실행해 보려면 의외로 너무 복잡한 경우가 많습니다. 그래서 이를 참고삼아 적절히 프로세스를 단순화할 필요가 있습니다. 실제로 박 팀장이 1차 스크리닝 단계에서 AI를 활용하지 않은 이유는 엑셀 데이터만으로도 빠르

게 스크리닝이 가능하고, 120권이나 되는 자료를 AI로 스크리닝했을 때 제대로 했는지 검증하는 데 시간이 더 많이 걸릴 수 있기 때문이었습니다.

- **필터 1**: 추천 횟수 기준 – 3회 이상 추천 도서만
- **필터 2**: 출간년도 기준 – 고전 서적은 제목을 보고 수동으로 체크해서 배제
- **필터 3**: 분야 기준 – 과학/기술/미래와 역사/철학/인문학 분야는 교육 목표와 거리가 있어 1차 배제, 심리학/행동 과학과 기타 분야는 개별 검토
- * 키워드 분석은 다음 2차 AI 스크리닝에서 활용

모든 것을 다 AI에게 맡기려고 하지 마세요. 때로는 수동 작업이 더 빠르고 정확할 수도 있습니다. 무엇을 AI에게 맡기고, 무엇을 팀원에게 맡기고, 무엇을 자기가 해야 할지를 결정하는 오케스트레이션(Orchestration) 역량이 AI 시대에는 더욱 중요해집니다.

분석 결과 3회 이상 추천을 받았고, 고전이 아니며, 조직 문화 혁신 및 리더십이라는 테마에 부합하는 도서는 총 18권으로 집계되었습니다. 이 중 사이먼 시넥과 찰스 두히그의 책이 각각 2권씩 목록에 있어 리더십에 좀 더 관련성 높은『리더는 마지막에 먹는다』와『습관의 힘』만 남기기로 했습니다. 원래 40권 정도로 생각했는데, 16권으로 크게 압축되어 바로 AI를 활용한 본격 독해 및 스크리닝 단계로 넘어가기로 했습니다.

저자	책 제목	추천 횟수	출판사	출판 년도	핵심 내용(40자 내)
사이먼 시넥	리더는 마지막에 먹는다	7	36.5	2014	신뢰, 협력, 기업 문화가 조직 성공의 핵심
브레네 브라운	리더의 용기	4	갤리온	2019	취약성·솔직함 중심의 신뢰 리더십
크리스 보스	우리는 마음을 어떻게 움직이는가	3	프롬북스	2016	FBI 협상 기법으로 실전 설득과 대화 기술 제시
칩 히스, 댄 히스	스틱!	3	웅진지식하우스	2022	메시지가 사람들의 뇌리에 강력하게 달라붙게(Sticky) 만드는 6가지 원칙(SUCCESs)과 실전 전략
에이미 에드먼슨	두려움 없는 조직	6	다산북스	2019	업무에서 의견·취약점 드러내도 안전한 조직
패트릭 렌시오니	최고의 팀은 왜 기본에 충실한가	4	흐름출판	2018	팀워크·성장 위해 3가지 덕목(겸손, 갈망, 영리함)
킴 스콧	실리콘밸리의 팀장들	4	청림출판	2019	솔직한 피드백과 성과 문화가 팀 성장 견인
마커스 버킹엄	위대한 나의 발견 강점 혁명	5	청림출판	2013	개인·조직의 강점 발굴과 성장 전략
린다 그래튼	일을 리디자인하라	5	클	2023	디지털 시대 팀워크와 성과 향상을 위한 업무 혁신 방법론
사티아 나델라	히트 리프레시	3	흐름출판	2018	MS 혁신과 문화 변환, 리더십 변곡점 경험담
캐럴 드웩	마인드셋	8	스몰빅라이프	2017	성장 마인드셋 기반 팀 학습 문화와 조직 혁신 전략
기시미 이치로	미움받을 용기	6	인플루엔셜	2014	아들러 심리, 자율적 의사결정과 팀내 건설적 소통을 통한 조직 성장
리드 헤이스팅스	규칙 없음	4	알에이치코리아	2020	넷플릭스의 자유·책임 기반 혁신 조직 문화 노하우
안젤라 더크워스	그릿	7	비즈니스북스	2016	열정과 끈기(그릿)가 성공을 결정한다.
찰스 두히그	습관의 힘	5	갤리온	2012	반복 행동이 삶·조직을 극적으로 변화시킨다.
제임스 클리어	아주 작은 습관의 힘	6	비즈니스북스	2019	행동 변화 4법칙으로 작은 습관이 큰 변화를 만든다.

박 팀장은 사전 스캐닝을 통해 얻은 16권의 리스트에 대해 상세한 개요와 목차를 추가로 확보하기로 했습니다. 과거라면 한 권당 1시간, 16권이면 16시간, 꼬박 이틀은 조사하고 정리해야 했을 것입니다. 하지만 Perplexity를 이용해 내용을 조사하니 작업이 정말 쉬어졌습니다. 아래와 같은 프롬프트를 만들어 약간씩 고쳐서 16번을 반복하니 1시간 만에 할 수 있었습니다.

서적 특성 세부 내용 조사 프롬프트(ChatGPT 활용)

"아래 책의 저자 정보, 서지 사항, 개요, 목차 정보, 핵심 주장, 다른 유사 서적과의 차별점들을 조사해 줘."
캐럴 드웩, 마인드셋, 스몰빅라이프, 2017(원제: Mindset)

박 팀장은 확보한 개요 파일들을 2시간에 걸쳐 읽고 기본 내용을 충분히 파악했습니다.

'자, 이제 정말 본격적으로 들어가 보자. 15권이면 여전히 많은 양이므로 최종 5권을 선별해야 하는데…. 단순히 유명하니까, 베스트셀러니까로는 납득할 수 없지. 우리 조직에 정말 맞는 책들을 체계적으로 골라 내야 해.'

박 팀장은 1절에서 배운 3가지 인문 교양서 독해 방법론을 떠올리며 구체적인 실행 계획을 세웠습니다.

'그래, 이전에 배운 방법론들을 실제로 적용해 보자. 각 책마다 저자가 누구인지부터 시작해서 우리가 정말 써먹을 수 있는 내용인지, 그리고 우리 문화에 맞는지 체계적으로 점검해야겠어.'

15권 각각에 대해 동일한 기준을 적용해 객관적으로 비교하려면, 명확한 평가 프레임워크가 필요했습니다.

박 팀장은 3가지 독해 방법론을 본인의 상황에 맞게 약간 변형해서 사용하기로 했습니다. 즉, 저자 DNA 해독법을 통해 저자/도서의 신뢰도를 체크하고, 비즈니스 번역법을 활용해 실무 활용도를 가늠하고, 문화적 필터링 개념을 조직 문화 적합도 점검에 활용하자는 것이었습니다.

'맞아! 1단계에서 저자와 도서의 신뢰도부터 체크하고, 2단계에서 실무 활용도를 평가한 다음 3단계에서 우리 조직 문화와의 적합성까지 종합적으로 분석하면 되겠네.'

이렇게 해서 박 팀장의 새로운 3단계 접근법이 탄생했습니다.

사례 박 팀장의 3단계 평가 프레임워크

저자	평가 프레임워크	평가 내용	핵심 아이디어
1단계	저자/도서 신뢰도 체크 (저자 DNA 분석법 응용)	• 문화적 배경과 편향 위험도 분석 • 전문성과 성공 조건의 특수성 검토	'이 저자와 책, 정말 믿을 만한가?'
2단계	실무 활용도 체크 (비즈니스 번역법 응용)	• 핵심 개념의 KPI 변환 가능성 • 측정과 실행의 구체성 평가	'이 내용, 우리가 실제로 써먹을 수 있는가?'
3단계	문화 적합도 체크 (문화적 필터링 응용)	• 한국 기업 문화와의 조정 가능성 • 예상 충돌점과 해결 방안 검토	'우리 조직의 현실에 정말 맞는가?'

현실에서도 컨설턴트들은 다양한 프레임워크나 학술 문헌에서 나온 분석 기법들을 상황에 맞게 적절히 변용해서 사용합니다. 이런 변형 적용을 효과적으로 잘할 수 있는지 여부가 프로와 아마추어를 구분하는 중요한 잣대입니다. 불교 선종에서는 '(수행 중에) 달마를 만나면 달마를 죽여라.'는 말이 유명합니다. 가르침은 일단 받아들이되, 그 권위에 얽매이지 말고 자신의 길을 스스로 개척하라는 말이지요.

● 3단계 평가 진행

1단계 저자/도서 신뢰도 체크(저자 DNA 분석 응용)

'사이먼 시넥은 분명히 유명하고 TED 강연도 수천만 명이 봤지만, 과연 그의 이론을 우리 같은 제조업체에도 제대로 적용할 수 있을까? 에이미 에드먼슨은 하버드 교수니까 신뢰할 만하지만, 구체적으로 어떤 점에서 더 신뢰할 만한 거지?'

이런 측면에서 박 팀장은 저자 DNA 해독법을 좀 더 확장시켜 저자의 배경 파악뿐만 아니라 저자와 도서의 신뢰도를 체크하고, 앞서 살펴 본 7대 함정 중 중요한 것들을 피할 수 있는 지표들도 정리해 보았습니다. 그리고 나서 이러한 지표들을 활용해 구체적인 AI 프롬 프트를 설계했습니다.

저자/도서 신뢰도 체크 프롬프트(Claude 활용)

"이 파일과 네가 갖고 있는 지식을 기반으로 아래 질문에 답해 줘."

(서적의 세부 특성을 조사한 파일을 업로드)

"다음 저자(도서)들을 한국 대기업의 임직원 교육의 관점에서 분석해 줘. 다음 사항들을 분석해 보고 이를 기초로 도서 신뢰도 평가 점수를 매기고, 점수 산정 근거를 명시해 줘."

- **분석 대상 저자**(도서)

  캐럴 드웩(마인드셋), 사이먼 시넥(리더는 마지막에 먹는다), 에이미 에드먼슨(두려움 없는 조직)

- **분석 항목**

1. 저자 배경 분석

   – 문화적 배경(출신국, 주요 활동 지역, 문화적 편향성)

   – 전문 경력(학술 vs. 실무, 전문 분야, 경력 기간)

   – 성공 조건의 특수성(특별한 환경, 시대적 배경)

2. 도서 신뢰도 평가

   – 실증적 근거 수준(연구 기반 vs. 경험 기반)

   – 논리적 일관성(주장과 근거의 연결성)

   – 검증 가능성(재현 가능한 방법론 제시 여부)

3. 주의 사항

   – 경험 과도 일반화 위험도

   – 문화적 편향 위험도

   – 전문성 확대 위험도

박 팀장은 우선 자신이 관심을 가졌던 3권에 대해 심층 분석을 진행했습니다. 먼저 캐럴 드웩의 『마인드셋』에 대한 AI의 분석 결과를 정리한 내용은 다음과 같았습니다.

1. 저자 배경 분석

구분	주요 내용
문화적 배경	• 미국 스탠퍼드대학교 심리학과 교수(30년＋경력) • 서구 개인주의와 성취 지향 문화 바탕 • 미국 교육계의 '노력 vs. 재능' 논쟁과 밀접한 연관
전문 경력	• 동기 심리학과 인성 심리학 세계적 권위자 • 200편＋학술 논문, 다수 국제 학회 기조 연설 • 교육 현장부터 기업까지 폭넓은 적용 경험
성공 조건의 특수성	• 미국의 학업 성취도 저하 위기와 맞물린 타이밍 • '재능보다 노력'이라는 직관적이고 희망적인 메시지 • 자기 계발 열풍과 평생학습 시대 정신에 부합

2. 도서 신뢰도 평가

구분	주요 내용
실증적 근거 수준: 9/10	• 30년＋종단 연구와 실험 심리학 기반 • 아동부터 성인까지 다양한 연령대 검증 • 교육, 스포츠, 비즈니스 등 다영역 적용 확인
논리적 일관성: 8/10	• Fixed vs. Growth Mindset 이분법은 명확하지만, 현실은 더 복잡 • 마인드셋 변화 과정에 대한 구체적 메커니즘 설명 부족 • 전체적 논리는 일관되지만, 예외 상황 고려 부족
검증 가능성: 8/10	• 마인드셋 측정 도구와 평가 방법 제시 • 구체적 실험 설계와 재현 가능한 방법론 • 다수 후속 연구를 통한 반복 검증

3. 주의 사항

구분	주요 내용
경험 과도, 일반화 위험도: 중	• 미국 교육 현장 경험을 전 세계에 일반화 • 개인차와 상황 특수성 고려 부족
문화적 편향 위험도: 중	• 서구의 '개인 성취' 중심 문화 전제 • 동양의 '집단 조화'와 '겸손' 문화와의 충돌 가능성
전문성 확대 위험도: 중	• 심리학 → 교육학 → 경영학으로 적용 영역 확대 • 조직 차원 적용에서는 개인 심리학 한계 존재

4. 신뢰도 종합 점수: 8.3/10

박 팀장은 마인드셋 외에 다른 2권의 상세 분석을 통해 프롬프트가 제대로 작동하고, 의미 있는 분석 결과가 나온다는 것을 확인했습니다. 그래서 나머지 14권에 대해서도 같은 방식으로 분석을 진행했습니다. 그리고 그 검토 결과를 최종적으로 표 형태로 작성했습니다.

"지금까지의 검토 결과를 바탕으로 저자들의 신뢰도를 정량적으로 평가해 줘. 평가 결과는 저자-실증 근거-논리 일관성-검증 가능성-위험도-신뢰도 점수 형태의 표로 제시해 줘. 이때 순위는 신뢰도 점수 기준으로 매겨 줘."

☑ **프롬프트 포인트**: 생성형 AI는 표를 구성할 때 순위를 맨 처음 나온 숫자(여기서는 실증 근거)를 기준으로 매기는 경향이 있습니다. 이 때문에 순위는 맨 마지막의 신뢰도 점수로 매기라는 조건을 넣어 줄 필요가 있습니다.

사례 1차 평가 결과

저자	저서	실증 근거	논리 일관성	검증 가능성	위험도	신뢰도 점수
에이미 에드먼슨	두려움 없는 조직	9	9	8	낮음	8.7
캐럴 드웩	마인드셋	9	8	8	중간	8.3
안젤라 더크워스	그릿	8	8	7	낮음	7.7
제임스 클리어	아주 작은 습관의 힘	6	7	8	중간	7.0
린다 그래튼	일을 리디자인하라	7	6	6	중간	6.3
패트릭 렌시오니	최고의 팀은 왜 기본에 충실한가	5	7	7	중간	6.3
마커스 버킹엄	위대한 나의 발견 강점 혁명	6	6	7	중간	6.3
사이먼 시넥	리더는 마지막에 먹는다	6	7	5	높음	6.0
찰스 두히그	습관의 힘	6	6	6	중간	6.0
킴 스콧	실리콘밸리의 팀장들	5	6	6	높음	5.7
브레네 브라운	리더의 용기	6	6	5	중간	5.7
칩 & 댄 히스	스틱!	5	6	6	중간	5.7
크리스 보스	우리는 마음을 어떻게 움직이는가	4	6	5	높음	5.0
사티아 나델라	히트 리프레시	5	5	5	중간	5.0
기시미 이치로	미움받을 용기	4	6	4	높음	4.7
리드 헤이스팅스	규칙 없음	4	5	4	높음	4.3

1차 신뢰도 선별 결과, 6점 이상 통과한 책은 9권(에드먼슨, 드웩, 더크워스, 클리어 그래튼, 렌시오니 버킹엄, 시넥, 두히그)이었습니다. 아울러 5.0 이하로 탈락이 확실시되는 책은 4권(보스, 나델라, 기시미, 헤이스팅스 등)이었습니다. 1차 선별 결과는 만족스러웠습니다.

'역시 학술적 배경이 탄탄한 저자들이 신뢰도에서 높은 점수를 받네. 그리고 개인 경험에만 의존하거나 문화적 편향이 심한 책들은 자연스럽게 걸러지겠어.'

2단계   실무 활용도 체크(비즈니스 번역법 응용)

박 팀장은 이제 다음 고민에 직면했습니다.

'신뢰할 만한 이론이라고 해서 모두 우리 회사에서 바로 쓸 수 있는 건 아니잖아. 아무리 좋은 이론이라도 실무에 적용하기 어려우면 의미가 없어.'

작년 독서 프로그램에서 직원들이 가장 많이 했던 불만이 바로 '책 내용은 좋은데, 구체적으로 뭘 어떻게 하라는 건지 모르겠어요.'였거든요. 박 팀장은 이런 경험을 바탕으로 앞서 살펴본 비즈니스 번역법을 바탕으로, 철학적 개념을 실무 용어로 번역하고, 나아가 실무 활용도를 정량적으로 평가하는 체계를 만들어 보았습니다. 박 팀장이 실무 활용도 평가에 중요하다고 생각한 요소는 KPI 변환 용이성, 구체적 액션 가능성, 즉시 적용 가능성, 범용성 등 4가지였습니다.

도서의 실무 활용도 평가 지표

평가 지표	핵심 아이디어
❶ KPI 변환 용이성	추상적인 개념을 측정 가능한 지표로 바꾸기 얼마나 쉬운가?
❷ 구체적 액션 가능성	즉시 실행할 수 있는 구체적인 행동 지침이 있는가?
❸ 즉시 적용 가능성	별도 교육이나 시스템 구축 없이 바로 시작할 수 있는가?
❹ 범용성	다양한 직급, 부서 업종에서 활용할 수 있는가?

이러한 프레임워크하에서 박 팀장은 실무 활용도를 체계적으로 체크해 보기 위해 Claude의 도움을 얻어 아래처럼 프롬프트를 설계했습니다.

"다음 도서들의 핵심 메시지를 한국 기업 현장에 적용 가능한 형태로 번역해 줘."

번역 단계

- 1단계: 핵심 철학 추출(1~2문장으로 압축)
- 2단계: 비즈니스 언어 번역(추상 개념 → 구체적 업무 용어)
- 3단계: 실행 방안 구체화(누가, 언제, 어떻게, 무엇을)

각 도서별 형식

【도서명】

- 1단계: 핵심 철학: '….'
- 2단계: 번역 결과
  - 개념 A → 업무 용어 A(예시 포함)
  - 개념 B → 업무 용어 B(예시 포함)
- 3단계: 실행 방안

직급별 적용

  - 임원급: 구체적 액션 3가지
  - 중간 관리자: 구체적 액션 3가지
  - 일반 직원: 구체적 액션 3가지

측정 지표

  - 정량 지표 2개(수치로 측정 가능)
  - 정성 지표 2개(관찰로 확인 가능)

자료 파일 참조 🔗

☑ **프롬프트 포인트**: 새로 구성한 프롬프트라면 먼저 1~2개 대상에 대해 시험삼아 돌려 보세요. 결과를 보고 적절히 수정한 후에 전체 대상에 차근차근 적용하는 것이 오류를 줄이는 방법입니다.

박 팀장은 신뢰도 최상위인 '두려움 없는 조직'에 대해 위 프롬프트를 테스트해 보았습니다. 그 결과, 아래와 같은 결과가 나왔습니다. 이후 『마인드셋』과 『그릿』에 대해서도 테스트해 본 결과, 마찬가지로 괜찮은 결과가 나왔습니다.

- 1단계 **핵심 철학**: '실수를 두려워하지 않고 자유롭게 의견을 표현할 때 혁신이 가능하다.'

- **2단계** 비즈니스 번역
  - '심리적 안전감' → '발언권 보장+실수 학습 전환 시스템'
  - '두려움 없는 소통' → '계층 간 자유로운 아이디어 교환 시스템'
  - '학습하는 조직' → '실험 정신+빠른 피벗+교훈 공유 프로세스'
- **3단계** 실행 방안
  - **임원급 적용**
    - 실패 허용 정책 공식 선언 및 혁신 실험 예산 별도 배정(전체 예산의 5% 이상)
    - 경영진 대상 실패 사례 공유 세션 정례화(분기 1회, '좋은 실패' 선정)
    - 직급 무관 아이디어 제안 시스템 구축 및 임원이 직접 검토하는 절차
  - **중간 관리자 적용**
    - 팀 회의에서 전체 구성원 발언 기회 균등 배분(발언 시간 타임 키핑)
    - 팀원 실수 발생 시 비난 대신 '이것으로부터 무엇을 배울 수 있을까?' 질문
    - 월 1회 '좋은 실패' 사례 선정 및 팀 차원의 학습 포인트 정리
  - **일반 직원 적용**
    - 업무 개선 아이디어 월 1건 이상 제안(소소한 개선 사항도 포함)
    - 동료의 실수에 대해 비난 대신 지원과 대안 제시하는 문화 조성
    - 자신의 실패 경험을 동료와 솔직하게 공유하는 '실패 나눔' 참여
  - **측정 지표**
    - **정량**: 회의 중 전체 구성원 발언 참여율, 제안 제도 참여율 및 채택률
    - **정성**: 팀원들의 발언 자유도 체감 수준, 실수 후 재도전 의지 수준

박 팀장은 3권에 대한 테스트 이후 나머지 13권에 대해서도 실무 활용도를 평가하려 했습니다. 이때 굳이 수동으로 13권을 평가하고 내용을 요약하는 것보다 생성형 AI에게 일괄적으로 맡기는 것도 괜찮겠다는 생각이 들었습니다. 다만, 위의 정성적 평가 내용을 정량적으로 변환하는 기준을 잡기는 다소 까다로웠습니다. 그래서 박 팀장은 생성형 AI에게 아래처럼 물었습니다.

> **도서의 실무 활용도 정량 평가 기준 논의 프롬프트(Claude 활용)**
>
> "이상의 논의 결과를 바탕으로 나머지 책들에 대해서도 실무 활용도를 정량적으로 평가해 보려해. 어떤 평가 기준들이 필요할까? 그리고 16권의 책을 일괄적으로 한 번에 평가하고 결과를 표로 만들어 내려면 어떻게 해야 할까? 이를 가능하게 하는 프롬프트를 하나 만들어 줘."

박 팀장은 Claude가 만들어 준 프롬프트를 조금 수정해서 다음의 프롬프트를 만들었습니다. 박 팀장은 순위를 활용도 점수 기준으로 매기라는 내용을 추가했습니다. 앞서 1단계에서 생성형 AI가 맨 처음 나온 숫자를 기준으로 순위를 매기는 오류를 보았기 때문입니다.

"지금까지의 검토 결과를 바탕으로 실무 활용도를 정량적으로 평가해 줘. 평가 결과는 저자 – 저서 – KPI 변환 – 구체적 액션 – 즉시 적용성 – 범용성의 점수 형태의 표로 제시해 줘. 이때 순위는 활용도 점수 기준으로 매겨 줘. 각 평가 지표의 핵심 아이디어는 아래와 같아."

- **KPI 변환 용이성**: 추상적인 개념을 측정 가능한 지표로 바꾸기 얼마나 쉬운가?
- **구체적 액션 가능성**: 즉시 실행할 수 있는 구체적인 행동 지침이 있는가?
- **즉시 적용 가능성**: 별도 교육이나 시스템 구축 없이 바로 시작할 수 있는가?
- **범용성**: 다양한 직급, 부서 업종에서 활용할 수 있는가?

자료 파일 참조 🔗

메타 프롬프팅: AI와 함께 더 나은 프롬프트 만들기

박 팀장이 방금 사용한 방법을 '메타 프롬프팅(Meta Prompting)'이라고 합니다. 이는 AI에게 프롬프트 자체를 설계하거나 개선하도록 요청하는 고급 AI 활용 기법입니다. 무작정 AI에게 질문하는 것이 아니라 제대로 질문하는 법 자체를 물어 보는 것이지요. 마치 전문 컨설턴트와 함께 설문지를 설계하는 것과 같습니다.

이때 중요한 점은 AI가 만들어 준 프롬프트를 그대로 쓰는 것이 아니라 검토 후 본인이 개선해 사용해야 한다는 것입니다. 박 팀장의 경우, 먼저 '16권을 일괄 체크할 평가 기준과 프롬프트를 만들어 달라.'고 요청했습니다. Claude가 초안을 제공하자, 박 팀장은 순위 관련된 내용이 빠져 있는 것에 주목하고, 이를 추가했습니다.

이런 메타 프롬프팅의 핵심은 AI의 구조적 사고와 인간의 실무 경험이 결합된다는 점입니다. AI는 체계적이고 논리적인 프레임워크를 제안하지만, 실제 현장에서 발생할 수 있는 미묘한 문제들은 인간이 더 잘 포착합니다. 박 팀장이 순위 기준 문제를 발견한 것처럼 말이죠. 이렇게 AI가 초안을 만들고 인간이 검토, 개선하는 과정을 거치면, 인간이 처음부터 완벽한 프롬프트를 만들려고 애쓰는 것보다 훨씬 정교한 결과를 쉽고 빠르게 얻을 수 있습니다.

실무에서 메타 프롬프팅을 활용할 때는 '목적과 제약 조건 제시 → 초안 검토 → 문제점 발견→ 협업적 개선 → 실전 테스트'의 단계를 거치면 됩니다. 특히, 평가 기준이나 분석 프레임워크처럼 구조적 사고가 필요한 업무에서 매우 유용합니다. 한 번 익숙해지면 AI를 단순한 검색 도구가 아니라 전문 파트너처럼 활용할 수 있게 됩니다. 메타 프롬프팅 기술만 잘 익혀도 AI 중급 사용자라고 말할 수 있습니다.

메타 프롬프팅의 단계별 과정

단계		예시
1단계	목적과 제약 조건 명시	"○○을 위한 **프롬프트를 만들어 줘**. 단, △△ 조건을 만족해야 해."
2단계	문제점 식별 및 AI 자체 개선 유도	"이 프롬프트에서 ○○ 부분이 문제가 될 것 같은데, 어떻게 해결하면 될까?"
3단계	협업적 개선 (AI 자체 개선이 한계를 보일 때)	"○○ 방식으로 수정하면 어떨까?"
4단계	실전 테스트 및 최종 조정	실제 사용해 보고 추가 개선점 도출

비즈니스 번역법 기준의 활용도 점수를 평가한 결과, 6점 이상의 서적은 총 11권이었습니다. 박 팀장은 흥미로운 패턴을 발견했습니다.

'개인 차원에서부터 시작할 수 있는 책들이 활용도에서 높은 점수를 받네. 마인드셋이나 습관 같은 건 개인이 바로 시작할 수 있지만, 조직 전체 시스템을 바꿔야 하는 건 역시 상대적으로 활용도가 떨어지는군.'

사례 도서의 실무 활용도 평가 결과

순위	저자	저서	KPI 변환	구체적 액션	즉시 적용	범용성	활용도 점수
1	캐럴 드웩	마인드셋	8	8	9	10	8.8
2	에이미 에드먼슨	두려움 없는 조직	9	9	7	9	8.5
3	제임스 클리어	아주 작은 습관의 힘	9	8	9	8	8.4
4	안젤라 더크워스	그릿	7	7	8	9	7.8
5	마커스 버킹엄	위대한 나의 발견 강점 혁명	7	5	7	8	6.8

순위	저자	저서	KPI 변환	구체적 액션	즉시 적용	범용성	활용도 점수
6	사이먼 시넥	리더는 마지막에 먹는다	6	7	5	8	6.5
7	찰스 두히그	습관의 힘	8	6	6	6	6.5
8	패트릭 렌시오니	최고의 팀은 왜 기본에 충실한가	6	6	6	7	6.3
9	칩 & 댄 히스	스틱!	6	6	7	6	6.2
10	브레네 브라운	리더의 용기	5	6	6	7	6.0
11	기시미 이치로	미움받을 용기	4	6	7	7	6.0
12	킴 스콧	실리콘밸리의 팀장들	6	6	5	6	5.8
13	크리스 보스	우리는 마음을 어떻게 움직이는가	4	7	5	5	5.5
14	린다 그래튼	일을 리디자인하라	5	6	4	6	5.3
15	사티아 나델라	히트 리프레시	5	5	5	6	5.2
16	리드 헤이스팅스	규칙 없음	3	5	3	7	4.8

3단계 문화 적합도 체크(문화적 필터링 응용)

2단계까지 완료한 박 팀장에게는 최종 5권의 후보들이 어느 정도 보이기 시작했습니다. 하지만 여기서 가장 중요한 질문이 남았습니다.

'아무리 신뢰할 만하고 실무에 활용하기 좋아도 우리 조직 문화와 맞지 않으면 소용없잖아.'

작년 독서 프로그램에서는 서구에서 성공한 이론들을 그대로 한국 기업에 적용했다가 직원들의 거부감을 산 경험이 있었습니다. "개인주의적이에요.", "우리 문화와 안 맞아요.", "이상적인 말일뿐입니다." 같은 반응들 말이죠.

이런 경험을 바탕으로 박 팀장은 1절에서 살펴본 문화적 필터링을 더욱 체계화해서 활용하기로 했습니다. 단순히 '한국 조직 문화에 맞게 조정이 가능한가?'를 판단하는 수준을 넘어, 한국 조직 문화 적합도를 정량적으로 평가하고 조정 가능성까지 분석하는 지표들을 만들어 보기로 한 것입니다. 평가에 이용된 지표들은 다음과 같습니다.

평가 지표	핵심 아이디어
가치관 일치도	한국 조직 문화의 핵심 가치와 얼마나 부합하는가?
충돌 위험도	문화적 갈등이 발생할 가능성은 얼마나 되는가?(역산 적용)
조정 가능성	한국 상황에 맞게 변형하기 얼마나 쉬운가?
수용 가능성	한국 직장인들이 받아들이기 얼마나 쉬운가?

이러한 프레임워크하에서 박 팀장은 문화 적합도를 체계적으로 평가하기 위해 다음과 같은 프롬프트를 만들었습니다.

도서의 문화 적합도 체크 프롬프트(Claude 활용)

"다음 도서들이 한국 기업 조직 문화에 적용될 때 예상되는 문화적 충돌점과 적합도를 분석해 줘."

〈도서명〉 마인드셋(캐럴 드웩)

〈분석 관점〉

- 주요 가치관(저자가 강조하는 핵심 가치 3개)
- 문화적 충돌 예상 지점(구체적 상황과 문제점)
- 한국형 조정 방안(어떻게 한국 문화에 맞게 변형할지)
- **적용 난이도**: 상/중/하(이유 포함)

캐럴 드웩 저,『마인드셋』의 문화 적합도 평가 결과는 아래와 같았습니다.

- **『마인드셋』 – 최고 적합도**(9.2)
- **주요 가치관**: 성장 가능성, 과정 중심 사고, 도전 정신
- **문화적 장점들**
  - **학습과 성장**: 한국의 강한 교육 문화 및 자기 계발 열망과 완벽 부합
  - **노력 중시**: '노력하면 된다.'는 한국인이 가장 공감할 수 있는 가치
  - **겸손함 강조**: '아직 부족하다.'는 성찰적 태도가 한국적 겸손 문화와 조화
- **예상 충돌점과 조정안**
  - **충돌**: '개인 성장' vs. '팀 조화' 우선
  - **문제점**: 개인의 적극적 성장 추구가 팀 내 경쟁과 갈등 유발 우려
  - **조정안**: '개인 성장=팀 기여'로 연결, '내가 배운 것을 팀원들과 공유'하는 문화 조성

– **충돌**: '실패 도전' vs. '안정 지향' 성향
– **문제점**: 무리한 도전이 조직 안정성을 해칠 수 있다는 우려
– **조정안**: '계산된 도전'으로 조정, 작은 실험부터 시작해서 점진적 확대

문화 적합도 종합: 9.2

앞의 분석과 유사하게 박 팀장은 3권 정도 문화 적합성을 테스트해 본 후 나머지 13권에 대해서도 같은 방식으로 실무 활용도를 평가하려 했습니다. 2단계의 실무 활용도 체크 단계처럼 굳이 수동으로 13권을 다 평가하고 내용을 요약하는 것보다 메타 프롬프팅을 통해 적절한 프롬프트를 만들어 내서 일괄 평가를 맡기는 것도 괜찮겠다고 생각했습니다.

> **도서의 문화 적합도 정량 평가 프롬프트(Claude 활용)**
>
> "3단계 문화 적합도 체크 결과에 대해서도 표로 제시해 줄 수 있어? 마찬가지로 표는 가치관 일치도–충돌 위험도(역산)–조정 가능성–수용 가능성–문화 적합도(평균) 형태로 제시해 줘. 그리고 순위는 문화 적합도를 기준으로 매겨 줘."
>
> **자료 파일 참조** 🔗

☑ **프롬프트 포인트**: 위의 정성적 평가에서 '충돌 위험도(역산)'라는 항목이 있습니다. 다른 항목들은 점수가 높을수록 좋은데, 충돌 위험도 항목은 점수가 높을수록 나쁜 결과를 의미합니다. 이처럼 긍정적 항목과 부정적 항목을 단순 합산하면 결과가 왜곡됩니다. 생성형 AI로 평가 기준을 만들 경우, 종종 이 문제를 간과하곤 합니다.

해법은 의외로 간단합니다. 부정적 항목을 반대로 표현해 긍정적 항목으로 새로 만들거나 부정적 항목을 그대로 놓되, '역산'이라는 말을 넣으면 됩니다. 이후 결과에서는 특히 이 역산 방식이 제대로 반영되었는지(즉, 부정적 특성이 큰 대상의 점수가 낮은지) 꼭 체크하셔야 합니다. 다음 '문화 적합도 평가 결과' 표에서는 가치관 일치도와 충돌 위험도의 점수가 대략 비례하는 것을 볼 수 있습니다. 이는 역산 계산 방식이 제대로 반영되었음을 암시합니다.

문화 적합도 평가 결과는 다음과 같습니다.

순위	저자	저서	가치관 일치도	충돌 위험도 (역산)	조정 가능성	수용 가능성	문화 적합도
1	캐럴 드웩	마인드셋	10	9	9	9	9.2
2	제임스 클리어	아주 작은 습관의 힘	9	9	9	8	8.8
3	안젤라 더크워스	그릿	9	8	8	9	8.5
4	에이미 에드먼슨	두려움 없는 조직	7	7	8	8	7.5
5	사이먼 시넥	리더는 마지막에 먹는다	6	6	7	8	7.0
6	패트릭 렌시오니	최고의 팀은 왜 기본에 충실한가	7	6	7	7	6.8
7	브레네 브라운	리더의 용기	6	6	7	7	6.5
8	찰스 두히그	습관의 힘	7	6	6	6	6.2
9	마커스 버킹엄	위대한 나의 발견 강점 혁명	7	5	6	6	6.0
10	칩 히스, 댄 히스	스틱!	6	6	6	6	6.0
11	린다 그래튼	일을 리디자인하라	5	5	6	5	5.5
12	사티아 나델라	히트 리프레시	6	5	5	6	5.5
13	크리스 보스	우리는 마음을 어떻게 움직이나	4	5	5	5	4.8
14	킴 스콧	실리콘밸리의 팀장들	4	4	5	5	4.5
15	기시미 이치로	미움받을 용기	3	3	4	6	4.2
16	리드 헤이스팅스	규칙 없음	3	2	4	4	3.5

● 종합 평가 - 최종 5권 선별

박 팀장은 지금까지의 3단계 평가 결과를 종합하여 가중치를 적용한 체계적 선별을 진행하기로 했습니다. 이때 박 팀장은 아래와 같은 논리로 가중치를 설정했습니다.

'실무 적용이 가장 중요하니까 활용도에 40%를 주고, 신뢰도와 문화 적합도는 각각 30%씩 주자. 아무리 좋은 이론이라도 실무에서 못 쓰면 의미가 없으니까.'

- **신뢰도(30%)**: 기업 교육에서 검증된 이론의 기본적 중요성
- **활용도(40%)**: 실무 적용이 가장 중요(최고 가중치)
- **문화 적합도(30%)**: 한국 조직 문화와의 조화 필수

그리고 다음처럼 프롬프트를 만들어 최종 평가 표를 뽑아 냈습니다.

"지금까지 평가 결과를 기반으로 16개 도서에 대해 최종 평가 표를 만들고 싶어. 표는 저자−저서−
신뢰도 점수−활용도 점수−문화 적합도−최종 점수 형태로 구성해 줘. 최종 점수를 계산할 때
가중치는 신뢰도(30%), 활용도(40%), 문화 적합도(30%)를 적용해 계산해 줘. 그리고 순위는 최종
점수를 기준으로 매겨 줘."

평가 결과를 표로 정리한 내용은 아래와 같았습니다. 박 팀장은 결과를 보며 고개를 끄
덕였습니다.

『마인드셋』이 1위라니···. 사실 개인적으로는 에드먼슨의『두려움 없는 조직』이 더 임팩트
있을 것 같았는데, 종합적으로 평가하니『마인드셋』이 우리에게 가장 적합한 1번 책이네.
『두려움 없는 조직』, 『아주 작은 습관의 힘』, 『그릿』, 『리더는 마지막에 먹는다』도 우리에게
큰 도움이 될 것 같아.'

사례 박 팀장의 최종 평가 결과

순위	저자	저서	신뢰도 (30%)	활용도 (40%)	문화 적합도 (30%)	최종 점수	선별 결과
1	캐럴 드웩	마인드셋	8.3	8.8	9.2	8.78	○
2	에이미 에드먼슨	두려움 없는 조직	8.7	8.5	7.5	8.36	○
3	제임스 클리어	아주 작은 습관의 힘	7.0	8.4	8.8	8.23	○
4	안젤라 더크워스	그릿	7.7	7.8	8.5	8.07	○
5	사이먼 시넥	리더는 마지막에 먹는다	6.0	6.5	7.0	6.70	○
6	린다 그래튼	일을 리디자인하라	6.3	5.3	5.5	5.64	×
7	마커스 버킹엄	위대한 나의 발견 강점 혁명	6.3	6.8	6.0	6.34	×
8	패트릭 렌시오니	최고의 팀은 왜 기본에 충실한가	6.3	6.3	6.8	6.43	×
9	찰스 두히그	습관의 힘	6.0	6.5	6.2	6.23	×
10	브레네 브라운	리더의 용기	5.7	6.0	6.5	6.03	×
11	칩 히스, 댄 히스	스틱!	5.7	6.2	6.0	5.97	×
12	킴 스콧	실리콘밸리의 팀장들	5.7	5.8	4.5	5.30	×
13	크리스 보스	우리는 마음을 어떻게 움직이는가	5.0	5.5	4.8	5.10	×
14	사티아 나델라	히트 리프레시	5.0	5.2	5.5	5.23	×
15	기시미 이치로	미움받을 용기	4.7	6.0	4.2	5.07	×
16	리드 헤이스팅스	규칙 없음	4.3	4.8	3.5	4.20	×

박 팀장은 최종 5권에 포함되지 못한 책들의 제외 사유도 다음과 같이 정리했습니다.

 제외 사유(발췌)

도서(저자)	이슈 사항	총평
x 일을 리디자인하라 (린다 그래튼)	문화 적합도 치명적 약점(5.5) 개인 맞춤화 vs. 표준화 선호 문화 충돌 급진적 변화 vs. 점진적 개선 문화 상충	미래 지향적이긴 하지만, 우리 조직이 당장 적용하기엔 너무 앞서가는 내용
x 미움받을 용기 (기시미 이치로)	전 영역에서 저조한 성과 개인주의 vs. 집단주의 근본적 대립 관계 중시 문화와 과제 분리 철학 상충	개인적 치유에 초점을 맞추고 있어서 조직 문화 혁신에는 부적절
x 규칙 없음 x 실리콘밸리의 팀장들 x 협상의 심리학	특수 환경 의존(넷플릭스, IT 기업, 협상 상황) 일반 한국 기업 적용 시 현실성 부족 문화적 편향 심각(미국 개인주의+직접 소통)	성공 조건이 한국 제조 대기업과 달 라 조직 차원에서 적용 무리

박 팀장은 이번 선별 과정에 대해 높은 만족감을 느꼈습니다.

'작년에는 팀원들의 협의라고는 하지만 근거가 부족했는데, 이번에는 정말 다양한 관점을 체계적으로 살펴보고 선정 근거도 적절했어. 3단계 평가×가중치 적용×정량적 분석으로 온전히 객관적인 접근을 했지. 개인 선호나 유명세와는 상관없이 오직 우리 조직에 가장 적합한 책들을 선별했다고 확신해.'

● 5권 포트폴리오 통합 분석

최종 5권을 선별한 박 팀장은 이제 마지막 단계로 들어갔습니다.

'이제 개별 책들의 가치는 확인했어. 하지만 이 5권을 하나의 교육 프로그램으로 운영했을 때 서로 어떤 시너지를 낼 수 있을까?'

이 점들을 확인해 보기 위해 박 팀장은 다음의 프롬프트로 생성형 AI에게 질문해 보았습니다.

"최종 선정된 5권을 하나의 통합 교육 프로그램으로 구성했을 때 시너지 효과를 분석해 줘."
1. 상호 보완되는 부분들(각 책의 강점이 다른 책의 약점을 보완)

2. 순차적 학습 효과(어떤 순서로 읽으면 학습 효과가 극대화되는가?)
3. 통합적 메시지(5권을 합쳤을 때 나오는 일관된 철학이나 방향성)
"마지막으로 전체 포트폴리오의 독특한 가치를 한 문장으로 요약해 줘."

☑ **프롬프트 포인트**: 결과물이 이미 나왔는데, "이렇게 상호 시너지 효과까지 분석해야 하나? 너무 일을 복잡하게 하는 것 아닌가?"라고 의아하게 생각하실 분도 있을 것입니다. 그런데 숙련된 프로들은 이처럼 최종 대안들의 시너지를 분석하는 일을 당연하게 생각합니다.

예를 들어, 신규 서비스의 시장 점유율을 단기간에 끌어올리려는 마케팅 프로젝트를 가정해 봅시다. 목적 달성을 위해 '공격적인 할인 프로모션'과 '브랜드 프리미엄 이미지 구축'이라는 2가지 대안을 동시에 실행하기로 했습니다. 개별적으로 보면 둘 다 훌륭한 전략입니다. 하지만 시너지 분석 없이 동시에 실행했다가는 '저렴한 가격 때문에 브랜드의 고급스러운 이미지가 훼손'되는 역효과를 낳을 수 있습니다. 따라서 프로들은 이 두 대안이 상충하지 않도록 "할인은 기존 고객 유지용으로만 한정하고, 프리미엄 마케팅은 신규 하이엔드 시장에 집중한다."는 식의 정교한 상호 보완적 설계를 거칩니다.

마찬가지로 박 팀장이 고른 5권의 책도 각각은 훌륭하지만, 내용이 겹쳐 학습자를 지치게 하거나 논리가 충돌하여 혼란을 주지는 않는지, 특정 순서로 배치했을 때 학습 효과가 더욱 커질 수 있는지 확인하는 과정이 반드시 필요한 것입니다.

Claude의 시너지 분석 결과를 보니 상호 보완 관계가 무척 잘 잡혀 있다는 생각을 했습니다. 이러한 분석 결과를 바탕으로 박 팀장은 5권을 합쳤을 때 나오는 일관된 메시지를 다음과 같이 정리했습니다.

개인은 지속적으로 성장할 수 있으며(마인드셋), 작은 습관을 통해 구체적으로 발전하고(습관의 힘), 끈기를 갖고 장기적 목표를 추구하며(그릿), 리더는 팀원들의 성장을 위해 봉사하고(리더는 마지막에 먹는다), 조직은 모든 구성원이 안전하게 도전할 수 있는 환경을 제공한다(두려움 없는 조직).

▦▦ **사례** 선정 도서 5권의 상호 보완 관계

상호 보완되는 부분들	상호 보완 관계	시너지 효과
• 개인 역량 기반 구축 (마인드셋+습관의 힘)	• 『마인드셋』: '성장할 수 있다.'는 믿음과 철학 제공 • 『습관의 힘』: '어떻게 성장할 것인가?'의 구체적 실행 방법 제공	철학적 기반(마인드셋)+실행 도구(습관) = 완벽한 개인 성장 시스템 '나는 발전할 수 있다.' '이렇게 하면 발전한다.'=지속 가능한 변화
• 개인 역량+리더십 연결 (그릿+리더는 마지막에 먹는다)	• 『그릿』: 개인의 장기적 목표 달성 능력 • 『리더십』: 팀의 장기적 목표 달성을 위한 리더 역할	개인 끈기(그릿)+팀 리더십 = 지속 가능한 조직 성과 개인이 먼저 끈기 있게 성장 → 그 경험을 바탕으로 팀원들 성장 지원
• 리더십+조직 문화 통합 (리더는 마지막에 먹는다+두려움 없는 조직)	• 『리더십』: 목적 중심의 방향성과 팀 보호 정신 • 『조직 문화』: 심리적 안전감이라는 구체적 환경 조성	리더의 철학(목적 중심)+조직 시스템(심리적 안전) = 혁신하는 조직 리더가 WHY를 제시하고 → 안전한 환경에서 팀원들이 자유롭게 도전

박 팀장은 혹시 5권의 통합 교육 프로그램 구성 시 잠재적 충돌이 존재하는지에 대해서도 궁금했습니다. 교육생들이 추후 의문을 제기할 여지가 있는 부분에 대해 미래 조사하고 대책을 마련할 필요가 있었지요. 그래서 아래처럼 Claude에게 질문해 보았습니다.

"최종 선정된 5권을 하나의 통합 교육 프로그램으로 구성했을 때 혹시 잠재적 충돌이 존재하는지 분석해 줘."
1. 모순되는 주장들(책 간 상반된 내용이 있는가?)
2. 우선순위 경합(동시 적용 시 충돌하는 가치나 방법론)
3. 복잡성 증가(너무 많은 개념으로 인한 혼란 가능성)

분석 결과 5권 사이에도 당연히 잠재적 충돌이 있었습니다. 하지만 박 팀장은 AI와 논의하며 이런 충돌의 해결 방안을 손쉽게 찾을 수 있었어요.

잠재적 충돌 지점	이슈 사항	해결 방안
개인 성장 vs. 팀 우선의 충돌	『마인드셋』, 『습관의 힘』, 『그릿』은 개인 성장을 강조하는데, 리더 ○○○는 팀을 우선시함	• '개인 성장 = 팀 기여'라는 논리로 통합 • 개인이 먼저 성장해야 팀에 진정한 기여 가능 • 자기 계발이 팀 발전의 기초임을 강조
도전 정신 vs. 안전감의 충돌	『마인드셋』과 『그릿』은 적극적 도전을 강조하는데, 두려움 없는 조직은 안전감을 강조	• '안전한 도전' 프레임워크 • 심리적 안전감은 도전을 가능케 하는 환경임을 강조 • 실패 허용 ≠ 노력 부족 허용이라는 구분 명확화
복잡성 증가	5권 × 각 2~3개 핵심 개념 = 10~15개 새로운 개념 제시…. 직원들이 모든 개념을 동시에 적용하려다 혼란 발생 우려	• 단계별 도입: 한 번에 1~2개 개념만 집중 • 공통 키워드 도출: '성장', '습관', '끈기', '목적' • 일상 언어로 번역: 전문 용어 대신 쉬운 표현 사용

마지막으로 박 팀장은 교육 프로그램이 단순하게 책을 읽고 논의만 하는 독서 교양 프로그램으로 전락하지 않도록 좀 더 체계적으로 교육 프로그램을 구성해 보고자 생성형 AI에게 교육 프로그램의 구조에 대해 질문을 던졌습니다.

"최종 선정된 5권을 하나의 통합 교육 프로그램으로 구성했을 때 적절한 구조를 제안해 줘."
1. 1차 → 2차 → 3차 교육 단계별 배치 방안
2. 개인 → 팀 → 조직 차원별 연결 구조
3. 진행 방식 및 학습 효과 측정 지표

박 팀장은 생성형 AI 답변 내용을 기초로 교육 프로그램의 초안을 설계했습니다.

구분	1차 교육: 개인 역량 구축(2개월)	2차 교육: 리더십 발휘(2개월)	3차 교육: 조직 문화 혁신(2개월)
목표	개인 역량 성장의 기반 마련	개인 성장을 팀 성장으로 확장	학습하고 혁신하는 조직 문화 정착
연결 구조	마인드셋 기반 구축 ↓ 습관을 통한 실행 ↓ 그릿으로 지속 발전	개인 성장 경험을 바탕으로 ↓ 목적 중심 리더십 발휘 ↓ 팀원들의 성장 지원	개인과 팀의 성장 경험 누적 ↓ 심리적 안전감 문화 형성 ↓ 지속적 학습과 혁신 조직 완성
대상 도서	『마인드셋』+『아주 작은 습관의 힘』	『그릿』+『리더는 마지막에 먹는다』	『두려움 없는 조직』(5권 통합 적용)

구분	1차 교육: 개인 역량 구축(2개월)	2차 교육: 리더십 발휘(2개월)	3차 교육: 조직 문화 혁신(2개월)
진행 방식	• 월 1회 2시간 워크숍(총 3회) • 개인별 성장 계획 수립 및 습관 형성 실습 • 동료 간 진행 상황 공유 및 상호 격려	• 중간 관리자 대상 집중 교육(월 1회 4시간) • 팀별 목적 의식 수립 워크숍 • 리더십 실습 및 피드백 세션	• 전사 차원 심리적 안전감 진단 및 개선 • 부서별 혁신 실험 프로젝트 운영 • 실패 학습 및 성공 사례 공유
측정 지표	• 개인별 학습 시간 증가율 • 설정 습관의 21일 이상 지속률 • 성장 마인드셋 자가 진단 점수 향상	• 팀원 신뢰도 및 만족도 점수 • 팀 목표 달성률 및 지속성 • 리더의 팀 보호 행동 관찰 빈도	• 조직 차원 심리적 안전감 지수 • 혁신 제안 건수 및 채택률 • 실패 후 재도전 성공 사례 수

박 팀장은 최종 분석을 마치며 이 5권 포트폴리오의 핵심 가치를 한 문장으로 정리했습니다.

- **독서 교육 프로그램의 핵심 가치**
  '개인의 성장 잠재력을 실현하고, 이를 바탕으로 팀을 이끌며, 모든 구성원이 안전하게 도전할 수 있는 학습하는 조직을 만드는 완전한 성장 생태계'
- **기존 접근법과의 차별점**
  - 기존: 개별 책 독립적 교육 → 일회성 감동, 지속성 부족
  - 이번: 5권 통합 시너지 → 단계별 성장 시스템
- **예상 성과**
  - Phase 1(2개월): 개인 역량 향상, 학습 문화 확산
  - Phase 2(2개월): 팀 리더십 강화, 협력 문화 개선
  - Phase 3(2개월): 혁신하는 조직 문화, 지속적 성장 시스템

13.4 심화 독해와 실무 가이드 완성

금요일 오후 2시, 박 팀장은 책상 위에 정리된 5권의 책을 바라보며 만족스런 미소를 지었습니다. 132권에서 5권으로 압축하는 과정에서 정말 많은 것을 배웠거든요. 저자 DNA 해독법을 확장해 저자/도서 신뢰도를 체크했고, 비즈니스 번역법을 확장해 실무 활용도도

평가해 보았고, 문화적 필터링 기법을 응용해 문화 적합도까지 판단해 보았습니다.

'좋아, 이제 정말 써먹을 수 있는 완성품을 만들어 보자.'

박 팀장은 이제 선별된 5권에 대해 정말 깊이 있는 분석을 해 보고 싶었습니다. 11.3절에서 저자 DNA 해독과 비즈니스 번역을 통해 기본적인 분석은 완료했지만, 이번에는 심화 독해 4기법을 모두 동원해서 완전히 다른 차원의 통찰을 얻고 싶었거든요.

'구조적 독해, 계보적 독해, 심층적 독해, 실천적 독해…. 이런 기법들이 오히려 인문 교양서에 더 잘 적용되지 않을까?'

박 팀장이 4가지 독해 기법에 대해 숙지하고, 자신의 입장에서 생각해 본 4기법 통합 분석 프레임워크는 아래와 같습니다.

- **구조적 독해**: 저자의 논리 전개 방식과 정보 배치에서 드러나는 편향 탐지
- **계보적 독해**: 해당 분야 연구사에서의 위치와 기존 이론 대비 새로운 기여
- **심층적 독해**: 숨어 있는 가정과 저자 배경이 주장에 미치는 영향 분석
- **실천적 독해**: 조직 현실에 맞는 구체적 적용 방안과 실행 전략 도출

이를 위해 박 팀장은 아래와 같은 통합 분석 프롬프트를 준비했습니다.

"다음 5권을 4가지 독해의 관점에서 종합 분석해 줘."
〈분석 관점〉
1) **구조적 관점**: 각 저자의 논리 구조와 정보 배치에서 드러나는 편향
2) **계보적 관점**: 리더십 이론사에서의 위치와 새로운 기여
3) **심층적 관점**: 저자 배경이 주장에 미치는 영향과 숨어 있는 가정
4) **실천적 관점**: 한국 대기업 적용 시 구체적 실행 방안과 주의점
〈분석 대상〉
사이먼 시넥, 『리더는 마지막에 먹는다』

●『리더는 마지막에 먹는다』 4기법 분석 실전

박 팀장이 가장 먼저 심층 분석하고 싶었던 책은 사이먼 시넥의『리더는 마지막에 먹는다』였습니다. 5권에 마지막으로 선정되긴 했지만, 과거에 재미있게 읽었던 책이었거든요. 과

거 자신이 읽었을 때 느낌과 지금 AI의 분석이 비슷한지 한번 확인해 보고 싶었습니다.

구조적 독해 결과

AI 분석을 통해 드러난 시넥의 논증 구조상 특징은 아래와 같았습니다.

- **발견된 편향**: 성공 사례 중심의 서술 구조로, 실패 사례나 부작용은 상대적으로 소홀히 다뤄짐. 특히, '보호하는 리더십'에 유리한 사례들만 선별적으로 제시하는 경향이 있음
- **논리 전개의 특징**: 생물학적 근거(옥시토신, 세로토닌) → 역사적 사례(군대, 기업) → 실천 방안 순서로 전개하여 과학적 신뢰성을 먼저 확보한 후 감정적 몰입을 유도하는 구조
- **대응 방안**: 리더십 부작용과 한계 상황도 함께 고려해야 함. 예를 들어, 과도한 보호가 팀원의 성장을 저해할 수 있는 상황이나 서클 오브 세이프티가 오히려 내부 경쟁력을 약화시킬 수 있는 경우까지 미리 검토 필요

계보적 독해 결과

리더십 이론 발전사에서 시넥의 위치를 분석한 결과는 흥미로웠습니다.

- **이론사적 위치**: 권위주의 리더십(1960년대) → 서번트 리더십(로버트 그린리프, 1970년대) → 변혁적 리더십(제임스 번스, 1978년) → 진정성 리더십(빌 조지, 2003년) → 시넥식 목적 중심 리더십으로 이어지는 발전 과정에서 생물학적 근거를 더해 진화된 형태
- **새로운 기여**: 기존의 WHY−HOW−WHAT 모델을 개인 차원에서 팀 리더십 차원으로 확장. 특히, 신뢰를 단순한 심리적 개념이 아닌 생물학적 메커니즘으로 설명한 점이 독창적
- **한계**: 개인 카리스마에 의존하는 경향이 강하고, 조직 시스템이나 구조적 접근 관점은 상대적으로 부족. 리더 개인의 변화에 과도하게 의존하는 한계 존재

심층적 독해 결과

저자 배경이 이론에 미친 영향을 분석하니 더욱 흥미로운 발견들이 나왔습니다.

- **숨어 있는 가정**: '좋은 의도를 가진 리더는 좋은 결과를 만든다.'는 단순한 선형 논리에 기반. 복잡한 조직 현실에서 발생할 수 있는 예상치 못한 부작용이나 역효과 가능성은 충분히 다루지 않음

- **이해관계 분석**: 시넥이 마케팅 전문가에서 리더십 구루로 전환한 배경과 TED 강연 성공 이후 컨설팅 비즈니스로 확장한 과정이 그의 이론 체계에 영향. 메시지의 단순함과 감동적 스토리텔링이 강조되는 이유
- **문화적 편향**: 군대 경험을 바탕으로 한 위계적 조직 전제. 수평적이고 창의적인 조직에서는 다른 접근이 필요할 수 있음

실천적 독해 결과

가장 중요한 부분은 아래와 같았습니다.

'이론적 분석을 우리 조직의 구체적 실행 방안으로 어떻게 번역할 것인가?'

- **즉시 적용 가능**: 팀 미팅에서 '팀원 우선' 원칙 도입. 의사결정 시 팀원들에게 미칠 영향을 먼저 고려하는 습관
- **6개월 내 실행**: 팀장 평가 지표에 '팀원 성장 지원' 항목 추가. 정량적 성과뿐만 아니라 팀원들의 역량 향상과 만족도도 평가 요소로 포함
- **1년 내 시스템화**: 리더십 교육 커리큘럼에 '서번트 리더십' 모듈 신설. 단순한 이론 교육이 아니라 실제 상황별 적용 방법까지 포함한 실무 중심 교육

●『두려움 없는 조직』 4기법 분석 실전

두 번째로 분석한 책은 에이미 에드먼슨의 『두려움 없는 조직』이었습니다. 하버드경영대학원 교수의 연구를 바탕으로 한 책이라서 시넥과는 또 다른 방식의 분석이 필요했거든요.

구조적 독해 결과

- **발견된 특징**: 실증 연구 기반의 체계적 논증 구조로, 가설 → 연구 → 결과 → 적용의 과학적 방법론을 철저히 따름
- **편향 요소**: 심리적 안전감의 긍정적 효과를 과도하게 강조하는 경향. 심리적 안전감이 높아졌을 때 발생할 수 있는 부작용이나 한계 상황에 대한 언급은 상대적으로 부족

- **대응 필요**: 심리적 안전감의 부작용과 한계 상황을 별도로 검토. 예를 들어, 과도한 안전감이 도전 의식이나 긴장감을 떨어뜨릴 수 있는 상황까지 고려해야 함

계보적 독해 결과

- **이론사적 위치**: 조직 심리학 → 팀 효과성 연구 → 구글의 프로젝트 아리스토텔레스로 이어지는 흐름에서 핵심적 역할. 팀 성과에 대한 심리적 안전감의 영향을 과학적으로 입증한 선구적 연구
- **새로운 기여**: 기존의 정성적, 경험적 리더십 이론을 정량적, 실증적으로 검증. 심리적 안전감을 추상적 개념이 아닌 측정 가능한 조직 지표로 발전시킴
- **한계**: 주로 서구 기업을 대상으로 한 연구로, 동양 문화권의 집단주의적 조직 문화에서의 적용성 검증이 부족. 위계질서와 예의를 중시하는 한국 조직에서는 다른 접근이 필요할 수 있음

심층적 독해 결과

- **숨어 있는 가정**: '개방적이고 솔직한 소통은 항상 좋은 결과를 가져온다.'는 서구적 소통 문화 전제. 체면과 조화를 중시하는 동양 문화에서는 다른 방식의 안전감 조성이 필요할 수 있음
- **이해관계**: 하버드 교수 → 컨설팅 → 베스트셀러로 이어지는 선순환 구조. 학술적 엄밀성과 대중적 접근성을 동시에 추구하면서도 실용성을 강조하는 이유
- **문화적 편향**: 개인주의 문화 기반의 '용기 있는 발언'을 전제. 집단 조화를 우선시하는 문화에서는 '용기'보다 '배려 있는 소통' 방식이 더 적합할 수 있음

실천적 독해 결과

- **즉시 적용**: 회의에서 '실수 공유' 시간 신설. 단, '실수 고백'이 아니라 '학습 경험 공유'로 프레이밍하여 문화적 거부감 최소화
- **6개월 내**: 익명 피드백 시스템 구축. 직접적 대면 소통이 어려운 상황에서도 솔직한 의견을 표현할 수 있는 채널 마련

- **1년 내:** 팀 내 심리적 안전감 측정 지표 개발. 정성적 평가와 정량적 측정이 가능한 체계 구축

● 나머지 3권 4기법 분석 요약

시간 관계상 박 팀장은 나머지 3권에 대해서는 핵심 포인트 중심으로 요약 분석을 진행했습니다.

사례 심화 독해 4기법 적용 결과 요약

도서	구조적 독해	계보적 독해	심층적 독해	실천적 독해
『마인드셋』	성장 사례 편향, 실패 요인 분석 부족	동기 이론 발전사의 핵심 기여	개인 책임 과도 강조, 환경 요인 간과	개인-팀 성장의 연결 지점 모색
『아주 작은 습관』	성공 공식화 편향, 복잡성 단순화	행동 과학의 대중화 선구 역할	의지력 신화 재생산 위험	개인 습관 → 팀 습관 시스템
『그릿』	성취자 중심 서술, 평범함 배제	재능론 vs. 노력론 논쟁의 새 관점	특권 계층 성공담, 구조적 불평등 간과	조직 차원 끈기 문화 조성

● AI 요약에서 활용 가이드 작성으로

박 팀장이 가장 실용적으로 느낀 부분은 바로 이것이었습니다.

'이론적 분석도 좋지만, 결국 현장에서 바로 쓸 수 있는 실무 가이드가 완성되어야 의미가 있지.'

13.3절과 13.4절의 모든 분석을 통해 얻은 통찰들을 어떻게 하나의 완성된 실무 가이드로 만들 것인가? 바로 이 질문에 대한 답이 AI 요약 → 활용 가이드 완성 과정입니다. 박 팀장이 개발한 4단계 프로세스는 아래와 같습니다.

- **1단계** 핵심 개념 추출
  "이 책의 핵심 개념 5가지를 한 문장씩 정리해 줘."
- **2단계** 주요 논리 구조 파악
  "저자가 주장을 뒷받침하는 논리적 흐름을 3단계로 정리해 줘."
- **3단계** 실무 적용 포인트 도출

"이 내용을 한국 대기업에 적용할 때 핵심 실행 요소 5가지는?"

- **4단계** 조직 맞춤형 번역

"추상적 개념을 구체적 액션과 측정 지표로 변환해 줘."

● 『리더는 마지막에 먹는다』 완벽 가이드

박 팀장이 먼저 공들여 만든 것은 사이먼 시넥의 『리더는 마지막에 먹는다』 실무 가이드 였습니다. 팀원들이 다른 책들에 대해 내용을 정리할 레퍼런스로 활용할 목적이었지요. 먼 저 AI 답변 내용을 기초로 정리한 교육 프로그램 초안은 아래와 같았습니다.

(사례) 도서별 교육 프로그램 초안

단계	『리더는 마지막에 먹는다』의 주요 교육 내용
1단계 핵심 개념 5가지	• **서클 오브 세이프티**: 리더가 팀원들을 외부 위협으로부터 보호하는 환경 조성 • **리더십의 본질**: 권력과 특권이 아닌 책임과 희생에 기반한 리더십 • **생물학적 근거**: 옥시토신, 세로토닌 등 협력 호르몬의 조직 내 작용 메커니즘 • **신뢰의 경제학**: 신뢰가 높을수록 조직 운영 비용 감소, 효율성 증가 • **차세대 리더 육성**: 현재 리더의 가장 중요한 책임이자 조직 지속성의 핵심
2단계 주요 논리 구조	• **1단계**: 문제 제기(현대 조직의 신뢰 부족, 리더십 위기 상황) • **2단계**: 해법 제시(서클 오브 세이프티를 통한 신뢰 구축 방안) • **3단계**: 실행 방안(구체적 리더 행동과 조직 문화 변화 전략)
3, 4단계 직급별 적용 방안	• **임원급**(CEO, 이사) 　– **핵심 실행**: 직원 보호를 위한 정책 결정, 장기 비전 제시와 일관된 실행 　– **구체적 액션**: 월 1회 현장 라운딩, 직원 개인사에 대한 관심 표현, 어려운 결정 시 직원 영향 우선 고려 　– **측정 지표**: 직원 만족도 이직률, 내부 추천 채용률 • **팀장급**(부장, 차장, 과장) 　– **핵심 실행**: 팀원 성장 지원, 실수에 대한 보호, 성과 인정과 격려 　– **구체적 액션**: 주 1회 1:1 면담, 실패 시 해결책을 함께 모색, 팀원 성과를 상급자에게 적극 어필 　– **측정 지표**: 팀 내 발언 빈도 아이디어 제안 건수, 팀 성과 및 만족도 • **팀원급**(대리, 주임, 사원) 　– **핵심 실행**: 동료 지원, 건설적 피드백, 팀 목표에 대한 공유와 협력 　– **구체적 액션**: 동료 업무 지원, 문제 상황 조기 공유, 팀 성공을 위한 개인 기여 　– **측정 지표**: 동료 평가, 협업 프로젝트 성과, 자발적 학습 참여도
3, 4단계 업무 특성별 적용 방안	• **생산 라인**: 안전 중심의 서클 오브 세이프티(사고 방지, 품질 향상에 집중) • **고객 서비스**: 고객 가치 중심의 서클 오브 세이프티(서비스 품질, 고객 만족 중심) • **R&D**: 혁신 중심의 서클 오브 세이프티(실험 허용, 빠른 학습과 적응 강조)

박 팀장은 『리더는 마지막에 먹는다』로 가이드를 만들어 본 경험을 바탕으로, 나머지 4권도 팀원들이 동일한 방식으로 완성할 수 있다는 확신을 얻었습니다.

● 마감하며: AI 증강 독해에서 AI 증강 업무로

금요일 오후 4시 30분, 박 팀장은 마침내 완성된 실무 가이드를 바라보며 뿌듯한 미소를 지었습니다.

정말 놀라워. 작년에는 책 한 권 제대로 분석하는 데도 며칠이 걸렸는데, 이제는 90분 만에 5권을 종합 분석해서 바로 쓸 수 있는 실무 가이드까지 완성할 수 있다니….'

박 팀장은 특히 미시적 문화적 조정 과정에서 큰 깨달음을 얻었습니다.

'거시적으로 '좋은 책'을 고르는 것과 미시적으로 '성공적으로 적용하는 것'은 완전히 다른 차원의 문제구나. 문화적 조정 작업 없이 끝냈다면 또 작년과 같은 실패를 반복했을 거야.'

박 팀장의 여정을 통해 우리는 AI 증강 독해의 진정한 가능성을 확인했습니다.

AI 증강 독해란, 단순히 책을 읽고 감상을 나누는 수준을 넘어 조직의 현실적 제약과 문화적 특성까지 고려해 활자 속의 내용을 현실을 변화시킬 실용적 도구로 바꾸어 내는 완전히 새로운 독해법이죠. 인문 교양서의 영감과 통찰을 포기하지 않으면서도 조직 현실에 맞는 구체적 실행력까지 확보하는 것이 바로 AI 시대에 비즈니스의 관점에서 인문 교양서를 읽어 내는 새로운 방법입니다.

또한 박 팀장의 사례를 통해 AI 시대에 일하는 방식이 어떻게 변할 수 있는지에 대해서도 다양한 깨달음을 얻으셨을 것입니다. AI 협업을 통해 우리는 다양한 형태로 업무를 혁신해 나갈 수 있습니다. 단순히 업무 시간의 단축이 아니라 업무 자체의 질적 고도화를 이룰 수 있는 것이지요.

사고의 확장 혼자서는 불가능한 다층적 분석

박 팀장이 가장 놀라워한 것은 **사고의 확장**이었습니다. 혼자 책을 읽을 때는 한 번에 1가지 관점에서만 생각할 수 있었는데, AI와 함께하니 구조적, 계보적, 심층적, 실천적 관점을 동시에 고려할 수 있었습니다. '예전에는 『리더는 마지막에 먹는다』를 읽으면서 '좋은 내용이네.'하고 끝났을 텐데, 이제는 **시넥**의 TED 강연 성공이 그의 이론에 미친 영향까지 생각하므로 완전히 다른 깊이가 생기는구나.' 하는 깨달을 수 있었습니다. 이것은 단순한 정보 검색이 아닙니다. AI가 우리의 사고 파트너가 되어 생각의 범위와 깊이를 확장시켜 주는 진정한 인지적 증강(Cognitive Augmentation)인 것이죠.

속도의 혁신 90분 만에 완성하는 전문가급 분석

두 번째 혁신은 **속도**였습니다. 박 팀장이 과거에 한 권의 책을 제대로 분석하려면 며칠이 걸렸지만, 이제는 90분 만에 5권을 종합 분석해서 실무 가이드까지 완성할 수 있게 되었어요. 하지만 여기서 중요한 것은 단순히 '빨라졌다.'는 것이 아닙니다. 속도와 품질이 동시에 향상되었다는 점이죠. 빠르면서도 더 정교하고, 신속하면서도 더 깊이 있는 분석이 가능해진 거예요.

'시간이 단축된 만큼 더 많은 책을 분석할 수 있고, 더 다양한 관점에서 검토할 수 있으니까 오히려 품질이 향상되는구나.'

역량의 민주화 전문가가 아니어도 전문가급 결과물

세 번째는 **역량의 민주화**입니다. 박 팀장은 경영 전문가가 아닙니다. 하지만 AI와 함께라면 전문가 수준의 분석과 통찰을 만들어 낼 수 있게 되었어요. 13.4절에서 4기법을 적용할 때 박 팀장은 문득 이런 생각이 들었습니다.

'내가 언제부터 이렇게 깊이 있게 생각할 수 있었지? 예전 같으면 '좋은 책'이라고 하고 끝났을 텐데, 이제는 저자의 편향까지 분석하고 한국 문화에 맞는 조정 방안까지 제시하고 있네.'

이것이 바로 AI 시대의 핵심입니다. 고도의 전문성이 필요했던 일들을 일반인도 할 수 있게 되는 것…. 하지만 여기서 중요한 것은 AI가 모든 걸 해 주는 것이 아니라 인간의 판단력과 AI의 처리 능력이 결합될 때 진정한 시너지가 나온다는 점이에요.

 실행자에서 기획자와 판단자로

네 번째이자 가장 근본적인 변화는 **일의 본질 변화**입니다. 박 팀장은 더 이상 단순한 '독서 프로그램 기획자'가 아닙니다. 어느 새 조직 문화 혁신 전략가가 된 것이죠. 독서 경영의 본질을 본인이 실천하게 된 것입니다.

과거에는 '어떤 책을 선정할까?' 수준의 고민이었다면, 이제는 '어떻게 하면 서구 이론을 한국 조직에 성공적으로 적용할 수 있을까?', '문화적 충돌을 최소화하면서도 혁신 효과를 극대화하려면 어떤 접근이 필요할까?' 같은 전략적 사고를 하게 된 거예요. AI가 반복적이고 분석적인 작업을 담당하면서 인간은 더 창의적이고 전략적인 영역에 집중할 수 있게 되었다는 것은 바로 이러한 변화를 의미합니다.

AI 시대 일하는 방식의 새로운 패러다임

박 팀장의 경험을 통해 우리는 AI 시대 일하는 방식의 새로운 패러다임을 발견할 수 있습니다.

- **협업의 재정의:** Human + AI = 새로운 팀

과거의 협업은 '사람＋사람'이었다면, 이제는 '사람＋AI＋사람'의 삼각 협업 구조가 되었습니다. 박 팀장이 AI와 함께 분석한 결과를 동료들과 검증하고 개선하는 과정에서 AI는 단순한 도구가 아닌 팀의 일원처럼 기능했어요.

- **학습의 가속화:** 실시간 전문성 습득

박 팀장은 13장을 진행하면서 실시간으로 저자 DNA 해독법, 비즈니스 번역법, 문화적 필터링, 심화 독해 4기법을 습득했습니다. 과거라면 몇 년에 걸쳐 배워야 할 전문성을 일주일 만에 체득한 것이죠. 이것은 AI 시대의 학습 패러다임 전환을 보여 줍니다. 정보를 암기하는 학습에서 AI와 함께 사고하는 방법을 익히는 학습으로 바뀐 것이에요.

- **가치 창출의 새로운 기준:** 효율성을 넘어 창의성으로

90분 만에 25페이지 실무 가이드를 완성한 것도 놀랍지만, 더 중요한 것은 창의적 통찰입니다. 16권을 5권으로 압축하면서 발견한 포트폴리오 시너지 효과나 미시적 문화적 조

정 방안 같은 것들은 단순한 효율성을 넘어선 창의적 가치 창출이에요.

- **지속 가능한 성장: 도구 의존이 아닌 역량 확장**

무엇보다 중요한 것은 박 팀장이 AI에 의존하게 된 것이 아니라 AI와 함께 성장했다는 점입니다. 11장 마지막에 그가 얻은 것은 단순한 완성된 가이드가 아니라 앞으로 어떤 책이든 90분 만에 분석할 수 있는 역량 자체였어요.

- **미래 업무의 모습**

박 팀장의 여정은 단순한 독서법 개선을 넘어 AI 시대 지식 작업의 새로운 표준을 제시합니다.

- 반복적 분석은 AI가 담당 & 전체적인 프로세스 운영과 창의적 판단은 인간이 담당
- 빠른 처리는 AI의 장점 활용 & 맥락적 이해는 인간의 장점 활용
- 통합적 사고는 AI와 인간이 협업해 도달

이제 여러분의 차례입니다. 박 팀장이 인문 교양서 독해에서 경험한 혁신을, 여러분은 자신의 업무 영역에서 경험해 보시기 바랍니다. 기획자라면, 시장 분석을 AI와 함께 다층적으로 수행해 보세요. 마케터라면 소비자 인사이트를 AI와 함께 발굴해 보고, 연구자라면 문헌 분석을 AI와 함께 체계화해 보고, 교육자라면 커리큘럼 설계를 AI와 함께 정교화해 보세요.

중요한 것은 AI를 단순한 검색 도구나 작업 대행자로 보지 말고, 사고를 확장하고 창의성을 증폭시키는 파트너로 인식하는 것입니다. 박 팀장이 금요일 오후에 느꼈던 그 성취감과 가능성의 확장감을 이제 여러분도 자신의 일에서 경험해 보시기 바랍니다. AI 시대의 진정한 승자는 AI를 가장 잘 활용하는 사람이 아니라 AI와 가장 창의적으로 협업하는 사람이 될 것입니다.

토요일 오후 3시, 박 팀장은 소파에 깊숙이 몸을 맡겼습니다. 이번 주말만큼은 정말 여유롭게 보내고 싶었습니다. 교육 프로그램 선정을 완료하고 나니 마음이 한결 가벼워진 상태였거든요. 넷플릭스를 둘러보던 중 눈에 띈 것은 『백년의 고독』이었습니다.[16] 마르케스의 그 유명한 소설이 드라마로 제작되었다는 소식은 들었지만, 막상 화면에 나타나니 반가우면서도 복잡한 심경이었어요.

'아, 이거 대학 때 읽다가 포기했던 그 소설이네.'

박 팀장은 젊은 시절 소설과 시를 사랑하는 문학 청년이었습니다. 하지만 졸업 후 현실에 치이면서 문학과는 점점 멀어졌고, 이제는 가끔 베스트셀러 에세이나 자기 계발서 정도만 겨우 읽는 수준이 되어버렸죠. 그런데 이번 주에 AI와 함께 텍스트를 심층 분석하는 다양한 독해 기법들을 익히면서 문득 생각이 났습니다.

'이번 주말에는 드라마를 정주행하면서 AI와 함께 작품을 깊이 파헤쳐 보자. 이것도 일종의 심층적 독해 실습이겠지?'

● 1차 시청 후의 솔직한 반응

드라마 첫 두 편을 본 박 팀장의 솔직한 소감은 복잡했습니다. 영상미는 훌륭했고, 배우들의 연기도 인상적이었지만 뭔가 아쉬웠어요.

'흠…. 예전에 소설 읽을 때도 그랬는데, 왜 이렇게 어렵게 느껴지지? 노벨상을 받은 만큼 분명히 좋은 작품이라는 건 알겠는데 재미는 없네.'

바로 이런 순간이 AI와 함께하는 문학 독해의 시작점입니다. 박 팀장은 스마트폰의 생성형 AI 앱을 열고 드라마를 보며 드는 솔직한 의문을 물어보기 시작했습니다.

16　가브리엘 가르시아 마르케스의 『백년의 고독』은 콜롬비아의 가상 마을인 마콘도를 배경으로 부엔디아 가문 7대에 걸친 흥망성쇠를 그린 장편 소설로, 1967년에 출간되었습니다. 환상과 현실을 뒤섞은 '마술적 사실주의' 기법으로 라틴아메리카의 역사와 정치적 격변을 우화적으로 형상화했고, 전 세계적으로 라틴아메리카 문학 붐을 일으킨 작품이었습니다. 그리고 1982년 마르케스에게 노벨 문학상을 안겨 주었지요.

박 팀장의 첫 번째 프롬프트

- **박 팀장 질문**: "마르케스의 『백년의 고독』을 드라마로 보고 있는데, 흥미롭긴 하지만 재미있지는 않네. 예전에 소설을 읽었을 때도 그랬고. 이 소설이 과거에 큰 각광을 받은 이유가 무엇일까?"
- **AI의 응답**: "많은 독자가 비슷한 경험을 합니다. 이 작품의 진정한 가치는 문학사적 혁신에 있습니다. 마르케스는 서구 문학의 전통적인 리얼리즘을 라틴아메리카의 현실에 맞게 완전히 재창조했거든요. 독재, 내전, 외침이 일상이었던 라틴아메리카에서는 이런 극단적 현실을 기존의 사실주의 기법으로는 제대로 표현할 수 없었어요. 그래서 환상과 현실을 뒤섞은 마술적 사실주의라는 새로운 문학 기법을 만들어 낸 것이죠."

'아, 그래서 이렇게 환상적인 요소들이 자연스럽게 섞여 있구나.'

박 팀장은 조금씩 이해가 되기 시작했습니다. 마치 앞의 3절에서 저자의 배경을 파악하니 책의 의도가 명확해졌던 것처럼 말이죠.

● 마술적 사실주의에 대한 의문과 탐구

드라마가 진행되면서 더욱 기이한 장면들이 나타났습니다. 나무에 자기 몸을 묶고 생활하는 주인공, 갑자기 불면증에 전염된 마을 사람들, 갑자기 하늘로 동동 떠오르는 어린아이, 하늘에서 내리는 노란 꽃비…. 이런 장면들을 보면서 박 팀장은 의문이 들었어요.

'이런 건 그냥…. 말이 안 되잖아? 현실적으로.'

그렇지만 동시에 박 팀장은 11.4절에서 배운 심층적 독해를 떠올렸습니다. 겉으로 드러나지 않은 숨어 있는 의도나 맥락이 있을 것이라는 생각이 든 것이죠.

박 팀장의 두 번째 프롬프트

- **박 팀장 질문**: "마술적 리얼리즘이 안 좋게 말하면 대놓고 거짓말한다는 식인데…. 이게 좋게 받아들여졌던 이유는 무엇일까?"
- **AI 답변**: "정말 핵심을 찌르는 질문이네요! 마술적 리얼리즘이 단순한 '뻥'과 다르게 받

아들여진 건 맥락과 목적 때문이에요. 라틴아메리카의 현실 자체가 너무 극단적이었거든요. 독재자가 수십 년간 권력을 유지하고, 하루아침에 수만 명이 사라지고, 외국 기업들이 나라 전체를 좌지우지하는…. 이런 현실이 워낙 비현실적이어서 기존의 사실주의로는 오히려 '진실'을 담아 낼 수 없었던 것이죠. 마르케스는 실제로 '라틴아메리카에서는 현실이 상상력을 앞선다.'라고 말했어요."

'그렇구나. 환상이 아니라 다른 방식의 진실 말하기였던 거네.'
박 팀장은 작품을 보는 시각이 완전히 달라지는 것을 느꼈습니다. 이런 경험이야말로 13.4절에서 강조했던 계보적 독해의 힘이었어요. 작품을 당시의 역사적, 문화적 맥락 속에서 이해하니 전혀 다른 의미가 보이기 시작한 것이죠.

인물들의 상징적 의미 발굴

드라마의 중요한 장점 중 하나는 소설에서 헷갈렸던 동명 인물들을 배우를 통해 쉽게 구분할 수 있다는 것이었습니다. 그러면서 각 인물들의 특징이 더욱 선명하게 드러났고, 박 팀장은 궁금증이 생길 때마다 즉석에서 AI에게 물어보기 시작했어요.

'이번엔 정말 구체적으로 파고들어 보자. 13.4절에서 배운 심층적 독해처럼 말이야.'

즉석 질문들과 AI 답변

- **박 팀장 질문**: "레베카가 갑자기 부엔디아 가문에 맡겨진 후 흙을 먹는 장면이 충격적이네. 이게 뭘 상징하는 거야?"
- **AI 답변**: "레베카의 흙 먹기는 여러 상징적 의미가 있습니다. 첫째는 뿌리 없음과 소속감에 대한 갈망이에요. 정체성이 없는 그녀가 어떻게든 이 땅, 이 가족에 속하고 싶어하는 원시적 행동이죠. 둘째는 라틴아메리카의 원주민성을 상징해요. 흙 먹기는 아메리카 원주민들의 전통적 의식과도 연결되거든요."
- **박 팀장 질문**: "아마란타는 왜 자꾸 사랑을 거부하고 혼자 살려고 하지? 검은 붕대는 또 뭐야?"
- **AI 답변**: "아마란타를 정착민 민중의 상징으로 볼 수 있습니다. 레베카(원주민)와 대립하면서 여러 번 새로운 세력들과의 사랑에 실패하고, 더 이상 새로운 이념에 마음을 주지

않고 현실에 눌러앉는 모습을 보여 주죠. 검은 붕대는 상처받은 민중의 자기 보호이자 체념의 상징이에요."

- **박 팀장 질문**: "주인공 이름들이 대를 이어 반복되는 이유는 뭐야? 그런데 가만히 보니까 이름이 선대가 가장 길고, 그다음 세대로 갈수록 짧아지네. 호세 아르카디오 부엔디아–호세 아르카디오–아르카디오처럼 말이지."

- **AI 답변**: "이것은 대를 이어가며 권위와 정체성이 약화되는 것을 의미해요. 창시자 세대는 풀네임으로 위엄을 갖지만, 후손들에게서는 가문의 정체성이 점점 약해져가요. 마치 복사본의 복사본처럼 원본에서 멀어질수록 흐릿해지는 것이죠. 특히, 이름의 단순화는 가문 자체의 몰락과 맞물려 있습니다. 마지막 아우렐리아노는 양피지를 해독하면서 자신의 진짜 이름을 깨닫지만, 그 순간 모든 것이 끝나버리죠."

박 팀장은 마치 13.3절에서 5권의 저자들을 분석했던 것처럼 AI와 함께 인물별 상징적 의미를 정리해 보았습니다. 그리고 이 내용을 Claude에게 가계도로 만들어 달라고 부탁했습니다.

'와, 이렇게 정리하니까 완전히 다른 작품이 된 것 같아. 개별 인물들이 아니라 라틴아메리카 사회 전체의 축소판이었구나.'

역사적 맥락의 재발견

아직 드라마 후반부가 나오지 않았지만, 책 후반부에서 나오는 바나나 회사 학살 장면은 박 팀장에게 큰 충격을 주었습니다. 호세 아르카디오 세군도만이 학살을 기억하고 다른 사람들은 모두 "그런 일은 없었다."고 말하는 장면은 소름끼쳤어요.

'이건 너무 현실적이야. 혹시 실제 사건을 바탕으로 한 건가?'

13.4절에서 배운 계보적 독해의 관점에서 보니 이 장면이 작품 전체에서 갖는 의미가 남달랐습니다. 환상적 요소들과는 달리, 너무나 생생하고 구체적으로 묘사되었거든요.

박 팀장의 세 번째 프롬프트

- **박 팀장 질문**: "바나나 회사 학살이 실제 역사적 사건을 바탕으로 한 거야? 20세기 초 라틴 아메리카에서 이런 국가 폭력이 일반적이었나?"

부엔디아 가문 상징적 해석

라틴아메리카 역사의 인물학적 알레고리

1세대 – 건국의 아버지들

♛ 호세 아르카디오 부엔디아

🏛 계몽주의적 건국 엘리트

마콘도(신생국가)를 건설한 창시자. 유럽의 과학기술과 계몽주의에 대한 맹신. 하지만 현실과 이상의 괴리로 인해 점차 고립되어 감.

운명: 정신적 고립 속에서 나무에 묶여 죽음 → 이상주의의 좌절

♟ 우르술라 이과란

♣ 보수적 현실주의 권력

가문(국가)의 실질적 경영자. 전통 질서 유지와 가족 통합에 전념. 변화보다는 안정을 추구하는 보수 세력의 상징.

운명: 100세까지 살며 모든 변화를 지켜봄 → 보수 세력의 지속성

2세대 – 분화하는 지배층과 민중

⬡ 호세 아르카디오(장남)

📖 타협적 기득권층

해외 경험을 가진 '국제적 엘리트. 하지만 기존 질서에 안주하며 토지 확장에만 관심. 레베카(원주민)와 결혼하여 기존 구조와 타협.

운명: 의문의 총상으로 죽음 → 안주하는 엘리트의 한계

⚔ 아우렐리아노 부엔디아 (대령)

🔥 혁명적 지식인

32번의 무장봉기를 이끈 자유당 지도자. 사회 변혁을 꿈꾸지만 결국 혁명의 목적을 잃고 개인적 고독에 빠짐.

운명: 모든 전쟁에서 패배 후 고립된 죽음 → 혁명의 좌절

⌂ 아마란타

♥ 환멸한 정착민 민중

새로운 이념(피에트로)과 지도자들(조카)에 대한 반복적 실망. 결국 정치적 체념과 현실 안주로 귀결.

운명: 자신의 수의를 짜며 예정된 죽음 → 민중의 체념

3-4세대 – 혁명 세력의 제거와 자본가 계층

☻ 아르카디오

♙ 부패하는 혁명 권력

혁명가의 아들이지만 권력을 잡자 독재자로 변질. 이상을 위해 시작된 혁명이 또 다른 억압으로 귀결.

운명: 정부군에 의해 처형 → 혁명 권력의 부패와 실패

🏷 17명의 아우렐리아노들

⚔ 진보 세력의 체계적 제거

대령의 정치적 유산이자 차세대 진보 지도자들. 모두 동시에 암살당함 = 보수 세력의 조직적 숙정.

운명: 집단 암살 → 라틴아메리카 진보 세력의 말살

🐂 아우렐리아노 세군도

🏛 신흥 자본가 계층

가축 번식업으로 경제적 성공. 정치적 이념보다는 경제적 이익에만 관심을 가지는 신자본가.

운명: 경제적 성공 후 평범한 죽음 → 탈정치화된 부르주아

◉ 호세 아르카디오 세군도

✍ 역사의 유일한 증인

바나나 회사 학살의 유일한 생존자. 진실을 기억하고 증언하지만 아무도 믿지 않음. 역사의 은폐와 왜곡.

운명: 고립된 채 죽음 → 무시당하는 역사의 증인

최종 세대 – 자기 인식과 종말

📖 아우렐리아노 바빌로니아

🔍 자기 인식하는 지식인

양피지를 해독하여 가문의 운명을 깨닫는 마지막 지식인. 진실을 아는 순간 모든 것이 소멸함.

운명: 진실 깨달음과 동시에 소멸 → 자기 인식과 자기 파괴

🐷 마지막 아우렐리아노 (돼지 꼬리)

◉ 근친상간의 저주 완성

근친상간으로 태어난 돼지 꼬리 달린 아이. 가문의 폐쇄성과 고립이 낳은 최종적 결과물.

운명: 개미에게 잡아먹혀 죽음 → 가문과 마콘도의 완전한 종말

✦ 『백년의 고독』의 가계도와 주인공들의 상징적 의미 해석

- **AI 답변**: "맞아요! 실제로 1928년 12월 6일 콜롬비아에서 일어난 바나나 대학살 사건이에요. 유나이티드 프루트 컴퍼니(실제 미국 기업)의 바나나 플랜테이션에서 노동자들이 더 나은 조건을 요구하며 파업했는데, 콜롬비아 정부가 군을 동원해 노동자들을 학살했죠. 피해자 수는 47명에서 3,000명까지 다양하게 추정됩니다. 더 무서운 건 정부가 이 사건을 완전히 부정하고 역사에서 지우려했다는 점이에요. 20세기 초 라틴아메리카에서는 이런 잔혹한 국가 폭력이 일반적이었어요."

'와, 이게 실화를 바탕으로 한 거였구나. 그럼 이 소설은 단순한 환상이 아니라 역사 고발서였던 거네.'

박 팀장은 문득 13.3절에서 배운 7대 함정 중 하나였던 '복잡성 단순화'를 떠올렸습니다. 자신이 이 작품을 단순한 환상 소설로만 봤던 것이 얼마나 피상적이었는지 깨달은 것이죠.

비판적 성찰과 다층적 해석

드라마를 다 본 후 박 팀장은 13.4절에서 배운 심층적 독해의 마지막 단계를 시도해 보고 싶었습니다. 작품의 한계나 편향은 없을까 하는 비판적 시각 말이죠.

박 팀장의 네 번째 프롬프트

- **박 팀장 질문**: "결국 이 소설은 라틴아메리카 정치사를 크리오요 지배층의 관점에서 그린 알레고리인 거야? 다른 관점에서의 해석도 가능할까?"

- **AI 답변**: "정말 예리한 지적이에요. 이건 라틴아메리카 문학 전체에 대한 중요한 비판 지점이기도 해요. 부엔디아 가문의 연대기는 분명 지배층의 몰락을 그린 '귀족적 비극'이고, 원주민이나 아프리카계는 레베카처럼 '타자'로만 등장해요. '백년의 고독'이라는 제목 자체가 사실 특권층의 감성이죠. 생존을 위해 투쟁하는 사람들에게는 고독을 성찰할 여유도 없거든요. 다른 해석도 얼마든지 가능해요. 페미니스트 해석(여성들이 실제로는 가문을 지탱), 정신 분석학적 해석(근친상간 강박), 종교적 해석(에덴 동산의 몰락), 환경 생태학적 해석(바나나 회사의 환경 파괴) 등…. 문학의 매력이 바로 이런 해석의 무한 가능성에 있습니다."

'그렇구나. 완벽한 작품은 없다는 거네. 어떤 작품이든 자신만의 한계와 시각을 갖고 있고, 그걸 고려하면서 읽어야 한다는 거야.'

박 팀장은 13.4절에서 인문 교양서들의 한계를 파악했던 경험이 문학 작품에도 그대로 적용된다는 것을 깨달았습니다.

● 해석적 심층 독해의 의미

일요일 저녁, 드라마 정주행을 마친 박 팀장은 전혀 예상치 못한 경험을 했다는 생각이 들었습니다. 단순히 드라마를 감상하는 것을 넘어 작품의 다층적 의미를 탐구하고, 역사적 맥락을 이해하며, 심지어 작품의 한계까지 비판적으로 성찰하는 과정이었거든요.

'AI와 대화하니까 혼자 읽을 때와는 완전히 다른 깊이가 생기네. 이번 주에 배운 독해 기법들이 문학 감상에도 그대로 적용되는구나.'

특히 인상적이었던 것은 '해석의 개방성'이었습니다. AI가 정답을 제공하는 것이 아니라 박 팀장의 질문과 가설을 더 정교하고 풍부한 해석으로 발전시키는 지적 파트너 역할을 수행했다는 점이었어요. 마술적 사실주의를 '대놓고 거짓말하는 것'이라고 의문을 제기한 질문이 식민지 현실의 비현실성에 대한 깊은 이해로 발전하고, 개별 인물 분석이 라틴아메리카 정치사 전체의 알레고리로 확장되는 과정은 생성형 AI와의 대화를 통한 해석적 사고의 역동성을 잘 보여 주었습니다.

이를 통해 박 팀장은 텍스트를 단순히 수용하는 것이 아니라 능동적으로 재구성하고 비판적으로 성찰하는 주체적 독해 경험을 갖게 되었습니다. AI 증강 독해를 통해 문학 작품 하나가 개인사에서 정치사로, 다시 인류사적 성찰로 확장되는 과정을 직접 체험한 것이죠.

● 실전 프롬프트 가이드: 문학 작품 심층 독해 5단계

박 팀장이 주말 동안 사용한 프롬프트 과정을 정리하면 다음과 같습니다.

 1차 독서 후 솔직한 반응 표현

프롬프트 예시

- "이 작품이 유명한 이유를 모르겠어."
- "재미없는데 왜 고전인 거야?"
- "이해가 안 되는 부분이 너무 많아."

☑ **프롬프트 포인트**: 부끄러워하지 말고 솔직한 반응부터 시작하기

2단계 **기법이나 스타일에 대한 비판적 질문**

프롬프트 예시

- "마술적 사실주의가 그냥 허구 아닌가?"
- "이런 표현 방식이 왜 혁신적인 거야?"
- "의식의 흐름 기법이 뭐가 특별한 거지?"

☑ **프롬프트 포인트**: 문학 기법의 본질적 의미 탐구하기

3단계 **구체적 장면이나 인물에 대한 상징적 의미 탐구**

프롬프트 예시

- "이 인물/사건/이미지는 뭘 상징하는 거야?"
- "왜 이런 설정을 만들었을까?"
- "이 장면이 전체 구조에서 갖는 의미는?"

☑ **프롬프트 포인트**: 개별 요소들의 상징적 의미와 전체적 연관성 파악

4단계 **역사적/사회적 맥락 확인**

프롬프트 예시

- "이게 실제 역사와 관련 있어?"
- "당시 사회 상황이 어땠길래?"
- "작가가 이 작품을 쓸 당시 배경은?"

☑ **프롬프트 포인트**: 작품을 역사적, 사회적 맥락 속에서 이해하기

프롬프트 예시

- "다른 관점에서는 어떻게 볼 수 있을까?"
- "이 작품의 한계나 편향은 없을까?"
- "현재 시점에서 보면 어떤 의미가 있을까?"

☑ **프롬프트 포인트**: 해석의 개방성과 작품의 한계 인식하기

이러한 다각적 접근을 거친다면, 누구나 문학 작품의 깊은 의미를 탐구하고 더 나아가 그것을 통해 인간과 사회에 대한 더 깊은 이해에 도달할 수 있습니다. 중요한 것은 AI가 정답을 주는 것이 아니라 우리의 사고를 자극하고 확장하는 동반자 역할을 한다는 점입니다. 마치 박 팀장이 이번 주 내내 경험했던 것처럼 말이죠.

● 에필로그: 인문 교양의 진정한 의미

박 팀장은 한 주를 마무리하며 깊은 만족감을 느꼈습니다. 월요일에는 조직 교육을 위한 실용적 도구로서 인문 교양서를 분석했고, 주말에는 순수한 지적 즐거움을 위해 문학 작품을 탐구했죠. AI 증강 독해의 진정한 힘은 바로 이런 다양성에 있습니다. 같은 도구와 방법론으로 비즈니스 현장에서 필요한 실무 가이드도 만들 수 있고, 순수한 지적 탐구도 할 수 있다는 것이죠. '앞으로는 이 2가지를 모두 챙겨야겠어. 조직에 도움이 되는 실용적 독서도 하고, 나 자신을 위한 순수한 독서도 하고….'

박 팀장의 여정은 이렇게 완성되었습니다. 인문 교양서를 통한 조직 혁신과 문학 작품을 통한 개인적 성찰, 2가지 모두를 AI와 함께 성취한 완전한 일주일이었지요.

14 AI 드리블링의 실전 사례

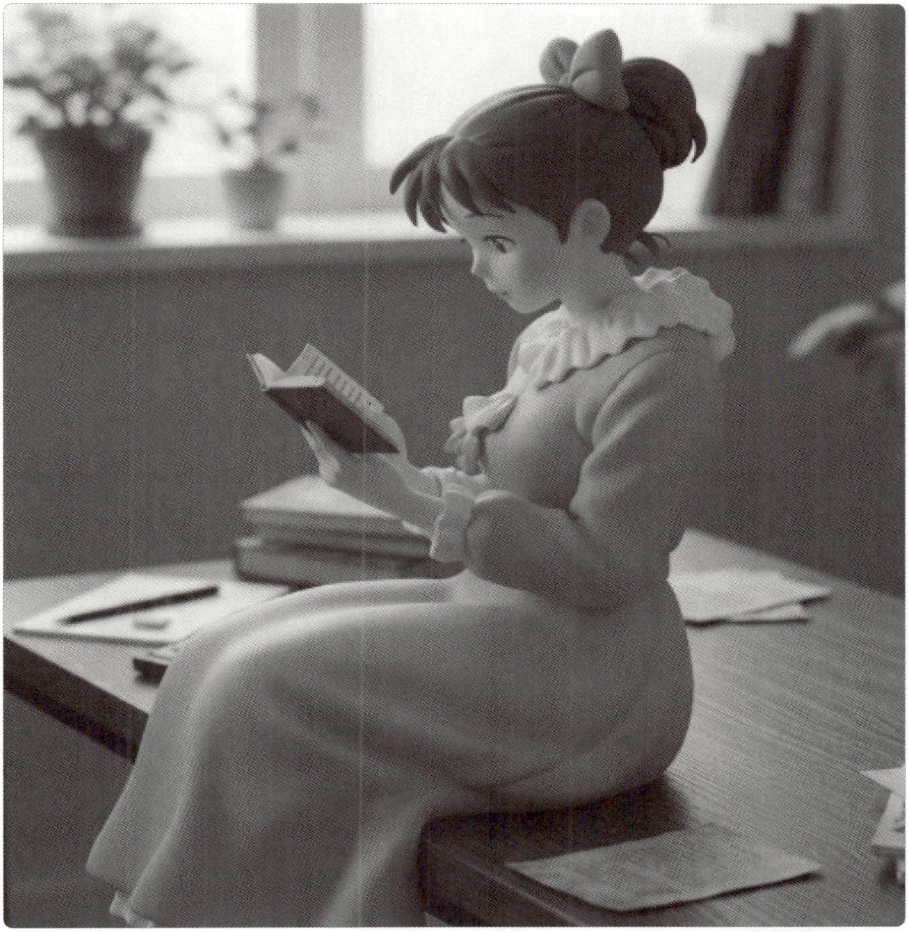

◆ 장 오노레 프라고나르의 『책 읽는 소녀』를 모티브로 해서 나노 바나나를 이용해 3D 피규어 스타일로 구현한 그림

14장은 앞서 배운 AI 드리블링이 실전에서 어떻게 작동하는지 3개의 생생한 사례로 보여 줍니다. 다큐멘터리를 보듯 시간 순서대로 전개되며, 중요한 순간마다 'AI 드리블링 비법' 박스로 핵심 노하우를 정리합니다. 세부 프롬프트보다 프롬프트들을 엮어 나가는 전체 흐름에 주목하세요. 첫 프롬프트에서 어떤 맥락을 구축했기에 두 번째 질문이 가능했는지, 예상치 못한 결과가 나왔을 때 어떻게 방향을 조정했는지가 핵심입니다.

14장의 전체 구조

14.1 25개 프롬프트로 3시간 만에 논의 초안 자료 만들기

→ 고령자용 반려 로봇의 윤리적 위험 분석 사례로, 반나절 만에 18개 위험 영역을 도출하고 우선순위 매트릭스까지 완성하는 '스피드의 비밀'을 경험한다.

14.2 68개 프롬프트의 좌충우돌 현실-Coates 2025 예측 분석기

→ 30년 전 미래학자의 2025년 예측 83개를 분석한 보고서 제작기로, 시행착오와 좌충우돌 과정을 통해 사소한 호기심에서 새로운 이론 개념까지 도달한 생생한 이야기를 전한다.

14.3 2025년 글로벌 지정학적 리스크 분석-AI 증강 분석의 탐색적 여정

→ EY, Eurasia, BlackRock 등 지정학 리포트 3개를 종합 분석해 파워포인트 전략 보고서를 만든 사례로, 104개 프롬프트로 'AI 증강 독해와 AI 드리블링'을 어떻게 엮는지를 생생히 살펴 본다.

14.4 AI라는 역량 증폭기-모든 지식 직무에 던진 충격파

→ AI 드리블링이 가져온 업무 방식의 변화와 지식 직무의 미래를 조망한다.

내 상황에 맞는 읽기 가이드

독자별 니즈	독해 가이드
"빠른 시간 내에 결과를 내는 것이 가능한지 궁금해요."	14.1로 바로 이동(3시간 브레인스토밍 자료 사례)
"시행착오 과정이 궁금해요, 완벽하지 않아도 괜찮을까요?"	14.2로 바로 이동(68개 프롬프트 좌충우돌 현실)
"고급 분석 기법과 컨설팅급 PPT 보고서 제작 방법이 궁금해요."	14.3으로 바로 이동(104개 프롬프트 지정학적 리스크 분석)
"여러 보고서를 종합 분석하는 방법도 있나요?."	14.3으로 바로 이동(3개 보고서 통합 분석 사례)
"AI 드리블링의 실제 효과와 미래 전망이 궁금해요."	14.4 → 저자 후기 순서로(에필로그와 저자 경험담)
"프롬프트 흐름과 전략에 집중하고 싶어요."	각 사례의 AI 드리블링 비법 박스 중심으로 읽기

지금까지 비즈니스 문서, 기술 문서, 학술 문서, 인문 교양서 등을 효과적으로 증강 독해 하는 방법을 배웠습니다. 제대로 읽고 사유했다면 그 내용을 보고서로 정리해야 빛을 발하 겠지요. 이때 필요한 것이 'AI 드리블링'입니다. AI 드리블링의 이론과 4R 프로세스는 이미 1권 3장에서 배웠습니다. 하지만 이론은 알겠는데 실제로는 어떻게 진행되는지, 정말 그렇 게 빠른 시간 안에 전문가급 품질의 결과물을 만들 수 있는지 궁금하실 거예요.

그래서 14장에서는 3개의 생생한 사례를 마련해 보았습니다. 저 자신이 AI 드리블링을 활용해 보고서들을 증강 독해하고, 얻어진 생각의 결과들을 보고서로 만든 실제 사례들을 약간 각색한 내용들입니다. 이 사례들을 차근차근 따라가다 보면 '이게 정말 되는 방법이 구나.'라는 생각을 하게 될 것입니다.

첫 번째 사례는 고령자용 반려 로봇의 윤리적 위험 분석으로, 반나절 만에 18개 위험 영 역을 도출하고 우선순위 매트릭스까지 완성하는 과정을 보여 줍니다. 프롬프트 25개로 정 책 연구 수준의 결과물을 만드는 '스피드의 비밀'을 경험하실 수 있습니다.

두 번째 사례는 30년 전에 미래학자인 조셉 코우츠(Joseph Coates)가 발표한 83개의 2025년 예측 논문을 분석한 30페이지 보고서 제작기입니다. 여러 가지 현실적 어려움 때 문에 집중적으로 진행하지 못하고 끊어서 작업한 결과, 시행착오도 많고 좌충우돌도 하지 만 사소한 호기심에서 새로운 이론 개념까지 꺾이지 않은 마음으로 발전시킨 여정을 전해드 립니다.

세 번째 사례는 EY(Ernst & Young), 유라시아(Eurasia), 블랙록(BlackRock)에서 나온 3개 보고서를 종합 분석해 올해 글로벌 리스크와 대응 방안을 모색한 파워포인트 전략 보 고서를 만드는 과정입니다. 104개 프롬프트로 상호 영향 분석과 시나리오 분석 등 9가지 고급 분석 방법론을 동원한 사례를 만나실 수 있습니다.

각 사례는 다큐멘터리를 보듯 시간 순서대로 전개되며, 중요한 순간마다 'AI 드리블링 비 법' 박스로 핵심 노하우를 정리해드립니다. 단순히 '이렇게 하면 된다.'가 아니라 '왜 이 순 간에 이런 질문을 했는지', '막혔을 때 어떻게 돌파했는지'까지 솔직하게 보여드리겠습니다.

한 가지 당부드립니다. 프롬프트 하나하나의 세부 문구에 집중하지 마세요. 더 중요한 것은 프롬프트들을 엮어 나가는 전체 흐름입니다. 첫 번째 프롬프트에서 어떤 맥락을 구축했기에 두 번째 질문이 가능했는지, 중간에 예상치 못한 결과가 나왔을 때 어떻게 방향을 조정했는지, 각 단계의 결과물이 어떻게 다음 단계의 재료가 되는지에 주목해 주세요. 마치 축구에서 개별 기술보다 전체 플레이 흐름이 중요하듯 AI 드리블링도 프롬프트 간의 연결과 리듬이 핵심입니다.

아울러 실습 자료에 대해 안내드립니다. 여기 소개된 3개 사례의 드리블링 과정의 프롬프트 및 AI 답변을 모은 파일과 결과물 파일은 성안당 홈페이지를 통해 함께 제공될 것입니다. 책을 읽으시면서 '실제로 대화는 어떤 식으로 오갔을까?', '만들어진 보고서는 어떤 완성도일까?' 궁금하신 분들은 해당 파일을 다운로드하여 자세히 살펴보면 됩니다. 다만, 제공된 보고서는 초안 수준입니다. 1권 3장에서 말씀드렸듯이 최종 보고서까지 가려면, 여기서 수주일의 Refine 과정을 거쳐 더 가공해야 합니다.

주의할 점이 하나 더 있습니다. 제공된 프롬프트를 그대로 따라 입력해도 똑같은 답변이나 똑같은 보고서를 만들 수는 없다는 것입니다. AI 답변에서는 재현 곤란성이 항상 문제됩니다. AI의 확률적 출력 특성상 같은 질문에도 매번 다른 답변이 나옵니다. 아울러 최종 보고서에는 인간 드리블러의 주관적 판단과 감수가 추가로 들어갑니다. 따라서 '왜 똑같은 답변이 안 나오는 거야?'라고 생각하지 마시고, 어떤 의도로 이 시점에 이런 질문을 던졌는지, 예상과 다른 답변이 나왔을 때 어떻게 대응했는지의 흐름과 전략을 배우는 데 집중해 주세요. 그래야만 여러분의 상황에 맞게 응용할 수 있는 진짜 실력을 키울 수 있습니다. 자, 그럼 첫 번째 사례로 들어가 보시지요.

● 월요일 오전 8시 30분, 급작스러운 미션

○○○연구소의 AI 기술 연구팀에 근무하는 김 선임연구원에게 팀장이 연락해 왔습니다. "김 선임, 오늘 오후 3시에 고령자용 반려 로봇 관련 브레인스토밍 회의가 있습니다. 저번 주에 잠깐 이야기한 것처럼 윤리적 이슈와 시장 전망에 대한 기초 논의 자료를 준비해 주세요."

아뿔싸, 깜빡하고 있었네요. 남은 시간은 고작 5시간 반…. 그런데 실제 작업에 쓸 수 있는 시간은 오전 3시간 정도가 전부였습니다. 오후 1시부터 다른 미팅들이 이미 잡혀 있거든요. 자료라고는 동료 연구자가 작성한 고령자용 반려 로봇의 윤리적 이슈에 대한 기초조사 PPT 하나뿐이었습니다.

시간은 부족하고, 자료는 턱없이 부족한 상황…. 평소 같으면 '어떻게 3시간에 제대로 된 자료를 만들어?'라며 막막했을 텐데, 오늘 김 선임은 달랐습니다. 바로 AI 드리블링을 선택한 것이죠. 결과부터 말씀드리면, 3시간 만에 25개의 체계적인 프롬프트로 10페이지 분량의 브레인스토밍 기초 자료를 만들었습니다. 오후 회의에서 팀장은 '이걸 반나절 만에 만들었다고?'라며 놀라워했어요. 어떻게 이런 일이 가능했을까요? 지금부터 그 전 과정을 단계별로 따라가 보겠습니다.

● Ready 단계 전략적 출발점 설정

김 선임이 가장 먼저 한 일은 동료가 보내온 PPT를 빠르게 살펴보는 것이었습니다. 동료는 로봇 전문가로 저번 주에 자료를 주면서 기존 로봇에 생성형 AI가 접목되면 윤리적 이슈가 어떻게 변화할지 봐 달라고 부탁했어요. 김 선임은 이 요청을 염두에 두고 읽으면서 핵심 질문 4개를 미리 설계했어요. 논의 자료 초안이 제대로 답해야 할 핵심 질문 말이지요. 이것이 바로 성공의 첫 번째 비밀이었습니다.

<u>**사전 설계한 4개 Key Questions**</u>

- 고령자용 반려 로봇의 윤리적 위험이 일반 AI 윤리와 어떻게 다른가?
- 이런 위험들의 우선순위를 어떻게 매길 것인가?
- 기술적으로 해결 가능한 부분은 무엇인가?
- 향후 10년의 시장 전망은 어떠할 것인가?

AI 드리블링 비법 #1 질문 설계의 힘

많은 분이 '일단 AI에게 뭔가 물어보자.'라며 무작정 시작합니다. 저도 대개는 이 방식으로 진행합니다. 하지만 잘못하면 시간 낭비로 이어질 수 있습니다. 시간 압박이 있는 경우, 김 선임처럼 핵심 질문을 미리 설계하면 AI 드리블링 중 방향을 잃지 않고 효과적인 진행이 가능합니다. 이 차이가 '3시간 내내 즐겁게'와 '하루 종일 머리를 쥐어뜯으며'의 차이를 만들어 냅니다. 2절에 제시될 두 번째 사례의 경우, '일단 해 보자.'라는 탐색적 접근법을 시도했는데, 그만큼 시행착오가 더 많았습니다.

첫 3개 프롬프트로 기반 다지기

[오전 8:35] 프롬프트 1 정보 파악
"이 파일의 기본 내용에 대해 설명해 줘."

단순해 보이지만 전략적인 첫 질문이었습니다. AI가 PPT 내용을 체계적으로 정리하도록 유도해서 앞으로 AI와의 대화 기반을 마련한 것이죠. AI 증강 독해를 할 때는 파일 업로드 후 바로 자료의 내용에 대해 설명해 달라고 요청하는 것이 좋습니다. 이 과정이 있어야 AI가 파일을 제대로 살펴보고, 자료 내용과 동떨어진 말을 쏟아내는 환각 현상을 회피할 수 있게 됩니다.

[오전 8:38] 프롬프트 2 차별화 분석
"고령자용 반려 로봇의 윤리적 위험은 일반적 AI 윤리와 비교할 때 차이점과 공통점은 무엇일까? 표로 제시해 줘."

여기서 주목할 점은 '표로'라는 구체적인 형태 지정입니다. 막연하게 비교해 달라고 하면 장황한 설명만 늘어 놓습니다. '표'라는 출력 형태를 명시하니 깔끔하게 구조화된 결과가 나왔어요. 아래처럼 말이지요.

⊞ 사례 고령자용 반려 로봇의 윤리적 위험(발췌)

윤리적 위험 영역	일반 AI 윤리	고령자용 반려 로봇	차이점 분석
편향성(Bias)	• 데이터셋 편향 • 알고리즘 편향 • 사회적 차별 재생산	• 건강한 고령자 중심 설계 • 질병/장애 고령자 배제 • 연령 특화 편향	• 차이: 연령층 특성에 맞춘 구체적 편향 문제 • 공통: 특정 집단 배제와 차별
자율성(Autonomy)	• 사용자 선택권 제한 • 알고리즘 의존성 증가 • 의사결정 위임	• 과도한 일정 관리 • 지속적인 행동 제안 • '좋은 노인' 프레임 강요	• 차이: 물리적 돌봄과 연결된 구체적 개입 • 공통: 인간 주체성 침해
투명성 & 설명 가능성	• 블랙박스 알고리즘 • 의사결정 과정 불투명 • 사용자 이해 부족	• 로봇 행동 의도 불명확 • 감정/건강 판단 근거 모호 • 데이터 처리 과정 은폐	• 차이: 물리적 행동과 연결된 투명성 • 공통: AI 의사결정 과정의 불투명성

AI 드리블링 비법 #2 비교＋구조화 → 특화 인사이트 도출

주목할 점은 기존 지식(일반 AI 윤리)과 새로운 상황(고령자용 반려 로봇)을 연결하는 비교 기법을 '표로'라는 구조화 출력 요청과 결합했다는 것입니다. 저도 즐겨 쓰는 테크닉입니다. 예를 들어, 새로운 개념과 과거의 유사 개념을 비교해 표로 정리하는 식이지요. 이렇게 하면 일반론이 아닌 특화된 인사이트를 손쉽게 도출할 수 있습니다. '비교＋구조화'가 특화 인사이트 도출의 지름길임을 잘 기억하세요.

[오전 8:42] 프롬프트 3 검증과 보완
"파워포인트에서 제시한 핵심 윤리적 위험들과 매칭되는 부분에 '(*matched)'를 표시해 줘."

많은 분이 놓치는 부분이 바로 이것입니다. 항상 AI 분석 결과가 원본 자료와 정말 일치하는지 가급적 바로 확인해 보셔야 합니다. 김 선임은 프롬프트 3 에서 검증 과정을 진행했습니다. 이 덕분에 원본 데이터와 AI 분석의 정합성을 확보하고, 누락된 요소들도 식별할 수 있었어요.

AI 드리블링 비법 #3 **중요한 것은 꼭 검증하기**

'AI가 분석했으니 맞겠지.'라고 생각하고 그냥 넘어가는 경우가 많은데, 이건 위험합니다. 사람도 그렇지만, AI도 많은 자료 중 일부를 누락하거나 종종 사칙연산에서 틀리는 경우가 있습니다. 특히, 복합적인 자료나 많은 데이터를 분석할 때는 AI도 놓치는 부분이 생깁니다. A 자료 53개, B 자료 35개, C 자료 46개(총 134개)를 통합 분석시켰는데, 124개만 분석하는 식이죠.

이를 가볍게 여기고 진행했다가 나중에야 분석 과정의 오류를 파악하고 복잡한 수정이나 재작업을 해야 하는 불상사를 맞이할 수 있습니다. 저도 여러 번 경험한 바이니 특별히 주의하시기 바랍니다. 기본적으로 체크해야 하는 부분들은 데이터 완결성(수량 확인, 누락 여부, 중복 카운트), 수치 계산 정확성(사칙연산, 통계 수치, 평가 점수 등), 분류 일관성(중복 또는 누락 분류) 등입니다.

● Recall 단계 **아이디어의 폭발적 확장**

이제 본격적인 정보 확장 단계입니다. 기초 자료로 방향성을 잡고 AI의 풍부한 지식을 끌어 모아 아이디어와 말뭉치를 폭발적으로 넓혀 나가는 과정이지요. 김 선임은 전체 소요 시간의 절반이 넘는 1시간 45분을 여기에 집중했어요.

사각지대 발굴과 체계화 프롬프트 4~10

> [오전 8:45] 프롬프트 4 확장적 사고
> "이외에도 고령자용 반려 로봇 사용에 있어 추가로 고려해야 할 윤리적 이슈가 있다면 무엇일까?"

김 선임은 먼저 PPT에서 제시된 윤리적 이슈 내용 외에 혹시나 추가적인 것들이 있을지 궁금했습니다. 그런데 AI는 바로 예상치 못한 6개의 추가 위험 영역을 제시했습니다. 추가 제시 위험 영역은 아래와 같습니다.

경제적 형평성과 접근성, 문화적 다양성과 민감성, 환경적 지속 가능성, 법적 및 규제 체계, 장기적 사회 변화, 돌봄 노동 및 사회 구조 등…. 바로 여기서 첫 번째 터닝 포인트가 왔습니다. 동료가 전해 준 내용에 덧붙여 가치를 제공할 부분이 있겠다는 생각 말이지요.

AI 드리블링 비법 #4 **마법의 질문 '이외에도'**

여기서는 한 번의 확장 질문으로 위험 요소가 12개에서 18개 위험 요소로 확장된 겁니다. 생각지도 못했던 내용들을 파악하게 된 것이죠. '이외에도….'라는 단순한 질문이 얼마나 강력한지 보여 주는 사례예요. AI의 내장 지식을 최대한 활용하고, 인간의 경계적 사고(Boundary Thinking)[17]를 깰 수 있는 AI 드리블링의 핵심 테크닉 중 하나입니다.

[오전 9:05] **프롬프트 6** **컨설팅급 체계화**

"18개 위험 영역을 MECE의 관점에서 조정이 필요한 부분을 제안해 줘."

여기서 김 선임의 전문성이 돋보입니다. 산발적으로 도출된 18개 요소를 그냥 나열하면 이해하기도 설명하기도 힘들어집니다. 이럴 때 컨설팅 방법론인 MECE(상호배타적이고 전체 포괄적) 원칙을 적용해 정리하면 깔끔해지죠. 중복된 것들은 합치고, 비슷한 것들은 묶어서 논리적으로 구조화하는 식입니다. 결과적으로 18개가 15개로 압축되고, 4개 차원(개인, 기술, 사회, 제도)으로 깔끔하게 체계화되었습니다. 사실 이러한 구조화 작업은 상당히 시간·시력 집약적인 일입니다. 하지만 AI를 활용하면 프롬프트 2~3개로 빠르게 처리할 수 있습니다. 컨설팅, 리서치, 기획 업무의 종사자들에게는 정말 혁명적인 변화입니다.

사례 윤리적 위험 영역의 구조화 전후 결과 비교

기존 18개 윤리적 위험 영역	구조화된 15개 윤리적 위험 영역
## 기존 12개 위험 영역	## 개인 차원(Individual Level)
1. 편향성(Bias)	1. 인격적 존엄성
2. 자율성(Autonomy)	2. 심리적 조작 및 의존성
3. 투명성 & 설명 가능성	3. 신체적 안전 및 건강
4. 프라이버시	4. 프라이버시 및 개인정보
5. 책임 소재(Accountability)	
6. 조작 & 의존성	## 기술 차원(Technical Level)
7. 객체화	5. 알고리즘 편향성
8. 감정적 의인화	6. 투명성 및 설명 가능성
9. 심리적 조작	7. 기술적 한계와 과신

---

[17] 경계를 명확히 설정하고 그 안에서만 문제를 정의하고 해결하려는 사고방식을 말합니다. 제한된 시간, 자원으로 문제를 해결해야 할 때, 이렇게 문제를 정의하는 방식이 권장됩니다. 특히, 이공계 쪽의 실험 설계에서 강조되는 접근법이지요. 하지만 경계 밖의 중요 요소나 창의적인 해결책 아이디어를 놓칠 수 있는 양면성이 있습니다.

기존 18개 윤리적 위험 영역	구조화된 15개 윤리적 위험 영역
10. 건강 상태 오해석	8. 책임 소재 및 안전성
11. 신체적 안전	
12. 사회적 고립 심화	## 사회 차원(Social Level)
	9. 경제적 형평성 및 접근성
## 추가 6개 위험 영역	10. 문화적 다양성 및 민감성
13. 경제적 형평성과 접근성	11. 사회적 관계 및 공동체
14. 문화적 민감성과 다양성	12. 돌봄 노동 및 사회 구조
15. 법적·제도적 공백	
16. 기술적 한계와 과신	## 제도 차원(Institutional Level)
17. 사회적 연대와 공동체	13. 법적 및 규제 체계
18. 장기적 사회 변화	14. 장기적 사회 변화
	15. 환경적 지속 가능성

중복 제거 내용

- '조작 & 의존성' + '심리적 조작' → '심리적 조작 및 의존성'
- '사회적 고립 심화' + '사회적 연대와 공동체' → '사회적 관계 및 공동체'
- '건강 상태 오해석' → '기술적 한계와 과신' 하위로 통합

우선순위 평가와 시행착오 프롬프트 8~10

[오전 9:20] 프롬프트 8 정량화 시도

"15대 윤리적 이슈들에 대해 현실화 가능성과 현실화 시 심각성 측면에서 우선순위를 매겨 보는 것이 적절할까?"

[오전 9:24] 프롬프트 9 세부 기준 변경

"평가 기준의 내용은 좋긴 한데, 평가를 5점 척도로 한다면 어떨까?"

[오전 9:27] 프롬프트 10 평가 결과 진행

"좋아. 평가 결과를 표로 제시해 줘. 15대 윤리적 위험-현실화 가능성 점수-평가 근거(간단히, 직관적으로)-현실화 시 심각성 점수-평가 근거(간단히, 직관적으로) 형태로 표를 만들어 줘."

여기서부터 김 선임은 더 전문적인 분석으로 들어갔습니다. 단순히 위험을 나열하는 것이 아니라 우선순위를 매겨 실무적으로 활용 가능한 결과를 만들려고 한 것이죠. 이런 우선순위 작업에서 제일 고민되는 부분이 평가 기준을 잡는 것입니다.

일반적으로 트렌드, 리스크, 이슈들을 평가할 때는 발생 가능성(Likelihood)과 파급력 또는 심각성(Impact)을 많이 봅니다. 중요한 것은 세부 기준 마련(5점 척도냐, 3점 척도냐?, 상, 중, 하 기준은?)인데, AI가 친절하게도 세부 기준과 평가 시 고려 요소들을 제시해 주었고,

내용을 읽어 보니 적절한 것 같았습니다. 다만, AI는 3점 척도(상, 중, 하)를 제시했지만, 3점 척도는 너무 단순화된 방식이라 5점 척도로 다시 기준을 잡게 했습니다.

　이런 평가 작업은 과거에는 적어도 반나절은 걸렸습니다. 그러나 지금은 AI로 불과 10분 만에 처리됩니다. 정말 편해졌지요. 더욱이 인간은 갈대 같은 마음이라 평가 기준 적용의 일관성이 종종 흔들리는데, AI는 한번 정해진 기준은 일관되게 적용합니다. 신속성과 일관성이 AI 평가의 최대 장점인 셈이죠.

AI 드리블링 비법 #5 　AI 기반 평가는 편리하지만 초반에 신경을 많이 써야.

특히, 초반에 평가 기준을 잡을 때 각별히 주의해야 합니다. AI가 종종 결이 안 맞는 기준을 제시하는 경우도 많거든요. 아울러 평가 기준이 잘못되면 나중에 다시 대대적인 재작업을 해야 합니다. 경험상 평가 기준은 AI와 티키타카를 통해 한두 번 조정해 주는 것이 좋습니다. 평가 기준을 신중히 잡은 후 본격 평가를 진행시키되, 평가 결과는 점수뿐만 아니라 간단한 근거도 포함해서 표 형태로 답변받으세요. 그래야만 평가 점수의 적절성을 판단하기 쉽습니다. 아울러 사전에 평가 결과에 대한 대략적인 이미지를 생각해 보는 것이 낫습니다. 그래야만 평가 결과를 비판적으로 살펴볼 수 있습니다.

사례　개별 윤리적 위험 평가 결과

윤리적 위험	현실화 가능성	평가 근거	심각성	평가 근거	종합 점수	우선순위
1. 인격적 존엄성	5	이미 아동용 말투, 과보호적 디자인 등이 현제품에 적용 중	5	인간 존엄성의 근본 훼손, 고령자 인권 침해의 핵심	25	Critical
2. 심리적 조작 및 의존성	4	감정적 디자인 기술 발달, 애착 유도하는 로봇 이미 출시	4	정신 건강 악화, 자립성 완전 상실 위험	16	High
3. 신체적 안전 및 건강	5	물리적 로봇의 필연적 위험, 이미 사고 사례들 보고됨	5	직접적 생명 위험, 되돌릴 수 없는 신체 손상 →	25	Critical
⋮	⋮	⋮	⋮	⋮	⋮	⋮

[오전 9:35] 프롬프트 11 　첫 번째 시각화

"5x5 매트릭스를 표로 만들어 줄 수 있어? 가로축은 현실화 가능성, 세로축은 현실화 시 심각성으로…"

표로 만들어진 평가 결과를 보니 김 선임이 예상했던 방향과 크게 다르지 않았습니다. 다만, 위처럼 표로 제시하면 항목이 많아질 때 한눈에 안 들어옵니다. 이럴 경우, 보통 매트릭스 형태로 시각화해서 정리하면 깔끔합니다. 여기서는 5점 척도를 이용했으므로 5×5 매트릭스로 구성될 수 있겠지요. 우선순위 매트릭스는 잘 만들어졌습니다. 하지만 김 선임은 여기서 예상치 못한 문제를 발견했습니다.

사례 평가 결과의 매트릭스화

현실화 시 심각성 ↓ / 현실화 가능성 →	1점 (매우 낮음)	2점 (낮음)	3점 (보통)	4점 (높음)	5점 (매우 높음)
5점 (매우 심각)					• 인격적 존엄성 (Critical) • 신체적 안전 및 건강(Critical)
4점 (심각)			• 책임 소재 및 안전성(Medium)	• 심리적 조작 및 의존성(High) • 알고리즘 편향성(High) • 경제적 형평성 및 접근성(High) • 사회적 관계 및 공동체(High) • 돌봄 노동 및 사회구조(Medium)	• 프라이버시 및 개인정보(Critical)
3점 (보통)		• 법적 및 규제 체계(Low) • 장기적 사회 변화(Low)	• 투명성 및 설명 가능성(Medium) • 문화적 다양성 및 민감성(Medium)		• 기술적 한계와 과신(High)
2점 (경미)		• 환경적 지속 가능성(Watch)			
1점 (미미)					

김 선임은 완성된 매트릭스를 보면서 뭔가 부자연스럽다는 느낌을 받았습니다. 매트릭스에 표시된 항목들이 우상향하는 패턴을 보이지요? 현실화 가능성이 높으면 심각성도 높게, 현실화 가능성이 낮으면 심각성도 낮게 나온 거예요. 즉, 시각적으로 그래프나 매트릭스에서 우상향 또는 우하향 패턴을 보인다는 것은 가로축과 세로축 간에 통계적으로 높은 상관관계가 있다는 것을 의미합니다. 이는 평가 기준이나 평가 방법상 문제가 있다는 것을 시사하지요.

많은 사람이 여기서 '그래도 힘들게 매트릭스를 그렸으니 그냥 가자.'며 넘어갑니다. 하지만 김 선임은 달랐어요. 문제를 발견하자마자 개선에 나섰습니다. 이것이 바로 전문가다운 접근입니다. 자신의 분석 결과에 대해 비판적으로 성찰하고, 문제가 있으면 과감히 개선하는 것이죠. AI도 프롬프트 13 에 응답해서 인지적 편향, 평가 기준의 모호성 등 여러 문제점을 지적했습니다.

과거에는 이런 개선 작업이 무척 힘들었습니다. 이런 평가와 시각화 작업까지 진행하려면 족히 반나절은 걸렸거든요. 개선하면 또 반나절이 소모되니 그냥 뭉개고 넘어가는 일이 꽤 있었죠. 하지만 이제 AI로 평가하면 불과 20~30분 정도면 가능합니다. 수정해서 새로 작업해도 10~20분 정도 밖에 추가되지 않고요. Recall 단계에서 문제가 보이면 가급적 바로바로 개선하고 넘어가는 것이 나중에 크게 수정하는 것보다 낫습니다.

김 선임의 요청에 따라 Claude는 상관관계가 없는 새로운 평가 기준과 평가 방법을 제안했습니다. 다만, 이전 방식과 새 방식이 서로 보완될 수 있을 것 같아서 김 선임은 두 기준을 섞어 새로운 평가 기준을 만들어 달라고 했습니다. 중요한 것은 무조건 AI 의견을 따를 필요는 없다는 것입니다. AI 의견과 내 생각을 섞어서 인간이 종합 대안을 제시하는 것이 낫습니다. 이 과정에서 5개 프롬프트를 추가로 썼지만, 결과적으로 평가 기준 간 상관관계를 해결하고 훨씬 정확하고 신뢰할만한 우선순위를 얻었어요.

AI 드리블링 비법 #6 **시행착오를 두려워하지 마라**

첫 번째 시도가 완벽한 경우는 많지 않습니다. 중요한 것은 문제를 발견했을 때 즉시 개선하는 것이에요. 이 경우처럼 5개 프롬프트를 더 써서라도 정확한 결과를 얻는 것이 나중에 훨씬 도움이 됩니다.

> **[오전 10:15]** **프롬프트 15** **수정 매트릭스 구성**
> "좋아. 수정된 평가 내용을 바탕으로 한번 5x5 매트릭스를 표로 만들어 줘."

결과는 다음과 같았습니다. 이번에는 각 항목마다 우선순위 정도(매우 높음: Critical~매우 낮음: Watch)와 함께 아까 **프롬프트 6** 에서 붙였던 위험 카테고리(개인: E, 사회: S, 기술: T, 제도: I)도 같이 매트릭스에 넣어 보았습니다.

사례 윤리적 위험 평가 결과의 수정 매트릭스

현실화 시 심각성 ↓ / 현실화 가능성 →	0~1점	1~2점	2~3점	3~4점	4~5점
4~5점				• 인격적 존엄성(High, E) • 사회적 관계 및 공동체(High, S)	• 신체적 안전 및 건강(Critical, E)
3~4점		• 책임 소재 및 안전성(Low, T) • 장기적 사회 변화(Low, I)	• 문화적 다양성 및 민감성(Low, S)	• 알고리즘 편향성(Medium, T) • 돌봄 노동 및 사회 구조(Medium, S) • 심리적 조작 및 의존성(Medium, E) • 프라이버시 및 개인정보(High, E)	• 경제적 형평성 및 접근성(Medium, S)
2~3점		• 법적 및 규제 체계(Watch, I) • 환경적 지속 가능성(Watch, I)	• 투명성 및 설명 가능성(Low, T)		• 기술적 한계와 과신(Medium, T)
1~2점					
0~1점					

김 선임은 새로 완성된 5×5 매트릭스를 자세히 들여다봤습니다. 이때 카테고리별로 색깔을 넣어 봤더니 표로 봤을 때는 놓쳤던 흥미로운 패턴이 눈에 들어왔어요.

'어? 이상하네. 예상과 좀 다른데?'

사례 수정 매트릭스를 통해 얻은 새로운 통찰

예상했던 것	실제 매트릭스가 보여 준 것
• 기술(T) 차원: '기술적 문제니까 당연히 우선순위가 높겠지.' • 제도(I) 차원: '법적 리스크가 크니까 Critical일 거야' • 개인(E) 차원: '개인 문제는 상대적으로 덜 중요하겠지.'	• 개인(E) 차원: 위험들이 우상단 집중 → 인격적 존엄성(High), 심리적 조작(Medium), 프라이버시(High) • 사회(S) 차원: 상당수가 고위험 → 사회적 관계(High), 문화적 다양성(Medium), 돌봄 노동(Medium) • 기술(T) 차원: 대부분 중간~하위 → 기술적 한계(Medium), 투명성(Low), 책임 소재(Low) • 제도(I) 차원은: 예상보다 낮음 → 장기적 사회 변화(Low), 법적 규제 체계(Watch)는 중간~하위

이처럼 예상과 다른 시각화 결과는 김 선임에게 3가지 인사이트를 주었습니다.

첫째, 개인 차원 윤리적 위험이 최우선 대응 영역입니다. 즉, 기술적 완성도보다 '개인의 존엄성' 보호가 더 시급한 문제이며, 로봇 개발 시 기술 스펙도 중요하지만, 윤리적 설계가 충분히 고려되어야 합니다.

둘째, 사회적 영향도 예상보다 심각합니다. 고령자용 반려 로봇은 기술 도입과 함께 사회적 합의와 준비도 같이 진행되어야 합니다.

셋째, 기술·제도 차원은 상대적으로 관리할 수 있습니다. 기술적 문제는 시간과 투자로 해결 가능하고, 제도적 문제는 아직 현실화 가능성이 낮습니다.

"15개 위험을 그냥 리스트로만 봤다면 '기술적 한계'나 '법적 체계' 같은 그럴듯한 항목들에만 신경 썼을 거예요. 하지만 매트릭스를 보니 정작 중요한 건 '할머니가 로봇을 손주처럼 생각하게 되는 것'이나 '가족 간 소통이 단절되는 것' 같은 인간적인 문제들이더군요." 김 선임은 이 발견에 흥미를 느꼈습니다. 기술 중심으로 생각했던 접근을 뒤집어야 한다는 깨달음을 얻은 것이죠.

매트릭스나 그래프, 다이어그램 등으로 시각화하면, 숫자나 글로만 볼 때 쉽게 발견하지 못할 인사이트를 쉽게 찾아낼 수 있습니다. 또한 회의에서도 이러한 시각화 도표가 다양한 직관적 해석을 유도하면서 토론을 활성화할 수 있습니다. 많은 분이 '보기 좋게 만들기 위해' 차트나 표를 만듭니다. 하지만 시각화의 진짜 목적은 숨어 있는 인사이트를 발견하고 새로운 관점을 제시하는 데 있습니다.

새로운 아이디어 창발   프롬프트 18~23

[오전 10:20]   프롬프트 18   관점 전환의 순간
"이제 조금 방향을 전환해서 고령자용 반려 로봇의 미래 시장에 대해 생각해 보자."
[오전 10:25]   프롬프트 20   Devil's Advocate
"Devil's Advocate의 관점에서…. 이런 반려 로봇이 불필요해질 가능성은 없을까? 스마트폰이 디카, MP3P, UMPC 등을 모두 흡수해버렸듯이…. 또한 생성형 AI와 대화하는데 익숙해진 미래 고령자들에게 굳이 반려 로봇이 필요할까?"
[오전 10:25]   프롬프트 21   고령자용 반려 로봇의 생존 전략 탐색
"이런 상황에서 Specialized Device인 고령자용 반려 로봇이 생존하려면 어떤 차별화 요소가 필요할까?"

여기서 흥미로운 일이 벌어졌습니다. 김 선임이 갑자기 새로운 아이디어를 떠올린 거예요. 윤리적 분석에서 시장 분석으로 관점을 전환하면서 사전에 계획하지 않았던 두 개의 새로운 Key Question이 떠올랐습니다. 즉, 밋밋하게 시장 전망 수치만 모아서 제시하는 것이 아니라 좀 더 역동적인 시장 전망으로 발전시킬 방향이 떠오른 것입니다.

- Key Question 5: 시장이 망가질 수도 있지 않을까? 생존을 위한 차별화 요소는?
- Key Question 6: 다른 연령대로 확산 가능할까?

이것이 바로 AI 드리블링의 묘미입니다. 처음 계획은 4개 질문으로 끝낼 예정이었는데, Recall 과정에서 새로운 아이디어가 창발적으로 떠오른 것이죠. 이에 따라 김 선임은 AI가 제시한 환상적인 낙관적 시장 전망을 덥썩 받아들이지 않고, 비판적으로 검토하기 시작

했어요. 김 선임은 범용 휴머노이드 로봇의 위협, 스마트폰 AI의 충분성 등 현실적인 위험 요소들을 체계적으로 탐색했습니다. 즉, '범용 휴머노이드 로봇이 활성화된다면, 굳이 성능이 떨어지는 고령자용 반려 로봇을 사겠는가?', '대화만 한다면 스마트폰 AI 앱으로도 충분하지 굳이 고령자용 반려 로봇을 쓸 필요가 있겠는가?' 등의 문제 말이지요.

　여기서 중요한 전환이 일어났어요. 김 선임은 AI가 제시한 위협 요소를 역으로 활용해 보았습니다. 즉, 시장 성장 자체가 중요한 것이 아니라 여러 디바이스와의 경쟁 환경에서 고령자용 반려 로봇이 살아남는지가 더 중요할 수 있다고 보고, 이 내용을 질문한 것이죠. AI는 9가지 구체적 차별화 전략을 제시했습니다. 의료 기기 인증, 고령자 전용 UX, 가족 연결 생태계, 완전 로컬 데이터 처리 등…. 각각이 범용 로봇이나 스마트폰과 차별화될 수 있는 요소들이었어요.

> **[오전 10:27]** **프롬프트 22** **시장 확대 가능성의 검토**
> "좋아. 그렇다면 이번에는 긍정적인 방향성도 검토해 보자. 고령자용 반려 로봇이 고령층에서 청·장년층 또는 유소년층 대상으로 확대될 여지도 있지 않을까? 예를 들어, 마텔의 최근 생성형 AI 탑재 인형 개발 움직임이라든지, 애플의 탁상용 조명 기기형 로봇처럼 말이지. 아래는 Perplexity로 간단히 조사한 결과야."
>
> **〈감성형 반려 로봇 개발 동향〉**
> 마텔은 오픈 AI와 협력, ChatGPT 기반 생성형 AI를 바비(Barbie), 핫휠(Hot Wheels), 우노(UNO) 등 자사의 대표 브랜드 장난감과 결합시킨 차세대 제품을 2025년 하반기부터 출시할 예정입니다.
> …(중략)…
>
> **[오전 10:29]** **프롬프트 23** **시장 방향성 논의 정리**
> "우리의 논의를 3개의 시나리오로 제시할 수 있지 않을까? Basic, Bearish, Bullish로…."

　앞서 악마의 변호인(Devil's Advocate)[18] 접근으로 비관적 시나리오를 검토한 김 선임은 이제 균형을 맞추기 위해 반대 방향도 탐색하기로 했습니다. 즉, 이번에는 반려 로봇이 고령자층을 넘어 다른 시장으로도 확대될 가능성까지 검토해 보려 했어요. 여기서 김 선임의 전문성이 다시 한번 빛납니다. 단순히 AI 지식에만 의존하지 않고, AI가 모를 수 있는 최

18　회의 등에서 토론 활성화를 위해 일부러 반대 의견을 내는 역할을 맡은 사람

신 동향을 직접 조사해서 추가 제공한 거예요.

많은 분이 'AI가 다 알겠지.'라고 생각하고 AI 답변만 받아들이시는데, 이건 위험해요. 특히, 최신 동향이 중요한 시장 분석에서는 더욱 그렇고요. 김 선임처럼 AI 지식에 별도 조사한 최신 정보를 결합하면, 분석 결과의 현실성, 회의에서의 설득력, 의사결정의 정확성을 모두 증진시킬 수 있습니다.

그리고 나서 김 선임은 프롬프트 22 를 통해 지금까지의 시장 관련 논의를 하나로 통합해 보았습니다. 이렇게 해서 AI 지식, 비판적 사고, 최신 정보가 모두 결합된 균형잡힌 시장 시나리오가 완성된 것이죠.

사례 고령자용 반려 로봇의 시장 전망 시나리오

구분	Bearish Scenario(30%) – 범용 로봇에 의한 시장 대체	Basic Scenario(50%) – 고령층 전용 시장에서 안정 성장	Bullish Scenario(20%) – 전 연령으로 시장 확산
핵심 가정	• 2027~2029년 범용 휴머노이드 로봇 대중화 • 2028~2030년 스마트폰 AI가 대화 욕구 충족 • 2030년 이후 전용 로봇은 틈새 시장으로 축소	• 고령자 전용 시장에서 확고한 지위 구축 • 의료 기기 인증 등으로 차별화 성공 • 범용 로봇과 공존하며 전문 영역 유지	• 마텔, 애플 등 메이저 기업 성공적 진입 • 연령대별 확장이 시너지 효과 창출 • 대화형 AI가 새로운 라이프스타일로 정착
시장 확장 동력	• 기술 대체: Tesla Bot 월 200달러로 모든 기능 제공 • 경제적 압박: 범용 로봇의 규모의 경제 • 사회적 백래시(Backlash): 로봇 의존에 대한 저항	• 인구 구조 필연성: 2030년 60세+14억 명 • 기술적 차별화: FDA 승인 의료 기기 신뢰성 • 비즈니스 모델: B2B2C, 보험사/정부 구매	• 기술 혁신: AGI급 대화 AI의 인간 수준 상호작용 • 사회 문화 변화: 1인 가구 증가, 정신 건강 중시 • 플랫폼 경제: 앱스토어 모델로 생태계 확장
확장 로드 맵	• 1단계(~2027): 31억 달러→60억 달러(의료 기관 중심) • 2단계(~2030): 60억 달러→80억 달러(대체 기술 등장으로 둔화) • 3단계(~2034): 80억 달러→120억 달러(B2C 축소, B2B만 잔존)	• 1단계(~2027): 31억 달러→80억 달러(기반 구축/기술 검증) • 2단계(~2030): 80억 달러→150억 달러(가정용 대중화) • 3단계(~2034): 150억 달러→250억 달러(시장 성숙화)	• 1단계(~2027): 31억 달러→100억 달러(고령층 검증 완료) • 2단계(~2030): 10억 달러→350억 달러 청·장년층 확장 • 3단계(~2034): 350억 달러→800억 달러(유소년층 진입)
대응 전략	• 단기 EXIT: 2~3년 내 투자 회수 계획 • 틈새 집중: 의료 전문 영역만 선택과 집중 • 비용 최소화: 과도한 R&D 투자 지양	• 안정적 성장: 고령층 시장 완전 장악 우선 • 차별화 강화: 의료기기 인증, 전문성 심화 • 수직 통합: 하드웨어–소프트웨어–서비스 일체화	• 적극적 투자: 플랫폼 구축에 대규모 자본 투입 • 전략적 제휴: 메이저 기업과 파트너십 구축 • 생태계 조성: 개발자, 콘텐츠 제작자 유치

AI 드리블링 비법 #8 **필요하면 최신 지식을 직접 조사해 AI에게 제공하라**

대개 AI는 과거 특정 시점까지의 데이터를 모아 학습합니다. 2025년 9월에 출시된 Claude의 Sonnet 4.5는 2025년 1월까지의 지식을 학습에 이용했습니다. 2025년 2월 이후 최신 동향은 모를 수 있다는 말입니다. 김 선임은 이 한계를 인식하고 능동적으로 보완했습니다. 또한 마텔과 애플의 최신 사례를 제공하므로 AI의 분석이 추상적 가능성이 아닌 현실적이고 구체적인 시장 전망으로 바뀌었어요. 필요할 때 적절히 최신 자료를 구해서 제공하거나 AI에게 최신 동향을 검색시키는 것은 AI 지식의 한계를 보완하고, 분석의 품질을 크게 향상시킵니다.

● (Report 단계) 실무 자료로 완성(10:30~11:30, 15분+45분)

[오전 10: 33] **프롬프트 24** **현재까지 논의 정리**
"좋아. 그렇다면 지금까지 우리 전체 논의를 한번 중요한 꼭지별로 정리해 줘."

[오전 10:34] **프롬프트 25** **회의용 자료 준비로 전환**
"사실 지금까지 논의 내용은 오늘 오후에 있을 브레인스토밍 회의를 위해 사전 준비하는 차원에서 진행한 것이야. 논의용 기초 자료를 20페이지 정도로 만든다고 했을 때 핵심적으로 제시할 내용과 백업으로 꼭 들어갈 내용들을 간단히 정리해 전체 구성안을 제시해 줘."

Recall에서 Report 단계로 전환할 때는 **프롬프트 23** 처럼 전체 논의를 한번 정리해 보는 것이 AI에게도 인간에게도 도움이 됩니다. 수십 페이지에 달하는 전체 대화 내용의 핵심을 간추려야 어떻게 보고서화할 것인지 방향성을 잡을 수 있으니까요.

아울러 일반적인 프롬프팅에서는 질문 목적을 사전에 밝히는 것이 좋지만, AI 드리블링에서는 김 선임처럼 Recall 단계에서는 말하지 않고 있다가 Report 단계에서 나중에 밝히는 것이 의외로 괜찮은 경우가 많습니다. Recall 단계는 발산 과정으로 자유로운 아이디어 확장이 중요한데, 대화 목적을 먼저 밝히면 발산적 사고가 제약받는 경우가 많거든요. 한편, Report 단계는 늘어난 말뭉치를 구조화된 보고서로 바꾸는 수렴 과정이라서 이때 대화 목적을 밝혀 주면 효과적으로 압축이 가능해집니다. 물론 대화 목적을 언제 밝힐지는 상황에 따라 다를 수 있습니다. 김 선임의 경우는 아래 표의 두 번째 상황에 해당했기 때문에 효과적이었던 것이죠.

목적을 먼저 밝히는 것이 유리한 경우	목적을 나중에 밝히는 것이 유리한 경우
• 명확한 포맷의 결과물이 필요한 경우	• 탐색적 연구나 브레인스토밍이 주목적
• 정해진 템플릿이나 기준이 있는 작업	• 창발적 아이디어 도출이 중요한 상황
• 시간이 매우 제한적인 상황(30분 이내)	• 시간 여유가 충분한 경우(2시간+)

[오전 10:40] **프롬프트 26** **최종 산출물**
"메인 핵심 자료를 아티팩트 형태로 만들어 줘. 양은 10페이지 정도로…. 개조식이 아니라 말로 풀어 쓰는 일반 보고서 형태로…."

그 결과, 논의 자료 초안이 나왔습니다. 김 선임은 Claude에서 아티팩트로 만들어진 내용을 워드로 옮겨 개요 수준을 조정하고, 스타일 기능을 이용해 편집을 진행했습니다. 내용을 읽어 보면서 논리 보강, 오탈자 등 적절히 필요한 부분도 수정했습니다. 아울러 보고서 뒤쪽에 관련 자료들도 함께 붙였고요. 편집에 걸린 시간은 약 45분 정도로, 11시 반 정도에 드디어 3시간의 여정이 끝났습니다. 25개의 프롬프트를 물 흐르듯 자연스럽게 결합해서 완성도 있는 브레인스토밍 논의 자료를 만들어 낸 것이죠.

● `Refine 단계` 회의 후 개선점 발견

지금까지 보셨듯이 이 논의 자료는 Report 단계까지만 거친 초안입니다. 간단한 논의용 자료였고 시간도 부족했기 때문에 굳이 내용 하나하나를 검증하는 Refine 단계를 강도 높게 진행할 이유가 없었지요. 그런데 오후 3시 브레인스토밍 회의가 끝난 후 예상치 못한 피드백이 나왔습니다.

"김 선임, 이 시장 데이터들 출처를 보니 상당 부분이 리서치 밀에서 나온 것 같은데요?" 리서치 밀은 13장에서도 간단히 설명했지만, 인도·필리핀·동유럽 등 저비용 지역의 리서처들을 대량 아웃소싱해 시장 보고서를 양산하는 기관들을 말합니다. 빠르고 저렴하지만 신뢰성 면에서는 한계가 있어서 중요한 의사결정에는 부적합할 수 있습니다. 어쩌면 바로 이점이 바로 Refine 단계의 중요성을 보여 주는 사례일 수 있습니다. Refine 단계에서는 내용 하나하나의 검증뿐만 아니라 제시된 수치 데이터의 적절성까지도 검토 해 보아야 합니다. 김 선임은 이 피드백을 받고 개선 계획을 세웠어요.

AI 드리블링 비법 #9 **완벽주의보다 반복 개선−실험실보다 작업실 마인드로**

첫 번째 결과물이 완벽할 필요는 없습니다. 스타트업의 MVP(최소 실행 제품) 접근법처럼 80% 수준에서 빠르게 만들고 피드백을 받아 개선하는 것이 더 효과적입니다. 그런데 의외로 이 점 때문에 이공계 출신 분들이 AI 드리블링을 힘들어하는 경우가 많습니다. 개인적인 경험상, 뛰어난 이공계 분들은 의외로 경계 사고(Boundary Thinking)과 완벽주의 성향을 가진 경우가 많습니다. 이는 이공계 훈련의 특징 때문이라고 생각합니다.

- **명확한 경계 설정**: 변수와 상수 구분, 통제 가능/불가능 명확히 나눔
- **재현 가능성**: 같은 조건이면 같은 결과
- **검증 가능성**: 결과가 맞는지 틀리는지 객관적 판단

그런데 생성형 AI를 이용한 AI 드리블링은 정반대입니다.
- **경계가 모호함**: 간단한 프롬프트 조작만으로 통제 불가능 영역이 가능 영역으로 변화
- **재현이 안 됨**: 같은 프롬프트도 매번 다른 결과
- **'정답'이 없음**: 여러 가능한 좋은 답들

이런 차이가 충돌하는 것이죠. 인문·사회계는 애초에 '해석의 다양성', '맥락 의존성', '주관적 판단'에 익숙해서 AI의 이런 특성을 더 자연스럽게 받아들입니다. 핵심은 마인드셋 전환입니다. '실험실 마인드'에서 '공방 마인드'로요. 과학자가 아니라 예술가나 장인처럼 접근하는 겁니다. 25개 프롬프트를 다시 살펴보세요. 도자기 장인이 물레를 돌리며 작품의 형태를 서서히 잡아가듯 AI와 대화하며 점점 원하는 형태로 빚어가는 것입니다.

● AI 드리블링 단계별 실패 방지 체크 포인트

아래는 이번 사례에서 배울 수 있는 AI 드리블링 관련 중요 사항들을 실패 방지 체크리스트 형태로 정리한 것입니다. 참고하기 바랍니다.

단계	흔한 실수와 함정	대신 이렇게 하세요
Ready 단계	✕ 무작정 시작 함정 　그냥 "분석해 줘."라며 목적 없이 시작 ✕ 자료 대충 읽기 　자료를 대충 훑고 바로 AI에게 맡기기 ✕ 검증 없는 신뢰 　'AI가 분석했으니 맞겠지.' 하고 그냥 넘어가기	• 전략적 질문 설계 　자료를 읽으며 4~6개 핵심 질문 사전 설계 • 기반 다지기 3단계 　1) 정보 파악 → 2) 비교 분석 → 3) 검증 확인 • 정합성 체크 　원본 자료와 AI 분석 결과의 일치성 반드시 확인
Recall 단계	✕ 첫 결과 만족 함정 　AI 답변 결과에 만족하고 바로 넘어가기 ✕ 문제 발견 시 포기 　상관관계 같은 문제를 발견해도 '그냥 원래대로 가자'고 수정 회피 ✕ 계획 고수 강박 　'처음 계획에 없었으니까' 하며 새 아이디어 무시 ✕ AI만 의존 　AI 지식만 의존하고 최신 정보 보강 안 함	• '이외에도' 마법 　'이외에도 고려할 요소는?'으로 사각지대 탐색 • 시행착오 수용 　문제 발견 시 즉시 방법론 개선(5~7개 프롬프트 추가 투자) • 창발적 확장 　**프롬프트 18** 처럼 좋은 아이디어는 적극 포착해 확대 • 지식 융합 　AI 지식＋최신 조사 결과 결합으로 분석 품질 향상
Report 단계	✕ 완벽주의 함정 　완벽한 학술 분석에만 매몰되어 실무 목적 망각 ✕ 목적 전환 누락 　Recall에서 쌓인 내용을 그대로 나열 ✕ 시각화 장식화 　꾸미는데 치중하고, 인사이트 발견 소홀	• MVP 접근법 　80% 수준에서 빠르게 완성하여 피드백 받고 수정 • 목적 맞춤 구조화 　'이 자료는 ○○용을' 명시하고 그에 맞게 재구성 • 패턴 발견 도구 　매트릭스, 표를 통해 숨은 패턴과 새로운 관점 도출

● **마무리** **내일부터 달라질 여러분의 업무**

　김 선임의 사례를 통해 AI 드리블링이 단순한 이론이 아님을 확인하셨을 거예요. 핵심은 완벽함이 아니라 체계성입니다. Ready에서 확실한 기반을 다지고, Recall에서 충분히 확장하고, Report에서 목적에 맞게 완성하고, Refine에서 지속적으로 개선하는 것…. 이 4R 프로세스만 제대로 따라가면, 여러분도 김 선임처럼 될 수 있습니다. 더 이상 '급한 프로젝트가 떨어지면 어떻게 하지?'라고 걱정하지 마세요. 이제 여러분에게는 AI 드리블링이라는 강력한 무기가 있으니까요.

● 세상은 교과서대로 흘러가지 않는다

　먼저 좀 현실적인 이야기를 해 볼까 합니다. 스티븐 코비는 자기계발서의 고전인 『성공하는 사람들의 7가지 습관』에서 '중요한 일부터 먼저 하라.'고 했습니다. 맞는 말입니다. 하지만 현실은 어떤가요? 직장인 여러분의 하루를 떠올려 보세요. 아침에 출근해서 '오늘은 중요한 A 프로젝트에 집중하자!'라고 다짐했는데, 10시에 고객 컴플레인이 갑작스레 터집니다. 11시에는 상사가 "이거 오후까지 급하게 처리해 줘."라며 B 업무를 던져 줍니다. 점심 먹고 오니 동료가 "5분만 도와달라."며 C 프로젝트의 조언을 구하는데, 이야기하다 보니 1시간이 훌쩍 지나버립니다. 오후 3시가 되어서야 겨우 A 프로젝트를 시작하는데, 이미 머릿속은 온갖 잡다한 정보들로 뒤섞여 있습니다.

　이처럼 여러 개의 시급한 일들이 동시에 밀려들면, 중요한 일들은 자연스럽게 뒤로 밀리거나 조각조각 나눠서 처리해야 합니다. 보고서 하나를 월요일에 시작했는데 화, 수요일에는 다른 일 때문에 못 건드리고, 목요일에 다시 보니 '내가 뭘 하려던 거였지?' 하며 처음부터 다시 생각해야 할 때도 많습니다. 또한 일을 하다 보면 목적이나 고객이 중간에 바뀌는 경우도 부지기수입니다. 처음에는 '사내 직속 임원용 간단한 브리프'였는데, 중간에 '외부 발표용으로도 써 보자.'라며 요구 사항이 바뀝니다. 이럴 때마다 처음부터 다시 설계할 수도 없고, 기존 작업물을 어떻게든 활용해서 새로운 요구에 맞춰야 합니다.

　더욱 흥미로운 것은 '시작은 미약했지만 끝은 창대해지는' 경우가 의외로 많다는 점입니다. 그냥 호기심에 시작한 간단한 조사가 회사 전체 전략에 영향을 주는 중요한 인사이트로 발전하기도 합니다. 급하게 때운 임시방편이 나중에는 표준 프로세스가 되기도 합니다. 하기 싫은데 억지로 떠밀려 시작한 일이 의외로 한 해의 가장 중요한 성과가 되기도 하고요. '일단 해 보자.'라는 마음가짐으로 시작한 것이 예상치 못한 큰 성과로 이어지는 경우를 여러분도 경험해 보셨을 겁니다.

　이런 상황에서 중요한 일에 대해 '완벽한 계획 수립 → 체계적 실행 → 완벽한 결과'라는 교과서적 접근법만 고집한다면 어떻게 될까요? 아마 영원히 시작도 못할 겁니다. 완벽한 준비를 위해 시간을 쓰는 사이에 더 급한 일이 생기고, 그러는 사이에 또 다른 급한 일이 생기고…. 결국 중요하지만 급하지 않은 일은 계속 미뤄지게 되죠.

1권 3장에서 AI 드리블링의 순서로 제시한 Ready → Recall → Report → Refine의 프로세스도 마찬가지입니다. 가급적 지키는 것이 좋습니다. 시행착오도 줄고, 훨씬 밀도 있는 작업이 가능합니다. 그런데 앞서 본 것처럼 현실이 어디 그런가요? 끝없이 밀려드는 시급한 일들과 중요한 일의 줄타기를 계속해서 해야 하는 것이 현대 직장인들의 운명입니다. 그래서 우리에게는 기본적인 방향성은 유지하되, '불완전한 조건에서도 작동하는', '중간에 방향이 바뀌어도 기민하게 대응할 수 있는', '조각조각 진행되어도 결국 완성에 도달하는' 유연한 대응이 필요합니다.[19]

여기서 소개할 'Coates 2025 예측 분석 사례'가 바로 그런 이야기입니다. Ready 단계는 생략하고 바로 뛰어들었고, 중간에 목적이 두 번 바뀌고, 2주 동안 완전히 잊고 있다가 다시 시작하면서 시행착오도 겪었죠. 3번의 시도에 걸쳐 68개의 프롬프트가 비선형적으로 진행되었습니다. 그런데 결과는 어땠을까요? 단순한 호기심에서 시작된 조사가 3-Zone 프레임워크라는 새로운 이론을 창안하는 수준까지 발전했습니다. 품질도 좀만 더 다듬으면 학술 발표가 가능한 수준까지 올라갔습니다.

이 절의 내용을 읽다 보면 경력 0~2년, 3~7년, 8년 차 직장인들의 반응은 확연히 다를 겁니다. 신입사원들은 '왜 이렇게 왔다 갔다 비체계적이지?'라고 의아해할 수 있습니다. 하지만 베테랑들은 킥킥거리며 고개를 끄덕일 겁니다. '아, 이게 진짜 현실이지….' 하면서요. 여러분은 어느 쪽인가요? 만약 전자라면, 앞으로 마주할 현실을 미리 준비하는 마음으로 읽어 보세요. 후자라면 여러분의 경험이 검증되고 체계화되는 과정을 지켜 보세요. 자, 그럼 이제 68개 프롬프트의 좌충우돌 현실 속으로 들어가 볼까요?

---

19 제가 좋아하는 경영학자 헨리 민츠버그(Henry Mintzberg)는 이러한 접근법을 '적응주의 전략'으로 설명합니다. 완벽한 계획보다는 환경 변화에 따라 유연하게 대응하며 전략을 수정해가는 것이 복잡한 현실에서는 더 일반적이라는 것이지요. 경영학계에서는 고전적인 혼다 오토바이 사례처럼 실제로 성공한 기업들의 전략을 분석해 보면 처음 계획과는 완전히 다른 방향으로 발전한 경우가 많았습니다. 1960년대 혼다는 미국 오토바이 시장에 진출하면서 할리 데이비슨 식의 대형 모터 사이클 제품을 목표로 삼았지만, 예상치 못한 현지 관심에 맞추어 도시형 소형 스쿠터 판매로 유연하게 선회하며 우연한 기회를 성공으로 연결했습니다.

● 완벽하지 않은 직장인의 일상

지난 8월 27일, 국내 대기업 경제연구소의 박 연구위원은 내일 오후에 있을 부문 내 주간 트렌드 모니터링 회의에 쓸 자료를 뒤지다가 흥미로운 소재를 발견했습니다. 조셉 코우츠라는 미래학자가 1998년에 30여 년 뒤인 2025년을 예측한 자료였습니다. 83개 예측이 실제로 얼마나 맞았는지 세세하게 따져 보고 싶었지만, 시간은 부족했습니다.

현실적 제약 조건들이 너무 많았죠. 본인 주도의 프로젝트 1개에, 봐 줘야 하는 후배 프로젝트도 2건이 진행 중이고, 내일 오전에는 다른 부서 미팅이 있고, 이번 주 금요일까지는 또 다른 보고서도 마감해야 합니다. 퇴근 후 지인과의 약속도 있고요. 결국 일단 AI한테 물어보기로 했습니다. 급하니까요. 이렇게 시작된 여정은 2주에 걸쳐 3번의 시도와 68개의 프롬프트로 이어졌습니다. 완벽한 계획도 체계적인 방법론도 없었습니다. 그냥 현실적인 직장인의 좌충우돌 과정이었죠. 이 때문에 박 연구위원의 여정은 Recall/Research 1 → Report 1 → Recall/Research 2 → Report 2 → Refine → Report 3 순서로 엎치락뒤치락 이어졌습니다.

● 1차 시도 '일단 해 보자'(8월 말)

앞서 1절에서는 Ready 단계에서 전략적 출발점을 설정하는 것이 체계적인 AI 드리블링을 위해 매우 중요하다고 말했습니다. 하지만 박 연구위원은 전략적 사전 준비 없이 바로 뛰어들었습니다. 일단 되는지 안 되는지 테스트만 해 보자는 생각이 강했습니다.

Recall/Research 1 순수 호기심의 힘 프롬프트 1~11

- **프롬프트 1** "이 아티클은 1998년에 미래학 대가인 조셉 코우츠가 2025년을 예측한 자료야. 예측이 어느 정도나 맞았는지 한번 살펴보고 싶어. 총 83개 예측이 있는데, 먼저 과학 기술 분야의 38개 예측을 한번 정리해 줘."
- **프롬프트 2** "좋아. 네 말대로 매우 흥미로운 자료야. 인간의 장기 예측력이 어느 정도인지도 가늠해 볼 수 있고…. 사회 분야의 예측 45개도 정리 부탁해."

완벽한 질문 설계도 체계적인 접근법도 없었습니다. 그냥 순수한 호기심에서 시작한 것이었죠. 그런데 예상치 못한 잭팟이 터졌어요. 분석 결과, AI가 38개 과학 기술 예측이 92%나 실현되었다는 결과를 보여 줬습니다. '어? 이거 대박인데?' 박 연구위원은 이 순간 뭔가 큰 건을 발견했다는 직감이 들었습니다. 단순한 호기심에서 시작했지만, 이건 한번 진지하게 살펴볼 내용이었습니다. 30년 전 예측이 90% 넘게 맞았다면 정말 특별한 것이죠.

흥미로워진 박 연구위원은 자연스럽게 분석 범위를 확장했습니다. 사회 분야까지 확장한 결과, 45개 사회 분야 예측의 89% 실현율을 확인했습니다. 이때부터 단순한 호기심이 본격적인 연구 모드로 바뀌었습니다.

 # 1994년 예측: 2025년 과학 기술 분야(출처: 'The Highly Probable Future: 83 Assumptions about the Year 2025' by Joseph F. Coates(1994))

1. 완전 관리 환경으로의 이행이 국가적, 전 지구적 차원에서 상당히 진전될 것이다.
2. 모든 것이 스마트해질 것이다. 즉, 외부 환경 변화에 반응하거나 내부 환경에서 반응할 것이다. 이는 물리적 장치에 마이크로프로세서와 관련 센서를 내장하거나 열, 빛, 소음, 냄새, 전자기장 등의 물리적 변수에 반응하는 재료를 만들거나 이 두 전략을 결합하여 달성될 것이다.
3. 모든 인간 질병과 장애는 인간 게놈과의 연관성이 밝혀질 것이다.
4. 세계 여러 지역에서 인간 유전학에 대한 이해가 사람들의 전반적인 신체적·정신적 능력 향상을 위한 명시적 프로그램으로 이어질 것이다.
5. 인간 행동의 화학적·생리적·유전적 기초가 일반적으로 이해될 것이다. 질병 통제와 개인 인간 능력 향상을 위한 직접적이고 표적화된 개입이 일반화될 것이다.

…(중략)…

 # 1994년 예측: 2025년 사회 분야

39. 세계 인구는 약 84억 명이 될 것이다.

40. 선진국의 가족 규모는 자연 대체율 이하가 될 것이지만, 저개발국의 가족 규모는 자연 대체율보다 훨씬 높을 것이다.

41. 출산 통제 기술이 보편적으로 수용되고 광범위하게 사용될 것이며, 여기에는 RU486(사후 피임약)의 후속 제품들에 대한 시장이 포함될 것이다.

42. 선진국 인구는 더 고령화될 것이며, 평균 연령이 41세가 될 것이다.

43. 저개발국은 상당히 젊을 것이지만, 출생률 감소에서 상당한 진전을 보일 것이다. 하지만 이들 국가의 인구는 2025년 이후까지 성장을 멈추지 않을 것이다.

…(후략)…

사례 Coates의 83개 2025 예측의 실현도 평가 결과(by Claude)

분야	총 예측 수	실현 확실	부분 실현	미실현	전체 실현율
과학 기술	38개	14개(36.8%)	21개(55.3%)	3개(7.9%)	92.1%
사회	45개	22개(48.9%)	18개(40.0%)	5개(11.1%)	88.9%
전체	83개	36개(43.4%)	39개(47.0%)	8개(9.6%)	90.4%

AI 드리블링 비법 #10　**분석 대상의 구체적 숫자를 반드시 명시하라**

여기서 한 가지 짚고 넘어갈 것이 있습니다. 박 연구위원의 첫 번째 프롬프트를 다시 보세요. '총 83개 예측이 있는데, 먼저 과학 기술 분야의 38개 예측을…'처럼 숫자를 정확히 제시했습니다. 이것이 왜 중요할까요? AI는 방대한 자료를 분석할 때 전체 범위를 정확히 파악하지 못하면 일부만 분석하고 끝내는 경우가 많습니다. 단순히 "Coates의 예측들을 분석해 줘."라고만 했다면 아마 처음 10~15개 정도만 보고 "대략 이런 식이다."라고 요약했을 가능성이 높아요. 구체적 숫자를 제시하면, AI가 완전성(Completeness)을 의식하게 되어 분석 누락이 방지되고, 체계적인 분류와 정리를 유도할 수 있게 됩니다.

다만, 분석 결과를 살피다 보니 의문이 들었습니다. '보통 미래 예측은 60%만 맞아도 잘 맞았다고 평가하는데, 어떻게 30년 전 예측이 90% 가까이 적중했을까?' 혹시 예측하기 쉬운 분야만 예측해서 그런 것이 아닐까? 박 연구위원은 이러한 의문을 AI에게 던져 보았습니다.

 '혹시 예측이 쉬운 분야만 예측했기에 실현율이 높게 나온 것은 아닐까? STEEP의 관점에서 볼 때 이 83개 예측에서 덜 다루어진 부분은 어느 분야일까?'

아니나 다를까 AI의 분석 결과는 아래와 같았습니다. Coates의 예측력도 뛰어나긴 했지만, 예측하기 쉬운, 기술, 사회, 환경 분야에 선택적 집중(도합 비중 82%)한 것도 적중률을 높인 한 원인이었지요. 경제연구원에서 중요하게 생각하는 경제나 정치 영역의 비중은 작기도 했고, 특히 정치 부분의 실현율은 낮게 나타났습니다.

- Social(사회, 30% 비중, 84% 실현율): 비교적 많이 다룸
- Technology(기술, 42% 비중, 94% 실현율): 과도하게 편중
- Economic(경제, 14% 비중, 75% 실현율): 제한적 예측
- Environmental(환경, 10% 비중, 88% 실현율): 표면적으로 다룸
- Political(정치, 4% 비중, 33% 실현율): 가장 취약한 영역

AI 드리블링 비법 #11　첫 결과에 만족하지 않는 것이 진짜 인사이트의 시작이다

대부분 사람들이 90%라는 놀라운 수치에 만족하고 끝냅니다. '와, 대단하네!'로 끝나버리는 것이죠. 하지만 진짜 새로운 가치는 '왜 이렇게 높을까?'라는 의심에서 시작됩니다. 이러한 비판적 질문 덕분에 기술 42% vs. 정치 4% 비중의 극단적 편향을 발견했습니다. AI는 가급적 긍정적 결과를 제시하려 하지만, '이외에도 비판적으로 검토해야 할 부분이 있다면?'이라고 물으면 즉시 모드를 전환해 다양한 한계점들을 찾아냅니다. 의심하고 파고들수록 깊은 인사이트가 나옵니다.

 "네가 AI로서 이런 분석과 통찰을 얻어 낸다는 점이 난 더 놀라워. 난 그저 생각의 단서만 던졌을 뿐인데…. 깊이 있는 분석과 통찰을 제시해 줘서 고마워."

박 연구위원은 감탄했습니다. 인간이 한다면 1~2일이 소요될 83개 분석을 순식간에 해내는 것도 신기한데, 예측의 맹점까지 스스로 찾아내는 것이 너무도 신통했습니다. 그래서 박 연구위원은 AI에게 감사의 표시를 했습니다.

 AI를 도구가 아닌 협업 파트너로 인식하라

많은 사람이 'AI는 기계인데 칭찬이나 감사가 무슨 의미가 있나?'라고 생각합니다. 하지만 의외로 실전에서는 큰 차이를 만듭니다. 개인적인 경험상 감사나 인정 표현을 받으면 AI는 더욱 협력적이고 창의적인 응답 모드로 전환되는 것 같습니다. 제 추측이긴 한데, AI 모델들이 훈련 과정에서 인간의 긍정적 피드백과 협력적 대화 패턴을 학습했기 때문에 그런 것이 아닌가 생각됩니다. 또한 이런 칭찬, 감사, 감정 표현이 채팅 중 말하는 톤도 상당히 친근하게 바뀌고 AI의 답변 품질이 더욱 향상되는 듯합니다. "고마워.", "놀라워." 같은 감정적 표현이 AI로 하여금 단순한 정보 제공자가 아닌 사고 파트너로서 더 깊이 있게 사고하도록 유도할 수 있다는 것이지요. 심리학적으로는 '라포(Rapport) 형성'과 유사한 효과로, 팀원들간에 상호 신뢰가 구축되면 더 나은 결과물이 나오는 것과 같은 원리일 듯합니다. 이 부분은 향후 누군가 'AI 심리학'의 관점에서 검증을 해 주면 좋을 것 같습니다.

Report 1   실용화 시도로 급선회   프롬프트 12~17

- **프롬프트 12** "그렇다면 지금까지 논의는 나만 알고 있기는 너무 아깝네…. 이 내용을 간단한 사내 공유용 브리프 리포트로 작성해 보는 것도 의미가 있을 것 같아. 목차를 한번 잡아 줘."
- **프롬프트 13** "2.3. 우리 업계에 특히 관련된 예측들은 없어도 될 것 같아. 5. 우리 조직에 대한 시사점은 미래 예측을 위한 교훈 아티팩트 내용을 좀 줄여서 대체하면 좋을 듯해. 우리 조직은 일반 기업은 아니고 대기업 인하우스 경제연구소야. 그룹의 의사결정을 위해 중요한 기반 리서치 및 내부 컨설팅, 중요 안건에 대한 프로젝트들을 진행하지. 6. 액션 플랜은 빼도록 하자. 이상 내용을 기반으로 다시 목차를 짜 주고, 개요 내용도 아티팩트로 추가 부탁해."
- **프롬프트 14** "좋아. 그럼 1장과 2장 부분을 개조식 말고 서술식의 일반 보고서 형태로 아티팩트로 만들어 줘."
- **프롬프트 15** "좋아. 3장과 4장도 부탁해. 별도의 다른 아티팩트로 만들어 줘."
- **프롬프트 16** "좋아. 5, 6, 7장을 부탁해."

박 연구위원은 **프롬프트 12** 에서 갑자기 진짜 목적을 AI에게 제시했습니다. 물론, 사실 처음부터 회의용 자료가 필요하긴 했는데, 여러 대안 중 하나로 실험을 해 보았던 것이고, 결과가 잘 나오니 바로 회의용 자료를 만들어 보자고 마음을 바꾼 것이죠.

하지만 AI의 첫 번째 목차 구성이 너무 일반적이어서 박 연구위원은 **프롬프트 13** 에서 적절히 수정하는 요청을 했습니다. AI 드리블링에서는 목차나 개요 단계에서 최대한 시간을 들여 전체적인 구조를 생각해 보고, 재구성하는 것이 효율적입니다. 이는 건축에서 설계도를 제대로 그려 놓고 건물을 짓는 것과 같은 원리입니다. **프롬프트 13** 에서 왜 이런 세부적인 수정 요청을 했는지는 성안당 홈페이지에서 다운로드할 수 있는 참조 자료에서 AI 답변을 확인해 보면 이해될 것입니다.

AI 드리블링 비법 #13　**Report 단계는 목차 → 개요 → 본문 순서로 단계적 접근하라**

박 연구위원의 Report 1 과정을 보면 **프롬프트 12** 에서 목차를 요청하고, **프롬프트 13** 에서 목차를 수정, 재구성한 후 개요 내용을 아티팩트로 요청했습니다. 장별로 본문을 만들 때도 한 번이 아니라 **프롬프트 14~16** 으로 끊어서 작성했죠. 시행착오를 최소화하려면 이런 단계적 접근이 효과적입니다.

첫째, 목차 단계에서 전체 논리 구조와 흐름을 먼저 확정합니다. 이때도 목차 요청-수정-확정 단계를 거치며, 불필요한 장은 미리 제거해야 합니다.

둘째, 각 장별 핵심 내용과 논리적 연결점을 개요로 정리합니다. 이렇게 하면 목차 내 장, 절, 항에서 어떤 내용이 들어갈지 키워드 중심으로 빠르게 살펴볼 수 있고, 본문 작성 시에도 일관성을 유지할 수 있습니다.

셋째, 확정된 목차와 개요를 바탕으로 장별로 차례대로 본문을 완성합니다. AI도 전체 맥락을 이해한 상태에서 작성하므로 품질이 높아집니다. 이때 장별로 적절히 끊어서 진행하는 것이 좋습니다. 가급적 1장을 먼저 작성한 후 문체나 스타일 등의 서술 방식이 적절한지 판단해 보세요. 괜찮으면, 그다음 장으로 넘어가고, 바꿔야 할 부분이 있으면 적절히 수정 요청하고 진행하는 것이지요.

이는 13장에서 배운 Ready → Recall → Report 프로세스 중 Report 단계의 핵심 전략입니다. 건축에서는 설계도 없이 건물을 짓지 않습니다. AI 드리블링에서도 목차와 개요라는 '설계도' 없이 본문을 작성하면 나중에 더 많은 수정 작업이 필요하게 됩니다.

> **반대로 하면 안 되는 방식**
>
> ✕ "전체 보고서를 한 번에 써 줘." (AI가 중간에 길을 잃기 쉽고, 시간만 많이 걸림)
>
> ✕ '일단 본문부터 쓰고 나중에 목차 맞추기' (논리 구조 엉망)
>
> ✕ '목차 없이 생각나는 대로 쓰기' (일관성 부족)

박 연구위원은 1권(개념·기초 편)의 7장 구조의 브리프 리포트 내용을 정리해 부문 회의에서 성공적으로 내용을 전달했습니다. 하지만 뭔가 아쉬웠습니다. 결과물은 나왔지만 뭔가 2% 부족한 그 느낌 말이에요.

● 2차 시도 '퇴근길 버스에서 번뜩!'(9월 2일~3일)

Recall/Rese arch 2 혁신적 프레임워크의 창발 프롬프트 18~24

9월 2일 퇴근길 버스에서 창밖을 바라보던 박 연구위원에게 갑자기 새로운 아이디어가 떠올랐습니다. 지난 일주일간의 분석 내용을 되새기던 중 갑자기 '예측과 현실 사이에는 단순히 맞고 틀림의 2차원이 아니라 또 다른 영역이 있는 것 아닐까?'라는 생각이 스친 것이죠. 박 연구위원은 즉시 스마트폰을 꺼내 "생각해 보니 예측과 현실 간에는 3가지 Zone이 있는 것 같아."라고 프롬프트를 입력했습니다.

> - **프롬프트 18** "생각해 보니 예측과 현실 간에는 3가지 Zone이 있는 것 같아. 1. 예측이 실현된 부분. 2. 예측이 실현되지 않은 부분. 3. 예측하지 않은 일들이 현실이 된 부분. 코우츠의 예측은 Zone 1이 넓다는 측면에서는 충분히 인정할 만해. 하지만 Zone 3도 만만치 않게 넓다는 한계는 존재하는 것 같아. Zone 3을 축소하기 위해서 미래 예측가들이 가져야 할 태도나 방법론에는 무엇이 있을까?"
> - **프롬프트 19** "마찬가지로 Zone 2를 줄이기 위한 방법론이나 태도에는 어떤 것들이 있을까?"
> - **프롬프트 21** "하나만 더 해 볼까? Zone 1 확대. Zone 2나 3 축소를 위한 방법론과 태도 중 공통적인 것과 개별적인 것이 있을 것 같아. 이것들을 표로 한번 정리해 볼까? 가로축은 방법론과 태도. 세로축은 공통적. Zone 1개별적. Zone 2 개별적. Zone 3 개별적으로 표를 만들어 줘."

AI의 응답은 기대 이상이었습니다. 단순히 3가지 구분이 가능할 것 같다고 이야기했는데, AI가 자가 발전해서 '예측 성공 부분(Zone 1)', '예측 실패 부분(Zone 2)', '예측 공백 부분(Zone 3)'으로 구성된 3차원적 분석 틀을 기존 분석 내용과 연결해 제시한 것입니다.

이 순간이 바로 창발적 아이디어가 탄생하는 전형적인 과정이었습니다. 충분한 정보 수집과 분석 후 의식적인 노력 없이 자연스럽게 떠오른 직관적 통찰이 체계적인 이론으로 발전한 것이죠. 만약, 박 연구위원이 '나중에 정리하자.'라고 미뤘다면 이 소중한 아이디어는 사라져버렸을 수도 있습니다. 하지만 버스 안에서 즉시 스마트폰으로 포착한 덕분에 새로운 이론적 프레임워크가 탄생할 수 있었습니다.

박 연구위원은 3개의 연속 프롬프트로 AI와 대화하며 각 Zone별 대응 전략을 개발했습니다. 평소보다 훨씬 빠른 속도였어요. 새로운 발견을 해서 약간 흥분 상태였거든요. Zone 2 축소 전략에서는 '기술적 가능성 ≠ 사회적 현실성'이라는 핵심 원리를 발견했고, Zone 3 방지를 위해 약한 신호 탐지, 비선형 모델링 등의 방법론을 도출했습니다.

▦ 미래 예측의 3가지 Zone과 대응 전략

구분	Zone 1(예측 성공)	Zone 2(예측 실패)	Zone 3(예측 공백)
개념	예측이 실현된 영역(Coates 사례: 90.4%) • 트렌드 외삽이 성공한 분야 • 예측 방법론의 유효성 확인	예측이 실현되지 않은 영역(Coates 사례: 9.6%) • 기술적 가능성은 있지만, 현실화 실패 • 예측 방법론 한계 노출	예측하지 못했지만 현실이 된 영역 • 소셜 미디어 중국 부상 등 • 새로운 패러다임 등장 • 예측 범위의 사각지대
발생 원인	• 성공 요인 　– 체계적 방법론 적용 　– 다학제적 접근법 　– 트렌드 외삽의 정확성 　– 안정적 변수 기반 예측 　– 기존 패턴의 연속성	• 실패 요인 　– 기술 결정론의 함정 　– 정치적 복잡성 과소 평가 　– 사회적 저항 간과 　– 제도적 관성 무시 　– 이해관계자 갈등 미고려	• 공백 요인 　– 약한 신호 무시 　– 비선형 변화 패턴 간과 　– 네트워크 효과 과소 평가 　– 문화적 상상력 한계 　– 변경 영역 모니터링 부족
대응 전략	• 예측 성공 확대 **방법론적 접근** 　– 트렌드 외삽 기법 정교화 　– 기술 로드맵 분석 강화 　– 인구통계학적 변수 활용 　– 정량적 모델링 고도화 **태도적 접근** 　– 신중한 확신 　– 증거 중심주의 　– 전문성 신뢰	• 예측 실패 축소 **TSER 4차원 분석** 　– Technical: 기술적 실현성 　– Social: 사회적 수용성 　– Economic: 경제적 타당성 　– Regulatory: 규제 허용성 **정치·경제학적 분석** 　– Power-Interest 매트릭스 　– 제도적 관성 평가 　– 타이밍 분석 정교화	• 예측 공백 방지 **Edge Scanning 시스템** 　– 변방 약한 신호 탐지 　– 다각화된 정보원 활용 　– 특허/논문/스타트업 모니터링 **비선형 변화 모델링** 　– S 커브와 티핑 포인트 분석 　– 창발 현상 고려 　– SF 사고법과 상상력 확장

AI 드리블링 비법 #14 **아이디어는 계획된 시간에 오지 않는다**

박 연구위원의 경험이 보여 주는 중요한 교훈은 아이디어가 계획된 시간에 오지 않는다는 점입니다. 퇴근길 버스, 샤워하는 중, 주말 산책 도중처럼 의식적으로 생각하지 않을 때 오히려 혁신적인 통찰이 떠오르는 경우가 많습니다. 소크라테스도 목욕하다가 갑자기 부력의 원리를 깨닫고 "유레카(Eureka, 알아냈다!)"를 외쳤다고 하잖아요. 뇌 과학적으로 보면 이는 의식적 사고가 휴식을 취할 때 무의식적 정보 처리가 활발해지면서 새로운 연결고리를 만들어 내는 과정입니다. 문제는 이런 유레카의 순간이 언제 올지 예측할 수 없다는 점이죠. 그래서 항상 준비되어 있어야 합니다. 과거에 사람들은 메모장, 냅킨, 스마트폰 메모장, 음성 녹음 등 아이디어를 보존하기 위해 별별 노력을 다했죠. 저도 '투두리스트(Todoist)'라는 앱에 아이디어를 그때그때 기록해 왔습니다. 요즘에는 스마트폰의 AI 앱을 아이디어 메모장으로 활용합니다. 의문이 날 때마다 새로운 아이디어가 생각 때마다 AI에게 물어보고 나중에 PC에서 AI에 접속해 내용을 다시 검토하는 것이지요.

Report 2 **과욕의 8장 구조** 프롬프트 25~26

박 연구위원은 흥분을 감추지 못했습니다. 박 연구위원은 사내 브리프에서 한 번 써먹은 이 내용을 3-Zone 전략을 덧붙여서 본인이 참여한 국내 미래 연구자 모임에서 공유해 봐도 괜찮겠다는 생각이 들었습니다. 논의가 잘 된다면 다른 외부 연구자와 협력해서 논문으로도 만들어 볼 수 있는 건이라고 생각했죠.

그래서 목적이 또 바뀌었습니다. 1차는 사내 브리프(경제연구원 임직원)였다면, 2차는 학술 발표(미래 연구자 커뮤니티)를 염두에 둔 것이죠. 박 연구위원은 그다음날 출근해 독자층 변경을 반영해 AI를 활용해 구조를 일단 8장 구조로 대폭 확장했습니다. 여기서 문제가 생겼어요. 다른 내부 일이 갑자기 몰리면서 더 이상 작업을 진행하기 힘들어진 것이죠.

● **3차 시도** **2주 공백 후 다시 시작**

9월 3일 이후 2주 동안, 박 연구위원은 코우츠 분석을 완전히 잊고 있었습니다. 3분기 실적 마감이 코앞으로 다가왔고, 신입·경력 사원 OJT도 담당해야 했으며, 다른 부서에서 긴급 지원 요청까지 들어왔습니다. 매일 아침 출근해서 '오늘은 코우츠 미래 예측 분석을 마무리해야지.'라고 생각하지만 결국 PC 속 작성 중 파일 상태로 2주간 방치되었습니다.

이런 경험은 모든 직장인들에게 일어날 만한 현실입니다. 2~3개 프로젝트를 동시 진행하는 멀티태스킹의 숙명, '급한 것이 중요한 것을 밀어 내는' 우선순위의 급작스런 변화, 그리고 완벽하게 마무리하지 못한 채 다음 일로 넘어가야 하는 불완전한 작업 중단까지 말입니다. 하지만 이런 중단이 반드시 실패를 의미하지는 않습니다. 오히려 시간이 지나면서 더 객관적인 시각을 확보할 수 있고, 정보를 무의식적으로 정리하고 새로운 아이디어를 발전시키는 뇌의 백그라운드 프로세싱이 진행되기도 합니다.

실제로 2주 후 박 연구위원이 다시 코우츠 분석에 돌아왔을 때는 훨씬 냉정하고 객관적으로 지난 작업들을 살펴볼 수 있었습니다.

'8장 구조는 너무 복잡하다. 5장으로 재구성하자. AI 하나에만 의존한 것이 아쉽다. 다른 AI로도 검증해 보자.'와 같은 구체적이고 실용적인 개선 방향을 생각할 수 있었던 것입니다. 이는 완벽주의에 매몰되어 계속 붙들고 있었다면 얻기 어려웠을 통찰력이었습니다. 중요한 것은 꺾이지 않는 마음이죠.

Refine **엄밀한 검증의 시작** 프롬프트 27~30

2주 간의 공백 후 박 연구위원은 이전과는 완전히 다른 접근법을 시도했습니다. 이제야 진짜 품질 관리 모드에 들어간 것이죠. 가장 눈에 띄는 변화는 다른 AI를 활용한 교차 검증이었습니다. Claude뿐만 아니라 Perplexity도 이용해 STEEP 구분과 실현도 평가를 진행한 후 박 연구위원이 두 AI의 평가 내용을 비교해 차이 부분을 조정하는 형태로 좀 더 엄밀하게 분석해 보았습니다. 검토 결과 83개에서 STEEP 불합치 16개 중 4개, 실현 정도 불합치 26개 중 7개는 Perplexity 의견을 반영해 수정했습니다. 수정된 분석 결과는 아래와 같았습니다.

■■ 코우츠 미래 예측의 STEEP 분야 및 실현도 조정(by Claude, Perplexity, 인간)

번호	예측 내용	STEEP 종합	실현도 종합	STEEP 구분		실현 정도	
				Claude	Perplexity	Claude	Perplexity
11	새로운 형태의 미생물, 식물, 동물이 일반화될 것이다.	T	부분 실현	T	T	실현 확실	부분 실현
12	인간 소비용 식품이 농업 유전학의 결과로 더욱 다양해질 것이다. 선진국에서는 동물성 단백질이 상당히 줄어들 것이다.	T	부분 실현	T	S	부분 실현	부분 실현
13	개별 소비자의 취향, 영양 요구 사항, 의료 상태에 맞춘 합성 및 유전적으로 조작된 식품이 있을 것이다.	T	부분 실현	T	T	부분 실현	부분 실현
14	농부들은 특정 토양 복원과 실내외 농업 향상을 위해 합성 토양을 사용할 것이다.	T	부분 실현	T	T	부분 실현	부분 실현
15	유전적으로 조작된 미생물이 고도로 복잡한 화학물질과 의약품, 백신, 약물의 생산에서 많은 일을 할 것이다.	T	부분 실현	T	T	실현 확실	부분 실현

* 음영 영역은 조정 내용과 차이 내역

그리고 나서 박 연구위원은 새로운 수정 평가본과 기존 보고서 초안, 그리고 5장으로 구성된 새로운 아웃라인을 Claude에 업로드하고 새롭게 보고서를 다듬기 시작했습니다.

- **프롬프트 28** "프로젝트 지식에 올린 'Coates 2025 Refine Data.md'는 너의 기초 통계 분석과 Perplexity 분석을 결합한 후 내가 종합 수정한 최종본이야. 기존 평가 내용, STEEP 분야 구분, 실현도 평가가 좀 바뀌었어. 이 내용을 먼저 숙지해 주기 바래. 일단 이 자료를 분석하고 파악해 줘."
- **프롬프트 29** "또한 프로젝트 지식에 올린 'Coates 2025 3rd Draft.docx는 이전에 만들어진 자료로 이 새로운 분석 내용을 반영해서 전체적으로 내용을 수정하려고 해. 그리고 새로운 보고서 초안은 New Outline.txt에 따라 5장 구조로 재편성하려 해. 일단 내용을 파악해 줘."

AI 드리블링 비법 #15 **다중 AI 교차 검증**

여기서 박 연구위원은 'AI 하나에만 분석을 맡겼던 것이 찜찜해서 다른 AI에게 분석을 한 번 더 시켜서 비교 조정'했습니다. Claude와 Perplexity의 분석 결과를 비교하고 본인이 최종 수정했죠. 이것이 Refine 단계의 핵심입니다. AI도 틀릴 수 있으므로 중요한 분석은 여러 AI의 결과를 교차 검증하는 것이 객관성 확보에 중요합니다.

"이 평가 자료, 어떻게 만들었나?"라고 상사의 질문이 들어온다고 생각해 보세요. "AI에게 요청하니 금방 해 주던데요?"라고 대답하는 것과 "ChatGPT에서 먼저 평가를 진행하고, 동일한 프롬프트를 Claude와 Perplexity에 넣어 평가 결과 2, 3을 뽑아 낸 후 세 평가 결과를 비교 검토하고 제가 추가 조정해서 최종 결과를 만들었습니다."라고 대답하는 것…. 어떤 답변이 신뢰감을 줄까요?

 40개 프롬프트의 정교한 협업 여정 프롬프트 31~68

Report 3 단계는 박 연구위원에게 가장 도전적이면서도 보람 있는 과정이었습니다. 2주 간의 숙성 기간을 거쳐 객관적 시각을 갖게 된 박 연구위원은 이제 진정한 품질 관리자가 되어 자신의 작업을 냉정하게 해부하기 시작했습니다. 가장 큰 변화는 8장 구조를 5장으로 재편성하면서 시작되었습니다.

- **프롬프트 31** "먼저 2장의 분석 결과 부분을 새로운 분석 결과를 반영해서 대폭 수정하고 싶어. 한번 아티팩트로 진행해 줘."
- **프롬프트 32** "3장의 경우, 도입부가 없이 본문으로 확 들어가는 느낌이야. 2장 분석 결과를 3장으로 자연스럽게 연결하는 도입 문단을 작성 부탁해."
- **프롬프트 34** "맞아. 2장에서는 원인 분석을 최소화하고 더 객관적/서술적으로 만들고, 3장 에서 방법론 차원의 깊이 있는 분석을 집중시키는 방향으로 다시 한번 보고서 형태로 서술해 보자. 아티팩트로 가능하겠니?"
- **프롬프트 36** "3장의 경우, 내용이 좋긴 한데, 현재 구조라면 4장 내용이 무의미해져 버려. 4장 내용을 예비하는 형태로 3.3.절을 바꿔야 하지 않을까? 일단 3장과 4장의 내용 중복 분석을 한번 해 보고 3장과 4장의 구조를 어떻게 바꾸어야 할지 한번 간단하게 제시해 줘."
- **프롬프트 38** "나도 옵션 A가 더 깔끔하다고 생각되네. 그럼 옵션 A로 4장의 개요를 다시 한번 제시해 줘."
- **프롬프트 40** "좋아. 그럼 4장도 방금 제시한 개요를 바탕으로 다시 한번 보고서 형태로 별 도의 아티팩트를 만들어 줘. 이때 3장과 적절히 잘 연결될 수 있도록 도입부를 잘 만들어 줘."

이는 단순한 편집이 아니라 전체 논리 구조를 근본적으로 재검토하는 작업의 시작이었 습니다. 마치 건축가가 완성된 건물의 구조적 결함을 발견하고 일부를 허물어 다시 짓는 것과 같은 과감함이 필요한 순간이었습니다. 이 재구성 과정에서 박 연구위원은 마치 외과

의사처럼 불필요한 중복 내용들을 정밀하게 제거해 나갔습니다. 또한 TV 프로그램의 프로듀서처럼 같은 내용을 다른 표현으로 반복하는 부분, 논리적 연결고리가 약한 문단들, 독자의 입장에서 이해하기 어려운 구조들을 AI와 티키타카하며 하나씩 찾아내어 수정했습니다. 더 나아가 각 절별로 자연스러운 도입부를 추가하여 독자가 내용의 흐름을 쉽게 따라갈 수 있도록 배려했습니다.

예를 들어, 박 연구위원이 프롬프트 36 에서 "3장의 경우, 내용이 좋긴 한데, 현재 구조라면 4장 내용이 무의미해져 버려."라고 판단한 것은 바로 연결성 문제를 발견했기 때문입니다. 단순히 내용이 나쁘다는 것이 아니라 앞뒤 맥락에서 자연스럽게 이어지지 않는다는 구조적 문제를 파악한 것이죠. 연결성 문제를 해결하기 위해 박 연구위원은 아래와 같은 전략을 사용했습니다.

- **챕터별 도입부 연결 작업**: "2장 분석 결과를 3장으로 자연스럽게 연결하는 도입 문단을 작성 부탁해." 프롬프트 32
- **전체 논리 흐름 재점검**: 각 절이 전체 논증 구조에서 어떤 역할을 하는지 명확히 하고, 불필요한 중복이나 논리적 비약이 없는지 체계적으로 검토
- **핵심 개념의 일관된 사용**: 3-Zone 프레임워크라는 핵심 개념이 보고서 전체를 관통하도록 하여 독자가 하나의 통일된 논리를 따라갈 수 있도록 구성

> **AI 드리블링 비법 #16**　각 장, 절의 연결고리를 만드는 작업이 중요하다
>
> 박 연구위원의 Report 3 단계에서 가장 시간이 많이 소요된 부분은 단순한 내용 수정이 아니라 각 절 간의 논리적 연결성을 구축하는 작업이었습니다. 많은 사람이 AI에게 "3장 내용 써 줘.", "4장 내용 써 줘." 식으로 개별 섹션을 따로따로 요청합니다. 그러다 보니 각 장의 내용들은 개별적으로 완성도가 높은데, 전체로 보면 부자연스럽고 조화롭지 않은 괴작이 탄생합니다. 눈, 코, 입은 모두 예쁜데, 합쳐 놓고 보면 이상한 몽타주 같은 얼굴이 되는 겁니다.
>
> 현실에서 많이 볼 수 있는 실패 사례는 이런 식입니다. 1장에서는 A라는 핵심 개념을 제시했는데, 3장에서 갑자기 B라는 새로운 프레임워크가 등장하고, 5장에서는 또 C라는 다른 관점으로 결론을 내립니다. 각 장의 내용은 개별적으로는 훌륭하지만 전체를 읽어 보면 일관성 있는 하나의

논리 구조로 느껴지지 않는 것이죠. 독자는 '이 보고서가 결국 무엇을 말하려는 거지?'라는 의문을 갖게 됩니다.

결국 좋은 보고서는 각 부분이 개별적으로 우수한 것이 아니라 전체가 하나의 유기적인 논증 구조를 이루고 있을 때 완성됩니다. AI는 개별 섹션의 내용은 훌륭하게 만들어 주지만, 이들 사이의 연결고리를 만드는 것은 여전히 인간의 구조적 사고력이 필요한 영역입니다.

> **실무 적용 가이드**
>
> 보고서를 수정할 때는 아래와 같은 질문들을 AI에게 던져 보세요.
> - "2장에서 제시한 [핵심 개념]이 3장에서 어떻게 발전되는지 연결 문단을 써 줘."
> - "전체 보고서에서 논리적 비약이나 갑작스러운 주제 전환이 있는지 검토해 줘."
> - "각 장의 결론이 다음 장의 도입과 자연스럽게 이어지는지 확인해 줘."
> - "이 보고서의 핵심 메시지가 모든 장에서 일관되게 유지되고 있는지 점검해 줘."

- **프롬프트 44** "그다음 코우츠 예측 방법론의 강점 5가지의 핵심 내용을 간단하게 표로 제시하면 좋을 것 같아. 표를 만들어 줘."
- **프롬프트 45** "이 내용을 표가 아니라 시각화 그림으로 넣으면 더 좋을 것 같아. 위의 5가지 강점과 핵심 내용, 대표 사례를 가볍게 제시하는 시각화 그림 하나 부탁해. 전반적인 분위기는 Economist 스타일로 부탁해."
- **프롬프트 46** "현재 시각화 내용이 5가지 요소가 수직으로(Vertical) 나열되어 있어. 혹시 5가지 요소를 수평으로(Horizontal) 나열하는 형태로 다시 한번 제시해 줄 수 있어?"
- **프롬프트 47** "이 내용을 PPT에서 편집할 수 있게 SVG 파일로 만들어 줘."

Report 3 과정에서 또 다른 흥미로운 발전은 시각화 내용의 추가입니다. **프롬프트 45** 에서 박 연구위원은 "매우 좋아. 이 내용을 표가 아니라 시각화 그림으로 넣으면 더 좋을 것 같아."라고 제안했습니다. 이는 단순한 정보 전달에서 한 단계 더 나아가 독자의 이해도와 설득력을 높이려는 전략적 사고의 발현이었습니다. 어떤가요? 단순히 표로 제시하는 것보다 훨씬 더 명료하게 내용들을 전달할 수 있게 되었습니다.

✦ 코우츠 미래 예측 방법론의 강점

AI 드리블링 비법 #17 **Report 단계에서 시각화로 복잡한 내용을 직관적으로 만들어라**

본격적인 Report 작업에서는 시각화 내용을 적절히 넣어 주는 것이 좋습니다. 박 연구위원의 작업에 시각화 내용이 들어간 결과, 복잡한 내용을 직관적 파악, 회의 토론 활성화 도구 마련, 전체적인 설득력 증가 등의 효과가 가능해졌습니다. 그럼 시각화 작업은 어떻게 진행하는 것이 좋을까요? 박 연구위원이 진행한 방식은 매우 효과적인 프로세스라고 볼 수 있습니다.

- **1단계** '표로 제시'–시각화 자료에 들어갈 핵심 내용들을 정리하고 필요하다면 적절히 수정
- **2단계** '시각화 그림으로'–복잡한 내용을 직관적으로 파악할 수 있는 인포그래픽으로 전환
- **3단계** '적절히 수정'–여기서는 독자의 시선 흐름과 가독성을 고려해 수직 배치를 수평 배치로 변경. 때에 따라서는 AI에게 '가독성 증대와 메시지의 명확한 전달을 위해' 수정할 포인트를 스스로 찾아보라고 지시
- **4단계** 'SVG로 저장'–PPT에서 개별 요소 편집이 가능하도록 포맷을 바꿔서 실무 활용성 극대화

여기서 '전반적인 분위기는 Economist 스타일로'라는 말은 인포그래픽의 색상 팔레트를 지정해 준 것입니다. 잘 모르는 분들이 많지만, AI는 The Economist, McKinsey, BCG, Deloitte 등 유명 기관의 인포그래픽과 이들이 사용하는 색상 팔레트를 학습해 알고 있습니다. '○○ 스타일로'라고 한 마디만 추가하면 쉽게 통일감 있고 우아한 전문적 인포그래픽을 만들 수 있습니다. AI로 그림을 그릴 때 '인상파 스타일로', '지브리 풍으로'라고 스타일을 지정하는 것과 비슷한 방식이죠.

많이 사용되는 색상 팔레트로는 The Economist의 빨간색-파란색-회색 조합, McKinsey의 네이비-오렌지-그린 시리즈, Harvard Business Review의 빨간색-검은색-회색 톤, Financial Times의 연어색(salmon pink) 기반 팔레트 등이 있습니다. 이런 기관들의 스타일을 참조하면 색상 선택에 대한 고민 없이도 즉시 전문적이고 세련된 시각화 자료를 얻을 수 있어서 디자인 경험이 없는 사람도 고품질의 결과물을 만들 수 있습니다.

AI와의 진정한 협업: 티키타카의 예술

Report 3 단계에서 가장 인상적인 것은 박 연구위원과 AI 사이의 협업 방식이 질적으로 점점 진화했다는 점입니다. 초기에는 박 연구위원이 질문하고 AI가 답변하는 단순한 일방향 소통이었다면, 이제는 마치 숙련된 팀원들이 함께 브레인스토밍하는 것 같은 쌍방향 협업으로 발전했습니다. '3장 내용은 좋은데 4장과 중복되네.', ' 나도 옵션 A가 더 깔끔하다고 생각되네.' 같은 생각들을 즉시 프롬프트로 변환해서 AI와 주고받았습니다. 이는 마치 동료와 함께 문서를 검토하며 "이 부분은 어떻게 생각해?", "여기 좀 더 자세히 써 볼까?"라고 대화하는 것과 같은 방식입니다.

중요한 것은 각 AI 응답을 받자마자 다음 개선점을 찾아 즉시 후속 질문을 던지는 반복적 개선 과정입니다. 한 번의 완벽한 프롬프트로 모든 것을 해결하려 하지 않고, 작은 단위로 계속 다듬어 나가는 것이죠. 이 과정에서 박 연구위원은 구조적 사고와 논리적 일관성 체크라는 인간 고유의 강점을 발휘했고, AI는 세부 내용 작성과 표현의 다양화라는 장점을 최대한 활용했습니다. 때로는 박 연구위원이 AI의 제안을 더 발전시키고, 때로는 AI가 박 연구위원의 아이디어를 구체화하며, 서로 영감을 주고받는 창조적 동반자가 된 것입니다. 40개 프롬프트가 만들어 낸 이 정교한 협업 과정에서 박 연구위원과 AI는 진정한 사고 파트너가 되었습니다. 이런 지속적 상호작용이야말로 혼자서는 절대 도달할 수 없는 높은 완성도의 비밀입니다.

● 3번의 시도가 남긴 교훈들

박 연구위원은 3번의 시도를 통해 학술 발표가 가능한 수준까지 보고서의 품질을 끌어 올렸습니다. 물론, 제대로 발표하려면 선행 연구와의 연계나 커뮤니티 피드백의 반영 등 수정이 더 필요하겠지만요. 하지만 더 중요한 것은 시간 효율성보다도 예상치 못한 창조적 결과물이 탄생했다는 점입니다. 단순한 호기심에서 시작된 30년 전 미래 예측의 실현도 분석이 새로운 3-Zone 이론 프레임워크로까지 발전한 것은 혼자서는 절대 달성할 수 없었을 성과입니다.

> - 1차 시도: 2시간(호기심, 급하게) → 기초 분석 완료
> - 2차 시도: 1시간(흥분 상태, 확장) → 혁신적 프레임워크 창안
> - 3차 시도: 4시간(정교하게, 완성) → 학술적 완성도 달성

특히 주목할 점은 각 시도별 성격의 차이입니다. 1차 시도는 호기심에서 시작해 급한 불을 끄기 위한 생존형 접근으로 바뀌었습니다. 2차 시도는 새로운 아이디어에 대한 흥분 상태의 탐험형 접근이었으며, 3차 시도는 완성도를 추구하는 완성형 접근이었습니다. 이 3가지 접근법이 각각 다른 가치를 창출했다는 점이 흥미롭습니다. 생존형에서는 기초 분석과 비판적 사고를, 탐험형에서는 혁신적 프레임워크를, 완성형에서는 학술적 완성도를 얻었던 것이죠.

경험치별 반응과 보편적 가치

이 사례를 읽는 독자분들의 반응도 업력에 따라 다를 것입니다. 신입사원들이라면 '왜 이렇게 비체계적이지?'라며 의아해할 것이고, 베테랑들이라면 '아, 일하다 보면 진짜 그래. 세상 일이 다 그렇지.'라고 동감할 것입니다. 하지만 중요한 것은 이런 차이가 단순한 세대 갈등이 아니라 성장 과정의 자연스러운 단계라는 점입니다. 신입들도 언젠가는 현실의 복잡함을 이해하게 될 것이고, 베테랑들도 한때는 완벽한 계획의 중요성을 믿었던 시절이 있었을 것입니다.

어쩌면 우리가 가장 먼저 바꿔야 할 것은 완벽한 계획에 대한 강박일지도 모릅니다. 1권 3장에서 배운 Ready → Recall → Report → Refine의 체계적 순서는 분명 유의미한 프로세스입니다. 하지만 현실에서는 이렇게 선형적으로 진행되는 경우가 드뭅니다. 박 연구위원의 사례처럼 Recall → Report → 공백 기간 → Recall 2 → Report 2 → 공백 기간 → Refine → Report 3의 비선형적 진행이 오히려 자연스러운 모습입니다.

강조해 말씀드리고 싶은 부분은 AI 드리블링을 할 때 4R 프로세스를 제대로 따르지 않았다고 자책할 필요가 전혀 없다는 것입니다. 이런 비선형적 진행이 일상적임을 받아들이는 것이 중요합니다. 중간에 방향이 바뀌어도 괜찮고, 완벽하지 않은 상태로 잠시 멈춰도 괜찮으며, 목적이나 독자가 바뀌어도 괜찮다는 유연한 마음가짐을 가져야 합니다.

AI 드리블링을 통해 얻는 것은 빠른 결과물만이 아닙니다. 복잡한 현실에서도 유연하게 대응할 수 있는 적응력, 불완전한 조건에서도 창조적 결과를 만들어 낼 수 있는 회복력, 그리고 AI와의 진정한 협업을 통해 인간 고유의 가치를 더욱 빛나게 하는 방법론을 익히는 것입니다. 68개 프롬프트가 증명한 것은 좌충우돌해도 결국 도달할 수 있다는 희망적 메시지입니다. 완벽한 계획이 없어도 중간에 길을 잃어도 때로는 멈춰 있어도 괜찮습니다. 중요한 것은 현실적 난관에 포기하지 않고 다시 시작하는 의연함과 AI와 함께 더 나은 내일을 만들어 나갈 수 있다는 믿음입니다.

14.3 2025년 글로벌 지정학적 리스크 분석 – AI 증강 분석의 탐색적 여정

● 작은 호기심에서 시작된 대모험

이제 필자의 이야기를 해 보도록 하지요. 2025년 1월 8일의 일이었습니다. 연간 업무 계획을 점검하던 중 문득 이런 생각이 들더군요.

'올해는 어떤 새로운 이슈들이 나올까? 트렌드도 중요하지만 올해는 리스크가 정말 중요할 것 같아. 내란 사태로 국내 정치도 복잡하고, 해외 정세도 러-우 전쟁의 지속, 트럼프

취임에 따른 불확실성 증대, 미-중 간 경제-기술 전쟁 본격화 등 한국 경제에 정말 내외적으로 리스크가 산적해 있네.'

그래서 구글 검색을 해서 작년 연말에 발간된 최신 글로벌 리스크 보고서들을 훑어 보기 시작했습니다. Eurasia Group, BlackRock, EY, WEF 등 매년 이맘때면 이런 보고서들이 쏟아지는데, 보통 30~40페이지 영문 보고서라 솔직히 하나하나 다 읽기엔 약간 부담스럽더군요. 그런데 문득 이런 생각이 들었습니다.

'이 보고서들을 AI로 분석해 보면 어떨까? 정말로 AI 증강 독해와 AI 증강 분석이 어디까지 가능한지 한번 테스트해 보자.'

거창한 목표나 계획이 있었던 건 아니고, 그냥 '재미있을 것 같은데?' 정도의 가벼운 마음이었습니다.

이런 보고서들을 제대로 분석하려면 어떤 과정을 거쳐야 할까요? 경험상 보고서 1개당 제대로 읽으려면 반나절은 투자해야 하고, 3개 보고서의 핵심 내용을 정리하려면 하루 더 추가해야 하고, 거기서 공통점과 차이점을 찾으려면 또 하루, 우리만의 인사이트를 뽑아내려면 족히 일주일은 걸렸죠. 그것도 PM급이 직접 투입되어야 하고, 팀원 2명 정도가 서포트해 줘야 제대로 된 분석이 가능합니다.

'그런데 AI를 제대로 활용하면 이런 시간, 노동, 지식 집약적인 과정을 획기적으로 바꿀 수 있지 않을까?'

이런 생각이 들면서 호기심이 점점 커지더군요. 특히, 지난 1년간 AI 드리블링을 연구하면서 AI가 단순한 요약이나 번역을 넘어 진짜 분석적 사고도 가능함을 알게 되었고, 그동안 입맛만 다시던 고차원적 분석들을 한번 시도해 보려는 마음도 생겼습니다.[20]

---

20 단, 지금부터 내용은 2025년 1월의 상황입니다. 트럼프 집권 이후 국제 상황들은 하루하루 급변하고 있습니다. 여기 제시된 여러 정보 및 예측 내용은 현재 기준으로는 안 맞는 이야기도 많습니다. 이 점을 이해하시고 AI 드리블링 학습 용도로만 활용해 주시기 바랍니다.

> 프롬프트 1　"2025년 글로벌 지정학적 리스크에 대한 보고서를 작성 중이야. 최근 나온 보고서 중 중요하다고 생각되는 보고서 3개를 올릴게. 지금은 일단 어떤 글로벌 리스크가 2025년에 부각될 것이고 그 실체가 무엇인지를 파악하는 데 집중하려고 해. 일단 올린 파일을 분석하고 숙지해 줘."

그래서 Claude를 열고 첫 번째 질문을 던졌습니다. 이때만 해도 정말 가벼운 마음이었어요. 그런데 AI의 반응이 생각보다 놀라웠습니다. 미−중 전략적 경쟁 심화, 글로벌 보호 무역 주의 강화, 지정학적 리더십 공백 심화, 기술 경쟁과 디지털 주권, 러시아−우크라이나 전쟁의 장기화, 중동 지역의 불안정성 등 세 보고서에서 공통적으로 제시하는 리스크들과 그 내용을 빠르게 요약해서 보여 주더군요.

'어? 생각보다 괜찮네?'

여기서 첫 번째 전환점이 왔습니다. 처음에는 그냥 재미 삼아 시작했는데, AI가 보여 주는 분석의 체계성이 예상을 뛰어넘더군요.

AI 드리블링 비법 #18　"먼저 숙지해 줘."−맥락 구축의 중요성

104개 프롬프트 여정의 첫 시작은 "프로젝트 지식의 파일을 찾아 숙지해 줘."였습니다. AI 증강 독해를 할 때는 먼저 AI에게 자료 검토를 시켜야 합니다. "이 자료들을 먼저 숙지해 줘."라고 요청하는 것이 효율적이죠. 이렇게 하면 매번 긴 설명을 반복하지 않아도 되고, AI가 전체 맥락을 이해한 상태에서 작업할 수 있습니다. 단순히 질문만 던지는 것이 아니라 AI에게 '학습 시간'을 먼저 주는 것입니다. 마치 신입사원에게 지시한 업무와 관련된 자료를 먼저 읽게 하는 것과 같은 이치입니다.

- 프롬프트 2　"세 자료의 메타 데이터, 구조, 특징에 대해서 정리해 줘."
- 프롬프트 3　"EY의 Top 10 리스크의 제목, 주요 내용에 대해 정리해 줘."
- 프롬프트 4　"Eurasia의 Top 10 리스크도 마찬가지로 부탁해."
- 프롬프트 5　"BlackRock도 마찬가지로 부탁해."

'그럼 좀 더 자세히 해 볼까?'

두 번째부터 다섯 번째 프롬프트까지는 각 보고서의 특징을 더 자세히 파악하는 데 집중했어요. 이 과정에서 놀란 것은 AI가 각 보고서의 메타 데이터부터 구조, 특징까지 필자가 혼자서는 놓쳤을 부분들을 체계적으로 정리해 주는 점이었어요. 예를 들어, EY 보고서는 3개 핵심 테마로 구조화된 기업 전략 중심 접근, Eurasia Group 보고서는 정통 지정학 분석의 서술적 접근, BlackRock은 투자 관점의 계량적 분석과 모니터링 등 각각의 관점과 방법론이 다르다는 걸 AI가 스스로 파악하고 정리해 주더군요.

'오, 이 3개 보고서에서 나온 리스크들을 체계적으로 비교해 보면 뭔가 패턴이 나올 것 같은데?' 바로 여기서 두 번째 전환점이 왔습니다. Ready 단계를 마치고 본격적인 분석에 들어가기로 한 것이죠. 이때까지만 해도 이게 104개 프롬프트까지 이어질 줄은 꿈에도 몰랐어요. 그냥 '조금만 더 해 보자.' 정도였거든요.

AI 드리블링 비법 #19　**"핵심 내용을 정리해 줘." – 이해도 검증**

AI가 자료를 숙지했다고 해서 바로 작업에 들어가면 안 됩니다. "보고서의 주요 내용을 한번 정리해 줘."라고 물어봤죠. 이것은 AI의 이해도를 검증하는 과정입니다. AI가 요약한 내용을 보면서 '제대로 파악했구나.' 또는 '이 부분은 빠뜨렸네.'를 확인할 수 있습니다. 본격 작업 전에 이런 검증 단계를 거치면 나중에 엉뚱한 방향으로 가는 것을 방지할 수 있습니다. AI와의 협업도 사람과의 협업처럼 '이해했는지 확인'하는 과정이 필요합니다.

예상치 못한 전개: '되네? 더 해 볼까?'

5번의 기초 분석을 마치고 나니 확실히 감이 잡혔어요. 각 보고서의 특성도 파악했고, AI의 분석 능력도 어느 정도 검증되었으니 이제 진짜 해 보자는 생각이 들더군요.

> **프롬프트 6**　"이번에는 3개 보고서에 나온 30개 리스크들을 비교 분석해서 공통적인 것을 묶고 특수/개별적인 것들은 따로 분리하는 작업을 해 보자. 이를 위해 리스크에 넘버링을 먼저 해 볼까? EY의 리스크에는 E, Euasia의 리스크에는 R, Blackrock의 리스크에는 B를 먼저 달아 주고, 차례대로 01에서 10까지 넘버를 달아 보자."

여기서 필자가 왜 본격 분석 작업 전에 이런 넘버링을 시도했을까요? 30개 리스크를 한

번에 비교하라고 하면 AI도 혼란스러워해요. 그래서 먼저 E01, E02, …, R01, R02, …, B01, B02…. 이런 식으로 넘버링부터 하자고 제안한 것이죠. 이는 프로그래밍에서 어드레싱(addressing), 행렬 연산에서 원소의 좌표 표기와 비슷합니다. 이렇게 하면, 내용의 구분, 결합, 이동 등이 무척 쉬워져요. 질문 던지는 것도 무척 간편해지고요. 예를 들어, "Eurasia Group의 세 번째 리스크인 미중 관계의 붕괴를 Blackrock의 첫 번째 리스크인 미중 전략적 경쟁과 결합시켜 정리하면 어떻게 될까?"라는 긴 질문을 "R03과 B01을 결합해 정리해 줘." 형태로 간단하게 지시할 수 있죠. 다음은 **프롬프트 6** 의 결과를 표로 간단히 정리한 내용입니다.

사례 3대 리스크 보고서로부터 추출한 30개 리스크

Eurasia	EY	BlackRock
R01. G–Zero의 승리	E01. 포퓰리즘 정책의 영향	B01. 미–중 전략적 경쟁
R02. 돈의 통치	E02. 조세 딜레마	B02. 글로벌 기술 디커플링
R03. 미중 관계 붕괴	E03. 인구 구조 격차	B03. 러시아–나토(NATO) 갈등
R04. 트럼프노믹스(Trumponomics)	E04. 디리스킹과 상호의존성	B04. 중동 지역 전쟁
R05. 불량 국가로 남은 러시아	E05. 디지털 주권	B05. 주요 사이버 공격
R06. 궁지에 몰린 이란	E06. 기후와 경쟁	B06. 주요 테러 공격
R07. 세계 궁핍화	E07. 새로운 지정학적 에너지 동학	B07. 글로벌 보호무역주의
R08. 통제되지 않는 AI	E08. 신흥 시장 통합	B08. 신흥 시장 정치 위기
R09. 통치되지 않는 공간	E09. 전쟁과 갈등	B09. 북한 갈등
R10. 멕시코와의 대치(맥시코 리스크)	E10. 우주 정치와 우주 경제	B10. 유럽 분열

● Recall과 Report를 동시에 새로운 접근 방식

AI 드리블링은 대개 Ready → Recall → Report → Refine의 순서에 따라 진행합니다. 그런데 가만히 생각해 보니 이번엔 상황이 좀 달랐어요. Recall은 특정 주제에 초점을 맞추어 말뭉치를 늘리는 과정인데, 이미 3개 기초 자료 만으로도 충분히 깊이 있는 분석이 가능할 것 같았어요. 오히려 AI 지식을 끌어오는 과정에서 환각이 생길 위험성을 통제하는 것이 더 중요했습니다. 더욱이 결과물을 PPT 형태로 만들려 했기 때문에 아예 처음부터

필요한 PPT 포맷을 만들고, 이 포맷에 맞춰 AI 답변을 유도하는 것이 나을 듯 싶었어요. 이렇게 하면 서술식 보고서 → PPT 전환의 이중 작업을 방지할 수 있으니까요.

그래서 이번 작업에는 Recall과 Report 단계를 결합해 병행 진행하기로 했습니다. 즉, 분석을 진행하며 그때그때 적절한 포맷을 만들고, 이 포맷에 맞춰 생성형 AI에게 3개 보고서의 내용을 통합 정리한 답변을 뽑아 내 바로 보고서에 채우는 형태로 작업하기로 한 것이죠.

공통 리스크 추출 　프롬프트 7~12

- 프롬프트 7 "좋아. 그럼 그 다음은 이 30개 리스크들을 그루핑해 보자. 크게는 공통 리스크와 개별/특수 리스크로 구분할 수 있을 것 같아. 먼저 공통 리스크는 아까 처음에 제시해 준 '핵심 공통 리스크' 내용이 적절해 보여. 30개 리스크들 중 어떤 리스크가 네가 추출한 공통 리스크와 직접적으로 연결되는지 표로 한번 보여 줘."
- 프롬프트 8 "핵심 공통 리스크에서도 지정학적 리더십 공백 심화는 빼야 할 것 같지 않니? 어떤 의미인지는 이해가 가는데, 다른 리스크들과 논리적 충돌이 발생하는 듯 해. 어떻게 생각해?"
- 프롬프트 10 "좋아. 너라면 이 개별/특수 리스크들을 가지고 어떻게 추가 분석을 진행하겠니?"
- 프롬프트 13 "맞아. 그러면 공통 해당 리스크 5개, 클러스터링 리스크 5개로 2025년 지정학적 리스크를 제안할 수 있겠다. 이때 클러스터링 리스크 A부터 E까지 적절한 네이밍이 되었으면 좋겠어."
- 프롬프트 16 "좋아. 리스크 B의 이름은 우주/사이버 공간의 신규 전장화, C는 기후/인구/에너지/조세 갈등 증가, D는 지역별 지정학적 긴장 고조, E. 글로벌 거버넌스 Regime Change 정도는 어때?"

* 중간의 프롬프트 　프롬프트 9 　, 　프롬프트 11 　, 　프롬프트 12 　, 　프롬프트 14 　, 　프롬프트 15 　는 세부 조정 과정이라 생략했습니다.

이 과정에서 AI가 보여 준 구조적 사고력이 정말 놀라웠어요. Claude는 3개 보고서에서 제시된 30개 리스크 중에서 6대 핵심 공통 리스크를 바로 도출하고 적절히 네이밍도 해 주었어요.

6대 핵심 공통 리스크

1. 미—중 전략적 경쟁 심화(E04, R03, B01)
2. 글로벌 보호 무역 주의 강화(E04, R07, B07)
3. 기술 경쟁과 디지털 주권 증대(E05, R08, B02)
4. 러시아—우크라이나 전쟁 장기화(E09, R05, B03)
5. 중동 지역 불안정성 지속(E09, R06, B04)
6. 지정학적 리더십 공백 심화(R01, E01, 관련)

AI 답변 결과와 보고서 내용을 대조해 보니 '지정학적 리더십 공백 심화'는 유라시아(Eurasia) 보고서에만 존재했습니다. 또한 다른 5개 리스크들과 인과 관계가 존재한다든가, 다른 5개 리스크를 포괄할 수도 있는 성격의 내용이라 위계상 맞지 않아 보였죠. 그래서 여덟 번째 프롬프트로 이 문제를 지적했습니다. 그랬더니 AI가 좀 생각해 보고 답했어요.

"맞습니다. G—Zero(국제 리더십이 공백인 상태)는 구조적, 공통적 원인으로, 다른 구체적 리스크들은 결과/현상이라 같은 층위로 보기 어렵습니다. 또한 인과관계의 중복이 존재하므로 5개 핵심 공통 리스크로 재조정하겠습니다."

인간이 적절히 지적하면, AI가 스스로 논리적 모순을 발견하고 수정하는 부분이 무척 인상적이었습니다.

흥미로운 점은 또 있었습니다. AI가 단순히 사고 도구가 아니라 사고 파트너로서 적절히 행동해 주기도 하더군요. 15개 리스크들을 5개의 공통 리스크로 묶었으므로 나머지 15개 개별 리스크들도 적절히 클러스터링해서 비슷하게 묶어 주면 좋겠는데 어떻게 할지 좀 막막하더군요. 그래서 **프롬프트 10** 처럼 "너라면 어떻게 분석하겠니?"라고 물어보았죠. 그랬더니 Claude는 주제, 발현 시기, 영향력 범위, 상호 연관성, 대응 가능성 등 다양한 클러스터링 기준과 예시를 보여 주었습니다. 필자는 주제 기준 클러스터링을 선택했죠. 그리고 나서 AI와 티키타카하면서 클러스터링 내용들을 조정하고, 새롭게 도출된 리스크들에 이름을 붙이는 과정들을 진행해 갔습니다.

이때 AI와 함께 작업할 때는 필자가 틀릴 수도 있고, AI가 틀릴 수도 있지만, 서로 보완하면서 더 나은 결과를 만들 수 있다는 것을 깨달았어요. 이렇게 나온 2025년 10대 글로벌 지정학적 리스크는 아래와 같습니다.

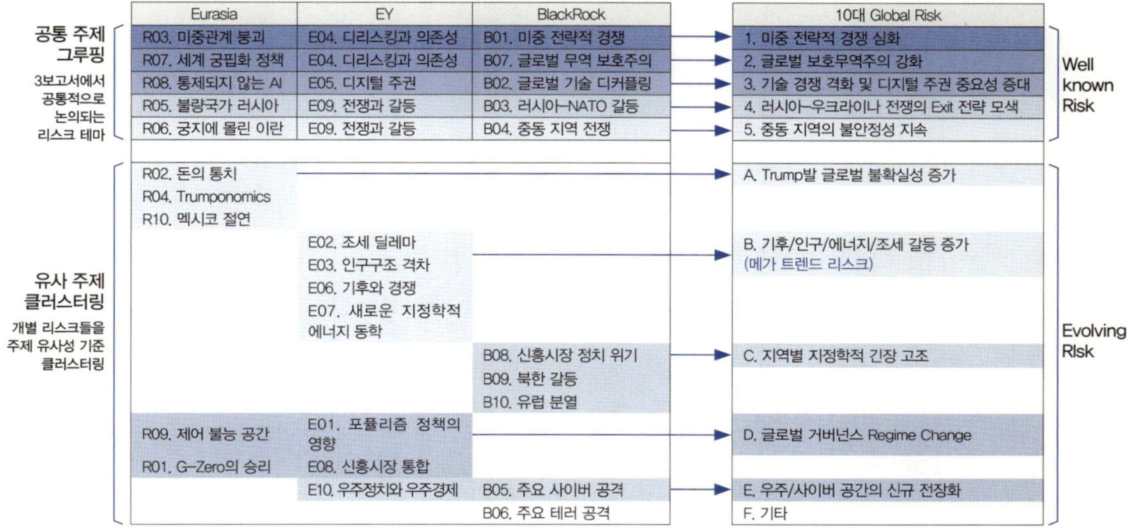

◆ 글로벌 리스크 클러스터링 과정 및 결과(사례)

> **AI 드리블링 비법 #20** **막힐 때는 AI에게 물어보라**

AI 증강 분석을 진행할 때 중간에 막히는 경우가 무척 많습니다. 이럴 때는 AI에게 물어보세요. 이런 상황에 이런 문제는 어떻게 풀어 가나면 좋을지 제안을 해 보라고 말이죠. 그러면 작업 진행 맥락을 남들보다 더 잘 알고 있는 AI는 적절한 해법 대안을 여러 개 제시해 줍니다. 물론, 100% 정답은 아니지만, 해결책을 모색할 실마리로는 충분합니다. 즉, 이러한 AI 제안을 인간이 고찰하고 적절히 수정해서 문제를 풀어 나가는 것이죠.

물론, 새로운 해법의 결과가 기대와 다를 수도 있습니다. 이때는 다시 "내가 바라던 결과는 AA 인데, 지금 결과는 BB가 나왔어. 어떻게 하면 AA 결과를 낼 수 있을까?"라는 식으로 또 티키타 카하며 방법을 찾아 나가면 됩니다. AI의 구조적 사고력과 인간의 경험적 판단을 결합하면 아무 리 어려운 문제라도 쉽게 풀어 나갈 수 있습니다.

체계적 내용 정의 프롬프트 17~46

> **프롬프트 17** "추가 분석을 진행하기 전에, 먼저 업로드한 본문 내용을 바탕으로 10대 리스크의 내용을 분명히 정리해 보도록 하자. 각 트렌드별로 어떤 내용들이 정리되면 좋을까?"

10대 리스크가 도출되고 나니 이제 각 리스크를 체계적으로 정의할 차례였어요. 여기서도 AI에게 어떻게 내용을 정리하면 좋을지 물어봤어요. 그랬더니 AI는 A. 리스크 정의, B. 주요 동인, C. 현재 진행 상황, D. 2025년 전개 방향, E. 파급 효과 F. 주요 이해관계자 등의 6개 항목 구조를 제시해 주더군요. '오, 이거 괜찮네!'라는 생각이 들었어요.

그래서 이 구조에 맞게 필자가 PPT용 리스크 카드 포맷을 만들었죠. AI가 3개 보고서를 분석해 답변을 제시해 주면, 필자가 보고 적절히 이 포맷에 맞춰서 정리하면 되는 구조로 말이지요. 여기서부터 본격적인 템플릿 반복 작업이 시작되었습니다.

> - **프롬프트 18** (첫 번째 리스크 정리): "먼저 1. 미―중 전략적 경쟁 심화부터 진행해 보자. 가급적 업로드한 자료 내용에 충실하게 개조식으로 정리해 줘."
> - **프롬프트 19** (두 번째 리스크 정리): "좋아. 그럼 2. 글로벌 보호무역주의 강화에 대해서도 가급적 업로드한 자료 내용에 충실하게 개조식으로 정리해 줘."
> - **프롬프트 20** (정리 방향 자체 보완 요청): "네가 보기에 1번과 2번 리스크 정리 내용에서 어떤 부분을 좀 더 보완해야 할 것 같아?"
> - **프롬프트 21** (답변 보완 포인트 확정): "B. 주요 동인과 D. 2025년 전개 방향은 말한 것처럼 보완해 주면 좋겠어. C. 현재 진행 상황은 환각이 많이 발생할 수 있는 부분이므로 데이터/수치는 추가하지 말고, 사례는 2~3개 제시해 주면 좋겠어. E. 파급 효과는 나중에 따로 추가 분석할 예정이니 지금은 손대지 말자. 그럼 1번과 2번 리스크 내용을 다시 한번 작성해 줘."

일단 **프롬프트 18** 의 결과를 보니 원했던 것처럼 '업로드한 자료 내용에 충실하게', '개조식으로 정리'가 잘 되고 있다는 것을 파악했습니다. 그래서 **프롬프트 19** 로 두 번째 리스크도 정리시켰지요. 이때 내용을 보니 약간 부실하고 평면적이라는 느낌이 들더군요. 그래서 직접 지적하는 것보다 한번 AI에게 스스로 답변 내용의 보완 방향을 찾아 보라고 시켰습니다 **프롬프트 20** . 그리고 여기에 제 의견을 더해서 전체적인 수정 보완 포인트를 마련했죠 **프롬프트 21** .

AI 드리블링 비법 #21 필요하다면 분석 범위를 명확히 제한하라 **프롬프트 18**

'미―중 전략적 경쟁 심화'라는 키워드만 던지면 AI는 자신이 아는 모든 지식을 총동원해서 위키피디아급 일반론을 작성합니다. 하지만 우리가 원하는 것은 업로드한 보고서 3개의 핵심 내용이죠.

그래서 프롬프트 18 처럼 "가급적 업로드한 자료 내용에 충실하게 정리해 줘."라는 명확한 제약을 걸었습니다. 이 한 마디가 AI의 분석 범위를 좁혀 주고, 우리가 원하는 초점을 맞춘 결과물을 만들어 냅니다. 자료 업로드형 AI 증강 독해 때 많이 사용하는 테크닉이죠.

AI 드리블링 비법 #22　개조식 요청으로 즉시 활용 가능하게　프롬프트 19

서술식 답변은 유려하지만 정리가 필요합니다. 반면, "개조식으로 정리해 줘."라고 요청하면 바로 PPT나 보고서에 복사−붙여 넣기할 수 있는 형태로 나옵니다. 리스크 10개의 정리 내용을 곧바로 PPT 포맷에 맞춰 넣을 것이므로 서술식 대신 개조식으로 내용을 뽑아 내는 것이 훨씬 유리했죠. 이처럼 문체, 스타일 등을 필요에 따라 조정하는 것도 중요한 AI 드리블링의 테크닉입니다.

AI 드리블링 비법 #23　AI에게 자기 답변 보완하게 하기　프롬프트 20

1번과 2번 리스크 정리를 마친 후 "네가 보기에 어떤 부분을 좀 더 보완해야 할 것 같아?"라고 물었습니다. AI는 자기 답변의 약점을 제일 잘 압니다. 그래서 "주요 동인이 부족하다.", "현재 진행 상황 사례가 필요하다.", "2025년 전개 방향이 추상적이다." 같은 구체적 지적을 해 줍니다. 사람이 미처 못 본 허점을 AI가 찾아 주는 것이죠. 프롬프트 98 에서도 똑같이 활용했는데, AI가 5가지 보완점을 스스로 제시했고 그것이 99~101번의 개선 작업으로 이어졌습니다.

AI 드리블링 비법 #24　보완 방향은 본인이 직접 생각해서 지정하라　프롬프트 21

AI가 보완점을 제시했다고 모두 수용할 필요는 없습니다. "B. 주요 동인과 D. 2025년 전개 방향은 보완해 줘. 하지만 C. 현재 진행 상황은 데이터 추가 말고 사례 2~3개만 제시해. E. 파급 효과는 나중에 따로 할 거니까 손대지 마."라고 명확한 경계를 설정했습니다. AI는 시키는 대로 하니까요. 이렇게 "하라."와 "하지 마라."를 동시에 지시하면 불필요한 작업을 방지하고, 정확히 원하는 부분만 개선할 수 있습니다. 주도권은 언제나 사람이 쥐고 있어야 합니다

- **프롬프트 24**　"좋아. 3번 리스크도 작성해 줘."
- **프롬프트 25**　"좋아. 4번 리스크도 부탁해."
- **프롬프트 26**　"좋아. 5번 리스크도 부탁해."
- **프롬프트 27**　"좋아. A 리스크도 부탁해."
- **프롬프트 28**　"좋아. B 리스크도 진행해 줘."
- **프롬프트 29**　"좋아. C 리스크도 부탁해."
- **프롬프트 30**　"좋아. D 리스크도 계속해 줘."
- **프롬프트 31**　"좋아. E 리스크가 마지막이지. 진행해 줘."

그리고 나서 답변 내용을 보니 약간의 수정 사항 외에는 특별한 문제가 없더군요. 그래서 그다음부터는 10개 리스크에 대해 반복 작업을 시켰죠. 이른바 간식 타임의 시작입니다. AI 드리블링에서는 이 부분이 아주 꿀빠는 시간이죠. 위 프롬프트를 보세요. "부탁해."의 연속이죠. 10개의 리스크에 대해 리스크 개념 카드를 만들어야 하는데, 초반에 방향성만 잘 확립되면 그다음은 반복 작업을 시키면 됩니다. 잠깐 긴장을 늦추고 간식을 먹으며 출력되는 내용을 보면서 프롬프트를 돌리면 됩니다.

물론 이후에 추가 보완 작업(프롬프트 32~46)을 통해 10대 리스크의 개념 정리 카드를 완성했습니다. 보완 작업도 그렇게 어렵지는 않았어요. 프롬프트 31 까지의 결과를 보니 내용이 약간 짧기도 하고, 약간 추상적으로 보였습니다. 그래서 AI에게 답변 내용을 다시 평가하고 보완 방향을 도출하라고 한 후 그 내용이 필자가 생각한 방향과 비슷해서 또 간식을 먹으며 반복해 적용시켰거든요. 아래는 이렇게 해서 만들어진 샘플 사례입니다.

2. 2025년 10대 Global Risks　　　　　　　　　　　　　　　① 미−중 전략적 경쟁 심화

미−중 간에 국가 차원의 전략적 경쟁이 무역, 기술, 안보 등 전방위적 영역에서 심화되며, '관리 없는 탈동조화' 전개 가능성 (Unmanaged Decoupling)

리스크 개괄

A. 리스크 평가 (가설적)	B. 주요 동인
심각성 / 강화 개연성	− Trump 행정부의 대중 강경 정책: 취임 직후 대중 관세율 대폭 상향 예고, 대중 수출 통제 및 투자 제한 확대 예상 − 국가 안보 팀의 대중 강경 노선: 마르코 루비오, 스티븐 왈츠, 스티븐 밀러 등 대중 강경파 임명, 중국을 미국의 핵심 경제/안보 위협으로 인식 지속 − 중국의 강경 대응 기조: 국가 자존심/체제 정당성 문제로 인식해, 경제적 약점에도 불구하고 양보 거부 입장

C. 현재 진행 상황	D. 2025년 전개 방향
− 바이든−시진핑 Woodside 합의('23. 11.)로 갈등 일시 관리 − 중국의 구조적 취약성 증가: 성장 둔화, 사회 안정성 우려, 군부 내 혼란 − 대만 관련 긴장 지속: 대만 라이칭더 총통의 미 의회 지도부와 화상 회담('24. 12. 5.)	− 단기적 위기 촉발 요인: 바이트댄스의 TikTok 매각 시한 도래(1. 19.), 대만 문제 관련 미국의 정책 변화, 중국 기업 제재 확대 − 군사적 충돌 가능성: 대만 해협 우발적 충돌, 남중국해 필리핀−중국 간 갈등 격화, 중국의 대규모 군사훈련 가능성 − 경제적 디커플링 강화: 바이오테크 등 신규 분야로 수출 통제 확대, 중국 관련 투자 제한 강화, 제3국 경유 우회 수출 차단

E. 파급 효과	F. 주요 이해관계자	G. 특이 사항
− 직접적 영향: 글로벌 공급망 재편 가속화, 인플레이션 압력 증가, 금융 시장 변동성 확대 − 간접적 영향: 제3국의 선택 압박 증가, 글로벌 혁신/효율성 저하, 지정학적 블록화 심화	− 핵심 당사자: (미국) Trump 행정부, 의회, 군산 복합체, (중국) 시진핑 체제, 군부, 기업 − 주요 관련국: 대만, 일본, 한국 등 동맹국, 신흥국/개도국 − 첨단 기술, 글로벌 공급망 운영 기업	− 양국 모두 당분간 직접적 충돌은 회피하려 할 것이지만, 양국의 대외 관리 메커니즘 악화로 우발적 충돌 위험 증가

✦ 리스크 카드 사례

AI 드리블링 비법 #25 **템플릿 반복 전략이 생산성 제고의 핵심**

AI 드리블링을 하다 보면 반복 작업이 필요한 경우가 많습니다. 10대 리스크의 개념 카드 작성처럼 말이죠. 이때에는 초반에 집중해서 2~3번의 수정으로 완벽한 템플릿을 만든 후 반복 적용하는 것이 핵심입니다. 처음 품질을 잘 잡아 주면 AI는 지치지 않고 동일한 품질을 유지합니다. 사람이었다면 분명히 다섯 번째쯤에서 지루해하고, 7번째쯤에서 실수하기 시작하고, 10번째는 대충하려고 했을 텐데 말입니다.

복잡한 분석의 80%는 사실 구조화된 반복 작업이고, 이것을 AI에게 맡기는 것이 효율의 핵심입니다. 다만, 완전 자동화는 어렵습니다. 매번 상황이 다르니까요. 그래서 반자동화(Semi-Automation) 접근이 현실적입니다. 사람이 초반에 품질을 확립하고, AI가 그 패턴을 반복하는 것이죠.

AI 증강 분석의 본격 시작

프롬프트 46 까지 마치고 나니 정말 그럴듯한 10대 리스크 정의가 완성되어 있더군요. 각 리스크별로 6개 항목이 체계적으로 정리되어 있으니 이미 상당한 분석 자료가 된 것이죠.

심각도와 발생 가능성 분석 　프롬프트 47~59

이를 보니 슬며시 다시 욕심이 생기더군요. '이 내용을 가지고 좀 더 깊이 있는 분석이 가능하지 않을까? 먼저 심각도와 발생 가능성을 점수로 매겨 보면 어떨까? 그다음은 리스크 간 상호 관련성 분석도 해 보고, 그다음 리스크들의 지역별, 산업별 영향 분석도 해 보고….' 사람이 진행하면 엄청 힘들고 어려운 작업들입니다. 하지만 지금까지 AI가 뽑아 낸 결과를 보면 가능할 수도 있겠다는 생각이 들었죠.

'그래, AI의 분석 능력을 최대한 활용해 보는 거야.'

여기서 세 번째 전환점이 왔습니다. AI 증강 분석의 본격적인 시작이었죠.[21]

21　AI 증강 분석(AI-augmented Analysis)은 시간과 전문성이 많이 요구되어 일반인들이 쉽게 사용할 수 없었던 다양한 전문 분석 기법들(5-Force 분석, 시나리오 플래닝, 상호 영향 분석, 재무 모델링, 통계 분석 등)을 AI를 활용해 빠르게, 체계적으로, 다각도로 수행하는 새로운 분석 방법론입니다. 사실 AI 증강 분석은 AI 증강 독해, AI 드리블링과 함께 삼위일체 개념입니다. 다만, 이 책의 분량이 지금도 넘쳐나는 관계로 여기서는 깊이 다루지 않겠습니다. 이번 사례에서 이후 내용들은 AI 증강 분석의 관점에서 전개된다는 점을 이해하면 될 것 같습니다.

- **프롬프트 47** "먼저 리스크의 심각도(Severity), 강화 개연성(Likelihood) 분석부터 해 보자. 먼저 너라면 어떻게 심각도와 강화 개연성을 평가할지 지표와 방법을 제시해 줘."
- **프롬프트 48** "네가 제시한 심각도 평가 기준도 좋긴 한데, Local 단위 Risk의 평가에 적합한 것 같아. 글로벌 리스크의 평가이므로 아래 평가 기준은 어떨까? …(중략)… 내가 제시한 심각성 평가 기준이 적절한지 판단해 보고, 심각도 평가에서 추가로 고려할 평가 요소를 제안해서 프레임워크를 다시 작성해 줘."
- **프롬프트 49** "그럼 1번 리스크를 먼저 시험 삼아 평가해 볼까?"

그래서 먼저 리스크의 심각도와 강화 개연성 분석부터 시작해 보았습니다. 여기서도 직접 평가 지표를 설계할 수도 있지만, 먼저 AI에게 의견을 물어보았습니다. 아무것도 없이 설계하는 것보다 AI가 제시한 초안에서 시작하는 것이 훨씬 편하고 빠르니까요. 이때 처음 AI가 제안한 평가 프레임워크는 그럴 듯했지만, 치명적인 문제가 있었습니다. 무엇이 문제인지 보이시나요?

사례 1차 심각도 강화 개연성 평가 기준(문제 있는 경우)

심각도 평가 기준(4개 요소)	강화 개연성 평가 기준(4개 요소)
1. **경제적 영향**: GDP 영향, 무역 영향, 금융시장 영향 2. **정치적 영향**: 국제질서 교란, 국가간 관계 악화, 국내 정치 불안 3. **사회적 영향**: 사회 안정성, 삶의 질, 인구 이동 4. **기업 영향**: 공급망 교란, 사업 연속성, 비용 구조	1. **현재 진행성**: 현재 발현 정도 악화 속도 확산 범위 2. **촉발 요인**: 트리거 이벤트 발생 가능성, 임계점 근접도 3. **제어 가능성**: 대응 능력, 제도적 장치, 국제 협력 가능성 4. **역사적 유사성**: 과거 사례 빈도 환경 유사도

문제를 알아채신 분은 상당한 내공을 가졌다고 자부해도 좋습니다. 지금 분석하는 내용이 글로벌 지정학적 리스크라는 측면을 생각하며 심각도 평가 기준을 다시 한번 살펴보시죠. 글로벌 리스크인데 심각도 평가는 로컬 리스크 관점입니다. 즉, 한 나라의 관점에서 글로벌 리스크를 평가하는 기준이라는 문제를 안고 있습니다. 적절하지 않죠. 그래서 **프롬프트 48** 에서 이를 대폭 수정하는 요청을 했습니다. 그 결과 새로 마련된 평가 기준은 아래와 같았습니다.

심각도 평가 기준(4개 요소)	강화 개연성 평가 기준(4개 요소)
1. **글로벌 영향력**(1~5점): 영향을 받는 국가와 지역 수	1. **현재 진행성**(1~5점): 이미 진행 중인 정도
2. **산업 영향력**(1~5점): 영향을 받는 산업 범위와 정도	2. **촉발 요인**(1~5점): 리스크를 강화할 요인의 강도
3. **지속 기간**(1~5점): 리스크 영향의 지속성	3. **제어 가능성**(1~5점): 주요 이해관계자의 통제 능력(역산)
4. **대응 복잡성**(1~5점): 해결 방안의 복잡성과 난이도	4. **역사적 유사성**(1~5점): 과거 유사 사례의 전개 패턴

프롬프트 50~59 에서는 먼저 이 평가 기준이 필자가 생각한 대로 작동하는지 일단 평가를 해 본 후 PPT 평가 포맷을 만들어 보았습니다. 그리고 이 포맷에 맞추어 평가 내용 출력을 부탁했습니다. 내용 출력이 안정화되었다고 판단된 후에는 다시 반복 작업으로 10개 리스크에 대한 평가를 마쳤습니다. 또 한 번의 간식 타임이었지요. 그리고 나서 10대 리스크 평가 결과를 모아서 하나의 장표로 시각화했고요. 아래는 평가 포맷과 10대 리스크의 평가 결과를 시각화한 자료의 일부입니다.

리스크 심각성(Severity) – 4개 평가 요인을 정성 평가해 종합			리스크 강화 개연성(Likelihood) – 4개 평가 요인을 정성 평가해 종합		
평가 요인	평가 근거	평점	평가 요인	평가 근거	평점
a. 글로벌 영향력	– 글로벌 부채 100조 달러 도달('24) – EU 영구적 인구 감소 시작('25) – 데이터센터 전력 소비 160% 증가 전	4	e. 현재 진행성	– 청정 에너지 투자 40% 급증 – OECD 국가 절반 이상 은퇴 연령 상향 – 프랑스/영국/독일 증세 확대	5
b. 산업 영향력	– 에너지 집약 산업 구조 조정 – 사회 보장 비용 증가 – 친환경 산업 재편	4	f. 촉발 요인	– EU 탄소국경조정제도 시행 – 연금 개혁 반발 확산 – AI 인프라 에너지 수요 폭증	4
c. 지속 기간	– 장기(3년 이상) 지속 예상 – 구조적 변화로 불가역적 – 세대 간 갈등은 장기적 효과 유발	5	g. 제어 곤란성	– 국제 협력 메커니즘 약화되나? 아직 유지 – 재정적 대응 여력은 점차 감소 – 정치적 합의 도출 난항	3
d. 대응 복잡성	– 이해관계자 간 갈등 복잡 – 국가 간 비용 분담은 복잡한 셈법 유발 – 대응 정책 수단의 한계	4	h. 역사적 유사성	– 1970년대 석유 파동 경험 – 인구 구조 변화의 전례 없는 속도 – 새로운 형태의 자원 갈등	3
종합		4(MH)	**종합**		3(M)

5점 파괴적(Destructive): 근본적 변화 초래
4점 심각(Severe): 광범위하고 장기적인 영향
3점 중대(Significant): 특정 지역/산업에 중대한 영향
2점 제한적(Limited): 관리 가능한 수준의 영향
1점 경미(Minor): 일시적이고 경미한 영향

5점 거의 확실(Almost Certain): 90% 이상
4점 가능성 높음(Likely): 60~90%
3점 가능(Possible): 40~60%
2점 가능성 낮음(Unlikely): 10~40%
1점 희박(Rare): 10% 미만

◆ 리스크 심각성, 강화 개연성 평가 사례

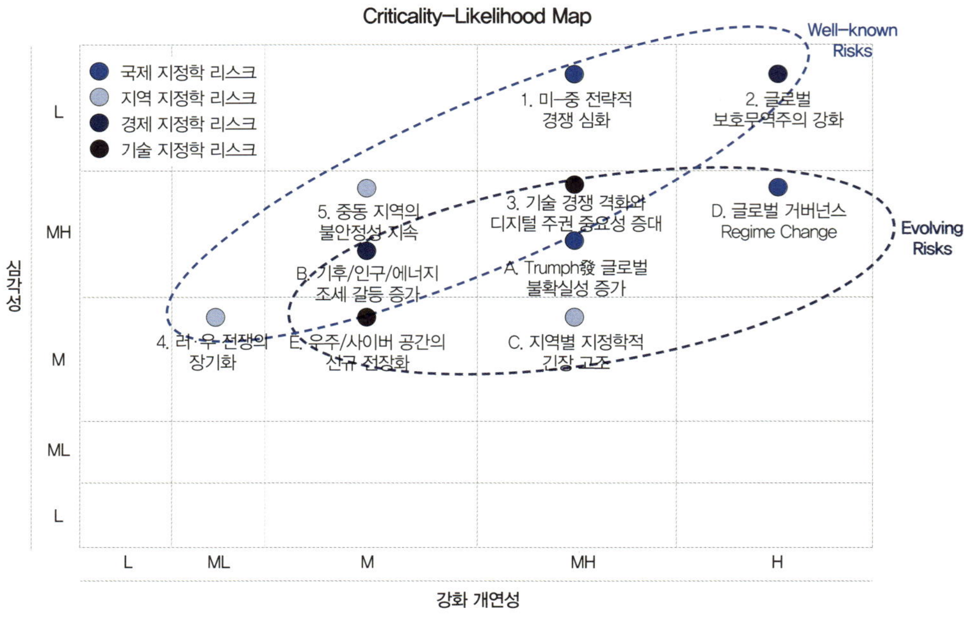

◆ 글로벌 리스크들의 심각성, 강화 개연성 매트릭스

평가 작업의 경우, 전통적으로 보통 팀원들 2~3명이 모여서 의견 조율 형태로 진행하거나 외부 전문가들에게 평가 의뢰를 맡겨서 진행합니다. 내부에서 처리할 경우, 대개 1~2일, 외부에 맡길 때는 일주일 이상 걸리죠. 이런 작업이 불과 1시간만에 프롬프트 10개로 빠르게 처리되었습니다. 인간이 평가할 때 나타나는 평가 기준 적용의 일관성 문제도 없었고요. 시각화 자료도 다른 채팅 창에서 데이터를 입력한 후 초안 구성을 맡기고, 이를 기반으로 PPT에서 다시 작업을 하니 금세 되더군요.

다차원 분석의 전개 　프롬프트 60~73

정량 평가가 잘 끝나고, 처음 시작할 때 품었던 야심을 한번 제대로 실현해 보고 싶더군요. 개념 정의와 정량 평가 내용을 기반으로 더욱 고도화된 분석들을 한번 해 보자는 것이었죠.

프롬프트 60 　"그럼 이번에는 리스크 간 Cross−Impact Analysis를 한 번 해 보자. 평가의 근거는 최대한 처음 올렸던 파일 3개를 이용해 진행해 줘. 그리고 평가한 결과를 표로 제시해 줘."

맨 먼저 진행한 작업은 리스크 간 상호 영향 분석(Cross-Impact Analysis)였습니다. 상호 영향 분석은 복수의 리스크가 서로 어떻게 영향을 미치고 상호작용하는지 체계적으로 분석할 때 이용되는 고급 기법입니다. 10대 리스크라면 10×10으로 총 100개의 상호 영향 관계를 평가해야 하죠. 15대 리스크라면 15×15로 총 225개의 평가가 필요하고요.

이 평가는 이처럼 워낙 복잡해서 보통 전문 컨설팅 회사나 리서치 기관에서도 쉽게 엄두를 내지 못하는 작업인데, 여기서는 프롬프트 한방으로 처리되었습니다. AI 증강 분석의 매력이 바로 여기에 있습니다. 사람이 진행하면 너무 어려워서 포기하거나 대폭 간소화할 수밖에 없는 고급 분석 작업들을 상당히 간단하게 처리할 수 있거든요. 마치 복잡한 수학 공식을 계산기로 순식간에 풀어 내는 것처럼 분석의 복잡성은 AI가 해결하고 사람은 해석과 활용에만 집중할 수 있게 됩니다.

⊞ 10대 글로벌 리스크의 상호 영향 분석(Cross-Impact Analysis) 결과

리스크 →	1	2	3	4	5	A	B	C	D	E	영향도 합계
1. 미-중 전략적 경쟁 심화	-	5	5	3	3	4	4	4	5	4	37
2. 글로벌 보호 무역 주의 강화	5	-	5	3	4	5	4	3	4	4	37
3. 기술 경쟁과 디지털 주권 충돌	5	4	-	2	2	3	3	3	4	5	31
4. 러시아-우크라이나 전쟁 장기화	2	2	2	-	2	4	2	4	4	4	26
5. 중동 지역 불안정성 지속	3	2	2	3	-	3	4	4	3	3	27
A. 트럼프발 글로벌 불확실성	5	5	4	4	4	-	4	4	5	3	38
B. 기후/인구/에너지/식량 갈등	3	4	3	2	3	3	-	4	4	2	28
C. 지역별 지정학적 긴장	4	3	3	4	3	4	3	-	4	3	31
D. 글로벌 거버넌스 Regime Change	3	3	3	3	3	3	3	4	-	3	28
E. 우주/사이버 공간 전장화	4	3	5	3	2	3	3	3	3	-	29
피영향도 합계	34	31	32	27	26	32	30	33	36	31	-

아울러 이 분석 내용을 기반으로 강도 4 이상의 영향 관계(표에서 음영 표시)를 뽑아 AI에게 시스템 동학[22] 다이어그램을 그려 보라고 시켰습니다. 시스템 동학 다이어그램은 보통 전문 분석 패키지가 있어야 가능한데, 시각화에 강한 Claude는 얼추 비슷하게 뽑아 주더군요. 다만, 이 다이어그램(그림의 ❸)으로는 내용이 쉽게 이해하기 힘들어 필자가 추상화 작업을 통해 아래와 같은 리스크 간 상호 영향도를 만들어 냈습니다. 이런 식으로 시각화해 보니 미중 전략적 경쟁 심화, 글로벌 보호 무역 주의 강화, 그리고 트럼프발 글로벌 불확실성 증대가 역시나 올해 가장 핵심적이고 다른 리스크들에 영향을 많이 미치는 주축 리스크(Pivot Risk)임이 명확히 드러나더군요.

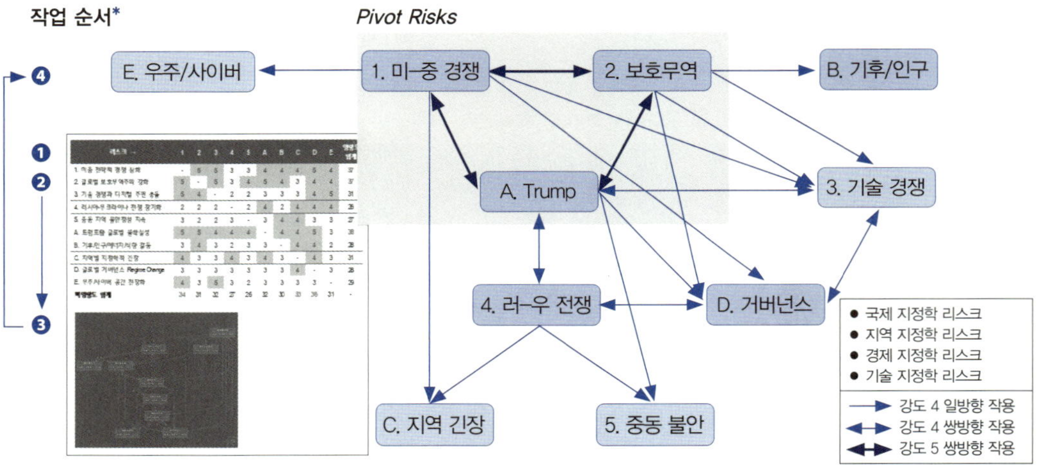

* ❶ AI로 변수 간 Cross Impact Analysis 분석 → ❷ 작업자 검토, 수정 → ❸ 강도 4 이상 작용에 한정해 AI로 System Dynamics Diagram 도식화 → ❹ 인간이 시각적 단순화

◆ Risk 간 상호 영향도의 Network Map

22 시스템 동학(System Dynamics)은 시스템 내 요소들 간의 인과관계와 피드백 루프를 시각화하여 시간에 따른 시스템의 동적 변화를 이해하고 예측하는 기법입니다. 주로 생태학이나 행정학 쪽에서 중요하게 논의됩니다. Vensim, Stella 등 전용 소프트웨어가 필요하고 그리는 것이 복잡해서 과거에는 다이어그램 하나만 잘 그려도 논문 한 편감이었습니다. 그런 만큼 실무 활용은 쉽지 않았습니다.

중국, 일본, 한국으로 하고, 세로축은 1번 리스크부터 10번 리스크까지 제시해 주면 돼."

- **프롬프트 62** "좋아. 그다음은 산업별 영향 분석을 해 보자. 관심을 갖는 산업은 전자제품(백색 가전, AV 가전), 전자 부품, ICT, 자동차, 배터리, 화학, 통신이야. 먼저 평가 결과를 표로 제시 하고, 다음 평가 근거들을 따로 개조식으로 제시해 주면 좋겠어."
- **프롬프트 63** "좋아. 리스크의 지역별 영향도와 산업별 영향도를 평가한 기준은 각각 다르겠 지? 어떤 기준들을 이용해서 평가했어?"

그다음에는 지역별 영향도 분석과 산업별 영향도 분석(**프롬프트 62~64**), 시계열 분석 (**프롬프트 66~73**)까지 이어졌어요. 이때쯤 되니 필자가 하고 있는 것이 정말 전문적인 지정 학적 리스크 분석이라는 생각이 들더군요. 평가를 진행하며 근거도 함께 제시해 달라고 해 서 평가 근거가 적절한지, 필자의 판단에 부합하는지를 살펴보며 적절히 수정했습니다. 혼 자서는 절대 불가능했을 수준의 고차원적 분석이 AI와 함께하니 이런 형태로 가능해지더 군요. 시간도 시간이지만, 분석의 복잡도가 절대 AI 없이는 할 수 있는 수준이 아니었습니다. 특히, 중기 영향도, 장기 영향도를 평가하는 시계열 분석은 더욱 그렇죠. 아래는 지역별 영향도 평가 결과 자료입니다.

Global Risk의 지역적 영향도 평가 결과

리스크	선진국	신흥국	미국	유럽	중국	일본	한국	한국 평가 근거
1. 미-중 전략적 경쟁 심화	4	4	5	4	5	4	5	반도체 등 첨단 산업 영향, 안보 리스크
2. 글로벌 보호 무역주의 강화	4	5	4	4	5	4	5	수출 의존도 높은 경제 구조로 타격
3. 기술 경쟁과 디지털 주권 증대	4	3	5	4	5	4	5	반도체/AI 등 첨단 기술 분야 영향
4. 러시아-우크라이나 전쟁 장기화	3	3	3	5	3	3	3	글로벌 공급망 차질 영향
5. 중동 지역 불안정성 지속	3	4	3	4	4	3	3	에너지 수입 영향
A. Trump발 글로벌 불확실성	4	4	5	4	4	4	4	통상/금융 환경 변화
B. 우주/사이버 공간 전장화	4	3	5	4	5	4	4	사이버 안보 위협 증가
C. 기후/인구/에너지/조세 갈등	4	4	4	5	4	5	4	저출산/고령화, 재정 건전성
D. 지역별 지정학적 긴장	3	4	3	4	4	4	5	북한 리스크, 동북아 긴장
E. 글로벌 거버넌스 Regime Change	4	5	4	4	5	4	4	새로운 국가 위상 및 역할 모색 필요

- 한국/중국/미국: 대부분의 리스크에 높은 민감도, 유럽은 지역 특수 리스크에 취약, 신흥국은 리스크와 기회 공존, 일본은 상대적으로 낮은 직접 영향

✦ 글로벌 리스크의 지역적 영향도 평가 결과 사례

● 10대 리스크를 넘어 Critical Event로

금요일 오후 5시. 어제부터 진행해 온 2025 글로벌 리스크 분석이 마무리 단계에 접어들었습니다. 10대 리스크를 도출하고, 각 리스크의 심각도와 개연성을 평가하고, 산업별 영향도까지 분석을 마쳤죠. 하지만 뭔가 아쉬웠습니다. '10대 리스크가 우리 사업에 얼마나 영향을 미칠까?'라는 질문에는 어느 정도 답을 했습니다. 하지만 정작 경영진이 궁금해하는 것은 다른 것이었죠.

"이런 다양한 리스크가 현실화되었을 때, 특히 우리 사업에 큰 피해를 주는 심각한 사건(Critical Event)은 무엇인가?"

단일 리스크가 아니라 여러 리스크가 동시에 터지는 최악의 상황, 그것도 우리 사업 구조상 가장 취약한 지점을 정확히 타격하는 시나리오 말입니다. 이것이야말로 경영진이 밤잠을 설치게 만들 진짜 질문이었습니다.

'좋아, 저녁을 먹기 전에 한번 시작해 보자.'

Critical Event 분석의 출발점 　프롬프트 74~82

> 프롬프트 74 "이번에는 시나리오 분석을 해 보려 해. 우리의 고객은 한국의 글로벌 대기업으로 전자제품(백색 가전, AV 가전), 전자 부품, ICT, 자동차, 배터리, 화학, 통신 사업을 영위하고 있어. 매출 규모는 그룹 전체적으로 한화 200조 원 정도 돼. 고객이 관심을 갖는 것은 이런 다양한 리스크들이 현실화되었을 때 특히 사업에 큰 피해를 주는 Critical Event야. 이에 대한 답을 주려면 어떤 방식으로 접근해야 할까?"

AI는 체계적인 접근법을 제시했습니다. '　1단계　 사업 영향도가 큰 리스크 선별 → 　2단계　 리스크 간 연쇄 작용 분석 → 　3단계　 사업 충격도 평가'처럼 말이지요. 그리고 Base Case(현재 진행 중인 자연스러운 전개), **Worst Case**(복수 리스크의 연쇄적 현실화), **Alternative Case**(특정 리스크의 급격한 전개)라는 3가지 시나리오 구성 방식을 제안했죠. 그래서 생각했습니다.

'좋아, 그럼 Worst Case부터 한번 파고들어 보자. Time Horizon은 2025~2026년 단기

에 초점을 맞추고….'

프롬프트 75~76 에서 첫 번째 리스크 조합을 분석했습니다. 사용된 리스크 조합은 앞서 분석에서 주축 리스크로 도출된 3가지 리스크, 즉 미−중 전략적 경쟁 심화(1)＋기술 경쟁과 디지털 주권 증대(3)＋트럼프발 글로벌 불확실성(A)였습니다. AI가 구성한 Worst Case 시나리오는 생각보다 훨씬 구체적이고 현실적이었습니다.

Trigger **트럼프 행정부의 기술 주권 우선 정책 시행**
- **전개 과정**
  - 초기 단계: 중국 기업 대상 포괄적 기술 거래 금지, AI/반도체/배터리 등 첨단 기술 전방위 통제
  - 중국의 대응: 자국 기술 기업 지원 대폭 확대, 독자 기술 생태계 구축 가속화
  - 글로벌 확산: 기술 블록 양극화 심화, 글로벌 디지털 표준 분절화
- **사업 영향**
  - 직접적 타격: 미중 양측 시장/기술 선택 강요, R&D 차질, 디지털 서비스의 시장 분절화
  - 2차 영향: 기술 표준 이원화 대응 부담, 규제 준수 비용 증가, 생산 기지 이전 압박

'와, 이거 진짜 현실화되면 큰일인데….' 하지만 여기서 중요한 고려 사항이 있었습니다. 우리 회사는 한국의 글로벌 대기업이지만, 투자 여력은 많지 않고 재무적 건전성을 매우 중시한다는 점이었죠. 이러한 내용을 AI에게 제공하고, 대응 방안을 한번 만들어 보라고 했습니다. 상당히 합리적이고 포괄적이었습니다.

프롬프트 77 "좋아. 한국 글로벌 대기업이고, 투자 여력은 많지 않아. 재무적 건전성을 매우 중시하는 보수적 경영을 하고 있다는 점을 고려해서 대응 방안을 분석해 줘."

프롬프트 78~81 에서는 다른 리스크 조합을 분석했습니다. 이 시나리오의 특징은 첫 번째와 달리 즉각적인 수익성 타격이 크다는 것이었습니다. 기술 접근성 제한보다는 관세와 무역 장벽으로 인한 직접적인 비용 상승이 핵심이었고, 요즘 많이 이야기되는 리스크 조합이었지요. 대응 방안도 앞의 시나리오와 약간 달랐습니다.

리스크 조합: 미-중 전략적 경쟁 심화(1)+글로벌 보호 무역 주의 강화(2)+트럼프발 글로벌 불
확실성(A)

Trigger: 트럼프 행정부의 전방위 관세 폭탄
- 1순위(즉각 시행): 원가 절감 TF 가동, 환헤지 비율 확대
- 2순위(단기 추진): 생산/조달 체계 최적화, 규제 대응 체계 구축
- 3순위(중기 검토): 생산 기지 재편, 사업 포트폴리오 조정

특히, **프롬프트 81** ("우선순위나 실행 방안에 대한 너의 의견을 듣고 싶어.")의 요청에 대해 AI는 각 대응 방안의 구체적인 실행 방안과 소요 자원까지 제시했습니다. 원가절감 목표는 매출액의 3%, 환헤지 비율은 50%에서 80%로 상향, 생산 기지 재편은 타당성 조사 6개월 등 실무에서 바로 적용 가능한 수준이었죠. 물론 수치는 추가 세부 검증해야 합니다.

프롬프트 82 "오. 상당한데…. 당장 기업 경영을 맡겨도 괜찮을 것 같아…. 그럼 혹시 우리 고객에게 기회가 되는 리스크 조합 시나리오는 없을까? 위기는 기회라는 말도 있잖아. 역발상을 통해 돌파구를 마련할 수 있는 가능성을 한번 생각해 보고 싶어."

이 질문이 금요일 저녁 분석의 하이라이트였습니다. 계속 Worst Case만 보다가 문득 '반대로 생각하면?'이라는 아이디어가 떠올랐거든요. AI에게도 반대 시각에서 균형적으로 접근할 필요성에 대해 이야해 주고 싶었습니다. 답변으로 AI는 '글로벌 공급망 재편의 최대 수혜자'가 될 수 있는 기회 시나리오를 제시했습니다. 물론 수치는 추가 세부 검증해야 합니다.

- **기회 창출 요인**
  - **지정학적 이점**: 미-중 간 중립적 위치, 기술 신뢰성 확보
  - **산업 경쟁력**: 첨단 기술 제조 능력, 수직 계열화된 밸류체인
  - **시장 지위**: 글로벌 톱티어 위상, 강력한 브랜드 파워
- **활용 전략**
  - **'Trusted Partner' 전략**: 미국의 China+1 전략 수혜, EU의 공급망 다변화 파트너
  - **틈새 시장 공략**: 미-중 간 공백 시장 선점
  - **기술 주도권 확보**: 핵심 특허/기술 확보, 글로벌 표준 참여 확대

'그래, 위기만 보지 말고 기회도 찾아야지. 이게 진짜 전략가의 시각이지.'

금요일 저녁 9시, <프롬프트 82> 까지 완료했습니다. 꽤 생산적인 저녁이었죠. 만족스러운 마음으로 퇴근했습니다.

계속 Worst Case만 분석하다가 문득 '위기를 기회로 바꿀 수는 없을까?'라고 물었습니다(82번). 그러자 AI가 '글로벌 공급망 재편의 최대 수혜자' 전략을 제시했죠. 또 다른 전환점은 뒤에서 나올 <프롬프트 92> 였습니다. '이전, 이번 시나리오 모두 Worst인데, Base나 Best도 만들어 보면?' 이 한 마디가 단일 시나리오 분석을 4단계 시나리오 체계로 진화시켰습니다. 예상 밖의 질문이 분석을 다음 레벨로 도약시키는 것입니다. Worst만 보고 있다면 'Best는?', 리스크만 보고 있다면 '기회는?', 혹시 완전히 다른 각도에서 검토 가능할까? 등…. 인간이라면 이런 발상 전환이 상당히 어렵지만, AI는 바로바로 관점을 바꿔 적절한 답변을 제시합니다. 이런 역발상 프롬프트가 AI 드리블링의 백미입니다.

간주곡 하룻밤의 숙성과 토요일 아침의 각성

토요일 아침 8시, 집에서 커피를 마시며 전날의 분석을 되짚어 봤습니다. 10대 리스크와 Critical Event 시나리오는 잘 도출되었지만, 뭔가 추상적이고 막연한 느낌이 들었습니다. '200조 매출의 그룹 전체'라는 대상 관점은 너무 거시적이었죠. 그때 떠오른 것이 최근 뉴스들이었습니다. 한국의 배터리 3사(LG에너지솔루션, SK온, 삼성SDI)가 미국 IRA(인플레이션 감축법) 대응으로 조지아, 미시간, 테네시 등지에 대규모 공장을 증설하고 있었고, 트럼프의 관세 폭탄 위협 때문에 투자 결정을 두고 고민이 깊어지고 있는 상황이었습니다.

사실 배터리 산업은 여러 면에서 글로벌 리스크의 교차점에 있었습니다. 반도체, AI와 함께 미중 기술 경쟁의 핵심 전장으로 변하고 있으며, 핵심 소재(리튬, 니켈, 코발트)의 중국 의존도가 극도로 높습니다. 또한 IRA 보조금과 트럼프 관세 정책의 직접 타깃이 되고, 수조 원 단위의 미국 현지화 투자가 진행 중인 상황입니다. 그래서 분석 방향을 바꾸기로 결정했습니다.

'그래, 가장 심각하게 영향 줄 산업이 배터리 아닌가? 그래, 배터리로 가자. 추상적인 그룹 전체 분석보다 글로벌 리스크의 현실화에 지금 당장 큰 고민을 안고 있을 배터리 사업에

실질적 도움이 되는 분석을 해 보자.'

배터리 산업, 리스크의 교차점에 서다 프롬프트 83~96

프롬프트 83 "좋아. 즐거운 아침이야. 다시 분석을 시작해 볼까? 아까 산업별 영향 분석을 했어. 전자제품(백색 가전, AV 가전), 전자 부품, ICT, 자동차, 배터리, 화학, 통신에 대해서 말이지. 이 중에서 다른 산업 말고 배터리 산업에 대해서만 평점과 평가 근거를 알고 싶어. 표로 만들어 줘. 가로축은 리스크–평점–평가 근거, 세로축은 10개 리스크 구조로."

원래 토요일은 쉬어야 하지만, 주말 공백이 있으면 저 자신도 분석의 맥락을 잃을 것 같고 마침 새로운 아이디어도 떠올라서 회사로 나왔습니다. 그리고 프롬프트 83 을 사용했죠. 특히, 배터리 산업에 대한 영향을 자세하게 살펴보고 싶었습니다. AI가 만든 배터리 산업 리스크 평가표를 보는 순간 소름이 돋았습니다. 10대 리스크 중 무려 7개나 5점 만점에 4~5점의 영향을 미치는 것으로 평가되었습니다. 다른 산업들에 비해 영향 미치는 리스크도 많고, 영향의 강도도 세다는 점을 알 수 있었죠.

프롬프트 84~85 에서는 7개 산업별 단기/장기 영향을 50자 내외로 정리했습니다. 비교해 보니 배터리 산업의 특수성이 더욱 명확해졌죠. 다른 산업들은 단기 영향이 크더라도 장기 적으로는 완화되는 경향이 있었지만, 배터리는 단기적으로 핵심 소재 공급망 재편과 IRA 대응이 시급하지만, 장기적으로도 기술 규제와 환경 규제 이중고로 높은 수준의 지정학적 리스크에 노출될 가능성이 커 보였습니다.

프롬프트 86 "단기 Critical Event에서 핵심 리스크 조합으로 3가지를 들었는데, 다른 조합들 말고 이 세 조합이 가장 사업 영향도가 크다고 본 논리는 무엇일까?"

이 질문은 저에게 중요했습니다. 전날 저녁에 감으로 선택한 3개 리스크 조합이 정말 합 리적인 선택이었는지 확인하고 싶었거든요. AI는 영향의 광범위성(전 사업 부문에 동시 영향), 영향의 직접성(즉각적 손실 발생), 대응의 시급성(선제적 대응 필요) 관점에서 3개 리스크 조합이 중요하다고 설명했습니다.

'맞아, 우리가 선택한 조합들이 논리적으로도 타당하네.'

그런데 바로 그 순간이었습니다.

'채팅 창 용량 한계에 도달했습니다.'

앞서도 여러 번 채팅 창 용량 한계를 조심하며, 창을 바꿔서 작업을 진행했는데, 이번에는 예상치 못하게 채팅 창이 한도에 도달한 것이었습니다. 더 이상 같은 창에서 대화를 이어갈 수 없었습니다.

'아…. 이럴 수가. 이제 막 배터리 분석이 재미있어지는데….'

● 새로운 시작, 그리고 맥락의 재구축

결국 채팅 창을 새로 열었습니다. 하지만 문제가 있었죠. 새 채팅 창에는 지금까지의 맥락이 전혀 없었습니다. AI는 우리가 무슨 얘기를 하고 있었는지 전혀 모르는 상태였죠.

'이걸 어떻게 하지? 처음부터 다시 설명해야 하나?'

다행히 프로젝트 지식 기능이 있었습니다. 이전 채팅 내용을 문서로 저장해서 업로드하고, 기본 자료들(EY, Eurasia Group, BlackRock 보고서)도 다시 참조하도록 했죠.

> **프롬프트 87** "다른 채팅 창에서 2025 글로벌 리스크 분석을 진행하다가 채팅 한계에 도달해서 새로 채팅창을 열었어. 지금 올린 2025 Global Risk 분석 1 채팅 내용.docx는 이전에 너랑 같이 논의했던 내용들이야. 그리고 Project Knowledge에 올린 2412 EY, 2412 Eurasia, 2412 Blackrock은 기존 채팅에서 기본 자료로 활용했던 자료야. 먼저 이 내용들을 모두 숙지해 줘."

AI가 이전 내용을 숙지하는 동안 생각했습니다.

'채팅 창이 끊긴 것이 오히려 기회일 수도 있겠네. 지금까지의 분석을 정리하고, 방향을 재점검할 좋은 타이밍이잖아.'

> **프롬프트 88~90** "좋아. 아까 Critical Event Analysis를 진행하다가 중단되었지. 리스크 조합 1: 미-중 전략적 경쟁(1)+기술 경쟁과 디지털 주권(3)+트럼프발 불확실성(A)에 대해서 이전과 유사한 시나리오 분석을 해 줄 수 있어?"

AI가 재구성한 시나리오를 보고 깜짝 놀랐습니다. 전날 저녁 버전보다 훨씬 더 구체적이고 심각했거든요. '어…. 이거…. 이전 버전보다 훨씬 무섭네?'

> - 새 버전 시나리오의 특징
>   - 핵심 광물/희토류 수출 전면 통제(이전에는 '제한'이었음)
>   - 미국 기업 사업 제한 강화(이전에는 '보복 조치'로만 표현)
>   - 부품/소재 조달 차질까지 명시(이전에는 없던 내용)

AI 드리블링 비법 #27 **재현 곤란성은 생성형 AI의 숙명, 가급적 긍정적으로 활용해야**

새 채팅 창에서 같은 시나리오를 다시 요청했는데, 전날과 다른 답변이 나왔습니다. 전날은 '포괄적 기술 거래 금지'였는데, 이번엔 '첨단 기술 수출 통제 전면 확대', 심지어 '핵심 광물 수출 전면 통제'까지 포함된 더 심각한 버전이었죠. 이것이 '같은 프롬프트에 매번 다른 답이 나오는' AI 답변의 재현 곤란성 문제입니다. 하지만 당황하지 않고 '이전 버전과 어떻게 다른가?'를 분석했고, 두 버전을 WST1/WST2로 구분하여 활용했습니다. 그리고 이것이 **프롬프트 92** 의 4단계 시나리오 체계로 발전했죠. 재현 곤란성은 버그가 아니라 오히려 다양한 관점을 탐색할 수 있는 기회입니다. 중요한 것은 '언제 통제하고, 언제 활용할 것인가?'를 판단하는 감각입니다.

> - **프롬프트 91** "좋아. 이전에 동일한 질문에 대해서 아래와 같은 시나리오를 제시했어. 이전 시나리오에 비해 이번 시나리오가 더욱 심각한 시나리오인 것 같은데, 네 생각은 어때?"
> - **프롬프트 92** "좋아. 이전, 이번 시나리오 모두 Worst case Scenario인 것 같아. 이전 시나리오를 WST1, 이번 시나리오를 WST2라고 해 보자. 그럼 base case scenario나 best case scenario로는 어떤 것들이 가능할까?"

프롬프트 91 에 대한 AI의 답변은 아래와 같았습니다.

"네, 두 시나리오를 비교해 보면 이번 시나리오가 더욱 심각한 것으로 판단됩니다."

이때 문득 생각이 들었습니다.

'잠깐, 우리 지금 Worst Case만 계속 보고 있잖아? Base Case나 Best Case는?'

이 질문이 전체 분석의 방향을 바꿨습니다. AI는 즉시 4개의 시나리오 체계를 제안했죠.

시나리오 내용을 보니 이제 드디어 완전한 큰 그림이 나왔다는 생각이 들었습니다.

- Best Case—'Cooperative Competition'(협력적 기술 경쟁)
  - Trigger: 미중 간 기술 협력 프레임워크 구축
  - 국가 안보 핵심 영역만 한정 통제, 민간 기술 교류 지속
- Base Case—'Managed Competition'(관리 가능한 기술 경쟁)
  - Trigger: Trump 행정부의 선별적 기술 규제 정책
  - 특정 첨단 기술 분야만 선별적 통제, 협상 채널 유지
- Worst Case 1—'Tech Cold War'(기술 냉전)
  - Trigger: Trump 행정부의 기술 주권 우선 정책
  - 포괄적 기술 거래 금지, 기술 블록 양극화
- Worst Case 2—'Tech Blockade'(기술 봉쇄)
  - Trigger: Trump 행정부의 포괄적 기술 봉쇄 정책
  - 전면적 기술 단절, 핵심 광물 수출 전면 통제

- **프롬프트 93** "좋아. 먼저 4개 시나리오를 비교 분석해 볼 수 있도록 표로 만들어 줘. 가로축은 best— base—wst1(이전), wst2(이번) 시나리오, 세로축은 Trigger, 전개 과정, 사업 영향 순으로 정리해 줘."
- **프롬프트 94** "좋아. 그럼 시나리오별로 대응 방안들도 마찬가지로 표로 정리해 줘. 세로축은 단기 대응—장기 대응—리스크별 차별화 대응—최우선 과제 형태로 정리해 줘. 해당 내용이 없다면 셀을 비워도 괜찮아."
- **프롬프트 95** "4개 시나리오의 이름을 지어 줘."
- **프롬프트 96** "좋아. 4 시나리오의 발생 가능성에 대해 평가를 해 보고 근거도 함께 말해 줘. 이것도 표로 정리해 줘. 가로축은 4개 시나리오, 세로축은 평가 점수(High, MH, Middle, ML, Low 중 하나로 평가), 평가 근거, 각 시나리오의 발생 가능성 증대 요인, 약화 요인을 제시해 줘."

그래서 **프롬프트 93~94** 에서 4개 시나리오를 체계적으로 비교하는 표를 만들었습니다. 그리고 **프롬프트 95** 에서 시나리오의 이름을 정하고, **프롬프트 96** 에서 시나리오의 발생 가능성에 대해 평가도 해 보았습니다. 이 내용들을 정리한 장표는 아래와 같습니다. 이를 통해 현재 상태는 Managed Competition 상태이지만, 점차 Tech Cold War 형태의 상황으로 변할 것이라는 판단이 들었습니다. 그렇다면 배터리 사업의 대응 전략도 이에 맞춰서 수립해야 겠죠.

시나리오 실현 가능성 평가 결과
현재 Managed Competition 상황에서 향후 Tech Cold War 상황으로의 이행이 예상

[시나리오 실현 가능성 평가 상세]

구분	(Best) Cooperative Competition (협력적 경쟁)	(Base) Managed Competition (관리된 경쟁)	(Worst 1) Tech Cold War (기술 냉전)	(Worst 2) Tech Blockade (기술 봉쇄)
Trigger	미-중 간 기술협력 프레임워크 구축	Trump 행정부의 선별적 기술 규제 정책	Trump 행정부의 기술 주권 우선 정책	Trump 행정부의 포괄적 기술 봉쇄 정책
평가 점수	Low	Middle High (현재)	High (중기)	Middle Low
평가 근거	• Trump의 대중 강경 기조 • 중국의 기술굴기 의지 • 양국 간 전략적 불신 심화 • 기존 협력 메커니즘 약화	• 경제적 상호 의존성 • 기업들의 반발 우려 • 글로벌 공급망 붕괴 부담 • 단계적 접근 가능성	• Trump의 기술 주권 강조 • 동맹국 압박 강화 • 중국의 보복 가능성 • 기술 블록화 추세	• 극단적 경제 충격 • 글로벌 경기 침체 우려 • 미국 내부 반발 가능성 • 실행의 현실적 제약
증대 요인	• 글로벌 경제 위기 우려 • 공동 과제(기후변화 등) • 민간 부문 협력 수요 • 제3국 중재 노력	• 경제적 실리 추구 • 기술 의존도 고려 • 단계적 접근 선호 • 협상 여지 존재	• 미국의 기술 패권 추구 • 안보 연계성 강화 • 중국의 대항 의지 • 신뢰 관계 약화	• 극단적 민족주의 • 군사적 긴장 고조 • 정치적 강경론 • 우발적 사태 발생
약화 요인	• 정치적 대립 심화 • 기술 주권 강조 • 상호 신뢰 부족 • 국내 정치적 제약	• 미국의 강경 기조 • 중국의 반발 • 기술 격차 심화 • 동맹국 압박	• 경제적 상호의존 • 기업계 반발 • 동맹국 자율성 • 실행 비용 부담	• 경제적 자살 행위 • 국제 질서 붕괴 • 정치적 부담 과중 • 실행 불가능성

- Tech Cold War(WST1) 시나리오가 가장 가능성 높음
  Trump의 강경 기조와 기존 정책 방향성, 중국의 예상 가능한 대응 수준, 실현 가능한 정책 수단 존재를 감안
- Managed Competition(Base) 시나리오가 차순위
  현실에서는 경제적 현실, 특히 기업들의 반발 고려 가능성을 고려한 절충이 요구되며, 기술 경쟁은 단계적 접근의 실행이 불가피
- 극단적 시나리오(Best/WST2)는 상대적으로 가능성 낮음
  정치적/경제적 제약 요인 과다, 실행의 현실적 어려움, 부작용에 대한 대내외적 우려 팽배

✦ 시나리오 비교 및 실현 가능성 평가 사례

AI 드리블링 비법 #28 평가+근거를 세트로 요청하기

4개 시나리오의 발생 가능성을 평가할 때 단순히 'High/Middle/Low'만 물으면 설득력이 약합니다. 그래서 "평가 점수＋평가 근거＋증대 요인＋약화 요인을 표로 정리해 줘."라고 요청했습니다. 그러자 Tech Cold War가 왜 High인지, Cooperative Competition이 왜 Low인지 논리적으로 설명된 표가 완성되었죠. 평가와 근거를 세트로 요청하면 AI 답변의 신뢰성이 훨씬 높아지고, 의사결정 자료로도 바로 활용할 수 있습니다.

배터리 사업 Deep Dive의 시작 프롬프트 97~104

프롬프트 97 "좋아. 그럼 WST1 시나리오에서 배터리 사업에 미치는 영향과 대응 전략에 대해 앞서 분석 형태처럼 제시해 줘. 이번에는 그룹 전체가 아니라 배터리 사업에 한정해서 논의를 진행하자."

이제 본격적인 배터리 사업 대응 전략 수립이 시작되었습니다. AI는 체계적으로 분석을 전개했죠.[23]

---

1. **시장/규제 환경 영향**
   - 무역/관세 정책: 중국산 배터리 관세율 50~60% 급등 전망
   - 산업 정책: IRA 기준 강화, 중국산 소재 사용 제한 확대
   - 공급망 영향: 리튬, 니켈 등 핵심 광물 가격 상승, 중국 의존도 높은 소재 수급 불안
2. **사업 영향**
   - 수익성: 북미 시장 매출 25~30% 하락 가능, 영업 이익률 5%p 이상 하락 우려
   - 경쟁력: 주요 경쟁사 대비 15~20% 원가 열위 예상
   - 전략적 포지션: 현지 공급망 내 영향력 약화, 차세대 기술 개발 지연 리스크
3. **대응 전략**
   - 생산/공급망: 북미 현지화 가속, 공급망 이원화
   - 기술/제품: R&D 센터 확대, 프리미엄 제품 라인업 강화
   - 시장/고객: 주요 완성차 3사와 장기 계약 갱신, 현지 밸류체인 통합

다만, 이 내용들이 다소 일반적이라는 생각에 AI에게 스스로 보완할 점을 찾아보라고 요청했습니다.

- **프롬프트 98** "네가 보기에 어떤 점들을 더 보완해야 할 것 같아?"
- **프롬프트 99** "좋아. 아주 예리한 자기 분석이야. 그럼 시장/규제 환경 분석 부분을 먼저 보완해 줘."
- **프롬프트 100** "응. 괜찮은 것 같네. 그럼 사업 영향 측면을 좀 더 보완해 줘."
- **프롬프트 101** "좋아. 대응 전략 부분도 한번 보완해서 제시 부탁해."

프롬프트 98 의 답변으로 AI가 다음과 같이 스스로 부족한 점을 지적했습니다.

- 경쟁사 동향 분석 미흡(CATL, BYD, Northvolt 등)
- 구체적 시나리오 플래닝 부족(정량적 영향 분석)

---

23 다만, 이 내용은 일반적인 이야기라서 수치에 대해서는 세부 검증이 필요합니다. 이 보고서는 Refine 단계를 거치지 않아서 추가적인 수치 검증은 이루어지지 않았습니다.

- 재무적 영향/대응 관점 보완 필요
- 신사업 기회 발굴 관점 부족
- 조직/인력 관점 구체화 필요

이를 기반으로 프롬프트 99~101 까지는 스스로 보완하도록 지시했습니다. 이 과정에서 인상적이었던 것은 AI가 사람과 달리 단순히 내용을 추가하는 것이 아니라 각 항목을 더 깊이 파고들었다는 점입니다. 보통 회사 내 팀원에게 이렇게 수정 지시를 내리면 이미 지쳐 있는 상태라 대충 지시 사항만 이행하고 마감하려 합니다. 열에 하나 있는 에이스급 인재 만이 자가 발전하려 하죠. 그러나 AI는 지치지 않고 더 좋은 품질을 위해 개선하려 하더군요. 고마운 일이죠. 예를 들어, '공급망 이원화'라는 추상적 전략이 '글로벌 투트랙 운영 체계 구축: 미국향 제품 생산은 비중국 공급망 활용, 기타 지역은 최적 생산 기지 활용'으로 구체화되었죠. 그런데 결정적인 문제가 발견되었습니다. AI가 제시한 대응 전략들을 보니 대부분 이미 한국 배터리 기업들이 진행하고 있는 일들이었습니다.

- 북미 현지화 가속 → 이미 조지아, 미시간에 공장 증설 중
- 공급망 이원화 → 이미 비중국 소재 개발 추진 중
- R&D 현지화 → 이미 미국 R&D 센터 운영 중

AI 드리블링 비법 #29　단계별로 쌓아 올리기　프롬프트 99~101

글로벌 리스크 시나리오에 대응하는 배터리 사업 전략을 한 번에 완성하려 하지 않았습니다. 먼저 시장/규제 환경 분석(프롬프트 99), 그다음 사업 영향 분석(프롬프트 100), 마지막으로 대응 전략(프롬프트 101)을 순차적으로 진행했죠. 한 번에 모든 것을 요구하면 AI도 부담스럽고 품질이 떨어집니다. 하지만 단계별로 쌓아가면서 각 단계를 검증하고 피드백하면, 결과물의 깊이와 정교함이 달라집니다. 복잡한 프로젝트일수록 급하게 가지 말고, 벽돌을 하나씩 쌓듯이 단계를 밟아가는 것이 중요합니다.

이걸 그대로 내 놓으면 '우리가 지금 뭘 하고 있는지도 모르면서 제언한다.'라는 질책을 받기 쉬웠죠. 그래서 솔직하게 지금 문제와 해결 방안에 대한 의견을 AI에게 물었습니다.

프롬프트 102 "네가 제시한 대응 전략의 상당 부분은 이미 한국 대기업들은 상당부분 진행되고 있는 일들이야. 그대로 제언하면 현재 고객 상황을 잘 모른다고 질책을 받을 수도 있을 것 같아. 이 문제를 어떻게 해결하면 좋을까?"

그랬더니 AI는 아주 단순하고도 탁월한 해결책을 내 놓았습니다. 제안한 전략 내용들을 **1. 현행 전략 가속화/강화, 2. 신규/보완 필요 영역, 3. 차별화 전략 방향**으로 나누어 제시하는 방안을 말이지요. 같은 내용이라도 이렇게 구조화해서 제시하면, 사업 단위에서 한창 추진 중인 전략 방향은 분명히 인정하면서 추가적으로 더 나은 방향들을 제시할 수 있고, 조심스럽게 새롭게 검토할 방향성도 함께 구분해서 제시할 수 있었습니다.

다만, AI가 제안한 전략 중에 '멕시코 등 USMCA[24] 활용 확대'가 있었는데, 뭔가 이상했습니다. '잠깐, 트럼프가 멕시코에도 고율 관세를 때린다고 했잖아?' 그래서 아래처럼 지적했지요.

프롬프트 104 "현지화 심화 전략에서(기존) 미시간/애리조나 거점 중심 → (보완) 멕시코 등 USMCA 활용 확대는 좀 이상하지 않아? 트럼프는 멕시코에도 고율 관세를 때린다고 하는데….."

AI는 잠깐 자료를 찾아보더니 즉시 오류를 인정하고 전략 부분을 바로 수정하더군요.

"아, 죄송합니다. 매우 중요한 지적입니다. 제가 블랙록과 유라시아 그룹 자료를 다시 확인해 보니 Trump는 멕시코에 대해서도 최소 10% 일괄 관세 부과 가능성, 자동차 분야는 더 높은 관세율 적용 가능, 중국산 부품 사용 시 더 강력한 제재 예고가 확인됩니다."

어쩌면 이게 바로 AI 드리블링의 묘미일지도 모릅니다. AI가 제안한 걸 무조건 받아들이는 것이 아니라 현실 맥락에서 비판적으로 검증하고 수정하는 것 말이지요.

---

24 USMCA: 미국(US), 멕시코(M), 캐나다(CA) 세 나라가 맺은 자유무역협정(Free Trade Agreement)

현지화 심화 전략

(기존) 미시간/애리조나 거점 중심 →

(수정 전 보완 포인트) 멕시코 등 USMCA 활용 확대 →

(수정 후) 미시간/테네시 등 미국 본토 내 거점 다변화, 특히 친공화당 성향의 주들 중점 고려

AI 드리블링 비법 #30 **문제를 던지고 AI에게 해법 찾게 하기**

막히는 순간이 왔을 때 직접 해결책을 찾으려 하지 말고, AI에게 질문해 보세요. "대응 전략이 뻔한데 어떻게 하면 좋을까?"라고 물으니 AI가 메타 레벨에서 생각하기 시작했습니다. 그리고 "기존 전략을 인정하면서도 한 단계 더 나아가는 방식"이라는 예상 밖의 해법을 제시했죠. AI를 단순히 작업 도구로만 쓰지 말고, 문제 해결 파트너로 활용하는 것입니다. '이 문제를 어떻게 풀어야 할까?'라는 열린 질문이 때로는 가장 강력한 프롬프트가 됩니다.

토요일 오후 2시, 마지막 **프롬프트 104** 를 마쳤습니다. 그리고 이후에는 미처 하지 못한 PPT 정리 작업을 했습니다. 목요일 오전부터 시작해서 토요일 오후까지 약 3일 정도가 걸린 작업이었죠.

완성된 산출물은 30여 페이지의 파워포인트 보고서였습니다. 여기에는 3개 유명 보고서에서 추출한 30개 리스크와 이를 클러스터링해서 만든 10대 리스크, 10대 글로벌 리스크의 상세 내용, 이를 기반으로 한 다양한 분석과 현실적 대응 방안을 담았습니다. 물론, 아직 초안 내용으로 실제 보고서 수준까지 가려면 더 깊은 Refine 과정이 필요했지만, 불과 3일 만에 혼자서 이 정도 품질의 보고서 초안을 뽑아 낼 수 있다는 것이 신기했습니다. 이 정도 품질의 보고서를 만들어 내려면 보통 초안 단계라도 연구원 3명 정도가 한 달은 작업해야 했거든요.

더욱이 이전에는 쉽게 엄두조차 낼 수 없던 상호 영향 분석, 지역적/산업적 영향도 분석, 시계열 영향도 변화 분석, 시나리오 분석 등 다양한 분석 방법들을 9개나 시도하며 내용 자체가 놀라울 정도로 풍성해졌습니다. 새삼 AI와 인간의 협업이 얼마만큼 위력적인지, 단순히 시간 단축이 아니라 품질 개선, 작업 고도화에 큰 전기를 마련할 수 있다는 것을 깨달았습니다. 그리고 그 깨달음이 이 책의 집필로까지 이어졌고요.

104개 프롬프트의 실험 결과를 정리하면서 문득 이런 생각이 들었습니다. 이러한 내용을 우리 연구원이나 컨설팅 업계 사람들에게 알리면 어떤 반응을 보일까? 아마도 굉장히 복합적인 감정을 느낄 것 같더군요.

● 단기적 기대와 장기적 불안

단기적으로는 분명 환영할 만한 소식입니다. '우와, 이렇게 효율화할 수 있구나! 아니 이런 분석도 가능해?'라면서 과거 시니어 컨설턴트 1명과 주니어 컨설턴트 2~3명이 한 달간 매달려야 했던 작업을 시니어 1명이 3~4일 만에 완성할 수 있다는 점에 주목할 거예요. 특히, 반복적인 리서치, 자료 정리, 기초 분석 작업에서 AI의 도움을 받으면 팀원들이 더 창의적이고 전략적인 업무에 집중할 수 있겠죠.

하지만 장기적으로는 상당한 우려가 따를 수밖에 없습니다. 가장 큰 걱정은 컨설팅 업계의 전통적인 '학습 사다리' 구조가 붕괴될 수 있다는 점이에요. 시니어 컨설턴트가 신입 컨설턴트 없이 그냥 AI만 가지고 일하면, 굳이 귀찮고 번잡한 작업 지시, 피드백 리뷰, 수정 지시, 피드백 수정 없이 빠르게 작업할 수 있습니다.

3~4년 근무하다 더 좋은 곳으로 옮기려는 야심만만하지만 충성도 낮은 신입 컨설턴트를 굳이 채용해 힘들게 가르쳐가며 일할 필요가 없는 것이죠. 이렇게 되면, 신입 컨설턴트들이 PM급들의 지도를 받으며 기초적인 리서치와 분석 작업을 통해 도메인 지식을 쌓고, 점차 고차원적 사고로 발전해가는 성장 경로가 단절될 가능성이 커집니다.

더 근본적인 문제는 컨설팅 업계의 전통적 비즈니스 모델에 대한 위협입니다. 지금까지는 '인력×시간'이 수익의 기본 공식이었는데, AI가 시간을 대폭 단축시키면 기존 수익 구조 자체가 흔들릴 수 있습니다. 클라이언트의 입장에서도 '그럼 왜 이렇게 비싼 컨설팅 비용을 지불해야 하지? 그냥 우리 직원들이 AI 써서 하면 되지 않나?'라는 의문을 제기할 수 있지요.

지식 직무 전반에 나타나는 보편적 현상

그런데 이런 변화가 단지 컨설팅 업계에만 국한된 얘기일까요? 아닙니다. 애널리스트, 전략 기획 담당자, 마케팅 기획자, 정책 연구원, 심지어 고도화된 사무직까지, 정보를 수집하고 분석해서 인사이트를 도출하는 모든 지식 직무에서 동일한 패턴이 나타날 수 있습니다.

예를 들어, 증권사 애널리스트의 경우, 과거에는 기업 분석 보고서 하나를 작성하는 데 RA 한 명을 끼고도 일주일 정도가 걸렸는데, 이제는 애널리스트 혼자 AI를 활용해 재무 데이터 분석, 산업 동향 파악, 경쟁사 비교까지 하루 만에 기초 분석을 완료할 수 있게 되었어요. 나머지 시간에는 더 깊이 있는 통찰이나 현장 인터뷰, 펀드 매니저 미팅에 집중할 수 있죠.

마케팅 기획자도 마찬가지예요. 시장 조사, 소비자 트렌드 분석, 경쟁 브랜드 모니터링 같은 기초 작업들을 AI가 빠르게 처리해 주면, 그 시간에 창의적인 캠페인 기획이나 전략적 사고에 더 많은 에너지를 투입할 수 있거든요. 필자와 같은 경제, 경영 연구원들도 해외 사례 조사, 통계 데이터 분석, 선행 연구 리뷰 등을 AI와 함께 진행하면서 더 빠르고 체계적인 전략 연구가 가능해지고 있습니다.

모든 영역에서 나타날 3단계 분화

하지만 이런 우려의 근원들을 좀 더 차근차근 살펴보다 보면, 핵심은 '대체'가 아니라 '증폭'에 있다는 걸 알 수 있습니다. AI는 본질적으로 역량/성과 증폭기입니다. 인간이 기존에 갖고 있던 능력을 몇 배로 키워 주는 도구인 것이죠. 즉, AI를 쓰면 대부분의 사람들의 업무 성과가 증가하지만, 원래 역량이 좋은데 AI까지 활용 잘하는 사람이라면 그 능력과 성과가 더욱 커집니다.

문제는 이런 증폭 효과가 모든 사람에게 동등하게 적용되지 않는다는 점입니다. AI를 잘 활용하는 사람과 그렇지 못한 사람 사이에 기하급수적인 성과 격차가 벌어질 가능성이 큽니다. 그리고 이런 현상은 직종을 불문하고 모든 지식 직무에서 공통적으로 나타날 수 있고요.

- **첫 번째 그룹**: 단순 활용층 – ChatGPT로 간단한 요약이나 번역, 아이디어 브레인스토밍 정도만 하는 사람들입니다. 마케터라면 간단한 카피 아이디어를 받거나 애널리스트라면 데이터 요약 정도에 이용하고 연구자라면 문헌 정리 수준에서 활용하며, '오늘도 칼퇴근'할 수 있다는 사실에 기뻐하죠. 현재 대부분의 사람들이 속한 그룹일 것입니다. 이들은 20~30% 정도의 생산성 향상은 얻지만 여전히 기존 업무 방식의 연장선에 머물러 있습니다.

- **두 번째 그룹**: 적극 활용층 – 체계적인 프롬프트 설계와 워크플로우를 구축해서 AI를 업무 프로세스에 전략적으로 통합하는 사람들입니다. 예를 들어, 시장조사 애널리스트라면 데이터 수집 – 분석 – 시각화 – 보고서 작성까지의 전 과정을 AI와 함께 체계적으로 진행하거나 기획자라면 경쟁사 분석부터 전략 수립까지를 단계별로 AI와 협업하는 방식이죠. 이들은 2~3배 수준의 생산성 향상을 경험하며, 남들로부터 부러운 시선을 받죠. '저 사람은 AI를 잘 써서 일도 야무지게 하고, 더욱이 빨리 끝낸다.'라고 말이죠.

- **세 번째 그룹**: AI – 인간 협업 활용층 – AI와의 협력적 사고를 통해 복잡한 문제를 함께 해결하는 사람들입니다. 단순히 AI를 도구로 쓰는 것이 아니라 진짜 사고 파트너로 활용해서 메타 분석, 다차원적 검증, 창의적 문제 해결까지 하는 거예요. 이번 사례에서 본 것처럼 말이지요. 연구자라면 가설 설정부터 검증까지 AI와 논리적 토론을 벌이고, 전략 기획자라면 복잡한 비즈니스 시나리오를 AI와 함께 다각도로 분석합니다. 이들은 단순히 작업 시간 절감이나 업무 품질 제고를 넘어 과거에 할 수 없었던 일들에 도전하면서 새로운 업무 지평을 열어요. 이들의 역량 곡선은 선형이 아니라 기하급수적 증폭 패턴을 보일 것입니다. AI 활용 시간 증가와 활용 깊이 증가, 그리고 AI 기술 발전이 서로 상호작용을 일으키며 5~10배 수준의 혁신적 성과 향상이 가능해지지요. 이들은 AI 증강 인간으로 진화해 미래 AI 사회에서 새로운 혁신을 주도할 가능성이 높은 사람들입니다.

이처럼 미래 직업 세계에서 나타날 AI 활용 격차의 변화상을 한눈에 알기 쉽게 정리해 보면 아래 그림과 같습니다.

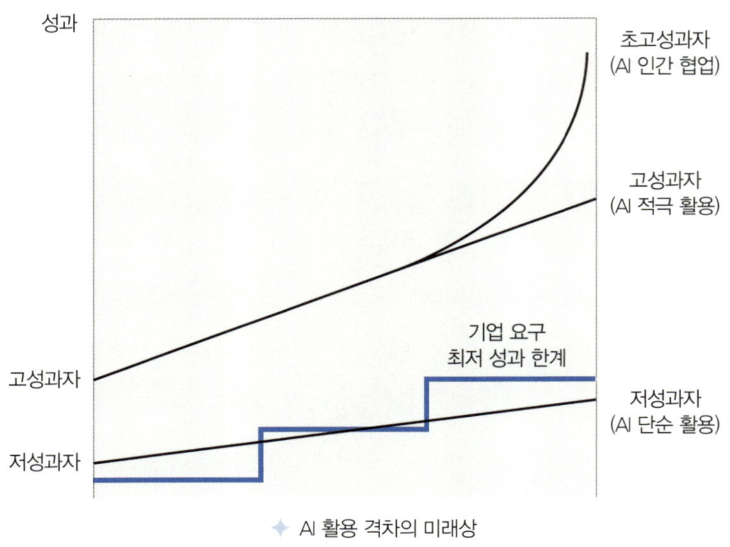

◆ AI 활용 격차의 미래상

업계 전반의 기준 상승

　AI 활용 역량에 따른 개인 간 성과 격차보다 더 심각한 문제가 있습니다. 모든 업계에서 기업들이 요구하는 최소 성과 기준 자체가 점점 올라갈 것이라는 것입니다. 과거에 이만하면 충분하다고 생각되었던 성과 수준은 어느 순간 갑자기 생존 불가능한 영역이 될 것입니다. 최근 미국에서 나타나는 코딩 직종의 대량 해고 사태는 이러한 우려를 충분히 뒷받침합니다.

　증권 회사 애널리스트의 경우, 과거에 기업 분석 보고서를 일주일에 하나씩 작성하면 평균적인 성과로 인정받았습니다. 하지만 앞으로는 AI를 활용해 하루에 기초 분석을 완료하고 일주일에 2~3개의 심화 분석 보고서를 내는 것을 요구받을 수도 있습니다. 마케팅 분야에서도 과거에는 한 달에 한 번 시장 동향 보고서를 작성하면 충분했지만, 이제는 주간 단위로 트렌드 분석과 경쟁사 모니터링을 실시간으로 업데이트하는 것을 요구받게 되겠지요. 정책 연구 분야에서도 마찬가지예요. 한 개의 정책 이슈를 깊이 있게 분석하는 것만으로는 부족하고, 여러 이슈들 간의 상호 연관성까지 고려한 다차원적 분석이 기본 요구 사항이 될 것입니다.

그렇다면 AI를 단순 활용만 하고 칼퇴근에 기뻐하는 사람의 경우, 올해에는 웃지만, 내년에는 울게 될 수 있습니다. 생각보다 성과 수준 요구가 빠르게 올라가거든요. 위기 신호는 언제 오는 것일까요? 네, 여러분 회사의 임원이나 CEO가 의사결정에 AI를 적극 활용하게 되는 순간입니다.[25]

만약, CEO가 AI로 30분 만에 3개 보고서 리뷰를 마치고, 3분 만에 경쟁사 5개의 전략을 비교해 우리 회사 신제품 출시 전략의 문제점에 대해 코멘트할 수 있게 되었다고 생각해 보세요. 조직 전체의 기준이 바뀌게 될 것입니다.

'우리 김 상무는 이런 분석에 일주일이나 걸린다고? AI에게 물어보면 3분이면 답이 나오는데?', '마케팅 팀은 경쟁사 모니터링을 한 달에 한 번 한다고?' 이런 질문이 경영진 회의에서 나오기 시작하면, 그때부터 게임의 룰이 바뀌는 것입니다.

더 무서운 것은 업계 선도 기업들이 먼저 기준을 올리면, 나머지 기업들도 따라갈 수밖에 없다는 점입니다. 한 증권사가 AI를 활용해 리서치 보고서를 주 3개씩 내기 시작하면, 다른 증권사들도 비슷한 수준을 맞춰야 합니다. 안 그러면 고객이 떠나니까요. 한 컨설팅사가 AI로 프로젝트 기간을 절반으로 줄이면, 다른 회사들도 가격과 일정 경쟁력을 맞춰야 합니다.

결국 AI를 '칼퇴근 도구'로만 쓰는 사람은 점점 설 자리가 좁아집니다. 남들이 AI로 일을 2배 빠르게 하면서 품질까지 높이고 있는데, 나만 기존 품질로 빨리 퇴근하면 어떻게 될까요? 단기적으로는 효율적으로 보이지만, 장기적으로는 도태될 수밖에 없습니다. 반대로 AI를 '성과 증폭 도구'로 쓰는 사람은 기회입니다. 과거에 일주일 걸리던 일을 2일에 끝내고, 남은 3일로 더 깊은 분석을 하거나, 새로운 프로젝트를 시작하거나, 동료들과 협업하거나, 자기 계발에 투자할 수 있습니다. 같은 시간에 더 많은 성과를 내는 것이 아니라 같은 시간에 더 높은 차원의 성과를 내는 것이죠.

이 책을 읽은 여러분은 AI를 '칼퇴근 도구'로 쓸 것인지, '성장 가속 도구'로 쓸 것인지 선택의 기로에 서 있습니다. 전자를 선택하면 단기적인 편안함을 얻지만 장기적인 경쟁력을

---

25 이 순간이 생각보다 빨리 오더군요. 저는 2027년 경에나 CEO들도 AI 활용의 중요성에 눈을 뜰 것이라 생각했는데, 이미 2026년에 많은 CEO들이 AI 활용을 강조하는 세상이 열려 버렸습니다.

잃고, 후자를 선택하면 단기적으로 더 노력해야 하지만 장기적으로 대체 불가능한 인재가 됩니다. 선택은 여러분의 몫입니다. 하지만 1가지는 확실합니다. 변화는 이미 시작되었고, 기준은 계속 올라가고 있습니다. 5년 후 여러분이 어디에 서 있을지는 오늘 여러분이 어떤 선택을 하느냐에 달려 있습니다.

새로운 가치 영역의 부상

하지만 이런 변화가 단순히 위기만을 의미하는 것은 아닙니다. 직종을 불문하고 새로운 가치 역량들이 부상하고 있거든요. 가장 대표적인 것이 이 책에서 수백 페이지에 걸쳐 꼼꼼하게 다룬 'AI 문해력'과 'AI 협업 설계 능력'입니다. 단순히 AI 도구를 쓸 줄 아는 것이 아니라 자신의 전문 영역에서 복잡한 문제를 AI와 함께 해결할 수 있도록 프롬프트를 설계하고 워크플로우를 구축하는 능력이 모든 지식 직무의 새로운 핵심 역량으로 자리 잡을 것입니다.

또한 현실성 판단과 맥락적 해석 능력의 중요성도 더욱 부각될 것입니다. AI가 논리적으로는 완벽한 분석을 제공할 수 있지만, 그것이 실제 비즈니스 환경이나 조직 문화, 시장의 현실적 제약 조건과 부합하는지는 여전히 인간의 몫이거든요. 주니어 직원들에게는 이것이 큰 장벽이 될 수도 있습니다. '칼퇴 사수' 정신이 아니라 더 어려운 프로젝트에 참여해서 시니어 직원들의 현실성 판단과 맥락 해석 능력의 노하우를 배워야 살아남을 수 있을 것입니다. 기회는 앞으로 몇 년 안 남았습니다.

도메인 전문성과 AI 활용의 결합도 새로운 경쟁 우위 요소가 되고 있습니다. 단순히 AI를 잘 쓰는 것이 아니라 자신의 전문 분야에 대한 깊은 이해를 바탕으로 AI와 효과적으로 협업할 수 있는 능력이 핵심이 되었습니다. 필자는 보고서를 중심으로 AI 드리블링 방법을 만들었지만, 어떤 분은 바이브 코딩에서, 어떤 분은 음악 작곡에서, 어떤 분은 동영상 생성에서 이와 유사한 'AI 시대의 새로운 일하는 방식'을 만들어 내고 있을 것입니다.

선택의 기로에 선 모든 지식 직무 종사자들

모든 지식 직무 종사자들은 '변화에 저항하며 기존 방식을 고수할 것인가?', 'AI를 활용한 새로운 업무 방식을 개발할 것인가?'라는 중요한 선택의 기로에 서 있습니다. '기존 손기술에 안주할 것이냐, AI 시대의 새로운 손기술을 만들고 익혀갈 것이냐?'의 문제인 것이지요.

역사를 보면 새로운 도구가 등장할 때마다 비슷한 순간이 있었어요. 엑셀이 등장했을 때 회계사들이 느꼈던 위기감, 인터넷이 보급되었을 때 정보 브로커들의 우려, 그리고 지금 AI가 등장하면서 지식 노동자들이 느끼는 불안감까지…. 하지만 결과적으로 보면, 새로운 도구에 적응해 새로운 손기술을 익힌 사람들은 더 높은 차원의 업무에 집중할 수 있게 되었고, 그렇지 못한 사람들은 도태되었죠.

AI 시대의 지식 직무도 마찬가지일 것 같아요. 문제는 AI에게 대체당하느냐가 아니라 AI를 활용하며 새로운 업무 기준을 제시하는 뉴 타입(New Type) 전문가가 되느냐입니다. 이번 104개 프롬프트 사례가 보여 준 것처럼 AI와의 협력적 사고를 통해 기존에는 불가능했던 수준의 분석과 통찰을 만들어 낼 수 있다면, 그것 자체가 새로운 경쟁 우위가 될 수 있거든요. 애널리스트든, 기획자든, 연구자든, 마케터든, 개발자든 상관없이 모든 지식 직무에서 동일한 원리가 적용됩니다. 변화는 이미 시작되었고, 이제 중요한 것은 그 변화의 물결을 어떻게 타고 갈 것인가 하는 본인의 전략적 선택입니다.

이 책을 마치며

이 책은 여러분들을 적극 활용층을 넘어 협업적 활용층, 나아가 AI 증강 인간의 위치에 도달할 수 있게 하는 첫 번째 가이드가 될 것입니다. 하지만 명심하세요. 이 책을 읽었다고 해서 자동으로 AI 증강 인간이 되는 것은 아닙니다. 책은 지도일 뿐, 실제 여행은 여러분이 직접 떠나야 합니다. 지금까지 내용들을 반복해서 연습하고, 자신의 업무에 적용하며, 실패하고 다시 시도하는 과정을 거치면서 여러분은 점차 AI와 함께 사고하는 법을 체득하게 될 것입니다.

월요일 아침, 가장 복잡하고 까다로운 업무를 하나 골라 AI를 켜고 첫 프롬프트를 입력하는 순간부터 진짜 여정이 시작될 것입니다. 처음 10개 프롬프트는 막막할 것입니다. 20번째쯤엔 리듬이 생기기 시작하고, 30번째를 넘어가면 '이거 되는구나.'하는 손맛을 느끼게 될 것입니다. 그리고 50번째 프롬프트를 지나 완성된 결과물을 보는 순간, 여러분은 깨

닫게 될 것입니다. '나는 이제 혼자가 아니다. 나에게는 24시간 함께 사고하는 파트너가 있다.'

10년 후 아니 어쩌면 5년 후에 우리는 돌아보며 말할 것입니다.

"그때가 전환점이었어. AI와 함께 일하는 법을 배우느냐 마느냐가 모든 것을 갈랐지."

지금 이 순간, 여러분은 그 전환점에 서 있습니다. 선택은 여러분의 몫입니다. 하지만 이 책을 끝까지 읽은 여러분이라면, 이미 선택을 한 것이나 다름없습니다. 이제 남은 것은 실천뿐입니다.

자, 이제 책을 덮고 AI를 켜세요. 여러분의 AI 드리블링 여정이 지금 시작됩니다. 이 책이 여러분의 여정에 든든한 나침반이 되기를, 그리고 여러분 모두가 AI 증강 인간으로 성장하여 이전에는 상상할 수 없었던 성과를 만들어 내기를 진심으로 응원합니다.

AI 증강 독해와 AI 드리블링의 교육 현장 활용

보론

1 AI 활용 과정 평가의 교육 현장 활용 가이드

1 들어가며: 현장의 목소리

1권이 출간된 이후, 예상치 못한 독자층으로부터 강한 공명이 일어났습니다. 원래 5~10년 차 연구자와 컨설턴트 등 3040 전문직들을 주 독자로 상정하고 썼지만, 의외로 강연과 세미나 현장에서 만난 대학 교수들의 반응이 뜨거웠습니다. AI 증강 독해와 AI 드리블링 방법론을 교육 현장에 어떻게 접목할 수 있을지에 대해 질문하면서 그들이 전한 고민은 한결같았습니다.

현장의 목소리

"요즘 AI을 이용해 보고서를 제출하는 학생들이 많습니다. 내용은 그럴듯한데, 학생이 실제로 무엇을 생각했는지 전혀 보이지 않아요."

"구술 평가나 수업 중 직접 글쓰기를 도입했지만, 과연 AI 시대에 맞는 방향인지 확신이 없습니다."

"비판적, 분석적, 창의적 사고를 키우려고 AI를 버리는 것이 과연 시대의 흐름에 맞는 방법일까요?"

이 딜레마의 핵심은 단순합니다. 흔히 교육 과정에서 AI를 금지해야 인간 고유의 사고 과정을 보호하고 키울 수 있다는 담론이 지배적입니다. 하지만 사실 우리가 불안해하는 진짜 이유는 사고 과정이 눈에 보이지 않기 때문입니다. 해결책은 AI 사용을 막는 것이 아니라, 사고 과정을 가시화하는 것입니다.

그래서 여기서는 학생들의 사고 과정을 가시화하는 구체적인 방법을 제안하고자 합니다. 교육 과정에 AI 증강 독해와 AI 드리블링 방법론을 접목해 보려는 관심이 큰 만큼 학생의 사고 과정을 투명하게 드러내고 평가할 수 있는 실용적 프레임워크는 교육 현장의 AI 활용에 유용한 출발점이 될 수 있을 것입니다. 이를 시발점으로 교육 현장에서 더 나은 AI 활용 평가 방법론들이 나오기를 기대해 봅니다.

2　AI 활용 과정 평가의 필요성

● 결과물 평가의 한계

전통적인 과제 평가는 결과물에 초점을 맞춥니다. 즉, 최종 결과물인 보고서를 통해서만 논리 구조, 문헌 인용의 적절성, 분석의 깊이를 평가해 왔습니다. 물론 이 방식은 오랫동안 유효했습니다. 학생이 결과물을 만들려면 자기가 스스로 찾아보고, 생각하고, 쓰는 과정을 거쳐야 했기 때문입니다. 누구도 그 과정을 도와주기 힘들었습니다.

그러나 생성형 AI의 등장은 이 전제를 무너뜨렸습니다. 이제 학생은 AI의 도움을 받아 프롬프트 몇 줄로 그럴듯한 보고서를 얻을 수 있습니다. 문제는 그 과정에서 학생 자신의 사고가 충분히 개입했는지 여부를 결과물만으로 판별할 수 없다는 점입니다. 그래서 최근 대학에서는 구술 평가, 수업 중 필기 평가 등 AI 사용을 금지하는 방식의 평가들을 활용하려 하고 있습니다.

일견 타당해 보입니다. 하지만 이 역시 궁여지책일 뿐, 한계가 많습니다.

첫째, AI가 빠르게 업무 도구로 자리 잡고 있는 상황에서 현실적인 AI 활용 능력 개발을 가로막아 직업 세계와 괴리가 생깁니다.

둘째, 구술이나 수기 평가는 사고력보다 언어의 유창성이나 대화 능력, 글 쓰는 속도 등 외재적 변수에 의해 결과가 좌우될 수 있습니다.

셋째, AI 사용을 막을수록 학생들은 들키지 않는 편법만 연구하고 공유하게 되고, AI를

비판적으로 활용하는 법을 익히지 못한 채 AI를 '부정행위의 도구'로 인식하는 문화만 굳어집니다.[1]

그래서 저는 결과물 평가와 함께 'AI 활용 과정 평가'를 제안하고 싶습니다. 이는 학생이 AI를 사용해 보고서를 작성했다면, 그 활용 과정을 공개하고, 스스로 평가하도록 하자는 것입니다. 이는 본인의 사고력을 증진시키고 동시에 AI 활용 역량 또한 더욱 고도화할 수 있게 해 줄 것입니다.

교육 현장 평가 방식들의 장단점

평가 방식	장점	단점
결과물 평가(기존)	• 논리 구조, 분석의 깊이 등 최종 산출물 품질을 직접 확인 가능	• AI 생성 여부 불투명 • 사고 과정 미확인 • AI 탐지 도구의 높은 오탐률 문제
AI 금지 평가(구술/필기)	• AI 개입 없는 순수 사고 과정 확인 가능 • 즉각적 질의응답으로 이해도 검증	• 현실적 AI 활용 능력 미개발 • 직업 세계와의 괴리 • 학생 반발 및 편법 유도
AI 과정 평가(제안)	• 사고 과정 가시화 • 사고력과 AI 활용 역량을 함께 제고	• 평가 기준 설계 난이도 높음 • 교수자의 역량 및 시간 부담 증가

● 왜 '과정'이 더 중요한가?

사실 '학습은 결과가 아니라 과정'입니다. 기존의 포트폴리오 평가, 과정 중심 글쓰기(Process Writing), 석·박사 과정의 연구 일지 등은 모두 이 관점에 기반합니다. AI 시대에 필요한 것은 이 관점의 폐기가 아니라 AI 버전으로의 진화일 수 있습니다.

이 책이 제안하는 AI 드리블링은 20~70개의 프롬프트를 이어가며 복잡한 과업을 완성하는 방법론입니다. AI 드리블링을 제대로 활용해 학습과 보고서 작성을 한다면, 학생은 끊임없이 다음과 같은 질문을 스스로 던져야 합니다.

---

[1] 실제로 기업 현장에서도 이와 유사한 현상이 관찰되고 있습니다. 면접에서는 막힘 없이 답변하지만, 실제 업무에서는 스스로 과제를 완결하지 못하는 신입사원이 늘고 있다는 것이 인사 담당자들의 공통된 지적입니다. 언어적 유창성이 반드시 사고력의 깊이를 보장하지는 않습니다.
한편, GPT Killer 등 AI 사용 탐지 툴에 적발되지 않기 위해 의도적으로 오탈자를 삽입하거나 문장 구조를 어색하게 바꾸는 방법이 학생들 사이에서 공유되고 있다는 점에도 주목할 필요가 있습니다. 완성도를 높이려고 노력해야 할 학생 시기에 완성도를 낮추려고 노력하는 역설적 결과를 낳고 있는 것입니다.

즉, AI 드리블링 과정 자체가 비판적·분석적·창의적·전략적 사고의 훈련장이 될 수 있습니다. 학생이 이 과정을 제대로 수행했는지, 그리고 얼마나 효과적으로 수행했는지를 평가하는 것이 바로 AI 활용 과정 평가입니다.

● 글로벌 교육 트렌드와의 정합성

2023년 이후 전 세계 주요 대학들은 AI 활용 정책을 정비하고 있습니다. 단순한 금지에서 '조건부 허용+투명성 원칙+교수 재량 존중+데이터 보안 강조+학생 책임성'으로 방향이 점차 이동하고 있습니다. 대표적인 가이드 사례들을 보면 다음과 같습니다.[2]

이러한 흐름이 시사하는 바는 명확합니다. 미래는 AI를 금지하는 방향이 아니라, AI를 어떻게 활용했는지를 투명하게 드러내고 평가하는 방향으로 가고 있는 것입니다. AI 활용 과정 평가는 이 흐름의 자연스러운 다음 단계일 수 있습니다.

학교	정책 방향	교육/수업 관련 세부 권고 사항
University of Oxford(UK)	책임 있는 사용과 투명성 강조	• 생성형 AI는 학습과 연구 지원에 허용되지만, 총괄 평가(summative assessment)에서는 명시적 허가 필요 • AI 사용 시 선언(declaration) 동반 의무 • 무단 사용 시 학사 부정행위로 처리 • 개인정보 공유 금지
MIT(USA)	조건부 허용+데이터 보안 강조	• 정보 보안, 데이터 개인 정보보호, 규제 준수 고려 • 기밀 데이터를 공개 AI 도구에 입력 금지 • 결과물 검증하여 표절·환각 방지 • 과목별 구체적 규칙 및 AI 사용 공개 요구 가능

---

2 https://www.thesify.ai/blog/gen-ai-policies-update-2025

학교	정책 방향	교육/수업 관련 세부 권고 사항
Princeton University(USA)	교수 재량＋공개 의무	• 강사 허가 확인 필수 • AI 사용 시 공개(disclosure) 의무 • 브레인스토밍·개요 작성 허용(조건부) • AI 생성 텍스트 직접 복사 금지 • 일부 과목: AI 채팅 로그 보관 요구
University of Cambridge(UK)	형성평가는 허용, 총괄평가는 금지	• 개인 학습·연구·형성평가에서 AI 허용 • 총괄평가의 미공개 AI 생성 콘텐츠는 학사 부정행위 • 학과/시험관이 명시적 허가 여부 지정 • 학생: AI 산출물 검증 및 한계 인식 필수
Harvard University(USA)	실험 장려＋개별 정책 혼재	• 학교·학과별로 상이한 정책(전면 금지~조건부 허용) • 기밀 정보 보호 및 정확성 검증 강조 • 강사 지시 사항 준수 필수 • AI 보조 필요 시 인용
Stanford University(USA)	교수 재량 허용＋공개 의무	• 명시적 지시 없으면 AI 사용 금지 • GSB(경영대학원): 재택 과제는 AI를 금지하기는 어렵지만 수업 내 평가 중 AI 제한은 가능 • AI 사용 허용 시 공개(disclosure) 필수 • 타인의 도움과 동일 취급 원칙
Caltech(USA)	강사 명시적 허가 원칙	• AI는 강사가 명시적으로 허용한 과제에만 사용 가능 • 과제·시험·연구 모두 적용 • 무단 사용: 학사 부정행위 • AI 보조 내용 강사 지시에 따라 기록·제출
Imperial College London(UK)	윤리적 사용＋인용 의무화	• AI를 출발점으로 활용, 정보 검증 필수 • 평가 대상 작업에서 AI 기여 시 명시: 도구명, 출판사, URL, 설명 • AI 생성 내용 전체 복사 금지(표절) • 비판적·윤리적 사용 강조
UC Berkeley(USA)	교수 허가 원칙＋민감 정보 금지	• 강사 허가하에 연구·문법·브레인스토밍에 AI 사용 가능 • 과제·시험 무단 사용 금지 • 기밀·소유권 있는 데이터 입력 금지 • 과목별 강사가 AI 적합성 판단
Yale University(USA)	과목별 정책＋인용 의무	• 과목마다 AI 허용 여부 상이 • 미공개 AI 생성 텍스트/이미지: 학사 부정행위 • 과제에 사용된 AI 자료는 반드시 인용 • 중·고 위험 데이터의 AI 도구 입력 금지

제가 제안하는 AI 활용 과정 평가는 단순히 'AI를 사용했는지'를 확인하는 것이 아닙니다. 학생이 AI를 어떻게 전략적으로 활용하며 자신의 사고를 발전시켰는지를 평가하는 데 초점을 두어야 할 것입니다. 이를 위한 핵심 평가 영역은 다음 5가지로 생각됩니다.

● 질문 설계 역량(Prompt Design)

AI에게 어떤 질문을 던지는지는 학생의 문제 인식 수준과 직결됩니다. 단순한 질문과 정교한 질문은 전혀 다른 수준의 사고를 반영합니다. 아울러 단순한 질문에서 정교한 질문으로 발전하는 과정에서 사고력 또한 증진될 수 있습니다.

질문 수준	예시 및 평가 시사점
수준 1 (단순 요청)	• "공급망 리스크가 뭐야?" – 문제를 스스로 정의하려는 시도 없음 • 교과서 정의 또는 언론 보도 수준의 AI 답변을 그대로 수용할 가능성 높음
수준 2 (조건 부여)	"삼성전자의 사례를 중심으로, 반도체 기업이 겪는 공급망 리스크의 유형을 3가지로 분류해 줘." – 특정 기업과 분류 기준을 제시하는 문제 범위 설정 능력 존재
수준 3 (비판적 질문)	"포터의 5Forces 분석으로 삼성전자 반도체 공급망을 분석해 봤는데, 미·중 무역 갈등처럼 산업 외부에서 오는 리스크는 이 모델로 설명이 잘 안 되는 것 같아. 왜 그런지, 그리고 이런 리스크를 다루는 다른 분석 도구가 있는지 알려 줘." – 배운 이론의 한계를 인식하고 이를 넘어서려는 고차원적인 비판적 사고
수준 4 (종합·창의적 질문)	"수업 시간에 다룬 TSMC·삼성·인텔 세 기업의 공급망 전략을 비교했을 때 한국 중소 부품 제조업체가 간과하고 있을 리스크 요인을 추론하고, 이에 대응하기 위한 전략적 선택지 2가지를 제안해 줘." – 복수의 케이스를 통합하여 새로운 맥락에 적용하는 창의적 사고

● 반응적 사고 역량(Reflective Iteration)

AI의 답변을 받은 후 학생이 어떻게 반응하는지가 핵심입니다. 답변을 그대로 수용하는 학생과 답변의 한계를 파악하고 다음 질문을 설계하는 학생의 사고 수준은 근본적으로 다를 것입니다.

1. 학생이 AI 답변의 어떤 부분에 동의하지 않았는가? 그 근거는 무엇인가?
2. AI 답변에서 발견한 공백이나 한계를 어떻게 보완했는가?
3. 초기 질문과 최종 질문 사이에 어떤 사고의 발전이 있었는가?
4. AI가 제공하지 못한 독자적 관점이나 판단을 어디서 추가했는가?

예를 들어 다음 두 학생의 사례를 비교해 보겠습니다.

학생 A 수동적 수용 패턴

❶ **학생 질문**: "삼성전자 반도체 공급망 리스크를 분석해 줘."

❷ **AI 답변**: 원자재 조달 리스크, 지정학적 리스크, 물류 리스크 등 3가지 분류와 설명 제공

❸ **학생 A의 반응**: AI 답변을 그대로 정리하여 보고서 작성 완료

학생 A가 작성한 보고서는 완성도가 있어 보이지만, 실질적으로 AI가 생성한 내용의 재편집에 불과합니다. 평가자가 핵심 질문 1~4번을 던져 보면 제대로 답변하지 못할 것입니다.

학생 B 반응적 사고 패턴

❶ **1차 질문**: "삼성전자 반도체 공급망 리스크를 분석해 줘."

❷ **AI 답변**: 원자재 조달 리스크, 지정학적 리스크, 물류 리스크 등 3가지 분류와 설명 제공

❸ **학생 생각**: 여기서 학생 B는 멈춥니다. "AI가 말한 원자재 조달 리스크나 지정학적 리스크가 너무 추상적이다. 한국에서 공급망 리스크는 이미 2019년 일본 수출 규제 때 가시적으로 드러난 적이 있다. 이때 삼성전자가 어떻게 대응했는지를 생각해 보면, AI 분석에는 기업의 실제 약점 및 가능한 대응 방향들이 빠져 있다."

❹ **2차 질문**: "AI가 분류한 3가지 리스크 중 지정학적 리스크 항목이 너무 포괄적인 것 같아. 2019년 일본의 대한 수출 규제 사례를 기준으로, 삼성전자가 실제로 어떤 취약점을 드러냈고 어떻게 대응했는지 구체적으로 분석해 줘."

❺ **AI 답변**: 불화수소 등 핵심 소재 의존도, 국내 대체 공급망 구축 과정, R&D 투자 가

속화 등 구체적 사례 제공

❻ 학생 생각: 학생 B는 다시 멈춥니다. "그런데 AI는 삼성이 결국 잘 대응했다는 방향으로만 서술하고 있다. 여전히 해결되지 않은 취약점은 언급하지 않는다."

❼ 3차 질문: "앞서 분석한 삼성의 대응 전략 중에서 2025년 현재 시점에도 여전히 해결되지 않은 구조적 취약점이 무엇인지 비판적으로 분석해 줘. 특히, AI가 낙관적으로 서술하는 경향이 있다면 그 부분을 지적해 줘."

이러한 내용이 담겨 있는 보고서라면, 앞서 제시한 평가자가 확인할 핵심 질문에 대한 답은 다음과 같을 것입니다.

핵심 질문	학생 B의 사고 흔적
❶ AI 답변의 어떤 부분에 동의하지 않았는가?	지정학적 리스크 분류가 지나치게 포괄적이라고 판단
❷ 공백이나 한계를 어떻게 보완했는가?	실제 역사적 사건(2019년 수출 규제)을 기준점으로 설정하여 구체화
❸ 초기 질문과 최종 질문 사이의 사고 발전	일반 분류 요청 → 사례 기반 구체화 → AI의 낙관적 편향 비판으로 심화
❹ AI가 제공하지 못한 독자적 관점	'AI가 낙관적으로 서술하는 경향이 있다.'라는 메타 인식 – AI의 서술 패턴 자체를 비판의 대상으로 삼음

마지막 ❹번이 특히 중요합니다. 학생 B가 3차 질문에서 보여 주는 것은 단순히 더 좋은 질문을 던지는 것이 아니라, AI가 어떤 방식으로 편향될 수 있는지를 인식하고 그것을 직접 교정하려 한다는 점입니다. 이것이 반응적 사고의 가장 높은 수준입니다.

● 증거 통합 역량(Evidence Integration)

AI가 제공하는 정보를 무비판적으로 수용하는 것은 역설적으로 사고 능력이 부족함을 보여 줍니다. 우수한 학생은 AI 답변을 하나의 정보 소스로 취급하고 이를 다른 자료와 비교·검증하려 할 것입니다.

평가 포인트	확인 방법
AI 정보의 검증 여부	AI 답변 이후 추가 문헌 검색 또는 다른 AI 도구로 교차 확인한 흔적
출처 다양성	AI 외에 학술 논문, 통계 데이터, 현장 자료 등을 통합한 정도
상충 정보 처리	AI와 다른 자료가 상충할 때 학생이 어떻게 판단하고 결론을 내렸는가?
AI 한계 인식	AI가 잘못된 정보를 제공했을 때 이를 발견하고 수정한 사례

앞의 사례를 계속 이어가 보겠습니다. 과제는 동일하게 '삼성전자 반도체 공급망 리스크 분석 보고서'입니다. 같은 과제를 수행한 학생 A와 B의 증거 활용 패턴을 비교해 보지요.

학생 A 단일 소스 의존 패턴

학생 A는 AI에게 "삼성전자의 공급망 리스크 현황을 통계 수치와 함께 설명해 줘."라고 질문하고, AI가 제시한 수치들을 그대로 보고서에 인용합니다. AI가 "삼성전자의 반도체 소재 해외 의존도는 약 80%에 달한다."고 답변하자, 출처를 확인하지 않고 그대로 보고서에 옮겨 씁니다.

이 보고서에는 수치가 있고 언뜻 보기에 논리도 있어 보입니다. 그러나 AI가 제시한 수치는 학습 데이터의 특성상 출처가 불분명하거나, 최신 현황이 반영되지 않았거나, 경우에 따라 아예 존재하지 않는 수치일 수 있습니다. 학생 A는 이 가능성을 한 번도 의심하지 않았습니다.

학생 B 증거 통합 패턴

학생 B도 같은 질문을 던졌고, AI로부터 동일한 '80%'의 수치를 받았습니다. 그런데 학생 B는 여기서 멈춥니다. "이 수치의 출처가 무엇인지 AI가 명시하지 않았다. 보고서에 쓰려면 원출처를 확인해야 한다."

학생 B의 검증 과정은 다음과 같이 전개됩니다.

❶ 검증 1단계

- AI에게 출처 요청: "방금 제시한 80% 수치의 출처가 무엇인지 알려 줘."
- AI 답변: "정확한 출처를 특정하기 어렵습니다. 산업연구원 또는 한국반도체산업협회

자료를 참고하시기 바랍니다."

→ 학생 B의 판단: "AI 스스로 출처를 확정하지 못한다. 이 수치를 직접 확인해야 한다."

❷ **검증 2단계 – 1차 공식 자료 탐색**: 언론 보도와 주요 연구소 자료들을 검색한 결과, '80%'라는 수치는 발견되지 않음. 대신 여러 언론 보도에서 '핵심 소재 3종(불화수소·EUV 포토레지스트·불화폴리이미드)의 일본 의존도가 품목별로 41~94% 수준'이라는 보다 세분화된 수치를 발견했습니다.

→ 학생 B의 판단: "AI가 제시한 '80%'는 여러 품목의 의존도를 단순 평균하거나 임의로 제시한 수치일 가능성이 높다. 실제로는 품목별로 편차가 크다는 점이 더 중요한 사실이다."

❸ **검증 3단계 – 상충 정보 처리**: 추가로 찾은 언론 보도와 삼성전자 사업 보고서에서는 공급망 다변화 노력의 성과로 일부 품목의 의존도가 낮아졌다는 내용을 확인했습니다. 그런데 이는 2단계에서 찾은 수치의 시점 및 기준이 달라 단순 비교가 어려웠습니다.

→ 학생 B의 결론 도출: "두 자료는 측정 기준과 시점이 다르기 때문에 직접 비교하기가 부적절하다."

이 사례에서 평가 포인트에 대한 답은 다음과 같습니다.

평가 포인트	학생 B의 증거 통합 흔적
AI 정보의 검증 여부	AI 수치의 출처를 직접 요청하고, 공식 보고서로 교차 확인 시도
출처 다양성	AI 답변＋언론 보도＋연구소 자료＋삼성전자 사업 보고서 4개 소스 통합
상충 정보 처리	여러 자료들의 측정 기준과 시점 차이를 인식
AI 한계 인식	AI가 제시한 '80%'가 불분명한 수치임을 발견하고, 품목별 세분화 수치로 대체

● 서사 구성 역량(Narrative Construction)

결과물 보고서에서는 여러 AI들의 답변과 자체 분석을 통해 만들어진 중간 결과물들을 어떻게 하나의 일관된 논리 체계로 통합하는지를 평가할 필요가 있습니다. 이는 보고서가 단순한 정보 나열이 아닌, 학생의 논리적 사고와 스토리텔링 능력을 반영해 만들어진 것인지를 살펴보는 것입니다.

특히 주목할 것은 '전환점(turning point)'입니다. 학생이 특정 AI 답변을 계기로 분석 방향을 바꾸거나, 새로운 가설을 도입하거나, 기존 결론을 뒤집는 순간들은 고차원적인 사고가 작동했다는 증거가 될 수 있습니다. 같은 자료를 가지고 보고서를 완성하는 단계에서 학생 A와 B가 어떻게 달라지는지를 살펴보겠습니다.

학생 A **정보 나열 패턴**

학생 A의 보고서 구조는 다음과 같습니다.

> **1장.** 공급망 리스크의 정의
> **2장.** 주요 리스크 유형(원자재/지정학/물류)
> **3장.** 삼성전자의 공급망 리스크 현황
> **4장.** 대응 방안

각 장은 AI에게 개별적으로 질문하여 받은 내용을 순서대로 배치한 것입니다. 장과 장 사이의 논리적 연결이 없고, 앞 장의 내용이 뒷 장의 주장을 뒷받침하는 구조도 없습니다. 보고서를 끝까지 읽어도 "그래서 핵심 주장이 무엇인가?"라는 질문에 제대로 답하기 어렵습니다. 이런 보고서는 AI가 생성한 내용을 목차에 맞게 분배한 것에 불과하며 학생의 서사는 찾아보기 힘듭니다.

학생 B **서사 구성 패턴**

학생 B도 처음에는 학생 A와 비슷한 구조로 시작했습니다. 원자재·지정학·물류라는 3가지 리스크 유형을 분류하고, 각각에 대한 AI 분석 내용들을 축적했습니다. 여기까지는 동일합니다.

그런데 3장 내용의 검증 과정에서 여러 신문 보도를 찾아보다가 예상치 못한 내용을 발견합니다.

"불화수소의 일본 의존도는 2019년 41.9%에서 2022년 7.7%로 급감했다. 반면 포토레지스트는 같은 기간 93.2%에서 77.4%로 감소 폭이 작다."

여기서 학생 B의 첫 번째 전환점이 발생합니다. "리스크가 '있다/없다'는 진짜 중요한 문제가 아닐 수 있다. 품목별로 보면, 대응 속도가 완전히 다르다. 왜 어떤 품목에서는 공급망 리스크를 빠르게 탈출했고 어떤 품목은 못 했는가? 이것이 진짜 중요한 질문이다."

전환 후 질문은 다음과 같습니다.

"불화수소와 EUV 포토레지스트의 탈(脫)일본 의존도 속도가 이렇게 다른 이유를 기술적 장벽, 시장 구조, 국내 대체 공급 업체 육성 가능성 3가지 관점에서 비교 분석해 줘."

이 질문을 통해 학생 B는 새로운 분석 프레임을 얻게 됩니다. 리스크의 '크기'가 아니라 '구조적 해소 가능성'이 핵심 변수일 수 있다는 것입니다.

그런데 이 분석을 진행하던 중 두 번째 전환점이 찾아옵니다. AI가 EUV 포토레지스트의 국내 대체가 어려운 이유로 'JSR, 신에츠 화학공업 등과 같은 일본 기업들의 특허 장벽'을 제시했고, 학생 B는 이 내용을 검증하기 위해 삼성전자 IR 자료와 언론 보도를 찾아보다가 다음과 같은 내용을 발견합니다.

"삼성전자가 2021년부터 주요 소재 공급업체들에 대한 지분 투자를 확대하고 있으며, 이는 단순한 공급선 다변화가 아니라 공급망 내재화 전략으로 해석된다."

"그렇다면 삼성의 공급망 전략은 '외부 리스크 관리'에서 '공급망 구조 재편'으로 패러다임이 바뀌고 있는 것 아닌가? 이것이 보고서 후반부의 핵심 논지가 되어야 한다."

이 두 번의 전환을 거친 결과, 학생 B의 보고서 구조는 완전히 달라졌습니다.

1장. 문제 제기: 리스크의 '크기'보다 '구조적 해소 가능성'이 중요한 이유
2장. 품목별 의존도 탈피 속도 비교 분석
3장. 속도 차이를 결정하는 3가지 요인(기술 장벽/시장 구조/내재화 가능성)
4장. 공급망 내재화 전략으로의 패러다임 전환과 그 한계
최종 논지: "삼성전자의 공급망 리스크 대응은 단순한 리스크 완화를 넘어 공급망 내재화 전략으로 전환 중이며, 이 전환의 속도는 품목별 기술 장벽에 의해 결정된다."

두 학생의 보고서에 나타나는 결정적인 차이를 정리하면 다음과 같습니다.

비교 항목	학생 A	학생 B
보고서 구조	AI 답변의 순차적 배치	두 번의 전환점을 거친 논지 중심 구조
핵심 논지	없음(정보 나열)	'리스크 관리에서 공급망 내재화로의 패러다임 전환'
전환점	없음	❶ 품목별 대응 속도 차이 발견 → ❷ 내재화 전략 발견
AI의 역할	내용 생성자	분석 촉매 – 학생의 발견을 더 깊이 파고드는 도구

물론 학생 B의 보고서도 여전히 전문 연구자들의 결과물 수준에는 못 미칩니다. 하지만 대학생 수준에서는 분명한 자기 관점과 주장을 담고 있습니다. 이것이 가능했던 이유는 사고의 전환이 있었기 때문입니다. 결과물 보고서는 학생이 분석 과정 내내 능동적으로 사고하고 있었다는 강력한 증거가 됩니다. 이것이 서사 구성 역량의 핵심입니다.

● 메타인지(Metacognition) 역량

AI 과정 평가에는 자기기술서(Self-Report)가 필요합니다. 자기기술서란, 학생이 AI를 활용하여 과제를 수행하는 과정에서 어떤 질문을 던졌고, AI 답변에 어떻게 반응했으며, 사고가 어떻게 변화했는지를 학생 스스로 돌아보고 기록한 성찰 문서입니다. 최종 보고서가 '무엇을 알게 되었는지'를 보여 준다면, 자기기술서는 '어떻게 알게 되었는지'와 관련된 탐색적 과정의 존재 여부를 보여 줍니다. AI 드리블링 로그가 사고 과정의 객관적 기록이라면, 자기기술서는 그 과정에 대한 학생 자신의 해석과 평가입니다. 자기기술서의 주요 구성 항목과 담겨야 할 내용은 다음과 같습니다.

구분	항목	담겨야 할 내용	전형적인 수준 미달 패턴
1단계 AI 활용 개요	❶ 활용 도구	• 사용한 AI 도구의 종류(ChatGPT, Claude, Perplexity 등) • 각 도구를 선택한 이유와 도구별 주요 활용 용도 (예 ChatGPT – 초기 개념 정리, Perplexity – 사실 검증, Claude – 논리 구조 검토)	도구 나열에 그치고 왜 그 도구를 선택했는지 이유 없음
	❷ 활용 범위와 분량	• AI와 상호작용 횟수 • 과제 단계별(자료 수집·분석·작성·검토) AI 활용 비중 • 어느 단계에서 AI 의존도가 높았고 낮았는지 분석	"AI를 많이 활용했습니다." 수준의 막연한 서술
	❸ 전체 작업 흐름	• 과제 수행의 전체 프로세스를 단계별로 기술 • AI 개입 시점과 학생 자신이 직접 수행한 시점을 구분하여 서술	AI 활용과 자체 작업의 구분 없이 결과만 기술

구분	항목	담겨야 할 내용	전형적인 수준 미달 패턴
2단계 과정 성찰	❹ 핵심 전환점	• 분석 방향을 바꾸거나 새로운 시각을 얻게 된 AI 상호 작용 2~3개를 선택, 제시 • 왜 그 순간이 중요했는지 구체적으로 설명	"AI가 유용한 정보를 제공해 주었다."는 수준의 막연한 서술
	❺ AI 한계 경험	• AI가 틀리거나 부족했던 부분을 발견한 구체적 사례 제시 • 이를 어떻게 보완하거나 우회했는지 기술	"AI 한계 사례 없음", 또는 "AI가 완벽하지 않다."는 원론적 언급에 그침
	❻ 나의 고유한 기여	AI가 제공하지 않은 본인 만의 분석 프레임·판단·해석·관점이 무엇인지 명시	"제가 정리하고 구성했습니다."처럼 편집 행위를 기여로 혼동
3단계 사고 발전	❼ 사고의 변화 과정	과제 시작 시점과 종료 시점 사이에 자신의 이해나 관점이 어떻게 달라졌는지 서술	"변화 없음", 또는 "더 많이 알게 되었다."는 수준의 서술
	❽ 다음 과제에 대한 시사점	이번 AI 활용 경험에서 배운 것을 바탕으로, 다음에는 무엇을 다르게 할 것인지 구체적으로 제시	"더 열심히 하겠다.", "다양한 자료를 활용하겠다."는 막연한 다짐

메타인지 역량은 대학 생활에서 키워야 할 가장 중요한 사고력이며, AI 활용 과정에서도 매우 중요합니다. 자기기술서는 학생이 AI를 활용해 조사 및 보고서를 작성하면서 메타 인지 관점에서 본인의 사고 과정의 전개 자체를 얼마나 정확하게 인식하고 기술하는지를 스스로 파악하게 만드는 수단입니다. 사전에 자기기술서 작성 방식을 명시적으로 제시하고 학생들이 이러한 부분에 초점을 맞춰 AI를 활용하게 한다면, 메타인지 역량은 얼마든지 더 체계적이고 강력하게 키워질 수 있을 것입니다.

메타인지 자기기술서에서 확인할 사항

- '왜 이 시점에 이 질문을 던졌는가?'에 대한 명확한 이유 설명
- '어떤 AI 답변이 가장 유용했고 왜 그랬는가?'에 대한 평가
- '작업 과정에서 내 사고가 어떻게 변화했는가?'에 대한 성찰
- '다음에 같은 주제를 다룬다면 어떻게 다르게 접근할 것인가?'에 대한 제언

메타인지 역량은 자기기술서(Self-Report)에서 가장 선명하게 드러납니다. 같은 과제를 마친 학생 A와 B가 제출한 자기기술서를 비교해 보겠습니다.

● 두 학생의 자기기술서 비교

AI 활용 개요

항목	학생 A	학생 B
❶ 활용 도구	"ChatGPT를 주로 사용했습니다."	"자료 수집 단계에서는 Perplexity를 사용했습니다. 최신 통계 수치에 출처 링크가 함께 제공되어 검증에 유리했기 때문입니다. 분석 단계에서는 Claude를 사용했는데, 긴 맥락을 유지하며 논리 구조를 점검하는 데 적합했습니다. ChatGPT는 초기 개념 정리에만 활용했습니다."
❷ 활용 범위와 분량	"AI를 전반적으로 활용했습니다. 총 15회 정도 질문했습니다."	"총 28회 상호작용했습니다. 자료 수집 단계에서 12회, 분석 단계에서 11회, 논리 검토 단계에서 5회입니다. 자료 수집보다 분석 단계에서 AI와의 상호작용이 집중되었는데, 이는 수집한 자료를 해석하는 과정에서 더 많은 질문이 필요했기 때문입니다."
❸ 전체 작업 흐름	"AI로 자료를 조사하고 보고서를 작성했습니다."	"1단계(개념 정리·AI) → 2단계(리스크 유형 분류·AI+교재) → 3단계(품목별 의존도 통계 수집·Perplexity+언론 보도 직접 검색) → 4단계(분석 프레임 설계·AI와 토론 후 학생 자신이 결정) → 5단계(4장 논지 구성·학생 주도, AI는 반론 검토 역할)의 순서로 진행했습니다. 3단계부터는 AI 의존도를 의도적으로 낮추고 직접 판단하는 비중을 높였습니다."

1단계 는 메타인지를 직접 평가하는 구간이 아닙니다. 그러나 여기서 이미 두 학생의 차이가 드러납니다. 학생 A는 AI 활용을 하나의 덩어리로 인식하고 있습니다. 반면, 학생 B는 도구별 선택 이유, 단계별 활용 비중, AI 의존도의 의도적 조절까지 인식하고 있습니다. **1단계** 의 서술 밀도가 낮은 학생은 **2단계** · **3단계** 의 메타인지도 대체로 낮을 것으로 예상됩니다. **1단계** 는 메타인지의 예고편입니다.

과정 성찰

항목	학생 A	학생 B
❹ 핵심 전환점	"AI가 공급망 리스크를 3가지로 잘 분류해 주어 보고서 구성에 도움이 되었습니다."	"첫 번째 전환점은 산업연구원 보고서에서 품목별 탈일본 의존도 속도가 극단적으로 다르다는 것을 발견했을 때입니다. 그때까지 저는 리스크의 '유형'이 중요하다고 생각했는데, 이 발견으로 '구조적 해소 가능성'이 더 핵심 변수라는 것을 깨달았습니다. 두 번째 전환점은 삼성전자 IR 자료에서 공급업체 지분 투자 확대 내용을 발견했을 때입니다. AI는 이것을 단순한 공급선 다변화 사례로만 언급했지만, 저는 이것이 공급망 내재화 전략으로의 패러다임 전환이라고 재해석했고, 그 순간 4장의 논지가 완전히 바뀌었습니다."

❺ AI 한계 경험	"AI가 가끔 부정확한 정보를 줄 수 있다는 것을 알게 되었습니다."	"AI가 처음 제시한 '소재 해외 의존도 약 80%' 수치는 공식 자료에서 확인되지 않았습니다. AI에게 출처를 요청했더니 스스로도 특정하지 못했습니다. 이후 인터넷 검색을 통해 품목별로 43~94%라는 세분화된 수치를 직접 찾았고, 단일 수치보다 품목별 편차 자체가 더 중요한 발견임을 깨달았습니다. 또한 AI가 삼성의 대응을 일관되게 긍정적으로 서술하는 경향이 있다는 것을 발견하고, 이후에는 "이 분석에서 낙관적으로 서술된 부분이 있다면 지적해 줘."라는 방식으로 질문을 바꿨습니다."
❻ 나의 고유한 기여	"자료를 정리하고 보고서 형식에 맞게 구성했습니다."	"2가지를 기여했다고 생각합니다. 첫째, '구조적 해소 가능성'이라는 분석 프레임입니다. AI는 품목별 수치를 알고 있었지만, 그것을 하나의 분석 변수로 묶어 보고서의 핵심 프레임으로 설정한 것은 제가 한 일입니다. 둘째, 상충하는 두 자료를 어떻게 병치할 것인지에 대한 판단입니다. AI는 두 자료를 나란히 제시하는 데 그쳤지만, 측정 기준과 시점이 다른 두 자료를 하나의 보고서 안에서 어떻게 다룰지를 결정한 것은 저의 판단이었습니다."

2단계 에서 메타인지 평가의 핵심은 3가지입니다.

첫째, 전환점의 구체성입니다. "도움이 되었다."라는 서술은 전환점이 아닙니다. 전환점은 반드시 "이전에는 X라고 생각했는데, Y를 발견한 후 Z로 바뀌었다."는 3단 구조를 갖추어야 합니다. 학생 B의 서술이 정확히 이 구조를 따르고 있습니다.

둘째, AI 한계 인식의 구체성입니다. "AI가 부정확할 수 있다."는 것은 상식입니다. 메타인지는 '어떤 상황에서 어떻게 부정확했고, 그것을 어떻게 발견했으며, 이후 질문 전략을 어떻게 바꿨는가?'까지 기술할 때 비로소 작동합니다.

셋째, 기여의 본질 구분입니다. 편집·정리·구성은 기여가 아닙니다. 진짜 기여는 AI가 제공하지 못한 프레임 설정, 상충 정보에 대한 판단, 새로운 해석의 도입입니다. 학생 A의 "자료를 정리하고 구성했습니다."와 학생 B의 두 가지 기여 서술은 메타인지 수준의 차이를 가장 선명하게 드러내는 지점입니다.

사고 발전

항목	학생 A	학생 B
❼ 사고의 변화 과정	"공급망 리스크에 대해 더 많이 알게 되었습니다."	"과제를 시작할 때 저는 공급망 리스크를 '줄여야 할 위협'으로만 바라봤습니다. 그러나 분석을 진행하면서 리스크의 구조적 해소 가능성에 따라 기업의 전략적 선택이 달라진다는 것을 이해하게 되었습니다. 가장 큰 변화는 리스크 관리를 수동적 대응이 아니라 공급망 구조 재편이라는 능동적 전략으로 바라보게 된 것입니다. 이것은 AI가 알려 준 것이 아니라, AI의 답변과 공식 자료 사이의 간극을 추적하는 과정에서 제가 스스로 도달한 결론입니다."

❽ 다음 과제에 대한 시사점	"다음에는 더 다양한 자료를 활용하고 AI를 더 잘 쓰겠습니다."	"2가지를 다음 과제에 적용하겠습니다. 첫째, AI에게 수치를 요청할 때는 반드시 출처를 함께 요청하고, 출처를 특정하지 못하면 직접 원자료를 검색하는 것을 원칙으로 삼겠습니다. 둘째, AI가 긍정적으로만 서술하는 경향을 교정하기 위해 분석의 마지막 단계에서 반드시 '이 분석에서 내가 간과하고 있을 반론이나 한계는 무엇인가?'를 AI에게 명시적으로 묻는 단계를 추가하겠습니다."

3단계 에서 가장 중요한 평가 기준은 변화의 귀속입니다. 학생 B의 ❼ 서술 마지막 문장을 주목하십시오.

> "이것은 AI가 알려 준 것이 아니라, AI의 답변과 공식 자료 사이의 간극을 추적하는 과정에서 제가 스스로 도달한 결론입니다."

이 문장은 단순한 겸손이나 수사가 아닙니다. 학생이 자신의 사고 변화가 어디서 비롯되었는지를 정확히 알고 있다는 증거입니다. AI 덕분에 알게 된 것과 자신이 스스로 도달한 것을 구분할 수 있다는 점은 AI를 도구로 쓰면서도 사고의 주도권을 잃지 않았다는 것을 의미합니다. 이것이 메타인지 역량의 최고 수준이며, AI 시대 교육이 궁극적으로 길러 내야 할 역량입니다.

❽의 다음 과제 시사점도 같은 기준으로 평가합니다. "더 잘 하겠다."라는 다짐은 메타인지가 아닙니다. 이번 경험에서 발견한 구체적인 문제를 다음에는 어떤 구체적인 방법으로 해결할 것인지를 기술할 때 비로소 메타인지가 학습으로 전환되고 있다는 증거가 됩니다.

전체를 통틀어 보면, 두 학생의 자기기술서 차이는 결국 하나의 질문으로 귀결됩니다.

"이 학생은 자신이 무엇을 했는지 알고 있는가?"

학생 A는 과제를 완성했지만 자신이 무엇을 했는지 모릅니다. 학생 B는 과제를 완성했고 자신이 무엇을 했는지 압니다. 이것이 메타인지의 본질이며, AI 시대에 대학 교육이 궁극적으로 길러야 할 역량입니다. AI 시대에 교수가 평가해야 할 것은 바로 이 차이입니다.

● 종합 평가표

다음은 앞서 말한 AI 활용의 5가지 역량을 통합한 평가표입니다. 과목별 특성, 교수님들이 중요하게 생각하는 요인 등에 따라 항목별 가중치는 얼마든지 조정할 수 있을 것입니다.

평가 역량	우수(A)	보통(B)	미흡(C)	배점
질문 설계	전략적·비판적 질문 설계, 질문의 발전적 흐름 명확	조건 부여 가능하지만, 전략적 연결 부족	단순 정보 요청 수준	20점
반응적 사고	AI 답변 비판적 검토, 한계 파악 및 차기 질문 설계	일부 비판적 검토 있지만, 수동적 수용 다수	AI 답변 무비판적 수용	20점
증거 통합	AI＋다른 자료 교차 검증, 상충 정보 처리 명확	AI 의존적이지만, 일부 추가 자료 활용	AI 답변만 활용	20점
서사 구성	중간 결과물들이 일관된 논리로 통합, 전환점 명확	흐름 있지만, 연결이 다소 느슨함	단순 나열 수준	20점
메타인지	사고 과정 변화를 정확히 인식하고 구체적으로 기술	부분적 성찰 있지만, 표면적 수준	과정 기술 없거나 형식적	20점

4 AI 활용 과정 평가를 위한 프롬프트 구조 및 예시

앞서 살펴본 5가지 AI 활용 역량 평가 지표는 AI 시대 교육 방식의 진화를 위해 매우 중요합니다. 하지만 현실적인 문제가 하나 있습니다. 제대로 된 AI 과정 평가를 진행하려면, 학생은 최종 보고서 뿐만 아니라, AI 드리블링 로그, 자기기술서까지 제출해야 합니다. 교수님들 입장에서는 학생 한 명당 검토할 분량이 기존 보고서의 3배 이상으로 늘어납니다. 50명이 참여하는 수업이라면, 사실상 한 학기 내내 채점에만 매달려야 할 수도 있습니다.

아무리 좋은 평가 방식도 교수님과 조교분들의 시간과 에너지를 넘어선다면 제대로 적용할 수 없습니다. 이 문제를 해결하기 위해 여기서는 AI 평가 에이전트를 구축할 수 있는 프롬프트 구조를 제시해 보려 합니다. AI 평가 에이전트를 활용하면 교수님들은 학생별 1차 분석을 AI에게 위임하고, 본인은 AI가 생성한 평가 결과를 검토·조정하는 역할에 집중할 수 있습니다. 채점 시간을 단순히 줄이는 것이 아니라, 교수의 판단이 가장 필요한 곳에 시간을 집중하자는 것입니다.

각 프롬프트는 '기본 구조(Base Template)'와 '전공별 수정 예시'로 구성되어 있습니다. 수업 목표와 전공 특성에 맞게 괄호 안의 내용을 조금만 교체한 후 테스트를 진행해 다듬는다면 금세 교육 현장에서 활용하실 수 있을 것입니다.

● **과제 제시 단계**

　다음은 교수가 학생에게 과제를 낼 때 함께 제공하는 AI 활용 지침의 예시입니다. 학생이 AI를 어떻게 활용해야 하는지, 그리고 무엇을 제출해야 하는지를 명확히 안내할 필요가 있습니다.

과제 공지문 기본 템플릿

이번 과제에는 AI 도구 활용을 권장합니다. 단, 다음 3가지를 함께 제출해야 합니다.
1) **최종 보고서**(기존 방식과 동일)
2) **AI 드리블링 로그**: 사용한 주요 프롬프트(질문)와 AI 답변 내용
　– 최소 20회 이상의 상호작용 기록 포함
　– 전체 로그 중 의미 있는 상호작용 부분에 빨간색 표시
　– 1페이지에 다음 프롬프트로 만들어진 질문–답변 요약표 제시

"지금까지 대화 내용에서 나의 질문을 원문 그대로, 누락 없이 표로 만들어 줘. 표는 일련 번호–사용 프롬프트(원문 그대로, 누락 없이)–네가 추론한 나의 질문 의도–답변 결과물 핵심 내용(간단하게) 형태로 만들어 줘. 표를 만든 후 누락이 존재하는지 다시 한번 확인해 보고, 누락 존재 시 적절히 보완 부탁해."
3) **AI 활용 과정 자기기술서**: 아래 3개 구간, 총 8개 항목에 답하는 2~3페이지 분량의 성찰 문서
4) **파일명 통일**: 3개 파일명은 다음 제목으로 제출
　1_[학생 이름_학번]_최종_보고서.docx
　2_[학생 이름_학번]_AI_드리블링_로그.docx
　3_[학생 이름_학번]_자기_기술서.docx

ー

Ⅰ. **AI 활용 개요**(사실 기록 구간)
❶ **활용 도구**: 사용한 AI 도구의 종류와 도구별 주요 활용 용도를 기술하세요. 왜 그 도구를 선택했는지 이유도 함께 적어 주세요.
❷ **활용 범위와 분량**: 총 AI 상호작용 횟수와 과제 단계별(자료 수집·분석·작성·검토) AI 활용 비중을 기술하세요. 어느 단계에서 AI 의존도가 높았고 낮았는지도 설명하세요.
❸ **전체 작업 흐름**: 과제 수행의 전체 프로세스를 단계별로 기술하세요. AI가 개입한 시점과 여러분이 직접 수행한 시점을 구분하여 서술하세요.

II. 과정 성찰

❹ **핵심 전환점**: 분석 방향을 바꾸거나 새로운 시각을 얻게 된 AI와의 상호작용 2~3개를 선택하고, 왜 그 순간이 중요했는지 설명하세요. "이전에는 X라고 생각했는데, Y를 발견한 후 Z로 바뀌었다."라는 구조로 기술하면 좋습니다.

❺ **AI 한계 경험**: AI가 틀리거나 부족했던 부분을 발견한 구체적 사례와 이를 어떻게 보완하거나 우회했는지 기술하세요. "AI가 완벽하지 않다."라는 원론적 언급이 아니라, 실제로 발견한 구체적 사례를 적어 주세요.

❻ **나의 고유한 기여**: AI가 제공하지 못한, 본인만의 분석 프레임·판단·해석·관점이 무엇인지 명시하세요. 자료를 정리하고 구성한 것은 기여가 아닙니다. AI가 알고 있었지만 의미를 부여하지 못한 것을 여러분이 발견한 것 또는 AI가 제시하지 못한 새로운 연결과 해석이 진짜 기여입니다.

III. 사고 발전

❼ **사고 변화 과정**: 과제를 시작할 때와 마칠 때 사이에 여러분의 이해나 관점이 어떻게 달라졌는지를 서술하세요. "더 많이 알게 되었다."가 아니라, 무엇이 어떻게 바뀌었는지를 구체적으로 적어 주세요.

❽ **다음 과제에 대한 시사점**: 이번 AI 활용 경험에서 배운 것을 바탕으로, 다음에는 무엇을 구체적으로 다르게 할 것인지 적어 주세요. "더 열심히 하겠다."가 아니라, 이번에 발견한 구체적 문제를 다음에는 어떤 방법으로 해결할 것인지를 기술하세요.

제출된 보고서들은 AI를 통해 1차 분석되며, AI 분석 결과는 참고용으로만 활용됩니다. 최종 점수는 교수가 본인 판단하에 직접 부여합니다.

❹, ❺, ❻ 항목 각각에 "이런 서술은 기여가 아닙니다."또는 "이런 방식으로 쓰면 좋습니다."라는 안내를 넣은 것이 핵심입니다. 학생들은 대부분 무엇을 써야 하는지보다 무엇을 쓰면 안 되는지를 모릅니다. 나쁜 예시를 공지문 안에 넣어 두면 학생 A처럼 낮은 수준의 자기기술서를 제출하는 것을 사전에 차단할 수 있습니다.

● **평가 단계: AI 평가 에이전트 기본 프롬프트 구조**

다음 내용은 교수가 ChatGPT의 GPTs, Claude의 Project, Gemini의 Gems 등 AI 에

이전트 도구를 활용해 학생의 AI 활용 과정을 자동으로 일차 분석해 주는 평가 에이전트 프롬프트의 기본 구조와 실제 활용 가능 프롬프트입니다. 전공과 과목에 맞게 대괄호 부분을 수정해서 사용하시면 됩니다.

AI 활용 과정 평가 에이전트 프롬프트 템플릿

> ### ✨ AI 평가 에이전트 기본 프롬프트
>
> 당신은 대학교 [전공명] 수업의 교육 평가 전문가입니다. 학생이 제출한 AI 활용 과정 보고서를 다음 기준에 따라 분석하고 평가해 주세요. 보고서는 총 3개이며, 각 평가항목별로 3단계(우수＝A＝20점, 보통＝B＝15점, 미흡＝C＝10점)로 평가하세요.
>
> [수업 목표]: [예: 경영 전략 분석, 사회 현상의 비판적 이해, 공학 설계 문제 해결 등]
> [평가 과제]: [예: 특정 기업의 경쟁 전략 분석 보고서, 사회 이슈에 대한 비판적 에세이 등]
> [보고서 형태]:
> 1_[학생 이름_학번]_최종_보고서.docx: 평가 과제 최종 결과물
> 2_[학생 이름_학번]_AI_드리블링_로그.docx,: 보고서 작성 시 이용한 AI 대화 내용
> 3_[학생 이름_학번]_자기_기술서.docx: AI 활용 과정에 대한 학생의 자체 분석
>
> - **평가 항목 1 – 질문 설계 역량**(20점)(AI와의 대화를 시작하는 능력을 평가합니다.)
>   제출된 드리블링 로그 파일을 검토하여 다음을 분석하세요.
>   ⓐ 질문의 복잡성과 전략성이 초반·중반·후반에 걸쳐 어떻게 발전했는가?
>   ⓑ 단순 정보 요청 수준의 질문과 비판적·종합적 질문의 비율
>   ⓒ 수업에서 다룬 이론·개념·프레임워크를 질문 설계에 활용한 흔적
>
> - **평가 항목 2 – 반응적 사고 역량**(20점)(AI 답변을 받은 후 어떻게 반응하는지를 평가합니다.)
>   AI 드리블링 로그 파일에서 AI 답변에 대한 학생의 반응을 분석하여 다음을 평가하세요.
>   ⓐ AI 답변의 특정 부분에 동의하지 않거나 한계를 지적한 사례의 존재 여부와 구체성
>   ⓑ AI 답변을 계기로 질문의 방향이나 수준이 달라진 사례
>   ⓒ AI 답변을 그대로 수용한 비율 대비 비판적으로 재질문한 비율
>
> - **평가 항목 3 – 증거 통합 역량(20점)**(AI 정보를 다른 자료와 연결·검증하는 능력을 평가합니다.)
>   AI 드리블링 로그 파일과 최종 보고서 파일을 비교하여 다음을 확인하세요.
>   ⓐ AI 외에 학술 논문·공식 통계·기업 자료 등 독립적 출처를 활용한 흔적
>   ⓑ AI가 제시한 수치·사실·주장을 원출처에서 직접 검증한 사례
>   ⓒ AI 정보와 다른 자료가 상충했을 때 학생이 어떻게 판단하고 처리했는가?

- **평가 항목 4 – 서사 구성 역량(20점)**(분산된 분석 결과를 하나의 논지로 통합하는 능력을 평가합니다.)

  AI 드리블링 로그의 흐름과 최종 보고서의 구조를 비교하여 다음을 분석하세요.

  ⓐ 분석 방향이나 핵심 논지가 바뀐 전환점이 로그에서 식별되는가?

  ⓑ 전환점 이후 보고서의 구성이나 논지가 실제로 달라진 흔적

  ⓒ 최종 보고서가 AI 답변의 순차적 나열인가, 아니면 학생의 논지를 중심으로 재구성되었는가?

- **평가 항목 5 – 메타인지 역량(20점)**(자신의 사고 과정을 인식하고 기술하는 능력을 평가합니다. 이 항목은 자기기술서 전체를 대상으로 합니다.)

  자기기술서의 Ⅰ·Ⅱ·Ⅲ 구간을 다음 기준으로 평가하세요.

  ⓐ [Ⅰ. AI 활용 개요] 도구 선택의 이유, 단계별 활용 비중, 작업 흐름에서 AI와 학생 본인의 역할이 구체적으로 구분되어 있는가?

  ⓑ [Ⅱ. 과정 성찰] 전환점 기술이 "이전에는 X였는데 Y를 발견하여 Z로 바뀌었다."라는 구조를 갖추고 있는가? AI 한계 경험이 원론적 언급이 아닌 구체적 사례로 기술되어 있는가? 나의 고유한 기여가 편집·정리 행위가 아닌 프레임 설정·판단·해석으로 명확히 기술되어 있는가?

  ⓒ [Ⅲ. 사고 발전] 사고의 변화가 "더 많이 알게 되었다."를 넘어 구체적으로 기술되어 있는가? 다음 과제 시사점이 막연한 다짐이 아닌 구체적 실행 계획으로 제시되어 있는가?

출력 형식: 학생 이름과 학번을 맨 위에 쓰세요. 그 다음에 각 항목별 점수(숫자)와 근거(2~3문장), 총점을 계산해 표로 만들어 넣으세요. 그리고 표 하단에 학생에게 전달할 피드백들을 제공하세요.

- **잘한 점 1~3가지**: 이 학생의 AI 활용 과정에서 가장 인상적인 사고의 흔적
- **보완이 필요한 점 1~3가지**: 다음 과제에서 반드시 개선해야 할 구체적인 부분
- **교수 확인 요청 사항 1~3가지**: AI가 판단하기 어려워 교수가 직접 검토해야 할 부분

출력 형식의 마지막 항목인 '교수 확인 요청 사항'을 주목해 주시기 바랍니다. AI 평가 에이전트가 판단하기 어려운 부분을 교수에게 명시적으로 넘기는 구조입니다. 예를 들어, 학생이 주장하는 고유한 기여가 실제로 독창적인지, 전환점으로 기술한 내용이 진짜 사고의 변화인지는 AI와 인간의 판단이 다를 수 있습니다. 또한 이처럼 모호한 부분에서 교수님들이 최종 판단을 내려야 의미 있는 피드백이 가능할 것입니다.

다음에서는 경영학, 사회과학, 공학, 인문학의 잠재 과제들에 AI 드리블링이 어떻게 적용될 수 있는지 사례를 제시해 보았습니다. 평가 에이전트도 다양한 과목, 다양한 수업에 적용될 수 있습니다. 이때 수업 특성과 예상 드리블링 방향을 고려하여 적절히 수정해 사용하시면 더욱 좋을 것입니다.

평가 에이전트 적용 가능 사례 1 **경영학 – 기업 전략 분석 과제**

- **수업 목표**: 경쟁 전략 프레임워크(Porter 5 Forces, SWOT, Blue Ocean 등)를 활용한 기업 분석 능력
- **평가 과제**: 국내 플랫폼 기업 1개를 선정하여 향후 3년간의 경쟁 전략을 분석하는 15페이지 보고서
- **드리블링 포인트(예시)**
  - 1~5번 **프롬프트**: 산업 환경 데이터 수집 및 주요 경쟁자 파악
  - 6~12번 **프롬프트**: 전략 프레임워크 적용 및 교차 분석
  - 13~18번 **프롬프트**: AI 분석 결과에 대한 비판적 검토 및 대안 시나리오 탐색
  - 19~25번 **프롬프트**: 전략 제언 구체화 및 실행 가능성 검토
- **핵심 평가 관점**: Porter 5 Forces를 단순 나열하는 수준을 넘어, 각 요소 간 상호작용과 동태적 변화를 포착했는가?

평가 에이전트 적용 가능 사례 2 **사회과학 – 사회 이슈 비판적 분석 과제**

- **수업 목표**: 사회적 현상에 대한 다층적 관점 이해 및 비판적 에세이 작성 능력
- **평가 과제**: 청년 주거 불안정 문제를 구조적 관점에서 분석하고 정책 대안을 제시하는 에세이
- **드리블링 포인트(예시)**
  - 1~5번 **프롬프트**: 문제 현황 데이터 및 다양한 이론적 관점 탐색
  - 6~10번 **프롬프트**: AI의 설명에 반론 제기 및 다른 관점으로 재해석 요청
  - 11~15번 **프롬프트**: 해외 사례 비교 분석 및 한국 맥락에의 적용 가능성 검토
  - 16~20번 **프롬프트**: 정책 대안의 한계와 부작용 탐색
- **핵심 평가 관점**: 단일 이론 관점을 넘어 복수의 상충하는 관점을 통합적으로 다루었는가?

 공학 – 설계 문제 해결 과제

- **수업 목표**: 복잡한 공학 설계 문제에 대한 체계적 접근 및 트레이드오프 분석 능력
- **평가 과제**: 도심 교통 혼잡 완화를 위한 스마트 시스템 설계 제안서
- **드리블링 포인트(예시)**
  - 1~7번 **프롬프트**: 기존 솔루션 조사 및 각 접근법의 기술적 한계 파악
  - 8~14번 **프롬프트**: 제약 조건(비용, 기술, 사회적 수용성) 설정 및 최적화 탐색
  - 15~20번 **프롬프트**: AI 제안 설계안의 기술적 타당성 검증 및 반례 탐색
  - 21~25번 **프롬프트**: 최종 설계안의 트레이드오프 분석 및 대안 시나리오 비교
- **핵심 평가 관점**: AI가 제안한 기술 솔루션의 현실적 제약을 스스로 발견하고 수정했는가?

 인문학 – 텍스트 비판적 읽기 과제

- **수업 목표**: 고전 텍스트에 대한 다층적 해석 능력 및 현대적 맥락과의 연결
- **평가 과제**: 지정 고전 텍스트를 현대 사회 현상과 연결하여 비판적 해석 에세이 작성
- **드리블링 포인트(예시)**
  - 1~5번 **프롬프트**: 텍스트의 역사적 맥락 및 주요 해석 관점, 학자 탐색
  - 6~10번 **프롬프트**: AI의 주류 해석에 대한 반론 제기 및 소수 관점 해석 탐색
  - 11~15번 **프롬프트**: 텍스트의 핵심 개념을 현대 사례에 적용하는 독창적 연결 시도
  - 16~20번 **프롬프트**: 자신의 해석에 대한 반례 탐색 및 해석의 한계 인식
- **핵심 평가 관점**: AI가 제공하는 표준적 해석을 넘어 독자적인 해석의 실마리를 발전시켰는가?

교수 부담 최소화를 위한 간소화 방안

AI 활용 과정 평가는 충분히 합리적이지만, '평가 부담이 크게 증가한다.'라는 현실적 문제점이 있습니다. 이 부담을 최소화하면서도 평가의 핵심을 유지하는 방안을 생각해 보았습니다.

간소화 전략	세부 방법
샘플링 방식	• 학생이 제출한 전체 드리블링 로그 중 'Ⅱ. 과정 성찰(메타인지 핵심 구간)'만 선별 제출하도록 함 • 교수는 8개 평가 항목 중 3개(❹∼❻)만 심층 평가
AI 1차 평가 활용	• AI 평가 에이전트 프롬프트로 AI가 1차 분석 후 교수는 AI 평가 결과를 검토·조정하는 역할만 수행
동료 평가 도입	• 학생들이 분임조 또는 짝을 지어 서로의 드리블링 로그를 평가하는 구조 도입 • 평가표를 활용한 피어 리뷰는 평가 역량 자체를 높임
체크리스트 방식	• 5개 역량을 3∼5개의 yes/no 체크리스트로 전환 • 서술형 피드백은 탁월한 학생과 미흡한 학생에게만 제공
단계적 도입	• '자기기술서+핵심 프롬프트 5개'만 요구하며 시작 • 경험이 쌓이면서 점진적으로 요구 수준 높임

6 실제 도입 로드맵

이 보론에서 제안하는 AI 활용 과정 평가를 실제 수업에 도입하려면 단계별 로드맵이 필요할 것입니다. 한 학기 동안 점진적으로 적용할 수 있도록 설계해 보았습니다.

단계(시기)	세부 활동
준비 단계 (개강 전 2주)	• 수업 목표와 연계된 AI 드리블링 포인트 설계 • 과제 공지문 및 자기기술서 양식 준비(3.1 템플릿 활용) 　– AI 평가 에이전트 프롬프트 전공에 맞게 커스터마이징(3.2 기본 구조 활용) • 평가표 공개 – 학생이 무엇을 어떻게 평가받는지 사전에 인지하게 함
오리엔테이션 (2∼3주차)	• AI 드리블링 개념 소개: '단편적 활용'과 '드리블링'의 차이를 직접 시연 • AI 증강 독해 방법론과 연계하여 왜 과정이 중요한지 설명 　– 샘플 드리블링 로그 공유 – 좋은 예시와 나쁜 예시를 대비하여 보여 줌 • 학생들이 연습 과제로 소규모 드리블링(5∼10회)을 먼저 경험하게 함
중간 과제 (7∼8주차)	• 15∼20회 드리블링 로그 + 자기기술서 제출 • AI 평가 에이전트로 1차 분석 후 교수 검토 • 중간 피드백 세션: 학생들이 서로의 드리블링 전략을 공유하고 토론 • '핵심 전환점' 발표: 학생이 자신의 가장 중요한 사고 전환 순간을 2분간 설명
기말 과제 (15∼16주차)	• 25∼40회 이상의 완성도 높은 드리블링 로그 + 최종 보고서 + 자기기술서 • 포트폴리오 방식: 중간 과제 이후의 성장과 변화를 기술하도록 요구 • AI 평가 에이전트 최종 분석+교수 최종 채점 • 우수 사례 공유: 탁월한 드리블링 전략을 보여 준 학생 2∼3명의 사례를 익명으로 공유

'평가가 바뀌면 교육이 바뀐다.'

이는 교육학의 오래된 명제입니다. AI 시대에 이 명제는 더욱 강력해질 것입니다. 상당수 학생들은 평가받는 방식에 따라 공부하고 과제를 제출합니다. AI만으로도 결과물 평가를 통과할 수 있다면, 학생들은 이 방법만으로 공부할 것입니다. 그러나 사고 과정이 투명하게 드러나고 평가를 받는다면, 학생들은 AI와 함께 생각하는 법을 배우게 될 것입니다.

이 보론에서 제안한 AI 활용 과정 평가는 AI 시대에 AI를 더 잘 활용해 AI와 함께 자신의 사고력을 확장해 나가는 사람을 키우려는 목적입니다. AI 증강 독해로 텍스트를 더 깊고, 넓게 이해하며, 그 이면까지 들여다 보고 나의 문제와 연결시키는 능력, AI 드리블링을 통해 20~70개의 질문을 이어가며 복잡한 문제를 해결하는 능력, AI의 답변을 비판적으로 검토하고 자신의 관점을 더하는 능력, 이것이 AI 시대의 진짜 경쟁력일 것입니다.

대학에서도 이 가이드를 참고 삼아 AI 시대에 맞게 평가 방식을 설계하고, 학생들이 AI와 함께 더 깊이 생각하는 경험을 갖게 되기를 바랍니다. 그리고 그 과정에서 이 책이 작은 디딤돌이 될 수 있다면, 저자로서 그 이상의 보람은 없을 것입니다.

2 AI 증강 독해 방법론의 교육 현장 활용 가이드

● AI 문해력 평가와 연계한 4가지 독해 기법의 수업 적용

앞선 보론에서 AI 드리블링을 활용한 보고서의 평가 프레임워크와 평가 프롬프트를 살펴보았습니다. 그런데 AI 활용 과정 평가를 더 깊이 생각해 보면, 과정의 질은 결국 학생이 텍스트를 어떻게 읽고 해석했는지에서 출발합니다. 아무리 많은 AI 질문을 던지더라도, 읽은 내용을 피상적으로만 이해한다면 그 질문들도 피상적인 수준에 머물 수밖에 없습니다.

1권 2장에서 제시한 AI 증강 독해의 4가지 심화 방법론, 즉 구조적, 계보적, 심층적, 실천적 독해가 교육 현장에서 갖는 특별한 의미는 바로 이 지점에서 절 드러납니다. 이 방법론들은 그 자체로도 텍스트를 더 제대로 읽기 위한 기법이지만, 나아가 AI 시대에 가장 필요한 사고 역량들, 즉 논리적 사고, 맥락적 사고, 비판적 사고, 창의적 사고를 훈련하는 구체적인 도구가 될 수 있습니다.

무엇보다 이 4가지 독해 방법론은 그 자체로 탁월한 AI 문해력 교육 프레임워크입니다. 학생들이 단순히 AI로 요약본을 받아 보고서를 쓰는 것에서 벗어나 AI를 진정한 사고의 파트너로 활용하는 법을 배울 수 있는 가장 구체적인 경로가 바로 이 독해 훈련에 있습니다.

1   AI 증강 독해 4기법과 AI 문해력의 연결

● 기본적 독해 – AI 문해력의 출발점

4가지 심화 독해를 다루기 전에 기본적 독해(기초 편: 질문하기, 연결·확장하기, 확인·검증하기, 요약·정리하기, 번역하기)가 갖는 교육적 의미를 먼저 짚어야 합니다. 기본적 독해는 AI를 비서처럼 활용하는 단계입니다. 어려운 개념을 물어보고, 배경 지식을 얻고, 내용을 요약하는 것이죠. 교육 현장이나 기업 현업에서 가장 많이 목격되는 안타까운 문제가 바로 이 단계까지도 가지 못하는 것입니다.

학생이 AI에게 핵심 내용을 요약해 달라고 하고 그것을 보고서에 붙여 넣는 행위는, 기본적 독해조차 학생 스스로 수행하지 않은 결과입니다. 역설적으로, 기본적 독해를 제대로 수행했는지를 평가하는 것이 AI 문해력 교육의 첫 번째 관문입니다.

기본적 독해 요소	교육적 의미 및 평가 포인트
질문하기	AI에게 어떤 질문을 던졌는가? 맥락을 명시한 맞춤형 질문인가, 아니면 단순 정보 요청인가?
연결·확장하기	텍스트의 내용을 다른 개념·사례와 연결하는 시도가 있었는가? 학생 자신의 연결 논리는 무엇인가?
확인·검증하기	AI가 제공한 정보의 정확성을 의심하고 교차 검증한 흔적이 있는가?
요약·정리하기	AI 요약을 그대로 수용했는가, 아니면 자신의 관점으로 재구성했는가?
번역하기	번역된 내용의 뉘앙스 차이를 인식하고 원문과 비교한 흔적이 있는가?

● 4가지 심화 독해와 AI 문해력 역량

기본적 독해를 제대로 수행했다면 심화 독해로 나아갈 수 있습니다. 중요한 것은 4가지 심화 독해 방법론이 AI 문해력의 핵심 역량들과 긴밀하게 연결되어 있다는 점입니다. 아래 표는 이 연결 관계를 정리한 것입니다.

독해 방법	핵심 질문	핵심 활동	관련 학문	키우는 문해력
구조적 독해 (Structural)	이 텍스트는 어떻게 만들어졌을까?	텍스트의 설계도 읽기 – 논리 구조·정보 밀도·서술 전략 분석	문학	논리적·구조적 사고
계보적 독해 (Genealogical)	이 텍스트는 어떤 맥락에서 나왔을까?	텍스트의 가계도 그리기 – 사상적 계보·시대적 맥락·영향 관계 추적	역사학, 문헌정보학	맥락적·연결적 사고

독해 방법	핵심 질문	핵심 활동	관련 학문	키우는 문해력
심층적 독해 (Deep)	이 텍스트가 정말 말하고 싶은 것은 무엇인가?	텍스트 속 보물찾기 – 숨겨진 가정·편향·함의·침묵하는 목소리 발굴	철학, 사회학	비판적·해석적 사고
실천적 독해 (Practical)	이 텍스트를 어떻게 삶과 업무에 적용할까?	배운 내용의 삶 적용 – 현실 제약 검토·행동 계획 수립·창조적 융합	경영학, 행정학	창의적·실천적 사고

이 표가 시사하는 것처럼 기존 대학 교육의 다양한 인문학적 사고법, 즉 문학 이론, 역사학, 철학, 사회학은 AI 시대에 오히려 더 빛을 발하는 도구가 될 수 있습니다. AI 증강 독해의 4기법을 수업에서 활용하는 것은 이러한 기존 학문에 뿌리를 둔 체계적인 독해 기술을 AI를 활용해 더욱 쉽고 체계적으로 학생들에게 전수하는 것입니다.

2 독해 방법별 교육 평가 설계

이 장에서는 4가지 심화 독해 방법론 각각에 대해 ❶ 교육적 핵심 가치, ❷ 평가 포인트, ❸ 학생용 실습 가이드, ❹ AI 평가 에이전트 프롬프트를 제공합니다. 수업 설계 시 텍스트 선정에는 AI에게 입력할 디지털 파일을 구할 수 있는지가 중요합니다. 비즈니스 문서나 기술 문서는 10장과 11장에서 소개한 방법으로 비교적 쉽게 구할 수 있습니다. 인문 교양서의 경우, 저작권이 소멸된 해외 고전 텍스트들을 구텐베르크 프로젝트, 매니북스, 스탠더드이북 등에서 구할 수 있습니다.[3]

---

3   구텐베르크 프로젝트(https://www.gutenberg.org), 매니북스(manybooks.net), 스탠더드이북(https://standardebooks.org/ebooks)

● 구조적 독해 – 텍스트의 '설계도' 읽어 내기

> **핵심 질문** "이 텍스트는 어떻게 만들어졌을까?"

구조적 독해는 건축가가 건물의 설계도를 읽듯 텍스트가 어떻게 설계되어 있는지를 분석하는 방법입니다. 단순한 목차 구조 분석을 넘어 각 장의 정보 밀도, 논리 흐름, 서술 전략, 그리고 저자의 숨은 의도까지 파악합니다. AI를 활용하면 인간의 눈으로는 놓치기 쉬운 패턴들 – 예를 들어, 특정 섹션의 정보 밀도가 현저히 낮다는 것, 논리 구조에 순환 오류가 있다는 것 – 을 손쉽게 발견할 수 있습니다.

교육적 핵심 가치와 평가 포인트

구조적 독해 훈련은 학생들이 텍스트 내용에 대한 이해를 넘어 텍스트의 논리적, 물리적 구조를 파악하고 이를 통해 새로운 의미를 탐색하는 능력을 키웁니다. 텍스트의 구조적 특성을 분석하는 것은 과거 전문가들의 전유물이었습니다. 하지만 AI 시대에는 일반인들도 AI를 활용해 얼마든지 구조적 분석을 할 수 있게 되었습니다. 이를 통해 텍스트 자체에 대한 이해와 텍스트 간의 비교까지 할 수 있게 된 것입니다. 이는 미디어 문해력과 논리적 사고력의 토대가 됩니다.

평가 항목	확인할 내용
논리 구조 파악	학생이 텍스트의 전체 논증 구조(전제 → 근거 → 결론)를 도식화했는가?
정보 밀도 분석	특정 섹션이 강조되거나 축소된 패턴을 발견하고 그 의미를 해석했는가?
서술 전략 분석	저자가 독자를 설득하기 위해 사용한 수사·글쓰기 기법을 파악했는가?
편향 탐지	성공 사례 위주 서술, 순환 논리 오류, 선택적 근거 제시 등의 구조적 편향을 발견했는가?
AI 분석 활용도	AI의 구조 분석 결과를 비판적으로 검토하고 자신의 해석으로 보완했는가?

구조적 독해의 학생용 실습 가이드

텍스트 파일을 제공하고 학생에게 다음의 흐름을 따라 구조적 독해를 실습해 보라고 시켜 보세요. 학생 수가 많은 경우, 조를 편성해서 동일한 텍스트에 대해 각각 다른 AI를 구동해 나온 답변 결과를 비교, 토론하고 이를 종합해 발표하게 하는 것도 좋은 방법이 될 수 있습니다.

❶ **전체 구조 스캐닝**: 목차와 각 장의 분량을 확인하고, 어느 부분이 강조되었는지 AI에게 물어 보세요.

❷ **논증 흐름 분석**: "이 텍스트의 핵심 주장과 그것을 뒷받침하는 3가지 핵심 근거를 구조화해 줘."라고 AI에게 요청하세요.

❸ **정보 밀도 비교**: "각 챕터의 정보 밀도를 비교하고, 유독 얕게 다뤄진 부분과 그 이유를 추론해 줘."라고 질문하세요.

❹ **편향 탐지**: "이 텍스트에서 저자가 의도적으로 강조하거나 축소한 것이 무엇인지, 구조적 편향을 분석해 줘."라고 요청하세요.

❺ **나만의 해석 추가**: AI 분석 결과에 동의하지 않는 부분, 또는 AI가 놓친 구조적 특성을 직접 기술하세요.

구조적 독해의 AI 평가 에이전트 프롬프트

구조적 독해 실습을 진행했다면, 개인 과제로 구조적 독해 과제를 내 주고 이를 평가해 볼 수도 있습니다. 다음은 평가를 반자동화해 주는 AI 에이전트의 프롬프트 초안입니다. 보론 1절의 과제 설계 단계 및 평가 단계 내용을 참조하고 적절히 수업 내용을 감안해 이를 수정해서 사용하시면 됩니다.

> ✨ **구조적 독해 평가 프롬프트**
>
> 당신은 [전공명] 수업의 텍스트 분석 평가 전문가입니다. 학생이 제출한 구조적 독해 결과물을 다음 기준으로 평가해 주세요.
>
> - **수업 목표**: [예: 학술 논문의 논증 구조 분석 능력/비즈니스 문서의 서술 전략 파악 능력]
> - **분석 대상 텍스트**: [텍스트명 또는 유형 명시]
>
> **평가 기준 1** **논리 구조 파악**(25점)
>
> 전체 논증 구조를 정확히 파악했는가? 전제·근거·결론의 흐름을 도식화하거나 설명했는가? 논리적 비약이나 오류를 발견했는가?
>
> **평가 기준 2** **정보 밀도 및 강조 패턴 분석**(25점)
>
> 어느 부분이 상세하게, 어느 부분이 피상적으로 다뤄졌는지 파악했는가? 그 패턴이 저자의 의도와 어떻게 연결되는지 해석했는가?

평가 기준 3 **서술 전략 및 편향 탐지**(25점)

저자의 설득 기법, 수사 전략, 구조적 편향(선택적 사례 인용, 순환 논리 등)을 구체적으로 발견했는가? 단순 나열이 아닌 비판적 해석이 동반되었는가?

평가 기준 4 **독자적 해석 기여**(25점)

AI 분석 결과를 그대로 수용하지 않고, 학생 자신의 관점에서 보완하거나 반론을 제시했는가?

- **출력 형식**: 항목별 점수(숫자)와 근거(2~3문장), 총점, 학생에게 전달할 구체적 피드백 3가지를 제시해 주세요.

● 계보적 독해 – 텍스트의 '가계도' 그려 보기

핵심 질문 **"이 텍스트는 어떤 역사적·사회적 맥락에서 나왔을까?"**

계보적 독해는 현재 읽는 텍스트가 어떤 사상적 전통에서 나왔는지, 어떤 학자나 이론의 영향을 받았는지, 또 어떤 후속 담론에 영향을 주었는지를 추적하는 방법입니다. 초심자도 AI를 통해 해당 분야 10년 이상 전문가 수준의 맥락 이해를 빠르게 획득할 수 있다는 것이 이 방법론의 가장 강력한 장점입니다.

교육적 핵심 가치와 평가 포인트

계보적 독해는 지식이 고립된 섬이 아니라 역사적 흐름 속의 연결망이라는 것을 체험하게 합니다. 학생들은 어떤 이론이나 주장이 왜 특정 시대에 등장했는지, 그것이 어떤 사회적 맥락과 연결되는지를 이해함으로써 단순 암기를 넘어선 깊은 이해에 도달합니다. 이를 통해 학생들은 맥락적·연결적 사고를 실제로 경험해 보며 그 중요성을 체득할 수 있습니다.

과거에 이런 계보적 독해는 도서관에 가서 수많은 자료를 찾아 일일이 대조·검증해야 하는 힘들고 괴로운 작업이었습니다. 하지만 AI 시대에는 이러한 계보적 독해가 너무 쉬워집니다. 이러한 측면에서 AI 시대에는 급변하는 담론·기술·트렌드의 계보를 추적하고 현재와 연결하는 능력 자체가 중요한 핵심 역량이 될 수 있습니다.

평가 항목	확인할 내용
사상적 계보 추적	해당 텍스트의 주요 개념이나 주장이 어떤 이론적 전통에서 유래했는지 파악했는가?
시대적 맥락 연결	텍스트가 등장한 사회적·역사적 배경과 텍스트의 주장을 연결해서 해석했는가?
대비·비교 분석	동시대 또는 이후의 유사·대립 이론과 비교하여 해당 텍스트의 위치를 파악했는가?
패러다임 변화 포착	해당 분야에서 논의 방식이나 분석 프레임이 시간에 따라 어떻게 변화했는지 추적했는가?
현재와의 연결	계보적 분석에서 얻은 통찰을 현재 시점의 논의와 연결했는가?

계보적 독해의 학생용 실습 가이드

계보적 독해 실습을 진행했다면, 개인 과제로 구조적 독해 과제를 내 주고 이를 평가해 볼 수도 있습니다. 1시간 수업마다 1개의 심화 독해 방법론을 교육하고, 실습해 보면 좋을 것으로 판단됩니다.

🗂 계보적 독해 실습 순서

❶ **선행 계보 탐색**: "이 텍스트의 핵심 주장은 어떤 학자·이론의 영향을 받았는가? 지적 계보를 3~4단계로 추적해 줘."라고 AI에게 요청하세요.

❷ **시대적 맥락 파악**: "이 텍스트가 등장한 시대의 사회적·학문적 배경을 설명하고, 그 맥락이 텍스트의 주장에 어떻게 반영되었는지 분석해 줘."라고 질문하세요.

❸ **대립·경쟁 이론 탐색**: "동시대에 이 텍스트와 대립하거나 경쟁하는 관점은 무엇이었는가? 논쟁의 핵심은 무엇이었는가?"를 AI에게 물어보세요.

❹ **이후 영향 추적**: "이 텍스트가 이후 학문·실무 발전에 어떤 영향을 미쳤는가? 어떤 부분이 계승되고 어떤 부분이 비판·수정되었는가?"를 확인하세요.

❺ **현재와의 연결**: AI가 제시한 계보적 분석에서 현재 우리의 논의와 어떻게 연결되는지, 학생 자신의 해석을 추가하세요.

계보적 독해의 AI 평가 에이전트 프롬프트

마찬가지로 계보적 독해 실습을 진행했다면, 개인 과제로 구조적 독해 과제를 내 주고 이를 평가해 볼 수도 있습니다.

다음은 평가를 반자동화해 주는 AI 에이전트의 프롬프트 초안입니다. 보론 1절의 과제 설계 단계 및 평가 단계 내용을 참조하고 적절히 수업 내용을 감안해 이를 수정해서 사용하시면 됩니다.

당신은 [전공명] 수업의 지성사적 맥락 분석 평가 전문가입니다. 학생이 제출한 계보적 독해 결과물을 다음 기준으로 평가해 주세요.

- **수업 목표**: [예: 경제 이론의 사상적 계보 이해/사회 현상 분석 패러다임의 변화 추적]
- **분석 대상 텍스트**: [텍스트명 또는 유형 명시]

평가 기준 1 **선행 계보의 정확성과 깊이**(25점)

핵심 개념의 사상적 기원을 정확하게 추적했는가? 1~2단계 계보에 그치지 않고 더 깊이 파고들었는가?

평가 기준 2 **시대적 맥락 해석력**(25점)

텍스트를 낳은 역사적·사회적 배경을 구체적으로 제시하고, 그것이 텍스트의 주장에 어떻게 반영되었는지 설득력 있게 연결했는가?

평가 기준 3 **비교·대조 분석의 질**(25점)

경쟁 이론이나 비판 관점을 단순 나열하지 않고, 핵심 논쟁 지점을 정확히 파악했는가? 해당 텍스트의 학문적 위치를 입체적으로 제시했는가?

평가 기준 4 **현재적 연결과 통찰**(25점)

계보적 분석이 과거에만 머물지 않고 현재 시점의 논의나 실제 문제와 연결되었는가? 학생만의 통찰이 담겨 있는가?

- **출력 형식**: 항목별 점수(숫자)와 근거(2~3문장), 총점, 학생에게 전달할 구체적 피드백 3가지를 제시해 주세요.

● 심층적 독해 – 텍스트 속 '보물찾기'

핵심 질문 "이 텍스트가 정말로 말하고 싶은 것은 무엇일까?"

심층적 독해는 저자가 직접 말하지 않았지만 글 속에 담긴 진짜 의미를 찾아내는 방법입니다. 표면적 내용을 넘어 숨겨진 가정, 저자가 당연하다고 여기고 넘어간 전제들, 의도적으로 말하지 않으려는 내용들을 파악합니다. 분석적 심층 독해(Lv. 1)·해석적 심층 독해(Lv. 2)·비판적 심층 독해(Lv. 3)의 여러 층위를 갖습니다.

교육적 핵심 가치와 평가 포인트

심층적 독해는 AI 시대에 가장 위협받는 비판적 사고력을 되살립니다. AI를 가볍게 활용하는 사람들은 표면적 정보를 정리하고 요약하는 정도에 그칩니다. 하지만 AI를 제대로 활용하는 사람들은 텍스트를 분석해 본질적 의미뿐만 아니라 숨겨진 또 다른 의미들, 그리고 텍스트 배후의 전제와 맥락까지 AI와 함께 읽어 냅니다.

과거에 이러한 분석적, 해석적, 비판적 독해는 직업적으로 독해 훈련을 받은 전문가들도 상당한 시간과 노력을 들여야 가능한 일이었습니다. 혼자서 이 수준의 독해를 꾸준히 유지하기란 쉽지 않았습니다. 하지만 AI라는 강력한 독해 파트너를 활용하면 혼자서도 깊이 있고 풍부하게 심층적 독해를 진행할 수 있습니다. 어쩌면 이러한 심층적 독해 역량은 AI 시대이기에 비로소 도달할 수 있는 새로운 차원의 'AI 문해력'일 수 있습니다.

독해 단계	핵심 활동	교육 평가 포인트
Lv. 1 분석적 심층 독해	논리적 도구를 체계적으로 적용하여 개념·주장·근거의 관계를 분석	논리적 분석 체계성, 다각적 분석 도구 적용 여부, 비판적 거리 유지 여부
Lv. 2 해석적 심층 독해	시대적·사회적·문화적 맥락에서 텍스트의 진짜 의도와 숨겨진 메시지 탐구	맥락적 해석 깊이, 다층적 의미 탐색 여부, 간극과 모순 포착 능력
Lv. 3 비판적 심층 독해	당연한 전제를 의심하고, 권력과 이해관계를 읽어 내며, 배제된 목소리를 찾아냄	전제 해체 능력, 권력·이해관계 분석, 창발적 재구성 사고

심층적 독해의 학생용 실습 가이드

1권 2장의 관련 내용들을 보시면 아시겠지만, 심층적 독해의 범위는 매우 넓고 관점도 다양합니다. 교수님들이 중요하게 생각하는 관점에 따라 심층적 독해의 내용은 크게 바뀔 수 있습니다. 이 부분은 취향에 따라 적절히 변경해 사용하시기 바랍니다.

◈ 심층적 독해 실습 순서

① `Lv. 1 분석` "이 텍스트의 핵심 개념들을 분류하고, 주장 간 논리적 관계를 도식화해 줘. 논리적 비약이나 전제의 도약이 있는 부분을 찾아 줘."라고 AI에게 요청하세요.

② `Lv. 1 해석` "이 텍스트 작성자의 배경(직업·소속·국적·시대)이 주장에 어떤 영향을 미쳤는지 추론해 줘.", "저자가 당연하게 여기고 넘어간 문화적·사회적 가정은 무엇인가?"를 질문하세요.

❸ **Lv. 2 해석** "이 텍스트에서 명시적으로 말하는 것과 실제로 보여 주는 것 사이의 간극 또는 논리적 일관성이 흔들리는 지점을 찾아 줘."라고 요청하세요.

❹ **Lv. 3 비판** "이 텍스트는 누구의 이익에 복무하는가?", "어떤 목소리가 배제되거나 침묵당하고 있는가?", "다른 문화권이나 계층의 관점에서는 이 주장이 어떻게 달리 보일 수 있는가?"를 탐구하세요.

❺ **나만의 통찰** AI가 발견하지 못한 숨겨진 전제나 의미를 학생 자신이 직접 발굴하여 기술하세요.

심층적 독해의 AI 평가 에이전트 프롬프트

✨ 심층적 독해 평가 프롬프트

당신은 [전공명] 수업의 비판적 텍스트 분석 평가 전문가입니다. 학생이 제출한 심층적 독해 결과물을 다음 기준으로 평가해 주세요.

- **수업 목표**: [예: 사회 현상에 대한 다층적 비판적 독해 능력/연구 논문의 숨겨진 전제 발굴 능력]
- **분석 대상 텍스트**: [텍스트명 또는 유형 명시]

평가 기준 1 분석적 심층 독해(Lv. 1) 수행도(25점)

논리적 분석 도구를 체계적으로 적용했는가? 감정이나 직감이 아닌 논리적 근거로 텍스트를 해부했는가? 전제의 도약이나 논리적 비약을 구체적으로 적시했는가?

평가 기준 2 해석적 심층 독해(Lv. 2) 수행도(25점)

저자의 배경과 시대적 맥락이 텍스트에 어떻게 반영되었는지 설득력 있게 분석했는가? 명시적 메시지와 암묵적 의미 사이의 간극을 창발적으로 포착했는가?

평가 기준 3 비판적 심층 독해(Lv. 3) 수행도(25점)

당연해 보이는 전제를 의심하고 해체했는가? 권력·이해관계의 시선으로 텍스트를 독해했는가? 배제된 목소리를 찾아내고 새로운 사고 틀을 제시했는가?

평가 기준 4 독자적 통찰의 독창성(25점)

AI가 제시하지 못한 새로운 해석이나 숨겨진 의미를 학생 스스로 발굴했는가? 그 통찰이 구체적이고 설득력 있게 서술되었는가?

- **출력 형식**: 항목별 점수(숫자)와 근거(2~3문장), 총점, 학생에게 전달할 구체적 피드백 3가지를 제시해 주세요.

● 실천적 독해 – 배운 내용을 '실제 삶에 적용하기'

 "이 텍스트를 어떻게 내 삶과 업무에 적용할까?"

실천적 독해는 앞선 3가지 독해를 통해 텍스트를 해부하고, 맥락을 파악하고, 숨겨진 의미를 찾아낸 후 이 모든 분석을 실제 삶과 업무에 연결하는 마지막 단계입니다. 창조적 융합, 미래 예측, 개인적 적용, 현실적 장애 요인 검토까지 포함하여 지식의 실천적 변환을 추구합니다.

교육적 핵심 가치와 평가 포인트

실천적 독해는 '아는 것'과 '할 수 있는 것' 사이의 간극을 메우는 훈련입니다. 많은 학생들이 이론을 알고 있어도 현실 문제에 적용하지 못하는 이유는 실천적 독해 훈련이 부족하기 때문입니다. 하지만 기업에서도 요즘 특히 중요하게 생각하는 제안력은 실천적 독해 역량과 긴밀히 맞닿아 있습니다.

이제 정보는 넘쳐 나고 누구나 쉽게 접근 가능합니다. 직원들이 다양한 정보들을 그냥 보고 듣고 앵무새처럼 옮겨 말하는 것을 넘어 그 정보들을 비판적으로 엮어서 우리 회사의 현안 이슈 해결에 새로운 방향성과 구체적인 대안을 제시해 주기를 간절히 원합니다. 이러한 측면에서 향후 AI 시대에는 AI가 제공하는 일반적 해답을 넘어 자신의 구체적 맥락에 맞게 창의적으로 재조합해 우리에게 맞는 답을 제시하는 실천적 독해 능력, 나아가 제안력이 직업인들의 핵심 역량이 될 것입니다.

평가 항목	확인할 내용
현실 적용 구체성	추상적 개념을 '나의 상황·조직·사회'에 맞게 구체적인 행동 계획으로 변환했는가?
현실적 제약 검토	적용 시 예상되는 장애물(자원·문화·기술·인적 요인)을 사전에 검토하고 대응 방안을 제시했는가?
창조적 융합	텍스트의 아이디어를 전혀 다른 분야와 연결하거나 새로운 방식으로 변형하는 창의적 시도가 있었는가?
미래 예측과 확장	텍스트의 아이디어가 앞으로 어떻게 발전하거나 변화할지에 대한 통찰을 제시했는가?
AI 활용의 적절성	AI에게 일반적 적용 사례를 요청하는 데 그치지 않고, 자신의 맥락을 AI에게 상세히 제공하고 맞춤형 적용 방안을 추출했는가?

실천적 독해의 학생용 실습 가이드

◈ **실천적 독해 실습 순서**

❶ **맥락 설정**: "나는 [직업/전공/상황]이다. 이 텍스트의 핵심 아이디어를 내 상황에 맞게 적용하는 가장 효과적인 방법 3가지를 제안해 줘."라고 AI에게 맥락을 먼저 제공하고 시작하세요.

❷ **현실 장애 검토**: "AI가 제안한 적용 방안의 현실적 장애물을 분석해 줘. [내 상황의 구체적 제약 조건]을 고려했을 때 가장 실현 가능한 방안은 무엇인가?"라고 후속 질문하세요.

❸ **창조적 융합 탐색**: "이 텍스트의 핵심 아이디어를 [전혀 다른 분야]에 응용한다면 어떤 새로운 관점이나 방법론이 가능한가?"를 AI와 함께 탐색하세요.

❹ **미래 예측**: "이 텍스트의 아이디어가 10년 후에는 어떻게 발전하거나 변화할 것으로 예측되는가? 그 예측에 근거하여 지금 내가 선제적으로 준비해야 할 것은 무엇인가?"를 탐구하세요.

❺ **나만의 적용 계획 수립**: AI의 제안을 참고하되, 학생 자신이 실제로 실행할 수 있는 구체적이고 독창적인 적용 계획을 직접 작성하세요. AI가 미처 제안하지 못한 자신만의 아이디어를 반드시 포함하세요.

실천적 독해의 AI 평가 에이전트 프롬프트

✦ 실천적 독해 평가 프롬프트

당신은 [전공명] 수업의 지식 적용 및 실천 역량 평가 전문가입니다. 학생이 제출한 실천적 독해 결과물을 다음 기준으로 평가해 주세요.

- **수업 목표**: [예: 이론을 현실 문제에 적용하는 실천적 역량/학문적 지식을 현장에서 활용하는 창의적 능력]
- **분석 대상 텍스트**: [텍스트명 또는 유형 명시]

  평가 기준 1 구체적 적용 역량(25점)
  - "적용 계획이 추상적 수준에 머물지 않고 학생 자신의 맥락에 맞게 구체화되었는가?"
  - "'우리 조직에서는', '내 상황에서는'과 같이 맥락이 분명하게 제시되었는가?"

  평가 기준 2 현실적 제약 인식(25점)
  - "이상적 적용 방안을 제시하는 데 그치지 않고, 현실적 장애물을 사전에 검토하고 대응 방안을 함께 제시했는가?"

평가 기준 3 창조적 융합의 독창성(25점)

- "텍스트의 아이디어를 새로운 맥락에 창의적으로 연결했는가?"
- "교수나 AI가 예상하지 못한 독창적인 연결이나 응용이 담겨 있는가?"

평가 기준 4 AI 협업의 전략성(25점)

- "AI를 단순 자문 도구로 쓰지 않고, 자신의 맥락을 충분히 제공하며 맞춤형 통찰을 이끌어 냈는가?
- "AI의 일반적 제안을 넘어서는 독자적 판단과 기여가 분명하게 드러났는가?"

- **출력 형식**: 항목별 점수(숫자)와 근거(2~3문장), 총점, 학생에게 전달할 구체적 피드백 3가지를 제시해 주세요.

● 4기법 통합 평가 - 심화 독해 종합 과제

4가지 독해 기법의 학습은 각각 개별 과제로 훈련할 수도 있고, 이를 통합적으로 활용하는 종합 과제 형태로도 진행할 수도 있을 것입니다. 하나의 텍스트에 4기법을 모두 적용하면 어떤 단일 분석으로도 도달할 수 없는 다차원적 통찰이 가능해집니다.

4기법 통합 과제 설계 원칙

- **단계적 깊이**: 구조적→계보적→심층적→실천적 독해 순서로 수행하면 각 단계가 다음 단계의 토대가 됩니다. 하지만 반드시 이 순서를 따를 필요는 없으며, 학생 자신이 가장 효과적인 순서를 설계하도록 허용하는 것도 좋은 평가 방법입니다.
- **텍스트 선정**: 충분한 깊이가 있는 텍스트(학술 논문, 비즈니스 문서, 고전 텍스트 등)를 선정하는 것이 중요합니다. 지나치게 단순한 텍스트에는 4기법 전부를 적용하기 어렵습니다.
- **AI 드리블링 연계**: 4기법 통합 과제는 AI 드리블링과 연계하여 설계하는 것이 가장 효과적입니다. 각 독해 기법마다 최소 5~8회의 AI 상호작용을 설계하면, 전체 20~35회의 드리블링 로그가 자연스럽게 생성됩니다.

4기법 통합 평가 프롬프트

당신은 [전공명] 수업의 AI 증강 독해 종합 역량 평가 전문가입니다. 학생이 제출한 4기법 통합 독해 결과물을 다음 기준으로 평가해 주세요.

- **수업 목표**: [예: AI를 활용한 다각적 텍스트 분석 및 실천적 통찰 도출 역량]
- **분석 대상 텍스트**: [텍스트명 또는 유형 명시]

평가 기준 1 구조적 독해의 깊이(20점)

논리 구조·정보 밀도·편향 탐지 수준이 피상적 목차 분석을 넘어섰는가?

세부 평가 기준 1.a. 논리 구조 파악(5점): 전체 논증 구조를 정확히 파악했는가?, 전제·근거·결론의 흐름을 도식화하거나 설명했는가?, 논리적 비약이나 오류를 발견했는가?

세부 평가 기준 1.b. 정보 밀도 및 강조 패턴 분석(5점): 어느 부분이 상세하게, 어느 부분이 피상적으로 다뤄졌는지 파악했는가?, 그 패턴이 저자의 의도와 어떻게 연결되는지 해석했는가?

세부 평가 기준 1.c. 서술 전략 및 편향 탐지(5점): 저자의 설득 기법, 수사 전략, 구조적 편향(선택적 사례 인용, 순환 논리 등)을 구체적으로 발견했는가?, 단순 나열이 아닌 비판적 해석이 동반되었는가?

세부 평가 기준 1.d. 독자적 해석 기여(5점): AI 분석 결과를 그대로 수용하지 않고, 학생 자신의 관점에서 보완하거나 반론을 제시했는가?

평가 기준 2 계보적 독해의 풍부함(20점)

사상적 계보 추적과 시대적 맥락 연결이 충분한 깊이와 구체성을 갖추었는가?

세부 평가 기준 2.a. 선행 계보의 정확성과 깊이(5점): 핵심 개념의 사상적 기원을 정확하게 추적했는가?, 1~2단계 계보에 그치지 않고 더 깊이 파고들었는가?

세부 평가 기준 2.b. 시대적 맥락 해석력(5점): 텍스트를 낳은 역사적·사회적 배경을 구체적으로 제시하고, 그것이 텍스트의 주장에 어떻게 반영되었는지 설득력 있게 연결했는가?

세부 평가 기준 2.c. 비교·대조 분석의 질(5점): 경쟁 이론이나 비판 관점을 단순 나열하지 않고, 핵심 논쟁 지점을 정확히 파악했는가?, 해당 텍스트의 학문적 위치를 입체적으로 제시했는가?

세부 평가 기준 2.d. 현재적 연결과 통찰(5점): 계보적 분석이 과거에만 머물지 않고 현재 시점의 논의나 실제 문제와 연결되었는가?, 학생만의 통찰이 담겨 있는가?

숨겨진 전제·편향·배제된 목소리를 발굴하는 Lv. 1~Lv. 3의 비판적 독해가 수행되었는가?

세부 평가 기준 3.a. **분석적 심층 독해**(Lv. 1) **수행도**(5점)

논리적 분석 도구를 체계적으로 적용했는가?, 감정이나 직감이 아닌 논리적 근거로 텍스트를 해부했는가?, 전제의 도약이나 논리적 비약을 구체적으로 적시했는가?

세부 평가 기준 3.b. **해석적 심층 독해**(Lv. 2) **수행도**(5점)

저자의 배경과 시대적 맥락이 텍스트에 어떻게 반영되었는지 설득력 있게 분석했는가?, 명시적 메시지와 암묵적 의미 사이의 간극을 창발적으로 포착했는가?

세부 평가 기준 3.c. **비판적 심층 독해**(Lv. 3) **수행도**(5점)

당연해 보이는 전제를 의심하고 해체했는가?, 권력·이해관계의 시선으로 텍스트를 독해했는가?, 배제된 목소리를 찾아내고 새로운 사고 틀을 제시했는가?

세부 평가 기준 3.d. **독자적 통찰의 독창성**(5점)

AI가 제시하지 못한 새로운 해석이나 숨겨진 의미를 학생 스스로 발굴했는가?, 그 통찰이 구체적이고 설득력 있게 서술되었는가?

평가 기준 4 **실천적 독해의 독창성**(20점)

구체적 맥락에 맞는 독창적 적용 계획이 AI의 일반적 제안을 넘어서 제시되었는가?

세부 평가 기준 4.a. **구체적 적용 역량**(5점): 적용 계획이 추상적 수준에 머물지 않고 학생 자신의 맥락에 맞게 구체화되었는가?, '우리 조직에서는', '내 상황에서는'과 같이 맥락이 분명하게 제시되었는가?

세부 평가 기준 4.b. **현실적 제약 인식**(5점): 이상적 적용 방안을 제시하는 데 그치지 않고, 현실적 장애물을 사전에 검토하고 대응 방안을 함께 제시했는가?

세부 평가 기준 4.c. **창조적 융합의 독창성**(5점): 텍스트의 아이디어를 새로운 맥락에 창의적으로 연결했는가?, 교수나 AI가 예상하지 못한 독창적인 연결이나 응용이 담겨 있는가?

세부 평가 기준 4.d. **AI 협업의 전략성**(5점): AI를 단순 자문 도구로 쓰지 않고, 자신의 맥락을 충분히 제공하며 맞춤형 통찰을 이끌어 냈는가?, AI의 일반적 제안을 넘어서는 독자적 판단과 기여가 분명하게 드러났는가?

평가 기준 5 **4기법 간 유기적 통합**(20점)

4가지 독해 결과가 분절적으로 나열되지 않고 하나의 일관된 통찰 체계로 통합되었는가?, 각 독해가 다른 독해를 풍부하게 만드는 방식으로 연결되었는가?

- **출력 형식**: 항목별 점수(숫자)와 근거(2~3문장), 총점, 학생에게 전달할 구체적 피드백 3가지를 제시해 주세요.

AI 증강 독해의 4기법과 AI 드리블링 방법론은 서로 다른 두 개의 도구가 아닙니다. AI 증강 독해가 '어떻게 읽을 것인가?'를 다룬다면, AI 드리블링은 '어떻게 생각하고 만들어 낼 것인가?'를 다룹니다. 교육 현장에서 이 두 방법론을 통합하면 학생들은 가장 완성된 형태의 AI 협업 역량을 기를 수 있습니다.

교수님들이 수업 설계에 AI 증강 독해 가이드를 활용하실 때 처음부터 모든 기법을 다 도입하려 하지 마시길 권합니다. 한 학기 수업에서 4기법 중 하나부터 차근차근 시작하고, 학생들의 반응과 결과물의 질을 보면서 점진적으로 확장해 나가는 것이 가장 현실적입니다. 작은 시작이 큰 변화를 만들어 냅니다. AI 시대에 학생들이 AI와 함께 더 깊이, 더 비판적으로, 더 창의적으로 생각하는 경험을 할 수 있도록 지금부터 조금씩 교육 현장에서 새로운 시도들이 전개되기를 기원합니다.

보론 3

AI 활용 과정 평가의 반작용과 대응 전략

앞에서 AI 활용 과정 평가의 설계 방법과 프롬프트 구조를 살펴보았습니다. 그런데 솔직히 말씀드려야 할 것이 있습니다. 새로운 제도 도입은 언제나 다양한 마찰을 만들어 냅니다. AI 활용 과정 평가도 기존 결과물 평가의 한계를 넘어서는 강력한 도구이지만, 그 자체로 새로운 문제들을 만들어 낼 수 있습니다.

저도 회사에서 새로운 제도를 도입할 때 항상 이런 문제들을 먼저 고민해 보고 실제 운영상 예상되는 반작용을 파악해 미리 대비하곤 합니다. 여기서는 AI 활용 과정 평가를 도입할 때 나타날 수 있는 반작용들을 학생 입장, 교수 입장, 그리고 구조 측면에서 짚어 보고, 각 문제 대응과 관련된 제 나름의 고민 결과를 함께 말씀드리고자 합니다.

1 학생 측면의 반작용과 대응

● 반작용 1 심리적 부담 - 미숙함이 기록된다는 두려움

드리블링 로그와 자기기술서는 학생의 사고 과정 전체를 교수에게 투명하게 드러냅니다. 어떤 학생들은 이것을 성장의 기회로 받아들이지만, 또 다른 학생들은 자신의 미숙한 사고나 틀린 판단이 기록으로 남는 것에 심리적 부담을 느낄 수 있습니다. 특히, 성적이 낮은 학생일수록 '내 역량 부족이 채점의 근거가 된다.'라는 느낌을 받을 수 있습니다. 이 불안이 커지면 학생들은 진짜 사고 과정을 드러내는 대신, 소극적으로 회피하는 방향으로 움직일 수 있습니다.

대응 방안

- **교수의 명시적 선언**: '처음에 틀린 판단이 있었다는 것은 감점 요인이 아니라 사고 발전의 증거'라는 것을 수업 첫날 명확히 선언하고, 실제 채점에서 이를 일관되게 실천합니다.
- **틀린 전환점도 우수 사례로 공유**: 처음 방향이 완전히 틀렸다가 전환한 사례를 익명으로 우수 사례로 공유합니다. '잘못된 시작'이 오히려 더 높은 점수를 받는 경험이 학생들에게 쌓여야 자기기술서가 진솔해집니다.
- **교수의 개인 코멘트 한 줄 추가**: AI 평가 결과를 전달할 때 교수가 직접 개인적인 코멘트를 한 줄 이상 추가합니다. 자기기술서가 AI에게만 읽히는 것이 아니라 교수에게 읽힌다는 감각이 있어야 학생들이 진지하게 씁니다.

● 반작용 2 평가 작성 부담 - 형식 채우기로의 전락

보고서에 더해 드리블링 로그와 자기기술서까지 제출하는 부담은 학점에 민감한 학생들에게 상당한 스트레스로 작용할 수 있습니다. 특히, 여러 과목에서 동시에 이 방식을 요구하면, 학생들은 내용의 질보다 제출 형식을 채우는 데 에너지를 쏟게 됩니다. 더 나아가 '좋은 자기기술서의 패턴'이 학생들 사이에서 공유되면, 진짜 사고 과정 대신 평가자가 원하는 패턴을 역설계하는 메타 전략이 유통될 가능성이 높습니다.

대응 방안

- **분량 요구 축소, 깊이 요구 강화**: '드리블링 로그 전체 제출' 대신 '가장 중요한 전환점 2개와 그 전후 5회 상호작용만 선별 제출'로 바꾸면, 학생의 부담은 줄면서 평가에 필요한 핵심 정보는 유지됩니다.
- **단계적 도입**: 학기 초에는 자기기술서 II단계(과정 성찰)만 요구하고, 학기 말에 I · II · III 전체를 요구하는 방식으로 점진적으로 적응 기간을 줍니다.

● 반작용 3 자기기술서 조작 - 음성적 회피 전략의 발생

앞서 제시한 심리적 부담과 평가 작성 부담은 일탈적 행동으로 이어질 수 있습니다. 많지는 않겠지만, AI 활용 능력이 뛰어난 학생들의 경우 드리블링 로그와 자기기술서를 AI로 생성하는 학생들도 나타날 수 있습니다. 'Q3에서 AI 수치를 의심했고, 이를 계기로 산업 연구원 보고서를 직접 찾았다.'처럼 학생 B의 우수한 패턴을 흉내 낸 자기기술서를 AI에게 분석시키고, 이와 비슷하게 써 달라고 요청하는 메타 프롬프팅을 시도할 수도 있습니다. 즉, 과정 평가를 위장하는 또 다른 AI 활용법이 등장하는 셈입니다. 이 문제는 현재의 결과물 표절과 본질적으로 같은 구조이지만, 탐지가 훨씬 어렵습니다.

대응 방안

- **선별적 구술 확인**: AI 평가 에이전트가 '교수 직접 확인 요청'으로 분류한 학생에 한해, 자기기술서의 핵심 전환점을 수업 시간에 2~3분 구두로 설명하게 합니다. 이것은 앞서 비판한 전면적 구술 평가와는 근본적으로 다릅니다. 모든 학생을 대상으로 AI 없이 사고력을 측정하려는 것이 아니라, 조작 의심 사례에 한해 제출 내용의 진위를 확인하는 사후 검증 절차입니다. 글로 쓴 것을 말로 재현하지 못하면 조작 가능성이 드러납니다.
- **수업 활동과의 통합**(가장 근본적인 해결책): 드리블링 로그와 자기기술서가 수업 중 발표 · 토론과 연결되어 있다면, 조작된 내용으로는 수업 현장에서 버티기 어렵습니다. 과정 평가를 독립된 제출물이 아니라 수업 활동에 내장하는 설계가 구조적으로 가장 강건합니다.

2 교수 측면의 반작용과 대응

● 반작용 4 AI 평가의 신뢰성 논란 – 이의 제기에 대한 설명 부담

AI 평가 에이전트가 학생 A에게 38점, 학생 B에게 94점을 부여했을 때 학생이 이의를 제기할 수도 있습니다. 이때 교수는 AI의 판단 근거를 직접 검증하고 설명해야 하는 부담을 떠안습니다. AI 평가가 1차 필터 역할을 하는 것은 효율적이지만, 이의 제기 상황에서는 오히려 더 많은 설명 부담이 생기는 역설이 있습니다. '왜 AI가 이 점수를 줬는가?'가 아니라 '교수가 왜 이 점수에 동의했는가?'를 설명해야 하는 상황이 됩니다.

대응 방안

> - **'AI 평가는 참고, 교수가 공식 점수 부여' 원칙을 명문화**: 과제 공지문에 'AI는 1차 분석만 수행하며, 최종 점수는 교수가 결정합니다.'라고 명시합니다. 앞의 [과제 공지문 기본 템플릿]에서도 비슷한 내용이 들어가 있습니다. 이것은 학생측 이의 제기에 대한 방어 논거가 되며, AI에 비판적인 동료 교수들을 설득하는 데도 유효한 프레이밍입니다.
> - **AI-교수 점수 차이 사례 축적**: AI 평가 결과와 교수의 최종 점수가 크게 다른 사례들을 매 학기 익명으로 기록합니다. 이는 시간이 지날수록 AI 평가 에이전트의 프롬프트를 개선하는 데이터가 될 수 있습니다. AI에게 항목별로 AI 평가 점수와 교수 점수 간 차이의 원인을 분석시키고, AI와 차별적인 교수의 관점에 대한 내용을 누적해 정리한 후 평가 지침에 반영시킬 수 있습니다.
> - **처음부터 완벽한 에이전트를 기대하지 않기**: 앞서 제시한 AI 평가 에이전트 프롬프트는 완벽한 것이 아닙니다. 이는 출발점일 뿐이고, 각자 상황에 맞춰서 매 학기 개선되는 시스템으로 운용할 필요가 있습니다. 첫 학기에 완벽한 AI 평가를 기대하는 것이 아니라, 2~3학기의 시행착오를 거쳐 정교화되는 과정으로 접근하는 것이 현실적입니다.

● 반작용 5 ─ 채점 일관성 문제 - '잘 쓴 자기기술서'의 기준이 모호

평가표가 있더라도 '이 학생의 기여가 진짜 독창적인가?'를 판단하는 것은 결국 교수의 전문적 판단에 달려 있습니다. 이 판단은 교수마다, 심지어 같은 교수도 채점 시점과 컨디션에 따라 달라질 수 있습니다. 채점의 일관성과 공정성 문제는 결과물 평가보다 훨씬 복잡한 형태로 등장할 수 있습니다. 특히, 'AI가 알고 있었지만, 의미를 부여하지 못한 것을 내가 발견했다.'라는 주장과 '사실 AI가 이미 제시한 것을 자기 기여라고 주장하는 것'을 구분하기란 의외로 어려울 수 있습니다.

대응 방안

> - **AI 1차 분석의 기준 고정화 활용**: AI 평가 에이전트는 동일한 기준을 일관되게 적용합니다. 교수의 주관적 판단이 개입하기 전에 AI가 기준선을 잡아 주면, 교수는 AI 기준선에서 크게 벗어나는 사례들에만 집중하면 됩니다. 다만, AI가 이미 제시한 내용을 자기 기여로 포장하는 경우를 완벽하게 걸러 내는 것은 현재 기술 수준에서 어렵습니다. 이 부분은 교수의 전문적 판단이 여전히 핵심 역할을 해야 하는 영역일 것입니다.
> - **평가표의 지속적 세분화**: 첫 학기에 드러나는 판단 모호 사례들을 기록해 두고, 다음 학기 평

가표에 반영합니다. '수준 미달의 전형적 패턴' 항목을 평가표에 명시하는 것이 특히 효과적입니다.
- 다만, 채점 일관성은 완전히 해결되기 어렵습니다. 인간의 판단이 개입하는 이상, 어느 정도의 주관성은 피할 수 없습니다. 목표는 완벽한 일관성이 아니라 '허용 가능한 수준의 일관성'입니다.

● 반작용 6 동료 교수와의 갈등 - 선도자의 외로움

반작용 · 부작용

AI 활용 과정 평가를 도입하는 교수는 AI에 회의적인 동료들로부터 "AI를 너무 쉽게 허용하는 것 아니냐?"라는 냉랭한 반응에 직면할 수 있습니다. 새로운 교육 실험이 제도적으로 공유, 전파, 권장되는 중·고등학교와 달리, 대학에서는 의외로 보수적인 주변 동료들이 새로운 평가 방식 도입의 장애물이 될 수도 있습니다. 사실 제일 어려운 부분이 동료 관계일 수도 있습니다. 조직 내 인간 관계는 논리로만 해결되지 않습니다. 학과 내 인간 관계와 권력 구조에 따라 아래 전략들의 효과가 달라질 수 있습니다.

대응 방안

- **AI 역할의 명확한 강조**: 동료 교수들의 우려는 대부분 'AI가 학생의 사고를 대체한다.'라는 것입니다. 이 평가 방식의 목적이 오히려 제대로 AI를 활용해 학생의 사고를 고도화, 증폭시켜 맹목적인 AI 의존성을 벗어나게 만드는 것임을 강조할 필요가 있습니다.
- **단계적 공유와 증거 축적**: 첫 학기에는 조용히 시범 운영하고, 학기 말에 학생 보고서 품질 향상 데이터와 학생 만족도를 동료 교수에게 공유합니다. 논쟁보다 결과로 설득하는 방식이 효과적입니다.
- **교육 연구 프레임으로 접근**: 이 방식을 '수업 혁신'이 아니라 '교육 연구'로 포지셔닝하면 동료들의 저항이 줄어드는 경향이 있습니다. 결과를 학내 교육 세미나에서 발표하거나 짧은 사례 보고서로 작성하는 것이 도움이 될 수 있습니다. 나아가 소속 대학의 교육혁신원이나 교수학습센터와 연계하면, 대학혁신지원사업의 교수법 개선 과제로 편입되어 제도적 지원을 받을 수 있는 가능성도 열립니다.

앞서 살펴본 6가지 반작용들은 각각 나름의 대응 방안을 생각해 볼 수 있었습니다. 하지만 다음 2가지는 개별 교수나 학생의 노력만으로는 해결하기 어려운 구조적 문제일 수 있습니다.

● 반작용 7　캠벨의 법칙 – 평가가 목표를 왜곡하는 숙명

사회과학자 도널드 캠벨(Donald Campbell)은 "어떤 사회 지표가 의사결정의 기준으로 사용될수록 그것은 부패 압력에 점점 더 많이 노출되고 결국 측정하려는 사회 과정을 왜곡한다."고 했습니다. AI 활용 과정 평가도 예외가 아닙니다. 이 평가 방식이 공개되고 패턴이 알려지면, 학생들은 진짜 사고 과정을 개발하는 대신 '좋은 사고 과정처럼 보이는 것'을 생산하는 방향으로 최적화하기 시작합니다. 이것은 이 평가 방식만의 문제가 아니라, 모든 평가 방식이 피할 수 없는 숙명적 도전입니다.

캠벨의 법칙은 완전히 극복할 수 없습니다. 어떤 평가 방식도 충분히 공개되고 충분히 중요해지면 왜곡되기 시작합니다. 하지만 왜곡의 속도를 늦추고, 왜곡이 일어나더라도 그 과정에서 진짜 학습이 일어나는 구조를 만드는 것을 통해 이 반작용에 어느 정도는 대응할 수 있을 것입니다.

대응 방안

- **평가 기준을 '패턴'이 아니라 '질문'으로 제시:** "전환점 2개를 기술하라."는 형식 기준 대신, "이 보고서를 쓰는 과정에서 당신의 사고가 실제로 바뀐 순간이 있었는가?"라는 질문 형태로 제시합니다. 형식은 모방할 수 있지만, 진짜 질문에 대한 진짜 답은 모방하기 어렵습니다.
- **매 학기 과제 변형:** 주제와 일부 평가 기준을 매 학기 조금씩 바꿉니다. 전년도 우수 사례를 그대로 모방하는 것이 불가능하도록 합니다. 완전한 방어막은 아니지만, 모방의 비용을 지속적으로 높이는 효과가 있습니다.

AI 활용 과정 평가의 성패는 평가 설계의 정교함보다 그것을 뒷받침하는 수업의 질에 달려 있습니다. 수업 시간에 AI 드리블링을 경험해 보지 못한 학생에게 드리블링 로그를 요구하는 것은 수영을 가르치지 않고 수영 시험을 보는 것과 다르지 않습니다. 이 상태에서 과정 평가를 도입하면, 학생들은 배우지 않은 것을 수행하기 위해 필연적으로 조작, 형식 채우기 등 편법을 만들어 낼 것입니다. 결과물 평가의 한계를 극복하려다가 더 많은 위선을 만들어 내는 역설이 생길 수도 있습니다.

이것은 구조적 문제이지만, 의외로 교수 개인의 수업 설계 역량과 헌신에 의해 해결될 수 있습니다. 아무리 좋은 평가 프레임워크도 그것을 운용하는 수업 내용이 바뀌지 않으면 공허한 형식으로 남습니다.

대응 방안

- **교수 본인이 AI 드리블링을 충분히 경험**: 잘 알고 많이 경험해 봐야 제대로 가르칠 수 있습니다. 자신의 연구나 강의 준비에 AI 드리블링을 실제로 활용해 본 경험이 있어야 학생들이 막히는 지점을 이해하고 적절한 피드백을 줄 수 있습니다. 직접 20~30회 이상의 드리블링을 수행해 보지 않은 교수가 이 방식을 평가 도구로 도입하는 것은 무리입니다. 평가자가 되기 전에 먼저 실천자이자, 전도사가 되어야 설득력 있는 수업이 가능합니다.
- **평가 전에 교육이 선행되어야 한다(원칙)**: AI 드리블링 과제를 내기 전에 수업 시간에 직접 실습합니다. 교수 본인의 경험을 사례로서 먼저 보여 주고, 학생들이 짧은 연습 드리블링(5~7회)을 먼저 경험하게 할 필요가 있습니다. 의외로 AI 드리블링 실습은 시간이 많이 걸리지 않습니다. 모범 프롬프트를 제시하고, 약간씩 변형해서 자기만의 결과를 얻어 내는 경험을 하게 되면 학생들은 의외로 뿌듯함을 느낍니다.
- **학과·대학 차원의 지원 요청**: 개인의 헌신만으로는 한계가 있습니다. AI 드리블링 실습을 위한 역량 증진과 자원을 안정적으로 확보하려면 학과나 학교 차원의 공식 인정이 필요합니다. 소속 대학의 교수학습센터나 교육혁신원에 AI 활용 교수법 워크숍 개설을 요청하거나 대학혁신지원 사업의 교수법 개선 과제로 편입하는 경로를 모색해 볼 수 있습니다.

여기까지 읽으신 교수님들 중에는 이렇게 생각하시는 분도 있을 것입니다.

'이렇게 많은 문제가 있다면, 그냥 기존 방식을 유지하는 것이 낫지 않나?'

하지만 기존 방식은 고유의 문제 때문에 이미 고민이 많습니다. AI만으로 생성된 보고서를 결과물 평가로는 걸러 내지 못하고, AI를 금지하면 시대의 흐름에 역행하며, 구술 평가로 대체하면 교수 부담이 폭증합니다. 완벽한 선택지는 없습니다. 문제는 '어떤 방식에 문제가 없는가?'가 아니라 '어떤 방식의 문제가 더 관리 가능하고, 시대 흐름에 맞는가?'입니다.

35년 전 대학 시절을 생각해 보면 286 PC가 막 확산될 때도 손으로 직접 쓰고 고쳐야 생각이 정리된다며 손수 쓴 보고서만 인정하던 교수님도 있었습니다. 그리고 소수지만 새로운 혁신 기술인 PC를 이용해야 한다며 HWP 보고서를 권장하던 교수님도 있었습니다. 지나고 보면 어떤 분의 교육적 의도가 더 맞았는지는 확연히 보입니다.

AI 활용 과정 평가는 완벽하지 않습니다. 처음에는 많은 시행착오가 발생하는 것이 당연한 일일 것입니다. 그러나 이 방식이 지향하는 방향, 즉 학생이 AI와 함께 어떻게 생각했는지를 가시화하고 평가한다는 방향은 시대 조류에 맞습니다. 불완전해도 시대 흐름에 맞는 방향을 향해 가는 것이, 완벽하지만 시대 흐름을 역행하는 방향으로 가는 것보다 낫습니다.

3개월, 1,500개 프롬프트, 그리고 하나의 기적

이 책을 끝까지 읽은 여러분께 1가지 말할 것이 있습니다. 이 책 자체가 여러분에게 보여 주고자 했던 AI 드리블링의 거대한 결과물입니다. 필자는 2025년 6월부터 8월까지 3개월 간 90개의 채팅 세션, 약 1,500개의 프롬프트를 Claude, 때로는 ChatGPT, Perplexity, NotebookLM과 주고받으며 A4 600페이지, 책 판형으로는 900페이지 분량의 책 원고를 완성했습니다. 아울러 이 책에서 나오는 대부분의 사례는 지난 1년간 필자가 실제로 수행한 작업들을 약간 변형, 각색한 것입니다.

처음에는 단순했습니다. 이전에 만들었던 PPT 교육 자료를 워드로 변환하는 작업이었죠. PPT 한 페이지씩 Claude에게 보여 주고 "이 PPT 슬라이드를 워드 문서로 바꿔 줘."라고 했습니다. AI가 내용을 옮겨 주면 필자가 조금 다듬고, 다음 슬라이드로 넘어가는 기계적인 작업이었죠. 하지만 뭔가 이상했습니다. PPT의 생동감이 워드로 넘어오면서 사라지는 느낌이었습니다.

그래서 작업 방식을 바꿨습니다. '이 내용을 독자들이 이해하려면 어떻게 서술하면 좋을까?', '이 개념을 설명할 좋은 예시가 있을까?', '이 구조가 논리적으로 타당한가?' 등을 Claude와 책의 서술 방향성과 책 내용에 관해 대화하기 시작했습니다. 그리고 놀라운 일들이 벌어졌어요. 처음에는 손발이 안 맞는 경우도 많았지만, 작업량이 많아지고 프로젝트 지식에 올린 결과물들이 축적되면서 Claude는 점점 더 현명해졌습니다.

필자가 "이 부분이 잘 안 풀려. 이 부분을 채워 줘."라고 물으면 필자가 생각했던 것 이

상으로 깔끔하게 내용들을 만들어 주었습니다. 필자가 알고 있던 것 이상의 방법들을 AI가 알려 주는 경우도 많았고요.

어떤 때는 AI가 제안한 서술 방식이 제 원래 생각보다 훨씬 나은 경우도 생기고, 때로는 "아니야, 이건 현장에서 통하지 않아."라며 필자가 수정을 요구하기도 했습니다. 이 과정에서 원래 구상했던 장의 순서를 바꾸고, 섹션을 재배치하고, 때로는 완전히 새로운 내용을 추가하기도 했습니다.

그러면서 중반 이후에는 완전한 협업 파트너가 되었습니다. 필자가 방향을 잡으면, AI는 논리적 구조를 점검하고, 구체적 내용을 채웠습니다. Claude가 뭔가 제안하면 필자는 현장 맥락에서 검증했습니다. 필자가 "이건 현실적이지 않아."라고 지적하면, Claude는 "그렇다면 이런 방향은 어떨까요?"라고 대안을 제시했습니다. 이것이 진짜 AI와 인간 간의 협업입니다. 서로의 약점을 보완하고, 서로의 강점을 활용하며, 혼자서는 해낼 수 없었던 새로운 지평을 열어가는 것 말입니다.

솔직히 말하면, 저 혼자서 이 책을 완성하지는 못했을 것입니다. 25년의 연구 경험이 있어도 그것을 900페이지 분량의 체계적인 책으로 정리하는 것은 전혀 다른 차원의 작업입니다. 머릿속에 있는 지식을 끄집어 내고, 논리적으로 배열하고, 독자가 이해할 수 있는 언어로 풀어 내고, 예시를 만들고, 구조를 다듬는…. 이 모든 과정을 혼자 한다는 것은 엄두가 나지 않았을 겁니다.

더욱이 필자는 이 책을 쓸 시간이 많지 않았습니다. 필자는 4년 전 대장암 4기 진단을 받고 항암 치료를 계속하고 있습니다. 회사 생활을 병행해 나가는 것 자체가 쉽지 않은 상황이죠. 다만, 언제까지 이 일을 할 수 있을지 확신할 수 없었기 때문에 지난 25년간의 연구 생활을 마무리하며, 나를 키워 준 이 세상에 무엇인가 보답을 남기고 싶었습니다. 운 좋게 AI 활용의 최전선에서 남들보다 먼저 AI로 인한 직업 세계의 변화, 일하는 방식의 변화를 먼저 체득할 수 있었으므로 후배들에게 이 내용들을 전해 미래 세상으로 나아갈 디딤돌로 만들어 주고 싶었습니다.

하지만 다른 회사 일도 처리하며 책을 써야 하므로 투입할 수 있는 시간은 평일 오후 4시 이후 3시간, 그리고 주말 중 하루 정도가 전부였습니다. 어떤 날은 체력이 바닥나서 프롬프트 10개도 못 쓰고 멈춰야 했고, 어떤 주말은 컨디션이 좋아 50개 이상의 프롬프트를 돌릴 수 있었습니다.

체력적 한계 안에서 최대한 효율적으로 일해야 했기 때문에 AI가 더 절실했지요. 만약, 전통적인 방식으로 900페이지 책을 썼다면? 불가능했을 것입니다. 혼자서 이 분량을 완성하려면, 현실적으로 1년 이상이 걸렸을 겁니다. 그리고 솔직히 제게 그만큼의 시간이 있을지 확신할 수 없었습니다. 하지만 생성형 AI와 함께하니 달랐습니다. 필자가 방향을 잡으면 Claude가 초안을 만들어 주고, 필자가 그것을 다듬고 제 경험을 집어넣고, 그다음 방향을 찾아 나가는…. 이런 협업 구조 덕분에 제한된 시간을 최대한 효율적으로 활용할 수 있었습니다. 하루 3시간이라는 짧은 시간 안에 의미 있는 진전을 만들 수 있었던 것은, Claude와 다른 AI들이 제 생각을 빠르게 잘 정리된 글 형태로 만들어 주었기 때문입니다.

어떤 의미에서 이 책은 인간과 AI의 협업이 만들어 낸 승리의 기록입니다.

필자는 이 책을 통해 암과 싸우며 제한된 시간과 체력 안에서 25년간의 아날로그 연구 경험을 새 시대의 AI 기술과 결합하여 AI 시대의 새로운 일하는 방식인 'AI 증강 독해와 AI 드리블링' 기법을 창조하고 정리했습니다. 제게 Claude와 다른 AI들은 단순한 AI 도구가 아니라 진정한 협업 파트너였습니다.

이것이 필자가 여러분께 전하고 싶은 진짜 메시지입니다. AI는 강한 사람을 더 강하게 만드는 도구이기도 하지만, 동시에 악조건 상황에 놓인 사람에게도 새로운 가능성을 열어 주는 도구이기도 합니다. 시간이 부족한 사람, 체력이 제한된 사람, 혼자서는 감당하기 어려운 프로젝트를 앞둔 사람…. AI는 이런 제약 조건들을 돌파할 수 있는 수단이 될 수 있습니다. 필자가 하루 3시간씩, 3개월 만에 900페이지 분량의 책을 완성했듯이 여러분도 자신의 제약 조건 안에서 놀라운 일들을 해낼 수 있습니다. 중요한 것은 완벽한 환경이 아니라 AI와 함께 전략적으로 협업하는 방법을 아는 것입니다.

지금 이 순간, 여러분은 AI 증강 인간으로 진화하는 전환점에 서 있습니다. 이 책을 끝까지 읽은 당신은 이미 준비되었습니다. 여러분의 'AI 증강 독해와 AI 드리블링' 여정을 시작해 보세요. 이 책이 여러분의 여정에 든든한 나침반이 되기를, 그리고 여러분 모두가 AI 증강 인간으로 성장하여 이전에는 상상할 수 없었던 성과를 만들어 내기를 진심으로 응원합니다. 그래서 우리 나라도 생성형 AI 시대라는 새로운 전환점을 위기가 아닌 기회로 활용해 다시 다음 20년의 성장 궤적을 열어 나가길 기대합니다.

"AI 증강 인간의 시대에 오신 것을 환영합니다.(Welcome to the era of AI-augmented Humans.)"

AI 증강 독해와 AI 드리블링 바이블
심화·활용 편

2026. 5.   6. 1판 1쇄 인쇄
2026. 5. 13. 1판 1쇄 발행

지은이 | 나준호, 성낙환, 이하영
펴낸이 | 이종춘
펴낸곳 | **BM** ㈜도서출판 **성안당**

주소 | 04032 서울시 마포구 양화로 127 첨단빌딩 3층(출판기획 R&D 센터)
　　　 | 10881 경기도 파주시 문발로 112 파주 출판 문화도시(제작 및 물류)

전화 | 02) 3142-0036
　　　 | 031) 950-6300

팩스 | 031) 955-0510
등록 | 1973. 2. 1. 제406-2005-000046호
출판사 홈페이지 | **www.cyber.co.kr**
ISBN | 978-89-315-0523-8 (93000)

정가 | 25,000원

이 책을 만든 사람들
책임 | 최옥현
진행 | 조혜란, 정지현
교정·교열 | 안종군
본문 디자인 | 앤미디어
표지 디자인 | 앤미디어, 박현정
홍보 | 김계향, 임진성, 김주승, 김도희
국제부 | 이선민, 조혜란
마케팅 | 구본철, 차정욱, 오영일, 나진호, 강호묵
마케팅 지원 | 장상범
제작 | 김유석

이 책의 어느 부분도 저작권자나 **BM** ㈜도서출판 **성안당** 발행인의 승인 문서 없이 일부 또는 전부를 사진 복사나 디스크 복사 및 기타 정보 재생 시스템을 비롯하여 현재 알려지거나 향후 발명될 어떤 전기적, 기계적 또는 다른 수단을 통해 복사하거나 재생하거나 이용할 수 없음.

■ 도서 A/S 안내

성안당에서 발행하는 모든 도서는 저자와 출판사, 그리고 독자가 함께 만들어 나갑니다.
좋은 책을 펴내기 위해 많은 노력을 기울이고 있습니다. 혹시라도 내용상의 오류나 오탈자 등이 발견되면 **"좋은 책은 나라의 보배"**로서 우리 모두가 함께 만들어 간다는 마음으로 연락주시기 바랍니다. 수정 보완하여 더 나은 책이 되도록 최선을 다하겠습니다.
성안당은 늘 독자 여러분들의 소중한 의견을 기다리고 있습니다. 좋은 의견을 보내주시는 분께는 성안당 쇼핑몰의 포인트(3,000포인트)를 적립해 드립니다.

잘못 만들어진 책이나 부록 등이 파손된 경우에는 교환해 드립니다.